陈仪瑢

上海交通大学医学院附属瑞金医院财务处副处长，高级会计师、财政部高层次财会人才、上海优秀会计人才。

张信军

海通证券股份有限公司副总经理、财务总监，高级会计师、上海领军人才。

林东

上海浦东发展（集团）有限公司党委委员、副总经理，兼任浦东新区内审协会副会长，正高级会计师、上海优秀会计人才。

何堃

上海市肺科医院总会计师，正高级会计师、资产评估师、财政部全国总会计师高端人才、国家卫健委大型医院巡查专家。

顾晓琼

上海汽车集团股份有限公司财务部总经理，正高级会计师、上海领军人才。

倪殷建

上海市城市排水有限公司财务部经理，兼任公司工会经费审查委员会主任，会计师。

许晔

华东疗养院财务处处长，正高级会计师、国家卫健委大型医院巡查专家、国家卫健委临床建设项目督查专家、财政部政府采购评审专家。

蔡玉琴

上海计算机软件技术开发中心财务总监，正高级会计师、上海科技财务专家、上海政府采购评审专家。

徐志敏

中铁十五局集团审计部总经理、监事，正高级会计师、一级建造师、税务师，上海领军人才。

上海市会计学会科研课题系列丛书

财务数字化转型的理论与实践
——上海的探索

上海市会计学会／主编

立信会计出版社
LIXIN ACCOUNTING PUBLISHING HOUSE

图书在版编目(CIP)数据

财务数字化转型的理论与实践：上海的探索 / 上海市会计学会主编. —上海：立信会计出版社，2023.12
ISBN 978-7-5429-7557-7

Ⅰ.①财… Ⅱ.①上… Ⅲ.①企事业单位—财务管理—数字化—研究—上海 Ⅳ.①F275

中国国家版本馆 CIP 数据核字(2024)第 021010 号

责任编辑　　张巧玲
助理编辑　　汪玉玲
美术编辑　　南房间

财务数字化转型的理论与实践：上海的探索

CAIWU SHUZIHUA ZHUANXING DE LILUN YU SHIJIAN SHANGHAI DE TANSUO

出版发行	立信会计出版社		
地　　址	上海市中山西路 2230 号	邮政编码	200235
电　　话	(021)64411389	传　真	(021)64411325
网　　址	www.lixinaph.com	电子邮箱	lixinaph2019@126.com
网上书店	http://lixin.jd.com		http://lxkjcbs.tmall.com
经　　销	各地新华书店		
印　　刷	常熟市人民印刷有限公司		
开　　本	787 毫米×1092 毫米	1/16	
印　　张	21.5	插　页	1
字　　数	470 千字		
版　　次	2023 年 12 月第 1 版		
印　　次	2023 年 12 月第 1 次		
书　　号	ISBN 978-7-5429-7557-7/F		
定　　价	98.00 元		

如有印订差错，请与本社联系调换

总　序

　　上海市会计学会成立于改革开放之初的1979年,迄今已逾40多年。

　　上海市会计学会成立以来,始终将推动会计科研、培养会计科研队伍作为重点工作来抓,并通过不断改进课题评价与管理办法,加强跟踪管理、完善激励机制,从而在国际会计研究、会计信息化和智能化、管理会计等领域取得一系列科研成果,培养了一批理论与实务有机结合的中青年会计才俊。

　　上海市会计学会课题研究涉猎广泛,既有企业会计准则、政府会计等财务会计领域的研究内容,也有内部控制、管理会计、会计信息化等领域的研究内容,但更多的课题属于跨领域的综合性研究。特别是进入21世纪,随着会计国际趋同步伐不断加快、信息化与智能化对会计理论和会计实务影响的深入发展,传统的会计组织方式、信息处理手段等面临越来越大的挑战,上海市会计学会的课题选题因而也及时调整,特别突出业财融合,更加重视信息技术、大数据处理技术以及机器人流程自动化(RPA)、ChatGPT等对财务会计、管理会计、财务管理和内部控制的影响,力图通过课题研究,以解剖麻雀的方式,以点带面地推动和引领先进会计技术在更多企事业单位的迭代与进化。

　　上海市会计学会的课题研究成果,主要有以下几个突出特点:一是突出实务导向,贴近最新会计实践。二是突出案例示范效应,力求发挥标杆作用,减少后续实施成本。三是课题负责人均来自会计工作一线,大多具有正高级职称,既保证了课题研究报告在实务上的先进性和新颖性,也保证了课题研究报告在理论上的逻辑性和自洽性。

　　课题管理与制度建设是保障课题研究质量的基础。近年来,上海市会计学会学术委员会狠抓课题质量建设,严格全过程管理,强化过程跟踪,坚持实施评审答辩和问询整改机制,课题质量不断提高,公开发表和公开交流的课题研究成果逐年增加。上海市会计学会学术委员会是保障课题质量的学术支撑,在课题管理各环节起着指导、把关和提升的作用。其成员由来自理论界和实务界的专家学者组成,他们坚实的理论素养和丰富的实务经验,在校准课题研究方向、优化研究报告结构和文字等方面，都起到重要作用。

课题研究的目的不是为研究而研究，而是交流、传播和共享，以便共同提高、共同进步。为此，我们特精选部分优秀课题研究成果，以"上海市会计学会科研课题系列丛书"的形式陆续公开出版。这套丛书的每一本均力求围绕一个主题展开，以方便读者的阅读与研究。

值此丛书出版之际，我谨代表上海市会计学会向学术委员会各位专家表示谢意，向立信会计出版社的大力支持表示感谢。

学术研究是上海市会计学会的根基所系，学术研究水平高低从根本上体现了一个学术团体的办会水平。上海市会计学会将一如既往地重视和支持创新会计实务、总结优秀会计实践的研究课题，多出成果、多出精品，努力为新时代中国会计事业作出新的更大贡献；也期望上海会计学术界和实务界有志之士，积极投身和参与上海市会计学会的课题研究，不断提高上海市会计学会的研究水平和课题研究质量。

上海市会计学会会长　夏大慰

上海国家会计学院原院长

2023 年 12 月

序 言

呈现在读者面前的是上海市会计学会2021年科研课题中的九项优秀成果的专辑。在学会秘书处的精心组织下，在各课题组对结题报告进行认真修改完善的基础上，本专辑汇编形成，作为"上海市会计学会科研课题系列丛书"公开出版发行。本书既是近年来上海市部分大型企事业单位对财务数字化进行积极探索所取得的理论与实践的重要成果，也是上海市会计学会组织开展的学术研究与交流成果的重要组成部分。

以"大智移云物区"为代表性技术的新一轮科技革命浪潮，既为古老的会计带来了前所未有的挑战，也为会计人员提供了自我革命、创新发展的难得机遇。本书的各项课题围绕"财务数字化转型"这一主题，以上海大型企事业单位财务数字化转型实践案例为基础，从不同的视角阐述财务数字化的基本理论，提炼财务数字化的实践经验，规划财务数字化的路径方案，展望财务数字化的未来趋势，展现了各具特色的财务数字化图景。

上海交通大学医学院附属瑞金医院财务处副处长、高级会计师陈仪瑢主持的《基于智能化的事业单位会计档案理论与应用研究——以瑞金医院为例》课题，构建了适合我国事业单位特点的电子会计档案管理及实施框架；海通证券股份有限公司副总裁、高级会计师张信军主持的《大型国企财务数字化转型之路——以海通证券为例》课题，系统介绍了海通证券依靠内生动力探索出形成的一条"数据化—数字化—数字化转型"发展之路，为上海以及全国金融服务行业的财务数字化转型探索开辟了一条新的道路；上海浦东发展（集团）有限公司副总经理、正高级会计师林东主持的《企业集团资金管理数字化转型研究——技术条件、路径选择、风险和对策》课题，探讨、提炼了国有企业集团财务管理数字化转型可借鉴、可复制的模式；上海交通大学医学院附属第九人民医院总会计师、正高级会计师何堃主持的《医院会计智能化：技术条件及应用场景研究——以××人民医院为例》课题，深入分析了会计智能化对实施主体产生的影响并阐述了会计智能化实施的路径、方法和技术条件；上海汽车集团股份有限公司（以下简称"上汽"）财务部总经理、正高级会计师顾晓琼主持的《数字化转型背景下的财务运营共享中心建设》课题,基于上汽的案例,分享了信息化环境下构建财务共享服务中心、高效组织财务工作、建立统一集中的财务管理体系的经验与成效;上海市城市排水有限公司财务部经理、会计师倪殷建主持的《业财融合下精细化财务管理探究——排水公司"单泵站"财务管理体系构建》课题,以排水公司最小管理单元——泵站为对象,探索赋予财务数据以管理属性的维度,构建了"业财融合"的"单泵站"财务管理体系;华东疗养院财务处处长、正高级会计师许晔主持的《内控视角下公立医院采购管理模式探索与制度体系的构建》课题,立足"互联网+"内控管理,探索了适合公立医院的科学采购管理模式和基于信息化系统加强公立医院内控管理制度体系构建的方法;上海计算机软件技术开发中心财务处处长、高级会计师蔡玉琴主持的《大数据和云计算在财务信息化中的应用——以上海计算机软件技术开发中心为例》课题,通过分析研究,从对传统会计范畴的横向拓展和纵向深化两个方面提出了大数据和云技术的应用思路;中铁十五局集团有限公司审计监事部总经理、正高级会计师徐志敏主持的《价值网模式下施工企业提质增效策略探究——以中铁十五局YN区域为例》课题,以项目管理为切入点,利用价值网内客商目标一致、相互增值价值导向,研究优化项目资源配置,增强项目过程管控抗风险能力,提升优质资源协同力和战斗力的方法与路径。

上海市会计学会长期倡导并大力支持对具有重大现实意义的课题进行研究,尤其鼓励原创性研究。课题研究不仅能够切实解决国家与上海市经济社会发展中的重大财务会计问题,而且能够有效促进高端财务与会计人才的培养。本书汇编的研究成果不仅展现了上海市部分企事业单位财务数字化转型的上海案例与宝贵经验,而且展现了上海财会人员整体的专业能力与业务素质。

上海市会计学会组织开展的课题研究,离不开学会领导的支持与指导,特别是学会的学术委员会在其中发挥了重要的作用。在本书付梓之际,特向学会领导以及学术委员会各位委员(上海财经大学潘飞教授、上海市财政局乔元芳高级会计师、同济大学白云霞教授、上海国家会计学院李颖琦教授、上海财经大学李增泉教授、上海海事大学张川教授、上海交通大学张天西教授、华东理工大学张爱民教授、华东理工大学胡仁昱教授、上海交通大学夏立军教授)表示由衷的感谢!同时也要感谢学会秘书处工作人员为课题研究的组织管理所做的大量联络与沟通工作。

从世界范围来看,财务数字化转型才刚刚起步,尚不成熟,未来要走的路还很长,特别需要广大财务会计理论工作者和实务工作者以创新开拓、迎难而上和孜孜以求的精神进行研究和探索。期待本书汇编的研究成果能够引导、启发会计界同仁更深入地思考、探索与实践财务数字化转型这一重大时代课题,持续推出更富内涵的研究成果、更高质量的上海案例和上海方案!

上海市会计学会副会长兼学术委员会主任 邵瑞庆

《新会计》主编

2023年12月

目 录

专题研究报告一 基于智能化的事业单位会计档案理论与应用研究
　　　　　　　——以瑞金医院为例 1

　第一章　导论 3
　　第一节　研究背景和研究意义 3
　　第二节　国内外研究现状 4
　　第三节　研究思路与研究方法 5
　　第四节　创新点 7
　第二章　事业单位会计档案电子化的理论基础及相关概念 8
　　第一节　事业单位会计档案电子化的理论基础 8
　　第二节　事业单位会计档案电子化的相关概念 9
　第三章　事业单位电子会计档案管理体系的构建与实施路径 11
　　第一节　事业单位电子会计档案管理体系的构建 11
　　第二节　事业单位电子会计档案管理的实施路径 18
　第四章　公立医院电子会计档案管理评价指标体系构建 20
　　第一节　公立医院电子会计档案评价原则 20
　　第二节　公立医院电子会计档案管理评价的组织实施 21
　　第三节　公立医院电子会计档案评价体系构建 23
　第五章　电子会计档案应用案例研究——以瑞金医院为例 35
　　第一节　瑞金医院的发展现状与特点 35
　　第二节　瑞金医院电子会计档案系统实施情况 35
　　第三节　电子会计档案实施的工作成效 41
　　第四节　实施电子会计档案的对策建议 45
　第六章　研究结论 47

专题研究报告二 大型国企财务数字化转型之路
　　　　　　　——以海通证券为例 49

　第一章　导论 51
　　第一节　研究背景 51

第二节　研究意义　……………………………………………………… 51
　　第三节　研究内容和研究目标　…………………………………………… 53
　　第四节　研究思路和研究方法　…………………………………………… 54
　　第五节　创新点　…………………………………………………………… 56
第二章　理论分析　………………………………………………………………… 57
　　第一节　理论基础　………………………………………………………… 57
　　第二节　文献综述　………………………………………………………… 59
第二章　研究背景及问题分析　…………………………………………………… 66
　　第一节　海通证券股份有限公司简介　…………………………………… 66
　　第二节　海通证券财务数字化转型前概况　……………………………… 66
　　第三节　海通证券财务数据化面临的问题与挑战　……………………… 68
　　第四节　海通证券财务数字化面临的问题与挑战　……………………… 69
　　第五节　海通证券财务数字化转型面临的问题与挑战　………………… 71
第四章　解决方案和成果展示　…………………………………………………… 73
　　第一节　建标准——海通证券财务数据化解决方案　…………………… 73
　　第二节　立标杆——海通证券财务数字化解决方案　…………………… 76
　　第三节　创价值——海通证券财务数字化转型解决方案　……………… 80
　　第四节　海通证券财务数字化转型成果分析　…………………………… 83
第五章　上海市国有金融企业财务数字化转型的经验总结和未来展望　……… 86
　　第一节　海通证券财务数字化转型的特色与亮点　……………………… 86
　　第二节　海通证券财务数字化转型对上海市国有金融企业的借鉴意义　… 88
　　第三节　展望海通财务数字化转型的高质量发展　……………………… 89

专题研究报告三　企业集团资金管理数字化转型研究
　　　　　　　　　　——技术条件、路径选择、风险和对策　……………… 93

第一章　导论　……………………………………………………………………… 95
　　第一节　研究背景和问题　………………………………………………… 95
　　第二节　研究方法　………………………………………………………… 97
　　第三节　研究框架　………………………………………………………… 97
　　第四节　主要创新点　……………………………………………………… 98
第二章　企业集团资金管理数字化转型的发展　………………………………… 99
　　第一节　我国企业资金管理数字化转型的现状　………………………… 99
　　第二节　我国企业集团资金管理数字化的发展趋势　…………………… 103
　　第三节　企业集团资金管理数字化转型的阶段与目标　………………… 105
第三章　P集团资金管理数字化转型的基础条件　……………………………… 107

第一节 P集团介绍 ································· 107
  第二节 P集团的资金管理模式 ······················ 109
  第三节 P集团资金管理数字化转型的技术条件 ········ 110

第四章 P集团资金管理数字化转型的路径选择 ············· 113
  第一节 规划路径：集团战略导向型整合优化 ············ 113
  第二节 操作路径：资金管理部门为主导 ················ 114

第五章 P集团资金管理数字化建设过程 ··················· 115
  第一节 P集团资金管理数字化转型动机 ················ 115
  第二节 业务流程再造："同业同主体"的创新模式 ········ 116
  第三节 资金管理系统升级 ··························· 118

第六章 P集团资金管理数字化建设成果与应用实例 ········ 122
  第一节 资金管理系统建设成果 ······················· 122
  第二节 资金管理数字化转型的规划 ··················· 128
  第三节 资金全流程精细化管理，优化资金配置效率 ····· 129
  第四节 资金全流程监控，降低资金风险 ··············· 133

第七章 P集团资金全流程管理数字化转型的启示与展望 ····· 140
  第一节 P集团资金全流程管理数字化转型的启示 ········ 140
  第二节 P集团资金全流程管理数字化转型的未来展望 ···· 142

  附录A 资金全流程精细化管理，优化资金配置效率 ········ 143
  附录B 企业资金流动性 ······························ 148

专题研究报告四 医院会计智能化：技术条件及应用场景研究
——以××人民医院为例 ······························ 151

第一章 导论 ··· 153
  第一节 研究背景和意义 ····························· 153
  第二节 研究思路和研究方法 ························· 154
  第三节 研究创新之处 ······························· 155

第二章 文献综述、制度背景及理论基础 ·················· 156
  第一节 国内外文献综述 ····························· 156
  第二节 我国关于人工智能的制度背景 ················· 157
  第三节 会计信息化的理论基础 ······················· 158

第三章 会计智能化发展现状 ··························· 161
  第一节 人工智能发展现状 ··························· 161
  第二节 人工智能对会计行业的影响 ··················· 162
  第三节 人工智能在会计行业应用的现状 ··············· 164

第四章　××人民医院财务信息化的现状及问题 …………………………… 167
　　第一节　会计智能化的发展历程 ………………………………………… 167
　　第二节　××人民医院财务管理信息化现状 …………………………… 168
第五章　××人民医院会计智能化技术条件、解决方案及实施效果 ……… 170
　　第一节　智能会计关键技术条件 ………………………………………… 170
　　第二节　会计智能化解决方案 …………………………………………… 172
　　第三节　智能会计实施效果 ……………………………………………… 177
第六章　结论与建议 …………………………………………………………… 180

专题研究报告五　数字化转型背景下的财务运营共享中心建设 …………… 183

第一章　导论 …………………………………………………………………… 185
　　第一节　研究背景 ………………………………………………………… 185
　　第二节　研究目的和意义 ………………………………………………… 186
　　第三节　研究方法 ………………………………………………………… 187
　　第四节　研究创新 ………………………………………………………… 187
第二章　文献综述 ……………………………………………………………… 188
　　第一节　财务共享服务的定义 …………………………………………… 188
　　第二节　财务共享服务的意义 …………………………………………… 189
　　第三节　财务共享服务的实施 …………………………………………… 190
　　第四节　财务共享中心对财务转型的推动作用研究 …………………… 192
　　第五节　国有企业战略转型及数字化变革 ……………………………… 193
第三章　共享中心和数字中台 ………………………………………………… 195
　　第一节　共享中心与数字中台建设 ……………………………………… 195
　　第二节　智能财务和人工智能 …………………………………………… 198
第四章　上汽大通财务运营共享中心建设实际案例 ………………………… 201
　　第一节　上汽大通简介 …………………………………………………… 201
　　第二节　上汽大通财务信息化现状 ……………………………………… 201
　　第三节　上汽大通财务运营共享中心2.0建设的目标 ………………… 204
　　第四节　上汽大通财务运营共享中心2.0建设路径 …………………… 206
　　第五节　上汽大通财务运营共享中心C端应用：大通销售公司 ……… 215
　　第六节　上汽大通财务共享运营中心2.0的组织变革 ………………… 217
　　第七节　上汽大通财务共享运营中心2.0的人才培养 ………………… 217
第五章　结论与展望 …………………………………………………………… 219

专题研究报告六　业财融合下精细化财务管理探究
——排水公司"单泵站"财务管理体系构建 ………………………………… 221

 第一章　导论 ……………………………………………………………………… 223
  第一节　研究背景 …………………………………………………………… 223
  第二节　研究意义 …………………………………………………………… 224
 第二章　研究内容及相关概念 …………………………………………………… 225
  第一节　研究内容 …………………………………………………………… 225
  第二节　业财融合 …………………………………………………………… 225
  第三节　精细化管理 ………………………………………………………… 226
 第三章　泵站业务管理与财务管理现状分析 …………………………………… 227
  第一节　泵站业务管理现状 ………………………………………………… 227
  第二节　泵站财务管理现状和成本分类 …………………………………… 228
  第三节　现状分析小结 ……………………………………………………… 228
 第四章　"单泵站"财务管理体系构建 ………………………………………… 229
  第一节　构建原则 …………………………………………………………… 229
  第二节　分步构建"单泵站"财务管理体系 ……………………………… 229
  第三节　"单泵站"财务管理体系的应用 ………………………………… 234
 第五章　"单泵站"财务管理体系应用分析及城市排水泵站管理优化建议 … 236
  第一节　"单泵站"财务管理体系应用分析 ……………………………… 236
  第二节　城市排水泵站管理优化建议 ……………………………………… 237
 第六章　总结与展望 ……………………………………………………………… 239

专题研究报告七　内控视角下公立医院采购管理模式探索与制度体系的构建 ……… 241

 第一章　导论 ……………………………………………………………………… 243
  第一节　研究背景 …………………………………………………………… 243
  第二节　管理现状 …………………………………………………………… 244
  第三节　研究目标 …………………………………………………………… 244
  第四节　研究路径和方法 …………………………………………………… 244
 第二章　公立医院采购管理模式和体系探究 …………………………………… 246
  第一节　公立医院采购管理的内容和流程 ………………………………… 246
  第二节　采购管理模式和体系探究 ………………………………………… 246
 第三章　公立医院基于内部控制的采购管理制度体系 ………………………… 251
  第一节　基于内部控制的采购管理体系建设内容 ………………………… 251
  第二节　基于供应链的采购管理及内部控制的信息化建设 ……………… 255
 第四章　基于内部控制的采购管理系统应用分析 ……………………………… 257

第五章　总结 ………………………………………………………………… 260

专题研究报告八　大数据和云计算在财务信息化中的应用
　　　　　　　　——以上海计算机软件技术开发中心为例 ……………… 261

　　第一章　导论 ………………………………………………………………… 263
　　　　第一节　研究背景与政策依据 ……………………………………… 263
　　　　第二节　研究的意义与价值 ………………………………………… 264
　　第二章　相关理论基础 ……………………………………………………… 268
　　　　第一节　财务数字化理论 …………………………………………… 268
　　　　第二节　基于ERP系统的全面预算管理理论 ……………………… 269
　　　　第三节　"混合云"技术理论 ……………………………………… 269
　　第三章　软件中心财务管理及信息资源管理情况 ………………………… 272
　　　　第一节　软件中心概述 ……………………………………………… 272
　　　　第二节　财务管理情况 ……………………………………………… 272
　　　　第三节　信息资源管理情况 ………………………………………… 274
　　第四章　软件中心业财融合面临的典型问题 ……………………………… 276
　　　　第一节　"数据孤岛"问题突出 …………………………………… 276
　　　　第二节　全面预算管理需要加强 …………………………………… 277
　　　　第三节　应收账款管理力度不足 …………………………………… 278
　　第五章　针对典型问题的案例研究 ………………………………………… 279
　　　　第一节　通过"混合云"进行数据联通 …………………………… 279
　　　　第二节　全方位推进全面预算管理 ………………………………… 281
　　　　第三节　运用信息化手段改进应收账款管理 ……………………… 282
　　第六章　结论与展望 ………………………………………………………… 288
　　　　第一节　结论 ………………………………………………………… 288
　　　　第二节　展望 ………………………………………………………… 288

专题研究报告九　价值网模式下施工企业提质增效策略探究
　　　　　　　　——以中铁十五局YN区域为例 ………………………… 291

　　第一章　导论 ………………………………………………………………… 293
　　　　第一节　研究背景 …………………………………………………… 293
　　　　第二节　研究意义 …………………………………………………… 295
　　　　第三节　研究内容 …………………………………………………… 296
　　　　第四节　价值网相关理论 …………………………………………… 297
　　第二章　中铁十五局YN区域项目提质增效的问题和现状 ……………… 302

- 第一节　从项目综合收益率看,整体创效水平不高 …… 302
- 第二节　从施工行业环境看,整体营商环境不佳 …… 303
- 第三节　从价值网客户角度看,项目履约能力尚需提升 …… 303
- 第四节　从价值网客商角度看,优质资源欠缺 …… 304
- 第五节　从精细化管理看,成本管控措施不多 …… 304
- 第六节　从财务状况看,尚未打通优化通道 …… 305

第三章　价值网模式下项目提质增效的方案和对策 …… 307
- 第一节　围绕发现资源,构建经营端价值网 …… 307
- 第二节　围绕价值网客户,以优质履约与业主差异化共赢 …… 308
- 第三节　围绕价值网客商,建立命运共同体 …… 310
- 第四节　围绕资源整合,做实高效低成本管理 …… 314

第四章　价值网模式在 LMZBGC 项目提质增效的应用与成效 …… 320
- 第一节　服务业主需求,深化合作实现互利共赢 …… 320
- 第二节　以合同为纽带,建立长期稳固的客商合作关系 …… 320
- 第三节　直面支付比率低问题,构筑合作共赢思维 …… 321
- 第四节　优化资源配置,实现项目成本降控 …… 321
- 第五节　加强税务协同,税收策划显成效 …… 322

第五章　价值网模式下项目提质增效管理和运行建议 …… 323
- 第一节　搭建顶层设计价值网模式 …… 323
- 第二节　构建共赢的客商管理文化 …… 323
- 第三节　整合优化价值网内优势资源 …… 324
- 第四节　强化项目过程成本管控 …… 324
- 第五节　加强税务过程筹划与管控 …… 325
- 第六节　建立价值网人才培育机制 …… 325

第六章　总结与思考 …… 326

后记 …… 327

专题研究报告一

基于智能化的事业单位会计档案理论与应用研究
——以瑞金医院为例

本专题研究报告为上海市会计学会2021年科研课题研究成果。

课题组成员

课题负责人：
    上海交通大学附属瑞金医院　陈仪璇

课题组其他成员：
    上海交通大学附属瑞金医院　李雪辉　汪绪良　潘悦华
    　　　　　　　　　　　　　　王　蕾　赵雪焱

第一章

导　　论

第一节　研究背景和研究意义

一、研究背景

电子会计档案管理是国内外财务管理研究领域的前沿话题。通过实行会计档案电子化管理，事业单位对会计凭证实现全口径、全流程的电子化归集、接收、入账和归档，有助于提高审计、纪检、风控、内部控制工作效率。从政策导向与财务数字化转型趋势来看，电子会计档案必将成为事业单位管理和资源运营的重要一部分，电子会计档案理论和实践的迅速发展也冲击和影响着传统会计，对会计理论和实务工作者提出了更高的要求。

2015年12月，财政部、国家档案局发布了新的《会计档案管理办法》（财政部、国家档案局令第79号），并于2016年1月1日起施行。《会计档案管理办法》规定，符合要求的会计档案可以以电子化的形式存入计算机或存储介质，明确了电子会计档案的法律效力。同时，电子会计档案的无纸化、存储方便、查询方便、集中管理和共享率高等优点，也吸引越来越多单位实行会计档案电子化管理。

2020年3月，财政部、国家档案局发布《关于规范电子会计凭证报销入账归档的通知》（财会〔2020〕6号），对直接使用电子会计凭证纸质打印件进行报销入账归档而不保存电子会计凭证原件的错误行为进行纠正，要求"单位以电子会计凭证的纸质打印件作为报销入账归档依据的，必须同时保存打印该纸质件的电子会计凭证"，这意味着电子会计档案与纸质档案具有同等法律效力。

2021年2月，国家档案局办公室、财政部办公厅、商务部办公厅、国家税务总局办公厅联合发布《关于进一步扩大增值税电子发票电子化报销、入账、归档试点工作的通知》（档办发〔2021〕1号），明确由国家档案局、财政部、商务部、国家税务总局组织协调小组对电子发票试点工作进行指导，对中央企业总部的试点工作进行验收；各省、自治区、直辖市、计划单列市及新疆生产建设兵团档案局、财政局、商务局、税务局和中央企业总部负责选定本地区或本集团所属的企业及行政事业单位进行试点，指导试点单位开展试点工作，对完成试点的单位进行验收。

2021年4月，上海市档案局、上海市财政局、上海市商务委员会、国家税务总局上海市税务局进一步落实国家层面政策，发布了《关于开展增值税电子发票电子化报销、入账、归档试点工作的通知》(沪档〔2021〕39号)。

会计档案管理在事业单位信息管理工作中十分重要。随着国家对电子会计档案的推广,传统的档案管理方式已经不能满足事业单位发展的需求,事业单位的会计档案管理也一定会朝着电子化的方向发展。当前事业单位会计档案管理仍存在诸多问题,比如缺乏符合单位具体情况的会计档案管理体系、尚未进行信息化建设等。数字化、智慧化的会计档案管理方式可以在提升事业单位会计档案管理质量的同时,助力事业单位高质量发展。

二、研究意义

事业单位会计档案作为会计信息的载体,是记录和反映经济业务的重要凭据,也是事业单位经济持续健康发展的基石。本研究基于事业单位会计档案会计信息化、智能化实践开展。

事业单位面临的挑战和机遇越来越多。随着我国社会主义市场经济体制的建立和完善,事业单位在维持自身运营发展与逐步适应市场经济发展要求之间不断寻找平衡点。2018年6月,《智慧校园总体框架》发布,智慧校园的建设有了新的规范。2021年3月,国家卫生健康委员会制定了《医院智慧管理分级评估标准体系(试行)》,指导医疗机构科学、规范开展智慧医院建设,提升医院管理精细化、智能化水平。可以看出,无论是国家政策的调整和要求,还是信息技术的发展形势,高校、医院等事业单位推行会计电子档案势在必行。因此,开展我国事业单位的电子会计档案管理理论与应用研究,对促进我国事业单位的健康发展具有十分重要的意义。

近年来,我国人工智能、大数据、区块链、财务云、电子发票等信息技术加速创新,日益融入事业单位管理的各个领域,信息技术发展速度之快、辐射范围之广、影响程度之深前所未有,正在成为重塑事业单位运营管理流程的重要力量。因此,做好事业单位电子会计档案管理的理论与应用研究,探索建立一套适合我国事业单位特点的电子会计档案管理体系,有利于提高事业单位的运营管理水平,推动事业单位财务从"传统财务"向"智慧财务"的全面数字化转型,对提升事业单位的管理水平和运营效率具有积极的现实意义和社会价值。

第二节 国内外研究现状

一、国外研究现状

国外学者对会计信息化的研究起步较早,具有相对完善的理论和实证基础,但这些研究都是以企业为研究对象。由于国内外制度和环境的差异,国外会计信息化研究并未涉及事业单位领域。Karl,Edward和Thorsten等(2011)早就预测,随着信息化的发展,电子存储即电子会计档案会成为会计档案存储方式的未来发展趋势。Piro,Guarise和Patania等(2009)认为,随着信息技术的不断升级,未来我们可以通过信息系统帮助会计信息使用者实现会计历史信息的实时调用。El-Tawy 和 Abdel-kader(2013)认为,会计档案信息可以用于企业不同时期的资产识别,企业应建立档案管理系统来统一保管会计档案。Sheinin(2013)认为,通过在信息系统中增加档案模块的方式,可以实现会计档案信息的电子化、集中化存储和管理。Leena 和 Sushi1(2010)认为,档案也可以通过"云模式"进行存储,但这种方式存在一定的安全隐患。Brazel,Joseph 和 Dang(2005)认为,ERP 系统与会计信息的关系最为紧密,企业可以选择通过 ERP 对其会计数据进行自动整合,实现会计档案的电子化管理。由于政治制度的不同,国外没有事业单位,因此,对于事业单位电子会计档案管理理论与应用的研究仍是空白。

二、国内研究现状

我国学者对电子会计档案的理论和实证研究起步较晚。随着我国信息技术和财务管理的高速发展,近 10 年来,国内会计档案的信息化管理技术积累了一定的经验,也出现了一些研究成果。张育强(2013)、陈迈和贾宇霄(2015)以及吴刚(2015)分别对电子会计档案进行了定义。王珂(2015)对电子会计档案系统的功能进行了分析,并在系统建设方面提出了相关建议。程玲(2016)对 ERP 系统中会计档案电子系统设计和实施进行了分析;从系统技术、系统功能、系统详细设计和数据设计四方面对系统设计进行了构思,其中系统功能包括财务数据转换、报表数据转换、固定资产数据转换、网站查询、文档管理、档案案卷管理和系统管理。

近年来,《会计档案管理办法》和《关于规范电子会计凭证报销入账归档的通知》的发布和实施,使得电子会计档案再次成为会计界关注的热点。我国的事业单位,在功能上对应国外的非营利组织(NPO)、非政府组织(NGO)。国外的这些组织均为社会自治组织,而我国的事业单位却与政府存在着密切的联系。目前我国将事业单位与行政单位归并在一起,实施一套统一的会计档案管理模式。因此,关于事业单位的电子会计档案研究,国际上尚缺乏可完全效仿的理论成果,国内亦尚未形成独立的研究体系。事业单位需要在实践中不断总结经验,探索适合我国事业单位的电子会计档案管理体系。

第三节 研究思路与研究方法

一、研究思路

首先,本研究梳理了事业单位会计档案电子化的理论基础及相关概念。其次,对事业单位电子会计档案管理体系构建进行论述,指出事业单位在会计档案管理中存在的诸多问题,进一步分析问题成因,阐述构建电子会计档案系统以及建立电子会计档案评价指标体系的必要性和重要性,为本研究奠定理论基础。再次,利用现场调查和专家咨询法,对数据进行分析测算,研究电子会计档案评价的关键指标;利用 AHP 层次分析法,较科学地提出电子会计档案综合评价指标体系。最后,以公立医院瑞金医院为研究实例,将前几部分的研究结论应用到瑞金医院的会计档案电子化进程中,并展示会计档案电子化管理成效。本研究的研究思路如图1-1所示。

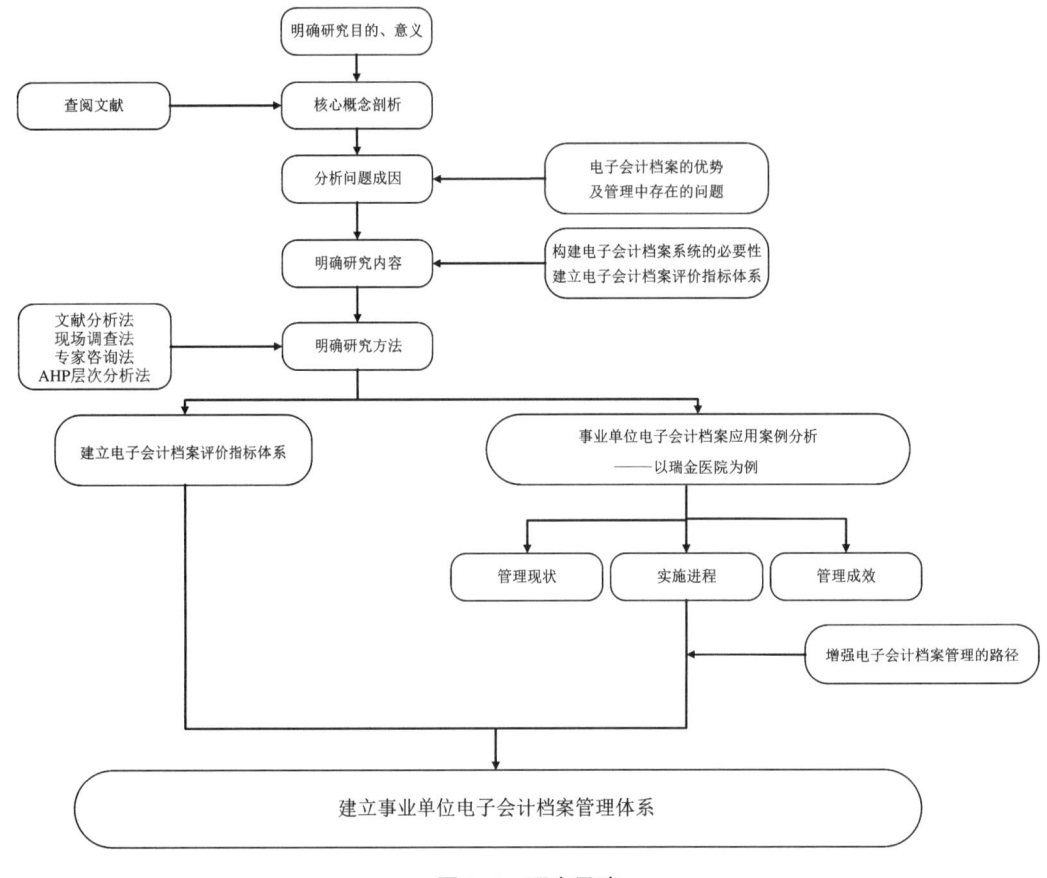

图1-1 研究思路

二、研究方法

本研究以公共财政理论、管理学理论、现代财务管理理论为指导,在借鉴企业ERP电子会计档案的基础上,结合事业单位财务信息系统建设以及RPA机器人等智能化技术应用,构建适合我国事业单位特点的电子会计档案管理及实施框架,并分别确定电子会计档案实施在管理层面和业务层面上的重要指标,尝试采用AHP层次分析法和专家咨询法对电子会计档案实施情况进行有效性评价。

本研究尝试采用实证研究与案例分析相结合的方法开展研究,具体研究方法有:

(1)文献分析法。通过对国内外相关的研究文献进行分析,综合各类研究成果和观点,结合我国的实际情况,提出本研究的观点。

(2)现场调查法。对医院基本情况、会计档案管理现状展开调查,通过实证研究找出会计档案管理中存在的问题以及导致阻碍会计档案管理效率提高的原因。

（3）专家咨询法。我们选取了解事业单位会计档案管理及信息化建设理论以及实际工作的专家，向专家发放相关咨询表。根据专家意见适当调整电子会计档案管理指标体系内容，以保证所使用指标的科学性及研究方案的可行性。专家分为医院临床科室负责人及管理人员、医院财务负责人、高校及科研机构的学者、企业财务负责人4类。

（4）AHP层次分析法。尝试利用AHP层次分析法并结合上述专家咨询结果，创建公立医院电子会计档案评价指标体系，对医院电子会计档案管理情况进行有效性评价。

第四节 创 新 点

本研究以我国事业单位为研究对象，分析影响我国事业单位电子会计档案有效实施的主要原因，结合事业单位财务信息化、智能化进程，构建符合我国事业单位特点的电子会计档案管理原则和方式，并尝试建立完善的事业单位电子会计档案管理体系。

本研究重点分析业财融合与坚持服务职能在事业单位电子会计档案研究中的重要性，力求实现适用于我国事业单位的会计电子档案理论上的创新；同时引入瑞金医院在会计电子档案应用方面的案例分析，提炼总结出会计档案电子化的基本做法和前期准备，提出加强事业单位会计电子档案有效实施的建议，力求开拓适用于我国事业单位电子会计档案管理理论与实践的创新思路。

第二章

事业单位会计档案电子化的理论基础及相关概念

第一节 事业单位会计档案电子化的理论基础

一、系统论

系统论是现代工业、农业、军事和科学技术迅猛发展的必然产物,它反映了人们认识世界和改造世界的深度和广度。一般系统论创始人贝塔朗菲(Bertalanffy)认为,系统是由相互联系、相互作用的若干要素组成且表现为新功能的有机整体。系统并不仅仅是一些事物的简单集合,而是一个由一组相互连接的要素构成的、能够实现某个目标的整体。任何一个系统都包括三种构成要件:要素、连接、功能或目标。根据系统论,系统各要素是相互依存、相互决定的。一种要素的属性、功能并不是完全由该要素自身决定的,它还取决于相关要素之间的相互制约、相互作用。系统论要求我们从整体上去认识和考虑问题,注意系统内外各部分的有机联系。

事业单位是一个由许多相互关联的要素有机结合的复杂系统。因此,要对它实施有效的管理,必须从整体的角度来定义和设计控制体系。我们可以根据不同要素与事业单位相联系的紧密程度、对事业单位影响的大小,把联系紧密、影响较大的要素归为构成要素,把联系不紧密、影响较小的要素归为环境要素。

二、信息论

信息论是一门应用数理统计方法研究信息处理和信息传递的科学,主要研究在通信和控制信息中普遍存在着的信息传递的共同规律,以及如何提高信息传输系统的有效性和可靠性。信息是重要的资源,信息处理技术是正确决策的必要条件。任何单位的管理都离不开信息,任何单位的运行都会获取和利用信息。事业单位的会计档案管理直接与信息相关,会计档案管理就是要保证产生正确的信息,并保证信息畅通和正常利用。

随着计算机信息系统的不断发展,事业单位在实现信息化之后,由于计算机数据处理的集中性与连贯性,原来非信息化环境下的会计档案管理方法变得低效甚至无用。事业单位应对信息系统建设实施归口管理,将会计档案管理活动及流程嵌入信息系统,减少或消除人为操纵因素,保证会计档案管理的有效性。因此,在信息和网络环境下,信息论对会计档案管理系统的设计具有现实的指导意义。

三、流程再造理论

流程再造由美国的迈克尔·哈默（Michael Hammer）和詹姆斯·钱皮（James Champy）提出，其定义是基于价值创造的原则，对组织的业务流程进行重新设计，通过更专业化的分工，使组织在成本、品质、对外服务和时效上实现重大改进。流程再造的核心是以满意度为导向的业务流程，打破按职能设置部门的管理方式，代之以业务流程为中心，重新设计管理过程，从整体上确认组织的作业流程，追求全局最优，而不是局部最优。

优化事业单位的档案管理最重要的工作就是运用流程再造理论和信息技术手段，重新梳理并改进现有会计档案管理业务流程，将非核心的重复性、简单性工作交由信息技术统一运作，优化核心环节，降低管理成本，提升管理效率，促进会计档案管理业务运作标准化、规范化。

第二节　事业单位会计档案电子化的相关概念

一、事业单位

"事业单位"概念系我国独有，其他国家并没有这个概念。根据1998年国务院发布的《事业单位登记管理暂行条例》（以下简称《暂行条例》）的定义，事业单位是指为了社会公益，由国家机关举办或者其他组织利用国有资产举办的，从事教育、文化、卫生等活动的社会服务组织。国际上的社会公益组织或者公共服务机构与我们国家的事业单位类似。最初，人们认识事业单位仅从经费来源判断，后续主要从其性质以及劳动成果两个方面判断。20世纪80年代，我国开始认同事业单位可以有经济活动。

我国事业单位是国家实现各种社会职能的政府延伸机构。不同的事业单位具有不同的分工和职能。有些专注于宣传党政方针，弘扬社会主义道德；有些则专注于科研工作、技术开发以及各种相关服务，为我国生产力水平提高作出重要贡献；还有的则专注于教育、卫生以及医疗等方面，为我国的社会发展以及经济进步创造良好的条件。从实际情况来看，事业单位是一个集合概念，其本质具有多重属性，且各个类别之间具有很大差异。但无论工作性质如何，其工作目标均是实现国家的经济发展和社会稳定。事业单位是我国国家机构体系中不可或缺的一部分，为我国科技、教育、文化、卫生等事业发展作了重要贡献，是我们国家发展综合国力的重要力量。

二、会计档案

《会计档案管理办法》规定：会计档案是指单位在进行会计核算等过程中接受或形成的会计凭证、会计账簿和财务报告等会计核算专业资料，是记录和反映企事业单位经济业务发生情况的重要史料和证据，属于单位的重要经济档案，是检查企事业单位过去经济活动的重要依据，也是国家档案重要组成部分。

《会计档案管理办法》第六条对相关会计资料进行了分类，见表1-1。

表1-1　会计档案的分类和内容

会计档案分类	会计档案内容
会计凭证	原始凭证、记账凭证
会计账簿	总账、明细账、日记账、固定资产卡片
财务报告类	月度、季度、半年度、年度财务会计报告
其他会计资料	银行存款余额调节表、银行对账单、纳税申报表、会计档案移交清册、会计档案保管清册、会计档案销毁清册、会计档案鉴定意见书及其他具有保存价值的会计资料

三、电子化会计档案

目前，电子化会计档案并没有规范性的定义。陈迈和贾宇霄（2015）认为，电子化会计档案是指将传统的纸质会计档案，转变为在计算机等介质上进行存储和应用的、记录事业单位经济业务活动的电子资料，包括电子原始凭证、电子记账凭证、电子账簿、电子报表、电子文档及其他资料等。

四、公立医院

关于公立医院的定义，学术界尚未统一，不同学者有不同的概念界定。周良荣等（2013）认为，公立医院是指国家投资兴办、国家承担无限的清偿责任、不以盈利为目的、向全社会提供基本医疗服务的医院。在国外，公立医院还包括能对所有人提供可及的服务和来自公共资源支付的医院，不管它是私人还是政府管理的。王双彪（2012）认为，公立医院是由国家投资兴办、所有权归全体人民的医院，主要划分为一级医院、二级医院、三级医院。李卫平（2010）认为，公立医院的界定范围包括广义和狭义两方面：广义上的公立医院是指国有、集体、政府办、社会办的医院；狭义上的公立医院是指政府卫生部门所属城市医院、县医院（二级及以上医院）。本研究认为，公立医院是以非追求盈利的公益性质为最基本特点，以社会效益为追求导向，以满足人民公平获得基本医疗卫生服务权利和需求为目的的非营利性机构，其最核心的特点是公益性。公立医院主要的职能和义务是向大众提供门急诊、住院诊疗、预防保健服务，定期开展卫生服务人员的教育培训；开展研发新药、新技术、新疗法的探索，以及服从上级或国家安排的义务诊疗活动等。

第三章

事业单位电子会计档案管理体系的构建与实施路径

第一节 事业单位电子会计档案管理体系的构建

一、传统会计档案与电子会计档案比较分析

(一) 存储方式对比

传统的会计档案以纸质档案为主。纸张格式比较单一，会计信息透明，任何信息的变动都会留下痕迹。传统纸质会计档案具有较好的完整性和真实性。

电子档案的载体是计算机和移动存储介质，如光盘、磁盘等。其载体信息必须通过计算机来识别和读取，对用户来说信息是不透明的。会计资料的电子格式主要包括 PDF、JPG、TXT、Excel、ACCESS、DBF 等。大型会计信息系统主要利用 SQL Server、Oracle 等大型数据库存储会计资料。《会计档案管理办法》要求电子会计档案文件格式应当符合国家档案管理的有关规定。《电子档案移交与接收办法》要求电子档案应当与其元数据一起归档，存储格式为 XML。电子会计文件归档格式比较复杂，一般包括文字型 XML、图像型 JPEG、视频 AVI、音频 WAV 等。

(二) 管理成本对比

传统会计档案成本主要包括打印费用、库房费用、人员费用，成本相对比较固定。纸质会计档案数量巨大，打印数量多、库房占地面积大、管理人员数量多、管理成本高。

电子会计档案成本主要包括软硬件费用、存储介质费用、库房费用、人工费用、计算机系统维护费用等。相对纸质会计档案，电子会计档案的首次投入较高，但打印数量少、库房占地面积小、管理人员相对较少，后期管理成本相对较低。

(三) 管理模式对比

传统的会计档案管理流程主要是纸质档案的收集、整理、移交、保管、利用和销毁。单位将原始凭证以及经济活动产生的会计凭证、会计账簿、财务报告、银行余额调节表等其他财务信息资料装订成册交给档案室进行档案接收、移交。档案室采用传统人工手段进行会计资料的借阅、保存和销毁等。在传统的管理模式下，会计人员需要打印凭证、粘贴凭证、装订成册，工作重复量高；相关人员借阅会计档案时，往往需要先在电脑上查看数

据,再去档案室查询会计凭证附件资料,逐一翻查,耗时耗力,给内部人员、总部和会计审计人员在查询会计资料时带来诸多不便,档案利用率低。纸质会计档案管理模式无法实现会计数据集中管理,无法实现信息资源共享。

电子会计档案管理主要涉及纸质和电子会计档案的收集、整理、移交、保管、利用和销毁等。单位将纸质原始凭证扫描传入电子管理系统,再将系统内外部接收的电子会计档案存入电子档案管理系统进行档案移交归档。移交归档时,档案部门需要对接收的电子档案进行清点,并对其真实性、可用性、完整性和可靠性进行检查,合格后方可接收;借阅人可以通过用户授权登录方式查看授权其查看的电子档案。在现代化的财务管理模式下,通过前期对系统进行设置,计算机可以自动生成会计凭证、账簿、报表,自动识别所接收的会计档案的真实性、完整性和可用性,自动对会计档案信息资源进行归集、整合和归档,实现了财务处理自动化,使电子会计档案的建立和归档流程更为简便高效,减轻了会计人员的劳动强度;会计档案存入电子档案管理系统,可以实现集中管理,方便用户查询,档案利用率高,资源共享率高。

相对于传统纸质会计档案,电子档案的存储方式具有更高的灵活性和便捷性,可以方便地进行备份、复制和传输。同时,电子档案可以进行加密和权限管理,保证信息的安全性和私密性。但是,电子档案也存在数据损坏、格式兼容性、存储空间等问题,需要采取相应的技术手段和管理措施来解决。综合来看,纸质档案和电子档案各有优劣,各单位应根据实际情况和需求进行选择和使用。

二、事业单位会计档案电子化管理的原则

(一) 合法性原则

会计档案电子化管理要遵守以下法律法规和行业标准:《会计档案管理办法》《档案关系型数据库转换为 XML 文件的技术规范》(DA/T57)、《电子文件归档与电子档案管理规范》(GB/T18894)、《磁性载体档案管理与保护规范》(DA/T15)、《中华人民共和国档案法》《电子文件归档光盘技术要求和应用规范》(DA/T38)、《中华人民共和国会计法》《版式电子文件长期保存格式需求》(DA/T47)等。

(二) 真实性原则

真实性包括两个方面:一是电子会计档案文件在形成过程中的真实性,即某一份会计文档应客观反映和真实记录其业务活动,只有真实的电子会计文件或档案才能够有效支撑单位会计业务活动有序进行;二是电子会计档案文件在形成之后的真实性,会计档案在整个生命周期中应未被误用或篡改,保持着历史证明能力,这是会计档案作为历史数据信息的基础。会计档案归档前,档案管理人员需要先审核原始凭证的真实性;会计档案形成过程,主要采用身份认证、数字签名、权限控制等技术来核实会计数据的真实性。

(三) 完整性原则

完整性是指会计档案信息齐备,没有缺失,且可以被检索、呈现和理解,其内容、结构、

背景信息和元数据没有缺损。完整性是电子会计档案文件价值的保障,其重要程度等同于真实性、可用性和安全性。单位应该对电子会计档案文件和元数据进行完整性检测,对特殊格式电子文件所需的软、硬件完整性进行检测。

(四) 可用性原则

可用性是指会计档案可以被查阅,所载信息可以被利用。会计核算系统、业务系统所形成的会计数据能够被电子档案管理系统接收读取,存储介质的电子会计档案数据能被计算机和电子档案管理系统读取。电子会计档案的可用性可以从两方面理解:一是会计档案必须有序整理、有序保管,建立完备、快捷的档案索引,以满足调阅和查询的需要。二是电子会计档案系统建设应考虑用户体验。比如,系统可以采用用户熟悉的语句、短语、符号来表达意思;遵循真实世界的认知和习惯,让信息的呈现更加自然和合乎逻辑。用户期望反映实物的 UI 元素与现实世界中的那些对象相似。比如,一些 App 的图标设计,用户通过图标也能知道其大概是什么内容,像订机票就使用飞机为模型进行设计展示那样。

(五) 安全性原则

会计档案记录着单位的经济活动信息,安全性是会计档案管理工作的首要特点。电子会计档案存储依赖计算机或存储介质,其安全性受计算机、信息系统、档案管理系统、网络、存储介质和保管环境等多种因素影响。因此,事业单位在保证会计档案安全性的基础上进行会计档案电子化管理,可以从硬件安全、软件安全、网络安全、存储介质安全、环境安全、备份安全、档案使用安全等方面进行有效控制,确保会计档案的安全。会计档案必须妥善保管,针对采用不同介质保管的会计档案分别制定不同的安全保密措施。单位要建立健全档案查阅制度,谨防档案遗失或泄密。

(六) 效益性原则

事业单位会计档案电子化建设是一个长期可持续发展的工程,事业单位不仅需要投入资金、人力、设备,而且要根据自身档案管理实际情况,以需求导向为原则,从投入产出效益比和可持续发展性等方面分析会计档案电子化管理的可行性。事业单位应坚持信息化的方针,领导应给予重视,充分调研、科学规划、分步实施、监控过程、制定标准、合理选择人才,争取低成本、高收益实施会计档案电子化管理。

三、事业单位会计档案电子化管理方式框架设计

(一) 电子会计档案管理体系的理论框架

事业单位需要构建电子会计档案管理体系的理论框架,专门成立电子会计档案工作小组,深入分析电子会计档案管理的实际需求。结合需求分析,利用信息技术,选择适当的业务,分层构建以基础建设、数据平台、智能门户为核心的电子会计档案管理体系,着重解决流程统一、数据统一、入口统一的问题,实现电子会计档案管理走向信息化、智能化。从系统开发架构的角度,电子会计档案系统前端和后端同步独立开发、独立部署。前端关注页面样式与动态数据的解析和渲染,而后端则专注于具体业务逻辑和功能实现,减少不

必要的重复交叉工作,简化系统架构,降低开发成本。从信息化系统设计规划的角度,电子会计档案管理体系整体的理论框架分为技术层、数据层和应用层,见图1-2。

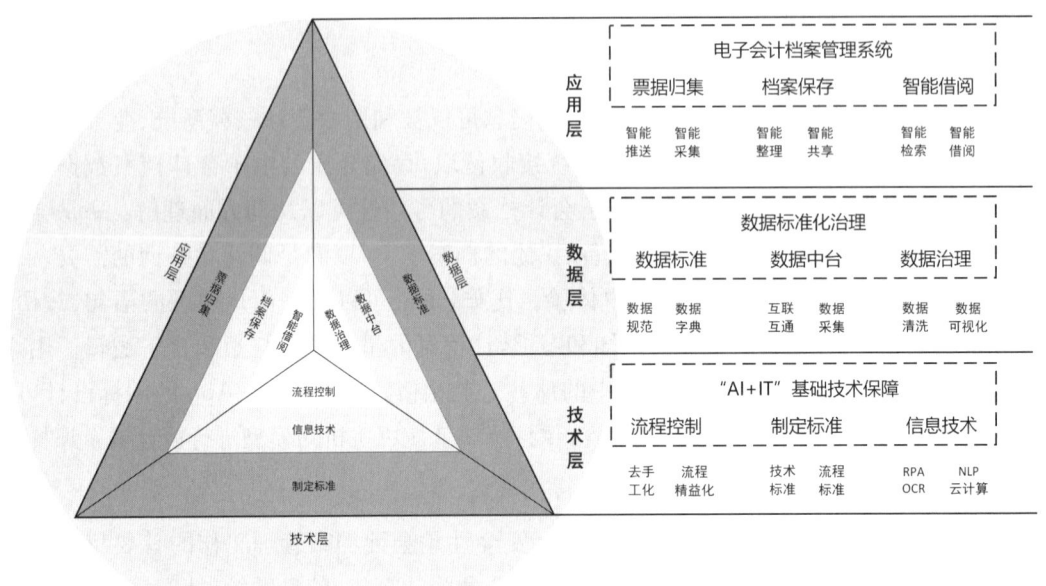

图1-2 电子会计档案管理体系的理论框架

1. 技术层

电子会计档案管理体系的最底层为"AI+IT"基础技术保障层,聚焦流程控制、信息技术、制定标准。第一,业务流程再造,聚焦票据管理中转手多、成本高、效率低的活动并对其进行优化,贯通"业业—业财—财务"端到端的流程,建立标准化的业务流程。第二,将技术标准、流程标准内置于票据系统,并根据业务场景进行细分,保证管理目标的实现,为票据全流程信息化管理提供基础。第三,通过扫描仪、影像处理技术、计算机识别、OCR、RPA等信息技术,将收集的会计凭证和会计档案转化的影像文件或电子文件,将影像化的文件、直接获取的外部电子会计数据、核算系统及其他业务系统自动生成的电子会计文件和其元文件结合在一起,组成结构有序的信息资源库,让平台对接平台(外部财务、税务、内部医院信息系统等)、数据对接数据(业务、财务数据),减少手工录入、降低错误率并提升效能。

事业单位由于其性质特殊,还存在部分纸质凭证。针对这部分重要的纸质档案资料,需要将其转为电子化形式一并集中存储。事业单位可以利用高拍仪、扫描仪等硬件设备,通过 OCR 识别工具,将纸质档案数据快速精准地转化成电子化形式,并存储到档案系统中统一管理。这实现了纸质档案及电子档案共同管理,全面地覆盖单位凭证信息,一站式处理,快速便捷。事业单位对纸质原始凭证进行上传扫描(文件格式支持 PDF、JPG、PNG、JPEG等数据格式),对已上传的纸质原始凭证进行分类、标记、排序、装订,并将会计凭证日期、凭证字号信息录入系统,建立纸质原始凭证与会计凭证的对应关系。

2. 数据层

电子会计档案管理体系的中间层为数据标准化治理层,核心建设目标是打破数据壁垒,让数据在系统中流动起来。第一步,建标准,制定项目数据规范、标准和定义,形成数据字典,统一数据口径。第二步,搭建数据中台,实现数据和系统互通互联。第三步,实施数据治理,组织业务、财务和运营等多条线、多系统开展数据治理工作,将碎片化数据转化为标准化数据,最大化发挥数据价值。以数据为支撑,提供科学、客观及专业的管理支持。

事业单位通过建立会计档案数据库,以网络通信为连接,采用C/S架构或B/S架构,来实现会计数据信息在事业单位内部、外部各个实体之间的信息流通。或将会计档案信息加入共享资源平台,实现所有电子会计数据集中存储、统一管理和全程管理。完善的电子会计档案系统可以实现远程服务,加快信息数据交流和回馈的速度,提高会计档案共享率和使用率。

3. 应用层

电子会计档案管理体系的最上层是基于"票据归集＋档案保存＋智能借阅"3个业务的中台架构,依托技术层、数据层的技术保障、标准规范,开发电子票据、电子会计档案存储等功能,打造功能实用、数据共享和管理智能的电子会计档案管理系统,实现会计档案资料在系统内的流转与共享,最终达到管控财务风险、助力高效运营的建设目标。

(1)电子文件与纸质文件间的关联。已转换的影像文件或电子文件,通过条形码等方式建立与记账凭证的关联关系,存入会计档案管理系统或含档案模块的会计软件,在会计档案数据库形成文字、图像、表格形式的目录、索引和全文等;多元、多检索点的组配检索,不仅可以实现会计凭证的检索、利用和保管,还可以实现原始附件的归集、整理和使用。

(2)系统用户的授权。通过采用权限设置、身份验证、密码保护等安全防护措施,用户可以不受地域限制,以授权的方式登录档案系统或会计核算系统查阅和使用档案信息,从而实现使用的便捷化。

(二)电子会计档案管理系统的结构框架

事业单位可在原有的财务管理体系基础上,结合人工智能、RPA、OCR及大数据等技术,设计电子会计档案管理系统架构(图1-3)。

1. 系统整体架构

系统整体架构采用前后端分离模式。随着互联网的高速发展以及IT开发技术的更新升级,前后端分离的技术模式已被越来越多地应用于软件开发项目中。在实际工作中,前后端的接口联调对接工作量占比超过30%,部分系统甚至会更高,会产生较大的对接工作量。

电子会计档案系统把前端与后端独立起来分别开发,放在两个不同的服务器,进行独立部署,实现前后端代码解耦。两个不同的工程,两个不同的代码库,不同的开发人员,前后端开发人员通过沟通约定好应用所需接口以及接口参数,便可以开始并行开发,无须等待对方的开发工作结束。与此同时,即使需求发生变更,只要接口与数据格式不变,后端开发人员就不需要修改代码,只要前端进行变动即可。在这种架构下,整个应用的开发效率将会有质的提升。开发结束后需要进行独立部署,前端通过接口来调用后端的API。这样一来,前端系统只需要关注页面的样式与动态数据的解析和渲染,后端系统则更专注

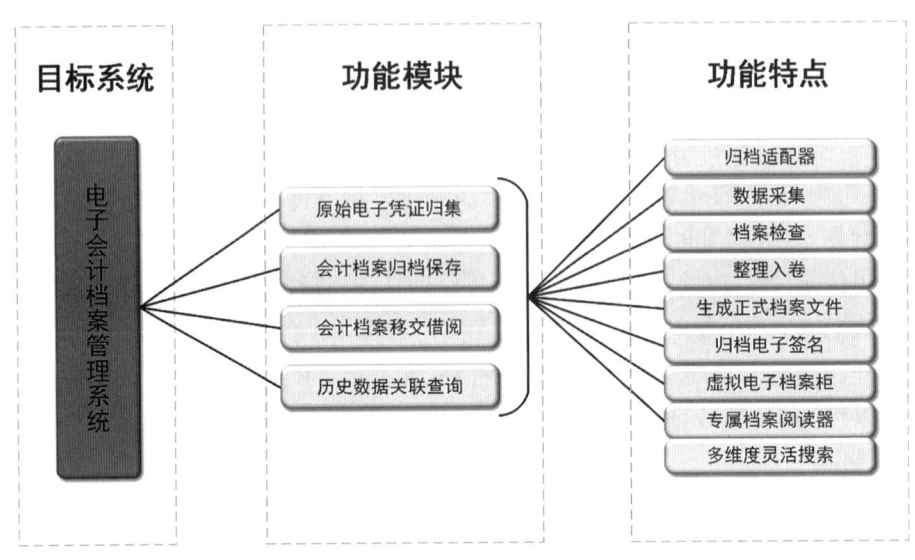

图 1-3　电子会计档案管理系统架构

于具体业务逻辑和功能实现。前后端各司其职,减少不必要的重复交叉工作,简化系统架构,降低维护成本。

(1) 前端采用 Vue 框架开发,降低模块的耦合度,提高开发效率。通过前后端分离模式开发,可彻底解放前端,实现页面按需加载,提升流畅度及用户体验,获得更好的页面表现及兼容性;实现前后端解耦,能减少后端(应用)服务器的并发/负载压力,使后端更好地追求高并发、高可用、高性能。

(2) 后端采用微服务架构开发,可按需扩容,弹性升缩。微服务架构将大型、复杂、长期运行的应用程序构建为一组相互配合的服务,每个服务都很容易被局部改良。它提倡将单一应用程序划分成一组小的服务,服务之间互相协调、互相配合,为用户提供最终价值。每个服务运行在其独立的进程中,服务与服务间采用轻量级的通信机制互相沟通。每个服务都围绕着具体业务进行构建,并且能够被独立地部署到生产环境、类生产环境等。系统后端通过 Spring Cloud+Spring Boot 技术架构实现微服务开发,服务可根据单位的具体需求进行横向扩容、弹性延伸,便于添加服务器提高性能,达到扩张性高、容错性能好的效果。

2. 数据库存储

系统数据处理层可兼容多种数据库产品,包括 Oracle,Mysql 和国产数据库等等,系统数据库多样化,能兼容市场上的主流数据库。同时考虑到业务存储数据量大且随着业务的快速发展,数据量会持续增长,故系统通过分区分表的方式,并采用多层级表空间存储策略。表空间主要分为基础数据、业务数据、基础数据索引、业务数据索引、日志数据等类别,其中业务数据按年度表分区方式再行拆分。这样可实现数据库的横向切分,尽可能缩小每次业务操作的数据范围,减少数据库在 I/O 方面的压力,大幅提升数据库执行效率。

3. 文件存储方式

随着信息技术的发展以及社会智能化带来数据的爆炸性增长，数据正成为最有价值的资源。传统集中式存储方式已不能满足日益增长的数据需求，横向扩展性差、价格昂贵、数据连通困难等问题逐步显现，数据孤岛形成，导致数据中心管理和维护成本居高不下。

分布式存储则可通过廉价的服务器来解决大规模、高并发场景下的 Web 访问问题。它采用可扩展的系统结构，利用多台存储服务器分担存储负荷，利用位置服务器定位存储信息，不但提高了系统的可靠性、可用性和存取效率，还易于扩展。

针对电子票据版式文件、电子凭证文件等大量非结构化数据，系统提供的分布式文件对象存储方式，能解决大容量文件存储和高并发访问的问题，文件存取时可实现负载均衡。面向海量数据的存储访问与共享需求，系统提供基于多存储节点的高性能、高可靠和可伸缩的数据存储和访问能力，实现分布式存储节点上多用户访问共享。其可兼顾多个应用和更多用户访问，提供方便的数据共享手段，提高应用层文件读写性能，且具备可扩展性高、效率高、安全性高等特点。分布式文件存储不仅提高了存储空间的利用率，实现了弹性扩展，降低了运营成本，避免了资源浪费，更是未来数据爆炸时代推荐的存储方式。

4. 缓存功能设计

在高并发场景下，通常需要通过缓存来减少数据库的压力：大量的访问进入能够命中缓存，只有少量的访问需要到数据库层。由于缓存基于内存，可支持的并发量远远大于基于硬盘的数据库。对于高并发系统而言，缓存的设计是必不可少的一环。

系统采用的分布式缓存具有高性能、动态扩展性、高可用性、易用性及分布式代码执行等特性，其将高速内存作为数据对象的存储介质，数据以 key/value 形式存储，理想情况下可以获得 DRAM 级的读写性能，且支持弹性扩展；通过动态增加或减少节点应对变化的数据访问负载，提供可预测的性能与扩展性；同时，其可最大限度地提高资源利用率，基于冗余机制实现高可用性、无单点失效（no single point of failure），支持故障的自动发现，透明地实施故障切换，不会因服务器故障而导致缓存服务中断或数据丢失，动态扩展时自动均衡数据分区，同时保障缓存服务持续可用。

系统数据持久层启用 ehcache＋redis 分布式缓存，通过水平扩展提升高并发、高可用能力，降低数据库访问频率；提高系统性能，减轻数据库访问压力；提高数据的响应速度，并扩大吞吐量，避免重复查询数据库；提高数据查询效率，有效抗住服务器请求压力。

5. 系统打印组件

电子会计档案系统的打印组件需要满足以下功能：可以提供全新的基于网页的报表设计器，在 Chrome、Firefox 和 Edge 等各种主流浏览器运行（IE 浏览器除外）中；用户打开浏览器即可完成各种复杂报表的设计制作，并可通过迭代单元格实现复杂报表自定义需求；配备高性能的国产化报表引擎，同时能满足单位信创国产化适配需求。

6. 电子会计档案电子签名机制

建立完善的档案管理安全机制，提供电子签名、完善日志管理等安全机制，做到所有操作有据可查;提供完善的日志管理及用户监控功能,防止电子会计档案被篡改,改动能被及时发现,提供单位机构电子签章或个人签章签名的管理。

7. 版式文档设计器

版式文档设计器可以设计与电子会计档案相关的不同的版式文件,如记账凭证、原始凭证(发票、财政票据、客票、行程单、海关专用缴款书、合同、报销单)、凭证汇总表、账簿(总账、日记账、明细账、余额表)等。其设计的版式、版面、字体、字号等可与纸质文件保持完全一致,且其设计版式文件简单方便,界面美观易读,便于用户快速准确地打开和查看。

8. 提高系统兼容性

(1) 支持不同账务数据采集。根据事业单位特点,电子会计档案系统提供对接财务软件系统或对接审计国标 2010 数据格式两种方式,进行账务数据采集。

(2) 电子会计档案归档适配器,兼容各大厂商的核算数据,用于提取各个厂商的核算数据以及原始凭证数据,生成电子会计档案。其可以按厂商适配,包含各厂商的产品型号、版本和数据库型号。

9. 设计财务专属档案阅读器

电子会计档案系统需能提供财务档案阅读器的下载、安装功能。支持电子票据等会计档案下载后,会计档案可在本地离线查阅。财务档案阅读器系统自带,需下载安装。阅读器可保证文件安全,可离线查看文件,并可查看明细账和会计凭证;支持追溯查询,查看原始凭证及附件。

第二节　事业单位电子会计档案管理的实施路径

案例单位电子会计档案通过方案设计—开发测试—系统试运行等步骤,目前已实现增值税电子发票通过系统线上进行报销、电脑及移动端审批、自动推送凭证入账、电子会计系统归档等功能,为电子会计档案管理体系在全国范围的推广提供了理论与数据支撑和现实经验。

一、统一思想意识

思想意识统一是事业单位实施电子会计档案管理的先决条件。在电子会计档案系统建设过程中,事业单位面临着诸多难题,首要面临的是员工在思想意识上对数字化转型的接纳问题。从单位发展和社会发展趋势来看,数字化转型已势在必行。在转型过程中,事业单位应首先加强对数字化技术以及数字化转型的宣传,同时做好对员工的培训,让所有人在思想意识上做到统一,后续开展工作才会更加顺利。除此之外,在电子会计档案管理实施中,事业单位不应盲目而为,而应多与同类型单位作对比,了解发现自身不足,进行有针对性的改进,并在管理过程中对产生的问题及时作出调整。同时,还要加强思考,考虑引入新体系、新系统将会给事业单位财务信息化建设带来哪些成效。只有将问题、成效等关键要素清晰地展现出来,才能让员工了解数字化转型的价值。

二、会计档案的电子化

事业单位内部直接形成的会计资料主要包括内部会计核算生成的会计凭证账簿(如原始凭证、会计账簿等)和其他业务系统生成的可以作为会计核算的凭据。事业单位通过规范接口、规范数据转换格式,将会计核算系统和其他业务系统进行无缝对接,进行数据交换和流通,实现内部数据的流通及内部原始凭证的电子化。

在信息化条件下,会计信息系统可以实现记账凭证、会计账簿等其他会计凭证的自动收集;其他业务系统,如费用报销系统审批生效的费用报销申请单等,都可以实现电子会计档案的自动收集。只需在信息系统中内嵌有效的审批程序,就可以实现仅保存电子会计档案。

三、业务系统与电子会计档案管理系统衔接

核算系统、司库系统、报账系统、影像系统、报表系统及税务、收入等业务系统,利用互联网接入已经标准化的归档接口,将准备移交的已检测的电子会计文件和其元数据传输到电子会计档案管理系统。电子会计档案管理系统将收集的数据信息资源存入信息数据库,对电子会计档案进行组卷、组盒、出入库、调阅、归档、销毁等操作,并建立电子会计档案与纸质会计的勾稽对应,成为管理电子会计档案全生命周期的信息平台。

四、电子会计档案管理

电子会计档案管理流程主要包括归档、保管、使用和处置。电子会计档案管理系统为每一份会计档案建立全生命周期管理,人们可随时查阅该份档案所处环节,并追溯查询相关联信息。

(1)归档。会计档案归档主要包括归档方式(在线自动、手动等)、归档时间、归档鉴定、整理和移交归档。

(2)保管。会计档案保管主要包括电子会计档案的存储和保管。电子会计文件存储可以采用在线存储和离线存储两种方式;对于重要的电子会计文件,可以采用一式三套离线存储保管,载体应具有较好的耐用性,依次选择为:一次性写光盘、磁带、可擦写光盘、硬磁盘。可对磁性载体定期转存、定期抽样机读检查,抽样率不低于10%。

(3)使用。电子会计档案可根据授权通过电子档案管理系统在线或离线供人们使用,并保留使用过程信息记录。随着大数据和云模式的应用,会计档案的电子化管理也顺应信息化共享模式的潮流,实现信息的内部和外部共享。

(4)处置。会计档案处置方式分为鉴定和销毁。单位应按国家规定组织会计部门、审计部门、档案部门等对保密期满的会计档案逐卷、逐份阅读进行鉴定,提出鉴定意见。对仍需要保存的电子会计档案,按照其内容重新规划10年或30年的保密期限;对无留存价值的会计档案,在保密期满后进行销毁处理。

第四章

公立医院电子会计档案管理评价指标体系构建

第一节 公立医院电子会计档案评价原则

一、经济效益与社会效益相结合原则

公立医院在构建电子会计档案评价指标体系时,要遵循深化医药卫生体制改革的指导思想,坚持公立医院的公益性质,注重公立医院的社会效益。经济效益与社会效益两者相辅相成,我们在构建电子会计档案评价指标体系时要遵循经济效益与社会效益相结合的原则。

二、纵向分析与横向分析相结合原则

随着公立医院外部竞争压力的加大,原有的将本期发生数与同期历史水平进行比较的纵向分析方法已满足不了医院管理者的决策需求,公立医院还需要与同行业同水平的公立医院进行横向分析。

三、长期与短期目标相结合原则

在构建公立医院电子会计档案评价指标体系时,除了要关注常规的收支结余等短期目标,还要关注工作质量、工作效率等长期目标。

四、定量与定性指标相结合原则

设计评价指标体系必须考虑并不是所有的评价内容都能做到准确量化。有的评价内容可通过定量指标实现,而有的评价内容仅靠定量指标来衡量略显草率和武断。定性指标需要依赖财务人员个人的工作经验和专业知识来评判,不同的财务人员很可能给出不同的判断,有可能造成电子会计档案评价的随意性。因此,为了客观公正地进行电子会计档案评价,避免主观性和随意性,必须科学合理地规划定量指标与定性指标在电子会计档案评价指标体系中的权重,从而最终实现公允评价。

第二节 公立医院电子会计档案管理评价的组织实施

一、制定评价方案

评价方案是公立医院开展电子会计档案管理评价的基础。公立医院在开展电子会计档案管理评价时，要制定完整、科学合理的评价方案。评价方案是公立医院开展电子会计档案评价的大纲，其设计制定既要系统、完整、全面，又要科学、合理、可行，要以医院的基本情况为主要依据，根据医院的发展方向、部门职责、业务性质、业务范围、管理架构、经济活动、管理主体等，对电子会计档案管理进行评价。医院开展电子会计档案管理评价，应重点关注重要业务事项；应坚持问题导向，对医院的电子会计档案管理活动进行全面评价；应当全面覆盖单位电子会计档案管理业务活动，综合反映医院的电子会计档案管理情况。

二、构建评价指标

评价指标是公立医院开展电子会计档案管理评价的依据与标准。电子会计档案管理评价主要采用一些指标进行考核与衡量，评价指标是对评价范围和评价内容的具体化。公立医院在开展电子会计档案评价的过程中，要全面梳理公立医院电子会计档案管理业务流程，从资源配置、效果评价和人才培养三个层面，构建电子会计档案评价体系。指标构建应具备层次性，即电子会计档案评价指标体系由评价类别、评价指标和评价要点不同层次构成，不同层次的指标涵盖不同的业务内容；应遵循系统性原则，评价指标相辅相成又不重复，构成完整的指标体系。

综上，公立医院在构建电子会计档案评价指标体系过程中，应充分考虑到医院的自身情况和业务特点，在评价过程中增加与自身目标及单位特殊业务密切相关的评价指标，并将其纳入评价体系范围。

三、选择评价方法

评价方法是公立医院开展电子会计档案管理评价的具体手段。电子会计档案评价的方法有定性与定量两类。定性评价方法包括专家咨询法、调查表法、个别访谈法、流程图法等；定量评价方法包括AHP层次分析法、模糊评价法、指标法等。不同的评价方法有各自的优缺点，适用于不同的评价主体，不存在固定的或通用的方法。不同的公立医院具有不同的特点，不仅医院规模大小不等，具体会计档案业务性质、业务流程和业务范围也各有差异，由此决定了没有哪种方法和程序是标准的。有的方法适用于对公立医院宏观的组织构架、决策机制、归口管理等管理活动进行评价；有的方法适用于对事业单位微观的具体管理业务活动的有效性作出判断。公立医院电子会计档案基础性评价方法的选择，可以根据自身的特点与评价的具体模式，结合评价程序选择采用符合单位特点且行之有效的评价方法,有效地实施公立医院电子会计档案管理评价。

四、明确评价重点

公立医院电子会计档案评价工作的总体目标,确定了公立医院电子会计档案评价的重点内容。对医院电子会计档案管理能力进行评价时,需要运用多个维度的指标来综合反映医院的电子会计档案管理情况。较为全面的评价指标体系需涵盖多方面具有代表性的若干指标,并能够对指标进行分解。评价指标体系应以定量指标为主,辅以定性指标,减少主观因素对评价结果的影响。

(1) 基础设施配备评价。基础设施是实现医院会计档案信息化管理的物质基础,主要包括软硬件基础设施和档案信息网络等。前者是医院会计档案信息化管理的基本条件,后者是会计档案信息传输、交换和资源共享的必要手段。先进的软硬件设施、良好的网络环境,必然会对会计档案信息化管理过程中的各项服务功能及其利用效益产生重要的促进作用。

(2) 信息资源配置评价。在会计档案信息化管理评价中,信息资源是整个档案信息化过程中最重要的部分。它的开发和利用是会计档案信息化管理的目标,也是会计档案信息化取得成功的标志。信息资源评价主要体现在会计档案数量、会计档案信息资源开发人员数、可开放的各种载体会计档案数量、年均查档数量及人数、现代化程度和便利程度、年均产生的科研成果数量等方面。信息资源主要有三大来源:一是会计档案数量(历年产生的会计档案数量、可开放的会计档案数量以及年均产生的档案量),二是年均查档数量及人数,三是年均产生的科研成果数量。对于这三组信息资源的评价,可以充分显示会计档案的开发利用及所形成的科研成果的效率,保障信息资源的综合性、完整性、权威性。

(3) 政策标准制定评价。信息化发展带来的计算机病毒、电子犯罪、知识产权保护等问题,严重影响了医院会计档案信息化的发展。科学技术的迅猛发展给医院会计档案信息化管理带来了前所未有的问题和挑战。完善的管理制度是医院档案管理工作有序、规范进行的基础。现有的医院会计档案信息化管理的法规政策大多是医院内部制定的,缺乏统一性和标准性。医院会计档案工作只有在档案信息政策、标准和法规的保障下,才能快速、健康地推进。

(4) 实施环境构建评价。档案信息化环境是指单位管理层的档案意识、业务人员的能力以及舆论宣传程度等。档案信息化环境对于会计档案信息化管理水平具有很大的影响,良好的信息环境可以提升档案信息化的速度。

(5) 管理效益评价。会计档案信息化管理效益是信息资源管理成败的体现,直接、间接效益体现为通过提高档案信息资源利用的服务效率、降低成本而取得的直接、间接效益,包括合理优化资源、节约成本、减少费用支出等。社会效益体现在提高社会信息化整体水平,实现决策科学化等方面。追求最小的建设成本和最大的社会、经济效益,是会计档案信息化管理的最终目标。

（6）人才培养评价。随着医院会计档案信息化步伐的加快，医院需要一批既具有丰富档案经验，又能熟练掌握现代信息技术的人才队伍。会计人员的态度、专业素养往往制约着会计档案信息化管理的进程。

（7）满意度评价。电子会计档案管理需要站在用户角度，了解用户需求和满意程度，切实为用户服务，建立以用户为中心的质量评价标准。

五、提供评价报告

电子会计档案评价报告，是对电子会计档案管理情况进行总结的文件，是督促整改电子会计档案管理活动的依据。评价报告要集中反映评价活动的全貌，体现评价目标、评价原则、评价标准等具体信息，要内容完整、形式规范，披露的信息应具有实用价值。评价报告要总结被评价主体的成功经验及有效做法，并加以移植推广；要披露被评价主体电子会计档案管理活动中存在的问题，作出相应说明，认真分析产生的原因，提出改进建议并督促落实整改，从而促进公立医院不断提高电子会计档案管理水平。

第三节 公立医院电子会计档案评价体系构建

通过上一节的分析可以发现，目前公立医院电子会计档案评价指标体系存在的问题较多，不能满足医院管理者的需要。因此，本研究在增加非财务指标的基础上，从经济效益和社会效益两个方面来构建一个能够充分反映现阶段医改要求的新型电子会计档案综合评价指标体系。

一、公立医院电子会计档案综合评价体系的设计原则

科学、合理地建立指标体系，不仅是会计档案信息化管理评价模型建立的基础，也是进行信息化测度的前提。指标是测度的重要因素，指标体系是由一系列互相联系、互相补充的指标组成的统一整体。设置指标体系是为了对医院会计档案信息化管理水平进行全面的评估。本课题组认为，评价指标体系应设计遵循以下六个原则。

（一）科学性原则

评价指标体系构建要以科学的理论为指导。设置的指标在数据的选取和计算方面要合理和有效，对于指标的定义要详细、明确，所构建的指标体系要符合会计档案信息化管理的实际情况。指标体系必须符合档案信息化管理的发展要求和内在规律，抓住评价对象的实质。

（二）系统性原则

评价指标体系是一个有机的整体。在建立指标体系时，应将会计档案信息化管理作为一个系统进行分析，全面、客观地反映会计档案信息化多种要素的综合情况。应抓住指

标间相互联系、相互制约的关系,划分其层次,保障评价指标体系的全面性和可信度。

(三) 可延续性原则

会计档案作为经济业务的反映,必须保证其连续性。同时,档案信息化建设处于不断发展之中,某一阶段起重要作用的因素可能在下一阶段失去重要性。指标体系的设计应该在时间上可以延续,在内容上可以拓展。

(四) 代表性原则

由于会计档案信息化的内涵和外延具有广泛性和模糊性,描述会计档案信息化水平的因素很多。科学的做法是在众多可用的指标中选取最具代表性、灵敏性且内涵丰富的主导性指标。

(五) 可操作性原则

指标体系最终是为了在实际部门进行应用和推广,因此应含义明确、难易适中、采集方便。如果指标体系缺乏实用性,就没有意义。因此,构建指标体系时应在保证评价结果的客观性的条件下,充分考虑指标量化的难易程度和可靠性,选用可供计算或可直接利用的数据作为基础指标。

(六) 可比性原则

在具体指标的选取上,不仅要能够进行横向对比,而且要能够纵向对比,保证其有共同的指标含义。应注意指标口径和选取范围的一致性,保证指标体系的可测度性。

二、公立医院电子会计档案综合评价体系构建

在上述构建思路的基础上,本研究将卫生财务管理、医院财务制度、咨询专家的指标纳入参考指标体系,结合业财融合的实践理念,初步构造公立医院电子会计档案综合评价体系。其中,一级指标分别为基础设施配备、项目资源配置、政策标准制定、实施环境构建、管理效益评价、人才培养评价和满意度评价,并设 43 个二级指标。为使公立医院电子会计档案综合评价体系中的指标更具科学性、合理性和可操作性,本研究团队邀请了 25 位熟悉公立医院会计档案理论及实际情况的专家(医院管理人员、医院财务人员、高校及科研机构专家学者以及卫生、财政部门行政管理人员等),通过匿名函询方式征询专家对前文所述指标及其权重、计算方法等的意见,并最终确定公立医院电子会计档案综合评价体系。

(一) 指标体系构建

1. 专家权威程度评测

专家咨询表中附有专家权威程度量化表和专家基本情况调查表,由专家进行自我评价。专家自评权威系数 Cr 由专家判断系数 Ca(赋值表见表 1-2)和专家熟悉程度系数 Cs(赋值表见表 1-3)决定,$Cr=(Ca+Cs)/2$,Cr 值在 $0\sim1$,值越大,说明专家的权威程度越高。由表 1-4 可知,各一级指标的 Cr 均高于 0.7,说明专家的权威程度相对较高。

表 1-2　指标判断依据及其影响程度系数(Ca)

判断依据	专家判断系数(Ca)		
	大	中	小
实践经验	0.4	0.35	0.2
理论分析	0.25	0.15	0.1
同行了解	0.25	0.15	0.05
直觉	0.05	0.05	0.05
参考国内外资料	0.05	0.05	0.05

表 1-3　专家对于指标的熟悉程度系数(Cs)

熟悉程度	专家熟悉程度系数(Cs)
很熟悉	1
比较熟悉	0.8
一般熟悉	0.6
不太熟悉	0.4
不熟悉	0.2
很不熟悉	0

表 1-4　专家自评权威系数

指标分类	熟悉程度 Cs	专家判断系数 Ca	专家自评权威系数 Cr
基础设施配备	0.87	0.78	0.83
项目资源配置	0.88	0.76	0.82
政策标准制定	0.91	0.86	0.89
实施环境构建	0.86	0.79	0.83
管理效益评价	0.85	0.76	0.81
人才培养评价	0.84	0.74	0.79
满意度评价	0.84	0.74	0.79

2. 指标体系调整

通过专家咨询对指标体系进行部分增减调整和修正,最终确定公立医院电子会计档案综合评价体系,共包括 7 个一级指标和 43 个二级指标。

由表 1-5 可知,专家对各项一级指标的重要性、可获取性、敏感性评分均值基本在 4 分以上,且变异系数均比较小,仅"人才培养评价"的三个维度得分、"管理效益评价"和"满意度评价"的敏感性得分略低于 4 分,说明各项一级指标的专家一致性较好。

二级指标得分情况见表 1-6,根据各指标得分情况以及专家意见对二级指标体系进行相应调整(表 1-7)。第一,删除"国产化情况""需求人员数量"以及"电子会计档案人才系统操作培训时长"三个指标。其中,"国产化情况""电子会计档案人才系统操作培训时长"两个维度的变异系数均超过 0.3,专家一致性较差;"需求人员数量"有一个维度得分低于 4 分,且需求人员数量受多方面因素制约,无法较为准确地反映医院会计档案管理情况。

表 1-5　一级指标得分情况

一级指标		重要性			可获取性			敏感性		
		平均值	标准差	变异系数	平均值	标准差	变异系数	平均值	标准差	变异系数
1	基础设施配备	4.63	0.58	0.13	4.51	0.73	0.16	4.25	0.87	0.20
2	项目资源配置	4.55	0.52	0.11	4.34	0.77	0.18	4.01	0.75	0.19
3	政策标准制定	4.84	0.47	0.10	4.60	0.65	0.14	4.44	0.92	0.21
4	实施环境构建	4.41	0.64	0.15	4.29	0.68	0.16	4.08	0.76	0.19
5	管理效益评价	4.48	0.59	0.13	4.00	0.82	0.20	3.99	0.90	0.23
6	人才培养评价	3.86	0.84	0.22	3.86	0.89	0.23	3.58	0.95	0.27
7	满意度评价	4.44	0.82	0.18	4.32	0.69	0.16	3.92	0.95	0.24

第二，根据专家反馈意见作出如下修改：将"财务处负责人"改为"财务负责人牵头的工作专班"，更准确地反映财务负责人在电子会计档案管理中的作用；将"档案管理人员数量""系统管理人员数量""业务处理人员数量"合并为"项目业务人员数量"；将"项目开发人员数量""测试人员数量"合并为"开发测试人员数量"；将"实施人员数量""质量管理人员数量"合并为"质量监督管理人员数量"；将"存放空间减少比例""打印纸张减少比例""整理存档节约人力成本""线下借阅时间成本"合并为"管理效益乘数"；将"电子会计档案管理人员数量""电子会计档案维护人员数量"合并为"电子会计档案内部管理与后台维护人员数量"；将"电子会计档案人才业务培训时长""电子会计档案人才行业交流培训时长"合并为"电子会计档案人才交流培训时长"，更为合理反映医院电子会计档案管理情况；将"参观交流人次"从"实施环境构建"调整到"管理效益评价"，更合理地反映参观交流在电子会计档案管理中的作用。

表 1-6　二级指标得分情况

二级指标		重要性			可获取性			敏感性		
		平均值	标准差	变异系数	平均值	标准差	变异系数	平均值	标准差	变异系数
1.1	纸质票据批量扫描设备配置	4.76	0.60	0.13	4.80	0.41	0.09	4.64	0.64	0.14
1.2	硬件存储配置	4.84	0.47	0.10	4.72	0.46	0.10	4.44	0.82	0.18
1.3	国产化情况	3.56	1.04	0.29	4.28	1.02	0.24	3.72	1.10	0.30
1.4	网络安全等级	4.84	0.55	0.11	4.68	0.56	0.12	4.36	0.81	0.19
1.5	核算软件更新频率	3.72	0.68	0.18	4.24	0.78	0.18	3.52	0.65	0.19
1.6	报销系统更新频率	3.68	0.69	0.19	4.20	0.76	0.18	3.52	0.65	0.19
1.7	财务机器人系统更新频率	3.80	0.76	0.20	4.12	0.78	0.19	3.56	0.71	0.20
1.8	合同管理系统更新频率	3.68	0.80	0.22	4.00	0.82	0.20	3.44	0.77	0.22

(续表)

二级指标		重要性			可获取性			敏感性		
		平均值	标准差	变异系数	平均值	标准差	变异系数	平均值	标准差	变异系数
2.1	财务处负责人	4.64	0.64	0.14	4.60	0.58	0.13	4.20	0.76	0.18
2.2	档案管理人员数量	4.12	0.83	0.20	4.32	0.75	0.17	3.72	0.84	0.23
2.3	系统管理人员数量	4.04	0.73	0.18	4.40	0.58	0.13	3.76	0.66	0.18
2.4	业务处理人员数量	4.24	0.72	0.17	4.48	0.59	0.13	3.88	0.60	0.15
2.5	需求人员数量	4.12	0.73	0.18	4.24	0.66	0.16	3.96	0.68	0.17
2.6	项目开发人员数量	4.12	0.73	0.18	4.24	0.66	0.16	4.00	0.76	0.19
2.7	测试人员数量	3.84	0.75	0.19	4.16	0.69	0.17	3.88	0.73	0.19
2.8	实施人员数量	3.92	0.70	0.18	4.20	0.71	0.17	3.76	0.72	0.19
2.9	运行维护人员数量	4.16	0.75	0.18	4.24	0.72	0.17	4.00	0.71	0.18
2.10	质量管理人员数量	4.04	0.68	0.17	4.16	0.75	0.18	3.96	0.73	0.19
3.1	电子会计档案管理制度	4.68	0.56	0.12	4.52	0.65	0.14	4.32	0.75	0.17
3.2	电子会计档案管理技术与工作规范	4.76	0.52	0.11	4.52	0.59	0.13	4.52	0.65	0.14
4.1	领导重视程度	4.92	0.28	0.06	4.24	0.83	0.20	4.48	0.71	0.16
4.2	电子会计档案项目预算	4.58	0.58	0.13	4.42	0.58	0.13	4.13	0.85	0.21
4.3	部门间工作协调机制	4.64	0.57	0.12	4.16	0.90	0.22	4.36	0.81	0.19
4.4	会计人员信息化能力及素养	4.20	0.76	0.18	4.00	0.96	0.24	3.92	0.95	0.24
4.5	参观交流人次	3.48	0.71	0.21	4.08	0.81	0.20	3.36	0.76	0.23
4.6	参加行业论坛次数	3.40	0.82	0.24	3.96	0.89	0.22	3.36	0.95	0.28
5.1	存放空间减少比例	4.08	0.93	0.23	4.33	0.76	0.18	4.08	0.93	0.23
5.2	打印纸张减少比例	4.25	0.85	0.20	4.21	0.72	0.17	3.88	0.90	0.23
5.3	整理存档节约人力成本	4.50	0.78	0.17	4.13	0.80	0.19	4.00	0.93	0.23
5.4	线下借阅时间成本	4.29	0.81	0.19	4.08	0.83	0.20	4.13	0.85	0.21
5.5	电子会计档案管理体系下平均业务用时	4.33	0.76	0.18	4.04	0.75	0.19	4.08	0.72	0.18
5.6	档案丢失和损毁率变化	4.40	0.76	0.17	4.28	0.79	0.18	4.20	0.76	0.18
5.7	索引和借阅便捷程度	4.56	0.65	0.14	4.12	0.97	0.24	4.20	0.87	0.21
5.8	相关科研成果被引次数	3.92	0.95	0.24	4.24	1.01	0.24	3.76	0.93	0.25
6.1	电子会计档案管理人员数量	3.92	0.70	0.18	4.24	0.88	0.21	3.60	0.82	0.23
6.2	电子会计档案维护人员数量	3.80	1.00	0.26	3.96	1.17	0.30	3.56	1.12	0.31

(续表)

二级指标		重要性			可获取性			敏感性		
		平均值	标准差	变异系数	平均值	标准差	变异系数	平均值	标准差	变异系数
6.3	电子会计档案人才占比	3.76	0.66	0.18	4.20	0.82	0.19	3.56	0.82	0.23
6.4	电子会计档案人才系统操作培训时长	3.76	1.05	0.28	3.92	1.12	0.28	3.64	1.19	0.33
6.5	电子会计档案人才业务培训时长	3.92	0.81	0.21	4.12	0.78	0.19	3.84	0.90	0.23
6.6	电子会计档案人才行业交流培训时长	3.64	0.76	0.21	3.88	0.73	0.19	3.48	0.71	0.21
6.7	电子会计档案人才的后续教育经费投入	3.80	0.76	0.20	4.04	0.73	0.18	3.52	0.71	0.20
7.1	工作人员满意度	4.44	0.82	0.18	4.24	0.97	0.23	4.20	0.87	0.21
7.2	借阅人员满意度	4.40	0.82	0.19	4.16	0.94	0.23	4.20	0.91	0.22

表 1-7 二级指标调整情况

调整指标				调整指标				删除指标	
调整前		调整后		调整前		调整后			
2.1	财务处负责人	2.1	财务负责人牵头的工作专班	5.1	存放空间减少比例	5.1	管理效益乘数	1.3	国产化情况
2.2	档案管理人员数量	2.2	项目业务人员数量	5.2	打印纸张减少比例				
2.3	系统管理人员数量			5.3	整理存档节约人力成本				
2.4	业务处理人员数量			5.4	线下借阅时间成本				
2.6	项目开发人员数量	2.3	开发测试人员数量	4.5	参观交流人次	5.5	参观交流人次	2.5	需求人员数量
2.7	测试人员数量			4.6	参加行业论坛次数	5.6	参加行业论坛次数		
2.8	实施人员数量			6.1	电子会计档案管理人员数量	6.1	电子会计档案内部管理与后台维护人员数量	6.4	电子会计档案人才系统操作培训时长
2.10	质量管理人员数量	2.4	质量监督管理人员数量	6.2	电子会计档案维护人员数量				
				6.5	电子会计档案人才业务培训时长	6.3	电子会计档案人才交流培训时长		
				6.6	电子会计档案人才行业交流培训时长				

综上所述,公立医院电子会计档案综合评价体系见表 1-8。

表 1-8　公立医院电子会计档案综合评价体系

序号	一级指标	序号	二级指标	定义
1	基础设施配备	1.1	纸质票据批量扫描设备配置	批量扫描设备配置数量
		1.2	硬件存储配置	电脑、网络服务器、不间断电源云存储配置数量
		1.3	网络安全等级	会计业务形成的数据保密,账务处理软件的访问控制,身份识别,计算机的监控管理程序、存储和安全管理系统以及操作系统等
		1.4	核算软件更新频率	至少每季度更新一次
		1.5	报销系统更新频率	至少每季度更新一次
		1.6	财务机器人系统更新频率	至少每半年更新一次
		1.7	合同管理系统更新频率	至少每半年更新一次
2	项目资源配置	2.1	财务负责人牵头的工作专班	是否有财务处副职以上干部牵头负责项目
		2.2	项目业务人员数量	项目业务人员数量/财务部门人员数量×100%
		2.3	开发测试人员数量	会计档案信息资源开发、测试人员的数量/项目总研发人员数量×100%
		2.4	质量监督管理人员数量	质量监督管理人员数量/项目总研发人员数量×100%
		2.5	运行维护人员数量	运行维护人员数量/项目总研发人员数量×100%
3	政策标准制定	3.1	电子会计档案管理制度	是否建立电子会计档案管理制度
		3.2	电子会计档案管理技术与工作规范	是否形成电子会计档案管理技术与工作规范
4	实施环境构建	4.1	领导重视程度	领导层对于会计档案信息化的重视程度及对会计档案信息化管理在人力、物力、财力的支持
		4.2	电子会计档案项目预算	是否有相关的立项依据
		4.3	部门间工作协调机制	制度文件中是否有关于部门间分工与协作机制的相关说明
		4.4	会计人员信息化能力及素养	相关从业人员是否持有国家档案局颁发的档案管理人员证书
5	管理效益评价	5.1	管理效益乘数	存放空间减少比例×打印纸张减少比例×整理存档节约人力成本×线下借阅时间成本
		5.2	电子会计档案管理体系下平均业务用时	电子会计档案管理体系应用后平均业务用时/电子会计档案管理体系应用前平均业务用时×100%
		5.3	档案丢失和损毁率变化	电子会计档案管理体系应用后档案丢失或损毁率×100%－电子会计档案管理体系应用前档案丢失或损毁率×100%

(续表)

序号	一级指标	序号	二级指标	定义
5	管理效益评价	5.4	索引和借阅便捷程度	索引和借阅所耗时长是否可以线上完成索引和借阅全过程
		5.5	相关科研成果被引次数	每年平均与电子会计档案管理体系相关科研成果被引用次数
		5.6	参观交流人次	年会计电子档案参观交流人次/年财务处参观交流人次×100%
		5.7	参加行业论坛次数	年参加会计电子档案行业论坛次数/财务处年参加行业论坛次数×100%
6	人才培养评价	6.1	电子会计档案内部管理与后台维护人员数量	电子会计档案内部管理与后台维护人员数量/财务人员数量×100%
		6.2	电子会计档案人才占比	电子会计档案人才数量/财务人员数量×100%
		6.3	电子会计档案人才交流培训时长	电子会计档案人才行业交流培训时长/会计人才行业交流培训时长×100%
		6.4	电子会计档案人才的后续教育经费投入	后续教育经费金额/电子会计档案建设总投资总额×100%
7	满意度评价	7.1	工作人员满意度	操作体验满意度(定期开展的满意度调查问卷)
		7.2	借阅人员满意度	借阅体验满意度(定期开展的满意度调查问卷)

(二) 指标权重确定

在确定各层各指标的权重时,如果只给出定性结果,往往不易被人接受。因此,本研究采用AHP层次分析法确立公立医院财务综合评价指标体系各项指标的权重。在确定评价指标体系中各个具体指标权重时,先将指标体系分为一级指标和二级指标两个层次,利用AHP层次单排序以及和积法分别计算两个层次的指标权重,再将两个层次的权重相乘以确定各单项指标的最终权重。

第一步,建立层次结构模型。系统中各个因素按照类似的属性进行分组,每一组作为一个层次,自上而下分层,建立系统的层次结构,一般分为目标层、准则层、指标层。本研究的层次结构模型为表1-8已得到的公立医院电子会计档案综合评价体系。

第二步,构造判断矩阵。AHP层次分析法的信息基础主要是人们对每一层次各因素的相对重要性给出的判断,这些判断用数值表示出来,构造判断矩阵。判断矩阵表示针对上一层某因素而言,本层次与之有关的各因素之间的相对重要性。参考萨蒂(Satty)的提议,根据九级相对重要性等级表赋值,详见表1-9。通过函询的方式请专家按照九级相对重要性等级表分别对财务综合评价指标体系的7个一级指标和43个二级指标两两之间的相对重要性进行评分,从而得到对应的判断矩阵。一级指标重要性的判断矩阵详见表1-10。

表1-9 九级相对重要性等级表

评价值	定义	说明
9	极重要	左方指标比上方指标极重要
7	明显重要	左方指标比上方指标明显重要
5	重要	左方指标比上方指标重要
3	略重要	左方指标比上方指标略重要
1	同等重要	左方指标与上方指标同等重要
1/3	略不重要	左方指标比上方指标略不重要
1/5	不重要	左方指标比上方指标不重要
1/7	明显不重要	左方指标比上方指标明显不重要
1/9	极不重要	左方指标比上方指标极不重要

表1-10 一级指标重要性的判断矩阵

评价值	风险管理	成本管理	预算管理	运行效率	患者负担	发展能力	收入管理
基础设施配备	1	3.19	2.47	2.44	2.55	2.86	2.95
项目资源配置	0.31	1	2.47	2.39	2.62	2.98	2.70
政策标准制定	0.41	0.41	1	3.22	3.10	3.14	2.87
实施环境构建	0.41	0.42	0.31	1	2.27	2.51	2.24
管理效益评价	0.39	0.38	0.32	0.44	1	3.66	3.07
人才培养评价	0.35	0.34	0.32	0.40	0.27	1	2.36
满意度评价	0.34	0.37	0.35	0.45	0.33	0.42	1

根据表1-10得到一级指标的判断矩阵A：

$$A = \begin{bmatrix} 1 & 3.19 & 2.47 & 2.44 & 2.55 & 2.86 & 2.95 \\ 0.31 & 1 & 2.47 & 2.39 & 2.62 & 2.98 & 2.70 \\ 0.41 & 0.41 & 1 & 3.22 & 3.10 & 3.14 & 2.87 \\ 0.41 & 0.42 & 0.31 & 1 & 2.27 & 2.51 & 2.24 \\ 0.39 & 0.38 & 0.32 & 0.44 & 1 & 3.66 & 3.07 \\ 0.35 & 0.34 & 0.32 & 0.40 & 0.27 & 1 & 2.36 \\ 0.34 & 0.37 & 0.35 & 0.45 & 0.33 & 0.42 & 1 \end{bmatrix}$$

第三步，层次单排序。根据判断矩阵计算对于上一层某因素而言与之有联系的因素的重要性次序的权值。这里通过和积法计算判断矩阵的特征根和对应的特征向量(即权重值)，具体计算步骤为：

（1）把矩阵按行相加，得到 $\overline{W} = \{411.72 \quad 38.97 \quad 14.78 \quad 0.68 \quad 0.24 \quad 0.01 \quad 0.00\}$；

(2) 将向量 $\overline{W}$ 正规化,得到所求特征向量 $W = \{0.29\ \ 0.21\ \ 0.18\ \ 0.12\ \ 0.10\ \ 0.06\ \ 0.002\}$;

(3) 计算判断矩阵的最大特征根 $\lambda_{\max}$:

$$AW = \begin{bmatrix} 1 & 3.19 & 2.47 & 2.44 & 2.55 & 2.86 & 2.95 \\ 0.31 & 1 & 2.47 & 2.39 & 2.62 & 2.98 & 2.70 \\ 0.41 & 0.41 & 1 & 3.22 & 3.10 & 3.14 & 2.87 \\ 0.41 & 0.42 & 0.31 & 1 & 2.27 & 2.51 & 2.24 \\ 0.39 & 0.38 & 0.32 & 0.44 & 1 & 3.66 & 3.07 \\ 0.35 & 0.34 & 0.32 & 0.40 & 0.27 & 1 & 2.36 \\ 0.34 & 0.37 & 0.35 & 0.45 & 0.33 & 0.42 & 1 \end{bmatrix} \begin{bmatrix} 0.29 \\ 0.21 \\ 0.18 \\ 0.12 \\ 0.10 \\ 0.06 \\ 0.05 \end{bmatrix}$$

$$\lambda_{\max} = \sum_{1}^{n} \frac{AW}{nW_i} = 7.767\,828$$

第四步,进行一致性检验。两两比较矩阵的元素是通过两个因素比较得到的,而在很多这样的比较中,往往得不到不一致性的结论,缺点较为明显,在确定权重之间的相对重要度带有一定的主观色彩,并且不够直观。要完全达到判断一致性是非常困难的,为此要进行一致性检验,保证权重分布的合理性和可靠度。为了检验矩阵的一致性,需要计算矩阵的一致性指标 CI,$CI = \dfrac{\lambda_{\max} - n}{n-1}$,其中,$\lambda_{\max}$ 为判断矩阵的最大特征根,n 为矩阵的阶数。如果出现判断矩阵完全一致,此时,$CI = 0$。CI 越大,矩阵一致性越差。为了检验判断矩阵是否满足一致性,需要将 CI 与平均随机一致性指标 RI 进行比较。平均随机一致性指标 RI 如表 1-11 所示。CI 与 RI 的比例记为 CR。当 $CR = \dfrac{CI}{RI} < 0.1$ 时,判断矩阵具有满意的一致性,否则就需要对判断矩阵进行调整。

表 1-11 平均随机一致性指标 RI

阶数	1	2	3	4	5	6	7	8	9
RI	0	0	0.52	0.89	1.12	1.26	1.36	1.41	1.46

查表可知当阶数为 7 时,$RI = 1.36$,$CR = \dfrac{CI}{RI} = \dfrac{0.127\,971}{1.36} \leqslant 0.094\,097 < 0.1$,故可判定认为一级指标构成的判断矩阵具有满意的一致性,不需要对判断矩阵进行调整。

本研究的电子会计档案综合评价体系包含 8 个指标判断矩阵,1 个是一级指标形成的判断矩阵,其他 7 个则为二级指标构成的判断矩阵。同理,即可算出 7 个由二级指标构成矩阵的一致性检验参数。同样,根据计算结果可知,本研究中各二级指标构成的判断矩阵的 CR 值均小于 0.1(其中"发展能力"第二层判断矩阵 CR 值为 0.097 9,相对较高),说明各个矩阵及总目标均具有较为满意的一致性,无须进一步调整判断矩阵。详见表 1-12。

表 1-12　二级指标判断矩阵的一致性检验参数

矩阵	λ_{max}	CI	RI	CR
矩阵 1	7.370 689 773	0.061 781 629	1.32	0.046 804 264
矩阵 2	5.394 722 74	0.098 680 685	1.12	0.088 107 755
矩阵 3	2.187 358 644	0.187 358 644	0	NULL
矩阵 4	4.153 240 651	0.051 080 217	0.89	0.057 393 502
矩阵 5	7.537 413 106	0.089 568 851	1.32	0.067 855 19
矩阵 6	4.254 693 126	0.084 897 809	0.89	0.095 390 796
矩阵 7	2.071 080 502	0.071 080 502	0	NULL

(三) 指标权重结果

所有指标的判断矩阵都通过了一致性检验后，就可以确定公立医院电子会计档案综合评价体系中各项指标的权重，最后将两个层次的指标权重相乘即得出最终的指标权重。由表 1-8 和表 1-13 可以看出，风险管理以及成本管理指标所占权重较高，表明在公立医院电子会计档案综合评价体系中，专家们认为风险管理类以及成本管理类的评价指标较为重要，这为公立医院电子会计档案综合评价指明了方向，提出了电子会计档案评价重点关注范围。

表 1-13　公立医院电子会计档案综合评价权重系数

一级指标			二级指标		
序号	名称	权重系数	序号	名称	权重系数
1	基础设施配备	0.33	1.1	纸质票据批量扫描设备配置	0.061
			1.2	硬件存储配置	0.056
			1.3	网络安全等级	0.041
			1.4	核算软件更新频率	0.034
			1.5	报销系统更新频率	0.035
			1.6	财务机器人系统更新频率	0.033
			1.7	合同管理系统更新频率	0.064
2	项目资源配置	0.22	2.1	财务负责人牵头的工作专班	0.044
			2.2	项目业务人员数量	0.040
			2.3	开发测试人员数量	0.030
			2.4	质量监督管理人员数量	0.028
			2.5	运行维护人员数量	0.115
3	政策标准制定	0.18	3.1	电子会计档案管理制度	0.063
			3.2	电子会计档案管理技术与工作规范	0.061

(续表)

一级指标			二级指标		
4	实施环境构建	0.10	4.1	领导重视程度	0.057
			4.2	电子会计档案项目预算	0.028
			4.3	部门间工作协调机制	0.018
			4.4	会计人员信息化能力及素养	0.012
5	管理效益评价	0.08	5.1	管理效益乘数	0.027
			5.2	电子会计档案管理体系下平均业务用时	0.020
			5.3	档案丢失和损毁率变化	0.017
			5.4	索引和借阅便捷程度	0.014
			5.5	相关科研成果被引次数	0.009
			5.6	参观交流人次	0.007
			5.7	参加行业论坛次数	0.006
6	人才培养评价	0.05	6.1	电子会计档案内部管理与后台维护人员数量	0.029
			6.2	电子会计档案人才占比	0.017
			6.3	电子会计档案人才交流培训时长	0.010
			6.4	电子会计档案人才的后续教育经费投入	0.006
7	满意度评价	0.04	7.1	工作人员满意度	0.031
			7.2	借阅人员满意度	0.021

第五章

电子会计档案应用案例研究
——以瑞金医院为例

第一节 瑞金医院的发展现状与特点

瑞金医院建于1907年,原名广慈医院,是一所集医疗、教学、科研于一体的三级甲等综合性医院,有着百年深厚底蕴。医院占地面积为11万平方米,建筑面积为37万平方米,绿化面积为4万平方米,核定床位为2742张(实际开放3369张),全院职工为5596人,其中卫生专业技术人员有4931人,占员工总数的88.12%。拥有中国科学院院士陈竺、陈国强,中国工程院院士王振义、陈赛娟、宁光等一大批在国内外享有较高知名度的医学专家,其中王振义院士荣膺2010年度国家最高科学技术奖。医院共设有46个临床学科和9个公共学科,现有教育部重点学科4个,国家临床重点专科项目23个。医院在国内最早装备PET-MR、第六代头部伽玛刀等一大批高精尖仪器,医疗设备达到国际先进水平。瑞金医院是上海交通大学医学院最大的临床教学基地,也是上海市最大的住院医师规范化培训基地、专科医师规范化培训基地之一。近5年来,医院获得国家自然科学基金项目、科技部973和863计划项目、国家重点研发计划和各级部市局级项目927项,其中2016年获得积压类科研项目总计182项,国家重点研发计划项目(课题)13项,国家自然科学基金项目93项,科研经费总计达1.45亿元。

近年来,医院积极推进数字化医疗流程管理,大力推广专病门诊、预约门诊、先诊疗后结算和日间病房等便民惠民措施,通过加强精细化管理手段,努力降低平均住院天数,加快床位周转速度,控制药占比,控制院内感染和提高医疗安全。医院通过建立领先的DRGs评估系统和以医疗质量与安全为核心的绩效考评体系,促进临床医疗工作转型发展,以诊治疑难危重疾病和开展三四级大手术为目标,不断提升医疗内涵质量。

第二节 瑞金医院电子会计档案系统实施情况

一、实施现状及存在的问题

瑞金医院基于精细化运营的理念,于2018年启动建设HRP综合运营管理平台,将传统财务的收入管理、应付管理、预算管理、报销管理、专项经费、成本管理及合同管理七大核心功能从线下搬到线上。自国家推行增值税电子发票以来,因电子发票在数据归集、识别、流转、归档等方面存在诸多报销入账归档难点,在本次试点之前,瑞金医院一直沿用纸质发票方式进行管理,在实践中存在下列痛点。

(一) 未建立与HRP匹配的电子发票采集机制

目前医院职工获取商家开出电子发票的方式有:①商家系统开票并推送至个人邮箱;②商家系统开票并推送至微信卡包。上述机制并未与HRP系统衔接、匹配。

(二) 线上报销与电子发票打印并用,流程复杂

医院虽已采取了线上报销模式,但对于电子发票仍采取纸质打印、手工提交及审核方式,流程繁琐,也未实现推行电子发票的初衷——减少纸张使用、降低社会成本。采用打印电子发票方式报销,增加了打印成本,人为造成纸张浪费,同时也耗费人力物力。

(三) 电子发票审核采取人工稽核,效率低下

会计人员在审核单据时,需采取人工方式对电子发票进行发票查验和防重核验,存在虚假发票判定风险及重复报账风险。

(四) 电子发票纸质归档成本高

归档打印的电子发票,耗费了会计人员的精力,增加了医院的整理和储存成本。

二、电子会计档案工作开展情况

(一) 工作目标

根据试点工作要求,进一步优化医院电子发票报销、入账、归档的全流程报销体验,支持采集电子发票PDF版式文件电子元件直接进行报销、入账、归档,无须打印电子发票PDF版式文件,最终实现瑞金医院电子发票全流程电子化改革,满足增值税电子发票电子化报销、入账、归档试点工作要求。

(二) 试点组织方案

为确保试点工作的顺利开展,瑞金医院成立电子发票电子化报销入账归档工作小组,全面推进试点工作。工作小组成员包含财务处相关领导和成员,以及医院系统建设方相关技术人员。

1. 高度重视,精心组织,制定实施方案

为确保试点工作的顺利开展,瑞金医院成立了电子发票电子化报销入账归档工作小组,负责全面推进试点工作。工作小组成员包含财务处相关领导和成员,以及医院系统建设方相关技术人员。

根据《国家档案局办公室 财政部办公厅 商务部办公厅 国家税务总局办公厅关于进一步扩大增值税电子发票电子化报销、入账、归档试点工作的通知》(档办发〔2021〕1号)关于试点工作的要求,瑞金医院结合业务开展需要,进一步优化电子发票报销、入账、归档的全流程报销体验,支持采集电子发票版式文件电子版原件直接进行报销、入账、归档,无

须打印电子发票的版式文件。

2. 强化措施,落实并全力推进重点任务

确定原始电子凭证管理机制,落实网上报销,账务处理信息系统互联互通,落实电子会计档案管理系统建设。瑞金医院是上海第一家使用财务机器人的公立医院,通过发票机器人使药剂科发票入库。瑞金医院也是上海第一张开具医疗收费电子票据的医院,于2020年4月26日成功开具了上海首张医疗收费电子票据,同时于2021年成为上海第一家上线医疗电子会计档案管理系统的医院。

3. 制定管理办法及报销规范

瑞金医院制定《上海交通大学医学院附属瑞金医院电子会计档案管理办法》,通过邮件、院内线上公众号普及电子发票的报销流程及归档要求,收效显著。

(三) 试点过程中的重点工作内容

1. 建设电子发票采集系统

瑞金医院建设了接收电子发票的手机移动系统,集中接收各类通道的电子发票,并可实现自动验证、查重并将数据推送至报销系统。

针对医院业务量大的现状,瑞金医院引入了智能发票机器人,采用软硬件组合、一键启动、自动化处理方式。机器人提供发票管理云服务功能,与国家税务总局发票查验平台、财政电子票据查验平台连接,自动化处理发票的接收、扫描、OCR识别、验真、验重、核对、统计、查询、存储等业务。

2. 改造HRP报销系统

瑞金医院改造现行HRP报销系统,报销人员通过线上报销系统即可解析、关联电子发票版式文件,实现了电子发票的无纸化、自动化报销处理,同时还支持电子发票由PDF版式文件转化成标准电子发票数据,供其他业务环节复用。

3. 建设电子会计档案管理系统

瑞金医院建设电子会计档案关联系统,实现了对电子发票的归档管理。同时以本次试点为契机,构筑了支撑医院完整业务流程的电子会计档案系统。

电子会计档案管理系统设计满足财政部、国家档案局第79号令新发布的《会计档案管理办法》中的有关规定,对应当归档的电子会计资料实现了电子会计档案的接收、查验、整理、归档、保存、利用、查阅、移交等全流程管理(图1-4)。

电子会计档案系统实现了对电子档案的数据采集接收、档案整理归档、档案利用查阅、档案日常管理、档案移交管理等业务处理,可以满足医院包括电子发票在内的各类电子会计凭证、记账凭证、会计账簿、财务会计报告、其他会计资料、纸质凭证影像文件等管理要求。

(1) 电子档案整理。通过设定数据采集任务,定时自动接收电子发票、医疗电子票据、记账凭证等档案。

(2) 电子档案归档保存。支持档案管理员对采集的信息进行检查、数据整理,将检查通过的业务数据分类整理入卷,自动生成版式文件并创建文件索引。数据整理结束后,档案管理员发起归档申请,流程审核通过后,档案正式归档。对正式归档的电子票据,进行

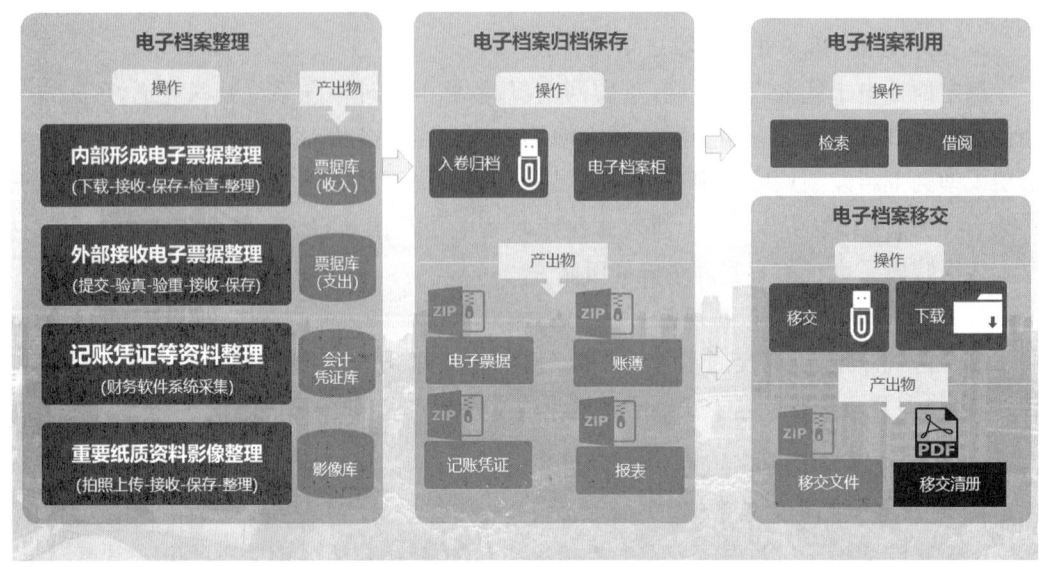

图 1-4　瑞金医院电子会计档案管理系统架构

电子签名,进入电子档案柜保管。在电子档案柜中可以查阅电子档案文件。

(3) 电子档案利用。针对传统档案查阅不方便的问题,提供检索、借阅等方式,通过目录检索、综合检索、模糊检索、全文检索等方式实现档案信息快速定位查询。

(4) 电子档案移交。支持档案管理员进行档案查询、数据检索及档案的日常维护;系统根据入卷时选择的过期时间自动生成档案鉴定列表,档案管理员进行档案鉴定;对于需要销毁的档案数据,由档案管理员发起销毁申请,申请通过后进行档案销毁处理。

4. 购置设备

利用现有的信息化资源,瑞金医院信息中心根据医院系统建设方的要求分配了相应资源,没有购置新设备,相关资源配置见表 1-14。

表 1-14　瑞金医院资源配置

资源类型	服务器角色	分配资源基准
CPU	应用	默认 4vCPU
	数据库	默认 8vCPU
磁盘空间	应用	默认 300 GB(不含操作系统)
	数据库	2 年业务数据量预估+1 份数据备份副本
	文件	专用 NAS 空间
内存	应用	(1) 操作系统占用内存=4 GB; (2) 应用服务文件缓存=应用服务文件总大小(不含日志文件)×10%; (3) 应用服务并发网络连接占用内存=128 KB×并发连接数; (4) 其他软件占用内存=2 GB; (5) 无法估算的统一先行配置 8 GB

(续表)

资源类型	服务器角色	分配资源基准
内存	数据库	(1) 操作系统占用内存＝4 GB； (2) 数据库占用内存＝一年数据量(sp_spaceused)×10%； (3) 数据库并发网络连接占用内存＝1 MB(Connection Memory KB)×并发连接数(User Connections)； (4) 其他软件占用内存＝2 GB； (5) 无法估算的统一先行配置 12 GB 内存

5. 工作进度

瑞金医院电子会计档案具体工作进度见图 1-5。

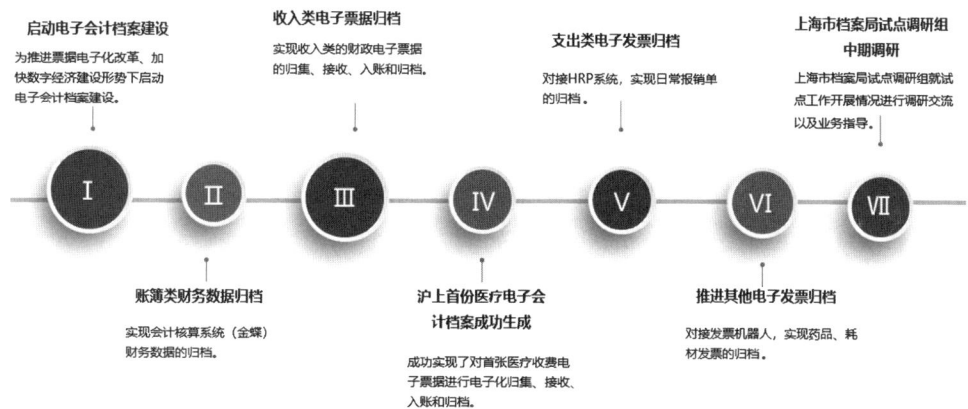

图 1-5　瑞金医院电子会计档案工作进度

三、电子发票归集、报销、入账、归档各环节的具体做法

(一) 电子发票归集、报销

报销人员在 HRP 系统中进行各类经费的报销时，需要填报报销申请单，并提交增值税电子普通发票的 PDF 原件，而非照片、影印件或者扫描件等非原件形式。上传增值税电子发票附件时，应同时上传从国家税务总局全国增值税发票查验平台上下载的查验证明，确保 HRP 系统中提交的电子附件与到窗口办理报销的保持一致。HRP 系统对报销申请单据进行审核审批的流程处理，系统对审核通过的报销单进行归集管理。财务部门对报销单与申请单核对无误后予以支付，实现现金、汇款、支票、公务卡等各种结算方式的报销，以及报销单与借款单的关联及核销功能。

(二) 电子发票入账、关联

HRP 系统中的借款、报销等单据都能够根据设定的记账规则在账务系统中自动生成会计凭证，并支持会计凭证与报销单相互联查(图 1-6)。

(三) 电子发票整理、归档

核算系统中的会计凭证和 HRP 系统中的原始凭证附件，需要通过电子会计档案管理

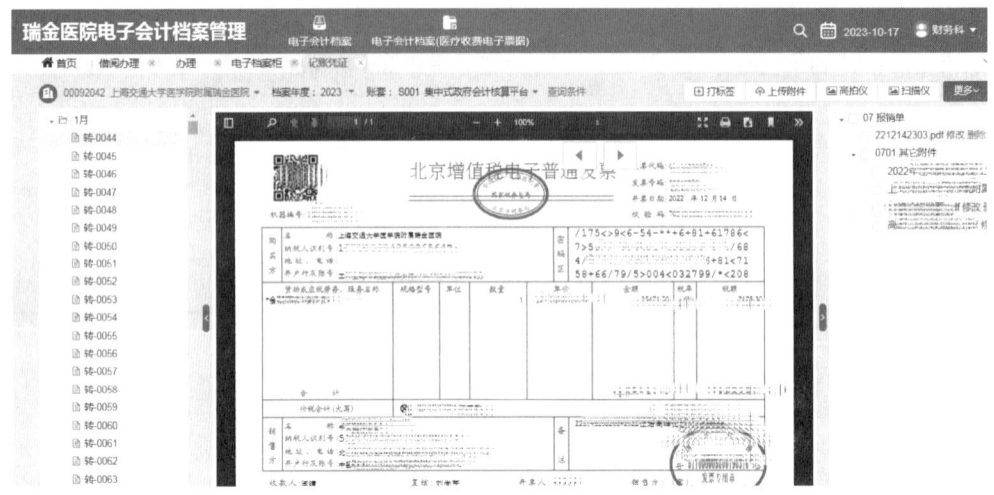

图 1-6　瑞金医院自动生成会计凭证示意图

系统进行归集整理和归档工作。电子会计档案管理系统对采集过来的数据按照实际的数据业务、入档类型等管理规则整理入卷。立卷时，需要填写卷宗单位名称、全宗号、起始年、起始月、案卷号、档案目录编码等信息，并将数据按照档案卷的档号规则进行编号，生成对应业务数据的版式文件。档案数据整理后需要进行归档保存，归档时进行归档电子签名，归档后的案卷原则上将不允许修改、删除。正式归档的电子档案进入电子档案柜管理，具备电子档案的著录、标引等功能，并提供列表和图标索引目录，方便查阅（图 1-7、图 1-8）。

图 1-7　瑞金医院电子档案柜页面 1

图 1-8　瑞金医院电子档案柜页面 2

第三节　电子会计档案实施的工作成效

瑞金医院在 2021 年 4 月成为沪上首家使用医院电子会计档案系统的公立医院,同时积极开展规划电子发票电子化报销、入账和归档筹备工作。2021 年 8 月至 10 月,医院共完成线上报销业务 5 184 笔,其中归档电子发票为 3 896 笔,报销附件中电子发票的占比数为 16%。2021 年至今归档医疗收费电子票据共计 7 918 991 笔。

(一) 取得效益

1. 直接经济效益

自 2021 年 4 月电子会计档案系统上线以来,瑞金医院员工报销效率大幅提升。系统上线 1 年,累计存储开具的医疗收费电子票据 13 256 485 张,报销入账的纸质票据影像件和电子发票 153 976 份,节约大量纸质票据打印、传递、整理和存储成本。同时,系统打通了医院电子票据管理系统、智能报销管理系统以及会计核算系统之间的数据连接,实现了电子会计档案资料的高效查询和利用。在课题经费审计工作中,会计档案资料的查询、获取及提供时间较之前缩短了 85% 以上,成效显著。

2. 间接经济效益

系统减少了供应商的时间、经济成本,纸质票据批量影像化处理,使得业务人员的工作效率提升了80%以上。

3. 社会效益

社会效益方面,瑞金医院参与电子发票报销入账归档试点的总结试点成果分享,接待同行业交流超过6场次。

(二) 解决问题

瑞金医院在落实试点工作过程中也出现了一些困难,通过和信息化厂商相互配合,沟通需求,问题和困难也得到逐一解决。

1. 电子发票归集

在现有信息化建设过程中,对于原始电子会计凭证的采集,经办人需要把以邮件、卡包等方式接收到的电子凭证下载后再手工提交。财务人员面临着大量电子凭证的接收和检查工作,工作量大、难度高。医院通过优化建设方案,利用信息化进行有效支撑,借助HRP实现了原始电子凭证的提交、归集、数据共享,为账务处理以及电子会计归档数据引用提供了坚实的基础,见图1-9。

图1-9　HRP实现原始电子凭证提交页面

2. 原始电子发票自动查验

如图1-10所示,为确保原始电子凭证保真,防止原始凭证被篡改,避免重复报销,瑞金医院由原来手工查询和记录,转为通过信息化和国税总局票据查询接口,实现所有电子发票的鉴真、查重,节省了经办人的查询工作量,防范了财务入账假票、重复票报销的风险。

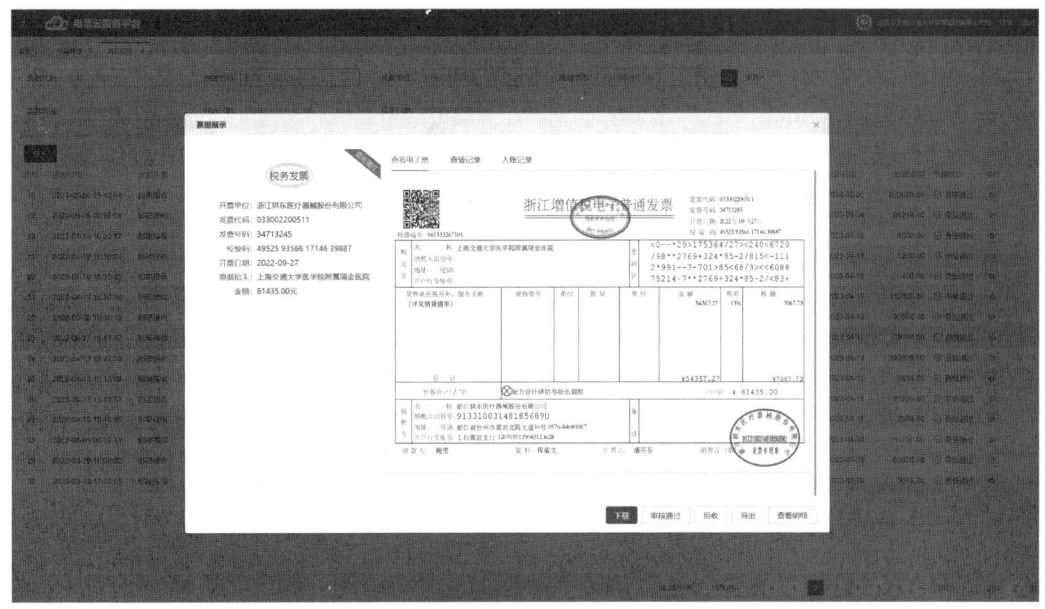

图 1-10　原始电子发票自动查验页面

3. 网上报销发票附件上传

瑞金医院改造建设 HRP 报销附件库,规范网上报销管理流程,增加财务预审规则,减轻了财务人员的审核工作量;将报销系统与财务系统进行融合,自动生成会计凭证,减少了财务人员手工编制凭证的工作量,提升了工作效率(图 1-11)。

图 1-11　HRP 行政报销页面

4. 会计档案移交借阅

为确保借阅移交过程中数据的安全性,瑞金医院借助信息化厂商进行数据加密,数据文件加密存储以及独有的数据加密格式阅读器实现了会计档案安全离线借阅和移交（图1-12、图1-13）。

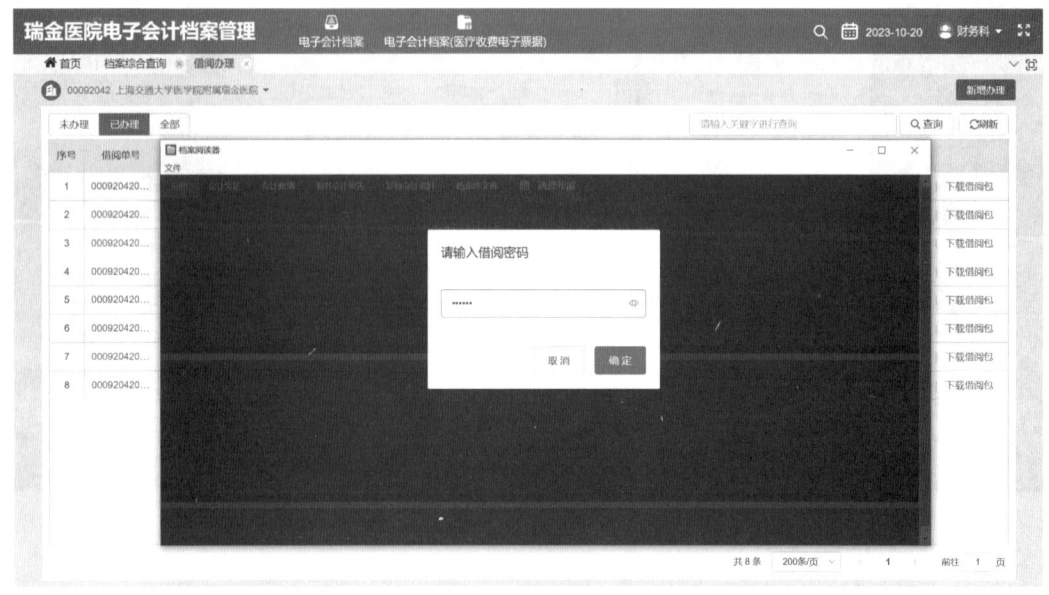

图1-12　档案离线借阅

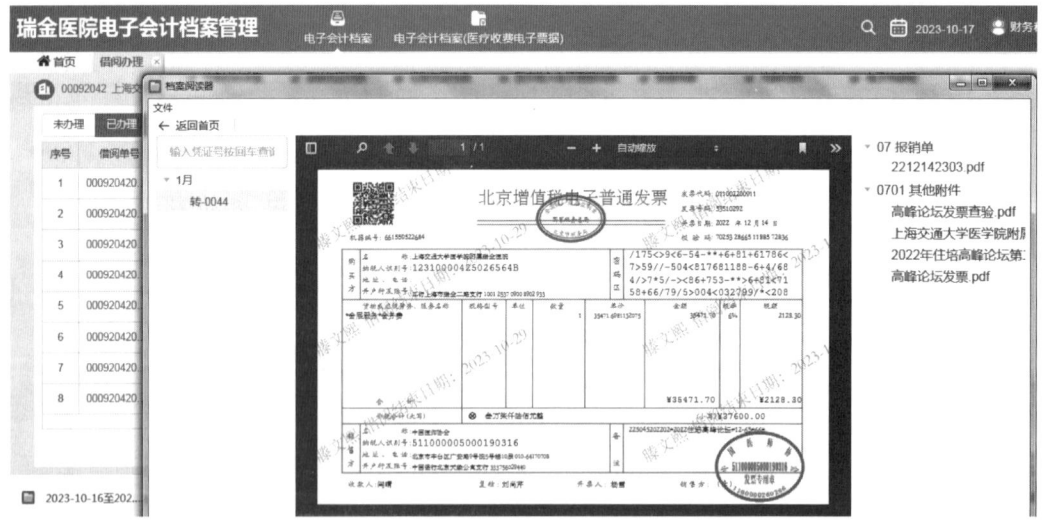

图1-13　版式文件联查

5. 历史财务数据关联查询

财务信息化建设过程中经历了不同厂商、不同版本的迭代更新，历史财务数据分散在不同的应用服务中，使得财务人员在查阅历史财务数据时需要进行信息系统的切换，操作极为不便。电子会计档案将所有财务数据进行数据迁移，按照电子会计档案整理归档要求进行财务数据的归档管理，借助信息化厂商百度式检索，模糊匹配，可轻松查阅所有年度财务数据(图1-14)。

图1-14 电子会计档案检索页面

第四节 实施电子会计档案的对策建议

(一) 增加投入力度,引进先进技术

在事业单位发展中,先进的信息技术扮演着至关重要的角色。会计档案电子化管理工作的成功开展,与先进的系统技术关联密切,也为后续的财务分析工作奠定了基础。为了保证会计档案电子化管理体系的完整性,事业单位需要合理分配工作人员的管理职责,强化对档案的监管力度。同时,应优化安全管理框架,在内部组建安全管理小组,相互监督,避免出现档案信息丢失的情况,针对可能出现的问题制定应急预案。另外,事业单位会计部门还应引进先进的财务审计技术,降低工作人员的压力,实现会计档案管理效果的最大化。事业单位还应增强对电子会计档案管理软件的投入力度,进一步确保会计档案电子化管理的安全性。总之,事业单位应该在技术投入、管理体系建设和安全管理等方面持续努力,以确保会计档案电子化管理工作的成功实施。

(二) 树立责任意识,强化宣传力度

为进一步提高会计档案电子化管理的水平,事业单位应该采取以下措施:一是要制定相关的奖惩机制,激励会计档案管理人员积极转变管理方式,打破传统纸质档案模式的局限,为后续会计档案电子化管理工作的开展奠定基础。二是要充分发挥新媒体技术的优

势,组织相关人员开展技能培训,引导管理层与会计档案管理工作人员更好地参与到电子化管理工作中来,做好电子文件的归档、存储与管理工作,从而提高会计档案电子化的管理水平。三是要积极引进专业会计人才,使其更好地了解单位管理实际,更好地解决技术方面的问题。除此之外,电子会计档案管理工作要强化对人才的继续教育,提高人才的技术水平,使会计档案整理、收集工作等更加规范化,进一步提高档案管理的效果。综上所述,事业单位要在奖惩机制、技能培训、人才引进和继续教育等方面加强努力,以提高会计档案电子化管理工作的水平,为事业单位的发展提供有力的保障。

(三)完善管理制度,强化安全防范

在信息化时代,事业单位在管理中积累了大量电子文件及纸质文件,档案管理强度越来越大。为了适应时代的发展,事业单位要制定科学的管理规划,结合档案管理的实际需求,合理编制档案管理方案,同时要依托计算机系统,设定专业的档案管理网站。会计档案电子化管理的关键在于持续完善管理制度。首先,事业单位要不断完善会计档案电子化管理制度,保证电子会计资料保管、借阅、接收工作的开展。与此同时,还要对管理系统中的会计档案进行备份,防止关键资料丢失,从而提高企业财务风险的防控能力。其次,事业单位要定期维护电子会计档案系统,做好病毒检测,避免恶意攻击。最后,事业单位要完善相关的安全监管机制,提前制定好应急预案,提高电子会计档案管理中的风险识别与应对能力。

第六章

研究结论

本研究旨在构建一套科学、合理的公立医院电子会计档案实施和综合评价体系,以满足新医改的要求。传统的电子会计档案评价指标单一、零散,不全面,不能全面评价医院经济管理现状,难以满足新医改的要求,构建一套综合的、全面的电子会计档案综合评价体系刻不容缓。

本研究引入了社会效益指标和非财务指标,运用AHP层次分析法和专家咨询法构建了一套综合的、全面的电子会计档案综合评价体系。该体系对社会效益指标更为关注,凸显出公立医院的公益性属性,同时引入了非财务指标开展分析工作,确保体系的完整性、全面性,具有突出的理论意义。

本研究以瑞金医院为例,运用新建的电子会计档案指标体系,对瑞金医院进行财务分析,展现医院完整、真实的电子会计档案管理情况,并查找存在的不足,提出解决问题的对策。这一实践过程不仅奠定了电子会计档案相关制度的基础,也具有一定的实践意义。综上所述,本研究的意义在于构建了一套科学、合理的公立医院电子会计档案综合评价体系,同时在实践中验证了该体系的可行性和实用性,为公立医院电子会计档案管理提供了参考和借鉴。

参考文献

[1] 财政部,国家档案局. 会计档案管理办法[EB/OL]. (2015-12-11)[2022-06-20]. http://www.gov.cn/gongbao/content/2016/content_5041555.htm.

[2] 财政部,国家档案局. 关于规范电子会计凭证报销入账归档的通知[EB/OL]. (2020-3-22)[2022-06-27]. http://www.gov.cn/zhengce/zhengceku/2020-04/03/content_5498598.htm.

[3] 档案局办公室,财政部办公厅,商务部办公厅,税务总局办公厅. 关于进一步扩大增值税电子发票电子化报销、入账、归档试点工作的通知[EB/OL]. (2021-2-22)[2022-07-02]. http://www.gov.cn/zhengce/zhengceku/2021/02/22/content_5588305.htm.

[4] 上海市档案局,上海市财政局,上海市商务委员会,国家税务总局上海市税务局. 关于开展增值税电子发票电子化报销、入账、归档试点工作的通知[EB/OL]. (2021-5-13)[2022-07-05]. https://shanghai.chinatax.gov.cn/zcfw/zcfgk/zzs/202105/t458168.html.

[5] 国家卫生健康委办公厅. 关于印发医院智慧管理分级评估标准体系(试行)的通知[EB/OL]. (2021-3-15)[2022-07-17]. http://www.nhc.gov.cn/yzygj/s3594q/202103/10ec6aca99ec47428d2841a110448de3.shtml.

[6] KARL A M, EDWARD J R, THORSTEN S. Mandatory Fair Value Accounting and Information

Asymmetry：Evidence from the European Real Estate Industry[J]. Management Science，2011（6）：1138-1153.

[7] PIRO R M，GUARISE A，PATANIA G，et al. Using Historial Accouting Information to Predict the Resource Usage Of Grid Jobs[J]. Future Generation Computer Systems，2009(5)：499-510.

[8] EL-TAWY N，ABDEL-KADER M. Accouting Recognition of Information as an Asset[J]. Journal Information Science：Principles& amp;Pracice，2013,39(3)：333-345.

[9] SHEININ E M. On the Metrology of Large Energy Resource Accouting Systems[J]. Measurement Techniques ,2013(12)：1442-1446.

[10] LEENA J，SUSHIL B. Enterprise Cloud Computing：Key Considerations for Adoption[J]. International Journal of Engineering and Information Technology，2010,2(2)：113-117.

[11] BRAZEL，JOSEPH F，DANG L. The Effect of Erp System Implementation on the Usefulness of Accounting Information[J]. Sscrn Electronic Journal，2005.

[12] 张育强. 电子会计档案概念与思路[J]. 中国会计师，2013(2)：68-69.

[13] 陈迈，贾宇霄. 浅析国网公司实行会计档案电子化管理的可行性分析[J]. 时代金融，2015(12)：172-174.

[14] 吴刚. 浅谈电子会计电子化使财务管理更高效[J]. 管理创新，2015：322-324.

[15] 王珂. 浅谈会计电子档案系统的建设[J]. 财经纵横，2015(9)：253.

[16] 程玲. ERP系统中会计电子档案的设计与实施[D]. 山东：山东大学，2016.

[17] 易丽丽. 我国事业单位分类改革的困境与建议：基于广东省事业单位改革创新做法的思考[J]. 行政管理改革，2012(02)：68-71.

[18] 周良荣，肖策群，王湘生，等. 医保支付之限额付费方式：基于湖南蓝山、桑植两县的调查[J]. 社会保障研究，2013(3)：66-72.

[19] 王双彪. 新医改背景下我国公立医院回归公益性研究述评[J]. 南京医科大学学报（社会科学版），2012,12(4)：251-256.

[20] 李卫平. 公立医院改革要从五方面着手[J]. 中国卫生经济，2010,29(3)：5-8.

专题研究报告二

大型国企财务数字化转型之路
——以海通证券为例

本专题研究报告为上海市会计学会2021年科研课题研究成果。

课题组成员

课题负责人：
　　海通证券股份有限公司　张信军
课题组其他成员：
　　海通证券股份有限公司　　　　　马　中　曲立群　钱宇清　陈巍鋆
　　　　　　　　　　　　　　　　　刘兆旭　陈凯祥　蒋冉曦
　　上海交通大学　　　　　　　　　彭　娟
　　上海交鹰教育科技有限公司　　　王　艳
　　用友网络科技股份有限公司　　　吴昌秀
　　华东理工大学　　　　　　　　　黄思远

第一章

导 论

第一节 研究背景

"十三五"时期,我国深入实施数字经济发展战略,不断完善数字经济基础设施,加快培育新业态、新模式,数字产业化和产业数字化的推进都取得了积极成效。上海市数字经济也保持蓬勃发展的势头,产业数字化能级不断提升,工业互联网融合应用成效显著;数字产业化持续深化,集成电路、人工智能等产业规模不断扩大,数字经济蓬勃发展。海通证券股份有限公司(以下简称"海通证券")顺势而为,全力推进集团化、国际化、信息化发展战略。

公司业务范围和覆盖地域的不断拓展,子公司规模和数量的不断增加,对财务管理工作也提出了新的挑战。如何借助科技赋能财务,促进业财融合,提升财务管理水平,强化财务管控力度,及时、全面、准确掌握全公司经营数据,为管理决策提供支持,就成了海通证券财务人员面临的新课题。在这样的背景下,海通证券大力推动财务信息化建设,积极探索财务数字化转型实践,并取得了良好的工作成果,其实践经验值得上海市大型国有企业学习借鉴。

第二节 研究意义

一、符合国家倡导的数字化发展战略

随着数字中国建设的不断推进,大数据、人工智能、移动互联网、云计算、物联网、区块链等新兴技术蓬勃发展,企业的数字化转型工作迎来发展的新阶段。党的第十九届中央委员会第五次全体会议通过了《中共中央关于制定国民经济和社会发展第十四个五年规划和2035年远景目标的建议》,党中央站在战略和全局的高度,明确提出要"加快数字化发展",并对此作出了系统部署。2020年9月,国务院印发《关于加快推进国有企业数字化转型工作的通知》(以下简称《通知》),就推动国有企业数字化转型作出全面部署,系统明确国有企业数字化转型的基础、方向、重点和举措,吹响国企数字化转型号角。《通知》指出,促进国有企业数字化、网络化、智能化发展,增强竞争力、创新力、控制力、影响力、抗风

险能力,提升产业基础能力和产业链现代化水平。财政部按照党中央、国务院决策部署,于 2021 年 11 月印发《会计改革与发展"十四五"规划纲要》(以下简称《规划纲要》),指出要准确把握新发展阶段、深入贯彻新发展理念、加快构建新发展格局,助推会计工作运用新技术、融入新时代、实现新突破,扎实推进会计改革与发展各项工作,助力国家治理体系和治理能力现代化。同年 12 月,按照《规划纲要》的总体部署,财政部再次印发了《会计信息化发展规划(2021—2025 年)》,明确了加快财务数字化转型的具体要求。国家层面对于数字化转型的倡导,将数字化转型推向了当前整个社会的建设发展热点,越来越多的企业也开始探索财务数字化转型之路。

二、顺应上海市大型企业高质量发展的需要

2021 年 8 月,上海市人民政府印发《上海国际金融中心建设"十四五"规划》,明确提出到 2025 年,上海国际金融中心能级显著提升,服务全国经济高质量发展作用进一步凸显,人民币金融资产配置和风险管理中心地位更加巩固,全球资源配置功能明显增强,为到 2035 年建成具有全球重要影响力的国际金融中心奠定坚实基础。上海市国资委制定了《上海国资国企"十四五"创新发展专项规划》,指出以数字化转型为创新转型的主战场,形成数字化转型"1+3"政策文件("1"即关于推进本市国资国企数字化转型的实施意见,"3"即国有企业数字化转型的标准,国有企业数字化转型企业、场景、项目清单,国有企业数字化转型案例集),明确数字国资增值扩能、数字国企建设加速目标任务。上海市市属国有企业财务数字化转型契合了上海市国资委深入推进企业"五位一体"财务管控体系建设的需要,顺应了上海市大型企业高质量发展的需要。

三、符合上海市大型企业转型升级的需求

企业进行财务数字化转型,能够推动新一代信息技术与企业的融合创新,加速传统产业全方位、全角度、全链条的数字化转型。同时,财务数字化转型可以助力企业质量变革、效率变革、动力变革,促进技术创新、管理创新、产品创新、市场创新、品牌创新,提升产业基础能力和产业链现代化水平,发挥国有企业的示范引领作用,推动建设上海市大型企业财务数字化转型标准体系,提速市属国有企业数字化升级转型,加快上海建设全球科创中心及金融中心的进程,创造更大的经济价值和社会效益。

四、契合海通证券的整体发展战略和科技发展规划目标

"十三五"期间,海通证券围绕"集团化、国际化、信息化"整体发展战略,制定了《2016—2020 年科技发展规划》,构建数字海通 1.0。财务数字化转型作为海通证券科技发展规划的重要组成部分,以财务数据化、财务数字化为工作中心,初步完成公司财务信息架构搭建,基本完成财务数据化工作,积极探索实践了财务数字化应用。

"十四五"期间,海通证券紧紧围绕国家"十四五"发展规划的总体部署和公司的整体发展战略,以"科技+数据+场景"为驱动,打造以"敏捷化、平台化、智能化、生态化"为核

心特征的数字海通2.0。财务条线也将紧密结合数字海通2.0规划目标，根据证券行业特色及自身财务管理特点，全力推进财务数字化转型，全面深化科技赋能财务管理，促进财务转型升级，提升财务管理能级，实现在财务数字化转型之路上的新突破。

第三节 研究内容和研究目标

一、研究内容

"十三五"期间，上海市国资委提出，要促进上海市大型国有企业在国家推进数字化转型机遇中实现高质量发展。在此背景下，海通证券根据自身行业特点，大力推动财务信息化建设，运用大数据、人工智能、云计算等技术，在公司财务管理和运营管理中积极寻找数字技术的应用场景，探索财务数字化转型之路。图2-1展示了海通证券财务信息化建设进程。

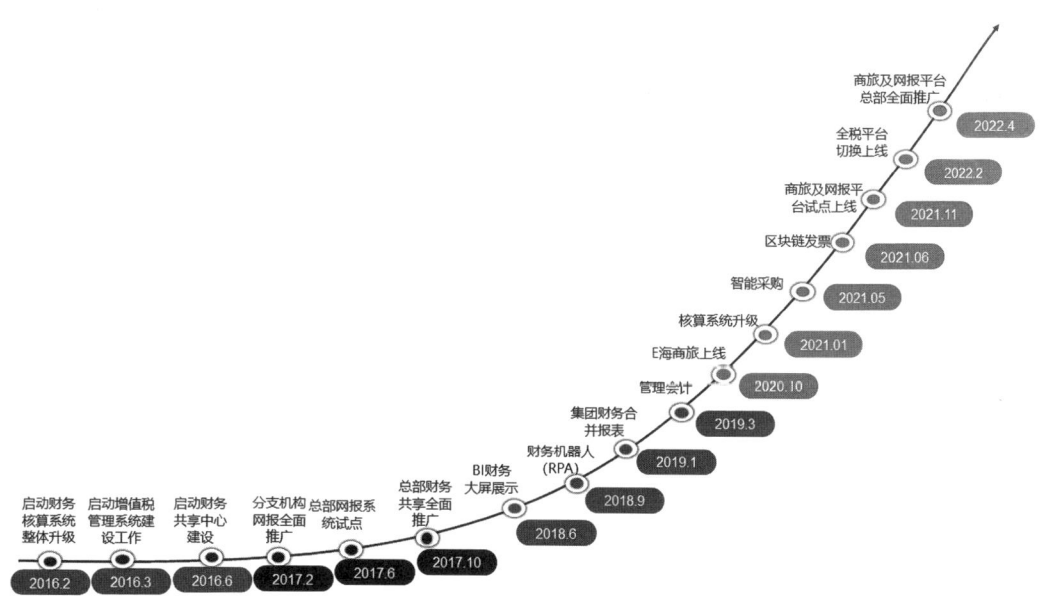

图 2-1 海通证券财务信息化建设进程

在财务数字化转型的过程中，海通证券也遇到了一些困难与挑战。例如，财务数字化转型带来组织变革的阵痛、财务原有的工作职责给财务数字化转型带来束缚、子公司的地区差异与财务数字化转型产生存在冲突等。针对这些问题，一方面，海通证券在制度、组织、管理及资金预算等方面作了充足准备，对原先的组织架构、管理制度、工作流程等都进行了合理的整合与优化，在财务数字化建设过程中始终坚持分步实施、逐步推进的原则，以便顺利推进财务数字化转型实践工作。另一方面，海通证券在财务数字化建设过程中，高度注重信息技术与科学管理、风险防范相结合，始终保持高度注重风险防范，运用科学的风险防范措施，推动财务数字化转型合规、科学、高效发展。经过不懈的努力与不断的探索，海通证券走出了一条独具特色的财务数字化转型之路，提升了财务服务和支持业务的能力，强化了财务管控，实现了财务职能的转变；同时也通过财务数字化转型积累了数据资产，强化了财务预测分析能力，支持了经营决策，为本单位和行业发展创造价值，全力打造上海市国资委委管金融企业财务数字化转型标杆。

综上，海通证券在财务数字化转型中遇到的困难与挑战及其应对策略与措施将是本课题研究的重点内容。

二、研究目标

国有企业是引领带动经济高质量发展的中坚力量，加快数字化转型将加速推进新技术创新、新产品培育、新模式推广和新业态发展，促进我国产业迈向全球价值链中高端。通过推进产品创新数字化，推进生产运营智能化，推进用户服务敏捷化，推进产业体系生态化，加快推进产业数字化创新，进一步夯实国有企业数字化转型基础，推动国有企业实现高质量发展。海通证券数字化转型符合国有企业大力发展人工智能产业、促进数字化转型的要求，顺应上海市大型国有企业高质量发展的需要，符合上海市大型企业转型升级的需求，契合海通证券的整体发展战略和科技发展规划目标。

过去几年，以《2016—2020年科技发展规划》为主线，公司有序推动数字化转型，取得显著成效。数字海通1.0的四梁八柱基本建成，数字海通2.0正在稳步推进，科技投入和综合实力明显提升，已成为行业数字化转型的探索者和先行者之一。海通证券的成功经验为其进一步深化财务数字化转型、提高未来可持续发展能力提供了坚实保障。因此，本课题的研究目标是对海通证券财务数字化转型的历程进行理论总结，为上海市乃至全国的大型国有企业财务数字化转型提供借鉴参考。

第四节 研究思路和研究方法

一、研究思路

本研究的研究思路如图2-2所示。

二、研究方法

本研究结合了规范性研究和实证研究，采用了文献研究法、实地调查法、案例分析法和定量分析法。

(1) 文献研究法：收集、整理、分析近年国内外关于财务数字化转型的相关研究文献，借鉴他人研究的成果以指导课题研究，夯实课题研究的理论基础。

(2) 实地调查法：通过调研海通证券财务数字化转型的实际应用情况，对财务管理理

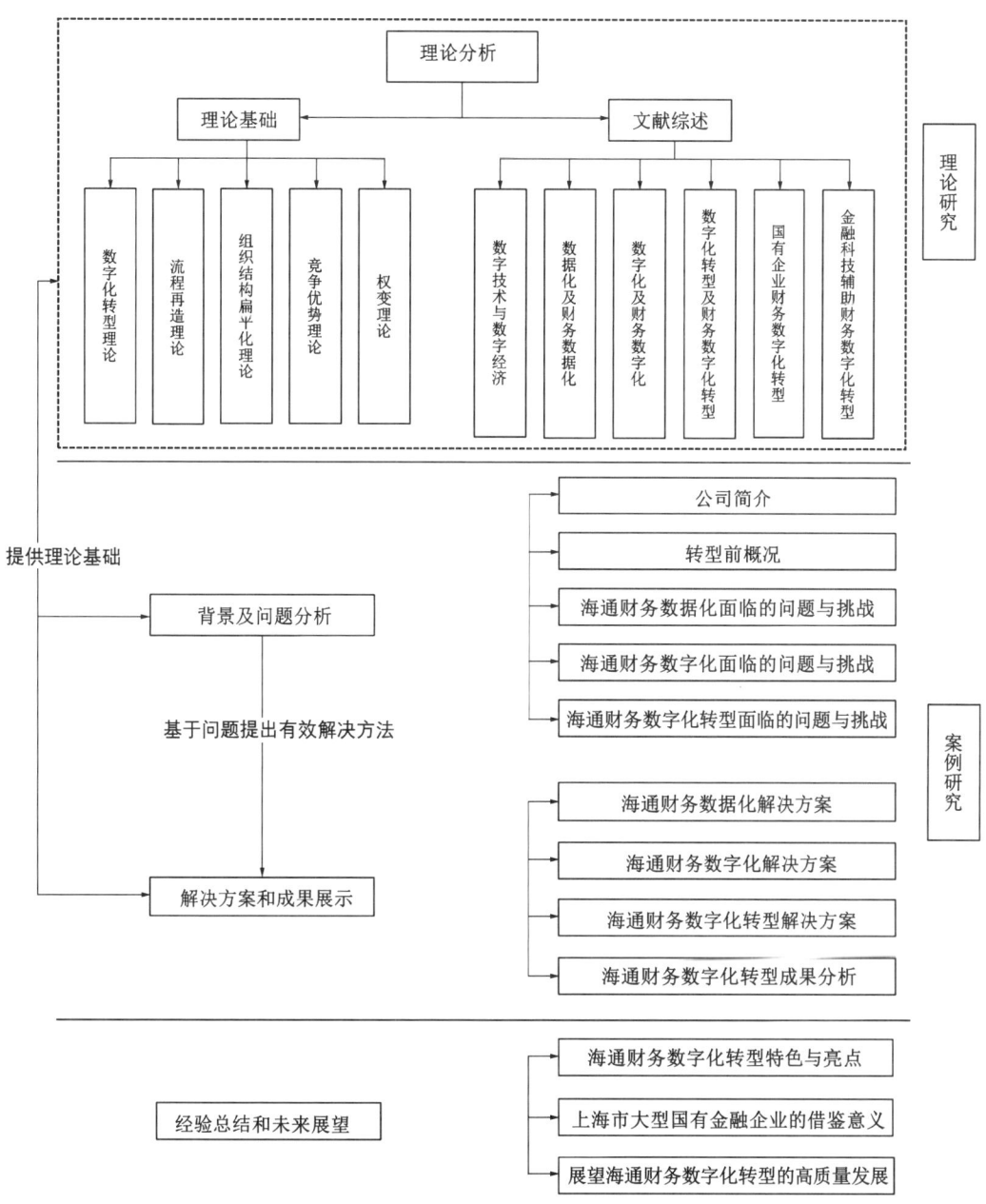

图 2-2 研究思路

念、财务管理行为进行调查,找准课题研究的最佳切入口和有效途径。

(3)案例分析法:把海通证券大量的财务数字化转型实例呈现出来,对其进行整理归纳并加以分析,探索上海国有金融企业财务数字化转型的有效途径和方法。

(4)定量分析法:通过对财务数字化转型前后的数据进行对比分析,探究财务数字化转型对企业以及财务人员带来的效益。

第五节 创 新 点

海通证券在财务数字化转型的建设过程中勇于创新,积极探索,紧跟科技发展趋势,探索和挖掘"大智移云物区"等数字财务技术在财务日常工作中的应用场景,落地数字化财务场景,实现科技赋能财务,助力财务转型。本课题深度分析海通证券财务数字化转型之路,发现海通证券的财务数字化转型过程,是依靠内生动力探索出的一条"数据化—数字化—数字化转型"发展之路,发挥了"建标准、立标杆、创价值"的示范引领作用,为上海市大型国有企业财务数字化转型提供了参考借鉴,同时为上海市以及全国金融服务行业财务数字化转型探索开辟出一条新的道路。

第二章

理 论 分 析

第一节 理 论 基 础

一、数字化转型理论

数字化转型理论源自企业实践。Tobias 等(2009)提出,数字化转型是建立在数字技术基础上的变革,数字化转型能够帮助企业在运营管理、业务流程和价值创造中获得一定程度的提升。而随着数字技术在各行业的应用,数字化转型的概念亦进一步拓展。Agarwal 等(2010)对数字化转型作出的定义为:通过使用数字技术使得社会和行业产生了深刻变革,即指将信息与技术有机结合,触发企业经营与社会实体的变革。

Verhoef 等(2021)将数字化转型概括为第一阶段的数据化(digitization)、第二阶段的数字化(digitalization)与第三阶段的数字化转型(digital transformation)。Loebbecke 和Picot(2015)认为,数据化阶段的主要任务是将实体信息转换为数据;Schallmo 和 Williams(2019)认为,相比于数据化(digitization)阶段,数字化(digitalization)阶段实际上更上一层,在该阶段,企业开始运用数字技术对既有流程进行整合优化,而不仅仅是数据层面的转化工作;对于第三阶段,即数字化转型(digital transformation)阶段,Sebastian 等(2017)认为其是更加向上突破的一个阶段,在业务流程优化的基础上,进一步拓展至企业的战略层面,在该阶段,数字化转型可为企业提供价值创造和战略支持。刘勤和杨寅(2019)基于对财务领域的研究指出,财务数字化转型指的是企业在财务方面运用大数据、云计算等新一代技术,来对财务组织和业务流程进行重构与再造,通过提升财务运营效率来更好地赋能企业管理与决策。

二、流程再造理论

流程再造理论最早由哈默(Hammer)在 1993 年提出,该理论奠定了业务财务一体化的基础。随后该理论被清华大学陈禹六教授借鉴并在中国推广。哈默认为,企业是通过流程为客户提供价值的,因此,流程是影响企业绩效衡量方式的重要因素。Valiris 和Glykas(1999)认为,实现业务财务一体化需要信息技术的支撑,同时提出要增强企业对竞争环境的预测性,实现业务财务的绩效考核标准化。随后越来越多的学者将业财融合与信息技术融合加入研究。业务流程再造是对企业业务流程的根本性再思考和彻底再设计,通过打破原有的组织结构,重新形成围绕流程的组织架构。随着国内经济的迅速发展,业财融合的理念也逐渐被接纳与认可。2014年财政部出台了《关于全面推进管理会计体系建设的指导意见》,明确指出企业要通过利用相关信息,有机融合财务与业务活动,在单位规划、决策、控制和评价等方面发挥重要作用。

业财融合要求财务打破原有的工作模式,更加深入地参与到企业日常经营的各个环节中。财务工作者要立足于财务的自身职能工作,但又不局限于财务管理范围,从而进行突破创新。财务是连接企业前后台的核心环节,其业务流程与企业的运营环节息息相关,对于财务业务流程的再思考和再设计必将带来对企业整体业务流程的再造。

三、组织结构扁平化理论

钱德勒(Chandler)有关组织结构的理论认为,当组织的外部环境变化需要其有效运用自身资源时,新的发展策略势必引起内部组织结构的变革。当前经济社会高速发展,以信息技术为支撑的数字经济,要求企业更高效、准确地响应客户需求。传统的金字塔形组织结构无法适应企业的管理需求,以更大的管理幅度和更少的管理层级为主要特点的扁平化组织结构,能够更好地促进决策层和操作层之间的交流沟通,提高执行效率。同时,不同业务单元之间相互独立又相互联系,使得企业能够快速适应市场的变化。

四、竞争优势理论

竞争优势理论认为,企业通过低成本战略和差异化战略可以获得竞争优势:前者是指企业通过保持较低的成本水平来获得较高的利润水平,后者是指企业通过产生同行业竞争者难以模仿的差异来满足客户需求,从而获得较高的溢价。竞争优势帮助企业扩大利润空间,提高市场份额。财务数字化转型利用信息技术代替人工,使人力资源得到释放,人工成本有效降低。同时,财务共享服务形成规模效应。相比于部门或者业务单元的单独议价能力,采购、差旅等商业平台以集团为单位统一结算,企业能够以更低的成本获得外部资源。因此,财务共享服务能够帮助企业实现低成本战略目标。此外,安筱鹏(2021)提出,数字化转型的本质是充分运用数字技术和数据资源解决复杂且不确定的问题,不仅提升效率,更提高能力,从而构建企业新型竞争优势。财务数字化转型形成的海量财务数据,能够为企业的业务开展提供信息支撑,支持企业制定独特的业务规划,帮助企业形成差异化的竞争优势。

五、权变理论

权变理论最早由菲德勒(Fiedler)在1962年提出,他认为权变理论强调的是一个动态管理过程,企业的领导管理必须随环境的变化而变化。权变理论认为,企业的经营管理不可能一成不变,管理者需要根据内外部的变化作出针对性调整,帮助企业适应内外部环境的不确定性。权变理论是融合企业内在要素和外在环境的系统性分析,认为每个企业内外部环境都不一样,因此管理者在企业经营管理活动中要做到因时、因地制宜,根据企业内部资源和外部环境的实际情况,不断制定适合企业当下的管理策略。在科技日新月异的现代社会,发达的信息技术已经改变了企业的传统管理格局,大数据、云计算等数字技术对企业的组织结构、日常运营都产生了巨大的影响,企业必须根据社会环境变化进行调整,才能实现可持续发展。

第二节　文 献 综 述

一、数字技术与数字经济

随着大数据、人工智能、移动互联网、云计算、物联网、区块链等数字技术的快速发展及应用,数字经济时代悄然来临,数字技术(digital technology)和数据应用将成为未来商业的核心基础。

数字技术,是一项与电子计算机相伴相生的科学技术,它是指借助一定的设备将各种信息,包括图、文、声、像等,转化为电子计算机能识别的二进制数字"0"和"1"后进行运算、加工、存储、传送、传播、还原的技术。大数据、人工智能、移动互联网、云计算及区块链等都是数字技术的典型代表。大数据,是随着数字技术的不断进步所产生的可储存、可分析、可应用的一种数据,是无法通过常规工具在短时间内进行获取、存储、管理和处理的数据集合,具有体量庞大、类型丰富、更新速度快等特征。人工智能,旨在通过研究人类思维方式,归纳人类思考规律,是计算机通过深度学习,能够模仿人类的思考方式,实现人脑的部分功能,替代人脑解决特定问题。移动互联网,是指以各种类型的移动终端为接入设备,使用移动互联网络作为接入网络,实现移动通信、互联网及其各种融合创新服务的新兴业务模式。云计算,是通过互联网把所有的计算应用和信息资源链接起来,供多用户随时访问、分享、管理和使用的一种IT资源的交付形式。区块链,从本质上来讲,是一种基于密码学技术生成的去中心化的分布式账本数据库。分布式账本数据库,意味着记载方式不只是将账本数据存储在每个节点,而是每个节点都会同步复制整个账本的数据,信息透明,难以篡改。云计算能够提供更强大的网络服务;大数据在其中负责数据存储、处理分析和信息挖掘;区块链是分布式账本,负责数据记录和维护;物联网包含各种传感器,能够产生大量的数据并传输;移动互联网通过无线接入设备访问互联网,能够实现移动终端之间的数据交换;人工智能技术则是数字智能。各项数字技术构成了一个相互融合又分别进步的有机生态整体,在社会生产生活领域的广泛应用和深度融合,对竞争环境、商业模式及企业管理方式产生了革命性的影响,推动了企业数字化转型的进程。

1996年,塔斯考特(Tapscott)首次提出数字经济,详细描述了数字经济各方面的情况,在业内引起了巨大回响。塔斯考特表示,由于新经济中信息是以数字方式呈现的,它们以字节形式存储在电脑中,以光速传播于网络中,利用二进制代码,所有信息和传输都可以用"0"和"1"这两个数字来体现和完成,所以被称为数字经济。1998年,美国商务部报告(1998)将数字经济纳入官方统计,从政府角度判定数字经济的到来,这一概念在全世界推广使用,开始用来形容由信息技术革命带来的经济现象。2002年,柯克曼(Kirkman)等在世界经济论坛上提出数字经济(苏米特拉·杜塔等,2003),自此每年全球信息技术报告中都有它的身影。经济合作与发展组织连续多年测量数字经济,在多次报告中使用数字经济这一概念。数字经济已成为业界关注的核心,随着信息技术运用的逐渐深入,数字经济的内涵和外延也在不断拓宽,由传统的电子商务逐渐扩展到社交媒体、搜索引擎等领域。

我国对于数字技术与数字经济的研究日渐深入,目前数字经济被认为是以使用数字化的知识和信息为关键生产要素,以现代信息网络为基本载体,以信息网络技术的有效使用为重要推动力的一系列经济活动。赵星(2016)认为,数字经济存在于虚拟而又严谨的数字空间中,是一种使用数字技术、交易数字产品的经济活动。同样,李长江(2017)发现,社会普遍认同数字经济是数字技术以及产业信息化带来的经济形态,其本质是使用数字技术方式生产。张鹏(2019)进一步论证,基于技术进行资源配置优化为导向的人类经济活动的高度协调和互动所塑造的新生产组织方式的不断演化,构成了数字经济的本质。其中,算力,即运算速度和存储量,是数字经济有别于农业经济、工业经济的最直观特征。孙萍(2019)指出,算法作为一种媒介,内嵌于平台经济的生产模式下,形成了基于时间、空间、劳动权利等层面下的融合与对抗。有效利用数字化技术是未来的大势所趋。温珺等(2020)指出,数字经济发展能够促进创新能力的提升。张辉和石琳(2019)将数字经济的发展历程分为三个阶段:20世纪90年代中期至21世纪初为快速发展期,2001年至2015年为全面覆盖期,2016年至今为转型调整期。

数字经济是在数字技术发展基础上应运而生的。数字经济是传统生产关系的重建,是数字技术与传统产业的有机融合,贯穿于企业生产与再生产的全流程,其可促进IT、互联网以及数据在企业生产关系中的调整与重塑。数字经济朝着物联网、云计算、大数据、智能化等方向发展,实体经济与数字化深度融合,传统产业全面提速转型升级,新业态大量涌现。这些对财务服务于企业的价值创造与能力都提出更高标准,财务转型势在必行。Barro(2016)表示,以"互联网+"为核心的数字经济快速发展,大大提升了我国经济质量。数字经济已成为中国经济的重要增长点和驱动力,2019年数字经济增加值占GDP比重达到36.2%。对于财务研究而言,数字经济同样也是一个重要增长点。魏晓盼(2017)指出,财务部门在数字经济发展中要提高站位,加快数字化转型步伐,建设共享服务平台,扩大数据分析覆盖面,加强智能化分析技术,提高财务人员配置和素质等。

二、数据化及财务数据化

根据Merriam-Webster所说,数据化(digitization)是将信息转换成数字形式的过程。在商业世界中,数据化代表将数据和信息从其物理版本(纸质文档、照片、文件等)转换为数字格式的动作。按数据结构类型划分,数据可以分为结构化、半结构化和非结构化数据。结构化数据是由二维表结构来进行逻辑表达和实现的数据,简单地说就是数据库。

半结构化数据是结构化数据的一种形式,但其无法仅通过一个二维表来完整描述,也不能简单地将其看作非结构化数据而储存为一个文件,否则会造成信息缺失。非结构化数据就是没有固定结构的数据,各类文档、图片、视频、音频等都属于非结构化数据。IDC 的调查报告显示,80% 的企业数据都是非结构化数据,而这些数据每年都按指数增长 60%,海量的非结构化数据将成为财务数据化的重要资源之一。

财务数据化是将纸质财务单据(凭证、发票、附件、档案等)转换成数字形式的过程。财务数据化的不断完善是企业发展的必然趋势。随着数字技术的发展,数据采集、储存、加工、分析等能力在大大提升,数据正变得越来越有价值。古希腊数学家、哲学家毕达哥拉斯曾提出"万物皆数",数据正在成为人类认识世界、改造世界的工具,也是企业在商业世界中决策的重要依据。财务数据是核心商业语言。在众多的数据类型中,财务数据不仅体量庞大,而且已经发展出成熟的规则和逻辑体系。财务部门是目前企业最大的数据部门,随着掌握的数据愈加丰富,财务部门会对企业决策起到更强的支撑作用。财务工作者也将继续利用财务数据的优势,为企业管理和发展寻求最佳解决方案。

企业在财务数据化发展阶段,会面临软硬件约束和管理制度不全等问题,如财务信息化的基础薄弱,企业对于数据的处理能力不足以及数据化发展初期,各系统间的数据"各司其职"造成的信息孤岛问题等等。

三、数字化及财务数字化

根据加特纳(Gartner)所说,数字化(digitalization)是数字技术的应用,它可以改变商业模式,从而获得新的收入和创造新价值的机会。数字化通常强调通过数字技术来改善业务流程、模型、操作和功能,以实现某些业务目标。数字化实际上就是利用数字技术将现实世界重建到计算机的虚拟世界中,而虚拟世界中展现的信息可以以一种或多种管理者期待的方式反作用于现实世界。例如,在企业管理中,可将现实世界的企业运行全方位、全流程地重建至计算机中,并通过其反馈的信息进一步指导企业的管理与决策。随着数字技术在社会生产和生活领域的广泛应用,竞争环境、商业模式及企业管理方式都随之产生了重大变化。数字技术打通了产业和场景的可连接性,构建了产业生态圈,企业成为产业生态圈的一个节点,企业因连接而产生价值(陈春花等,2019)。

就财务领域来说,财务数字化有两层含义:一是全面应用以大数据、人工智能、移动互联网、云计算、物联网、区块链为代表的数字技术;二是对财务模式,包括组织、流程和工作模式等进行全方位变革,使财务系统能够更好地支撑企业业务发展。实际上,数字化不仅仅是对前端各项业务的整合,更需要将后端的财务、人力、风控等与前端业务甚至整体战略相结合。因此,财务数字化在企业数字化过程中承担着重要的职责,在一定程度上可以作为企业全面数字化的切入点。尤其是随着数字技术飞速发展,推动财务数字化建设可以将分散在各地的基础财务业务集中起来,进行专业分工和流程再造,实现对财务信息的快速处理和实时共享。例如,使用工作流引擎构建系统内自动化流程;使用 API 接口工具构建开放系统间集成;运用财务机器人等自动化工具实现自动化作业。企业可利用数字技术,为财务提供场景化的智能应用,提升财务工作效能。

随着数字技术的持续发展与财务数字化建设的不断深入,财务职能由核算向分析、建议和预测转变,逐渐能够为企业提供数据驱动的决策支持,提供更深入价值链的业务支持,进行更有效的风险控制。通过财务数字化赋能,企业能够从需求预测、产品设计、定价和库存管理、供应链管理等方面提升运营管理的效率;通过财务数字化赋能,企业能够从需求创造、业务设计、价值共创、供应链重构、生态圈构建等方面实现企业运营管理的价值创新(陈剑等,2020)。

四、数字化转型及财务数字化转型

Negroponte 等(1995)对数字化转型的认识,被认为是有关数字化转型最早的概念界定。他认为数字化转型包括三部分:一是企业生产资料的数字化渗透,二是生产关系的数字化重构,三是商业活动的数字化创新,这三个部分依次递进。我国将数字化转型视作"企业"和"数字技术"的创新,并由此产生了产业数字化和数字产业化的两个主要方向。

在运用数字技术时,数字化转型(digital transformation)也被认为是一种思维方式。利用数字技术创新,企业能够在这个瞬息万变的市场中保持领先地位。根据 Enterprisers Project 的说法,数字化转型(digital transformation)是将数字技术集成到企业的所有领域,从而改变企业的经营方式并为客户提供价值。对于企业而言,数字化转型也可能是一种文化变革,因为企业将必须不断挑战现状,适应新规范并从失败中吸取教训,以保持竞争力。与数据化和数字化相比,数字化转型涵盖的内容更广泛。对于企业而言,实现数字化转型并非易事,它需要更多的战略和计划。

从技术角度来说,财务数字化转型是指以数字技术为依托,通过变革企业的财务管理模式,整合企业财务职能,促进业财融合,助力企业价值创造。财务数字化转型的建设框架,是在数字技术与财会管理的基础上,尝试将财务管理工作流程化、自动化、智能化,构建财务数字化平台,以提高财务工作效率、改善财务信息质量、提升合规风控能力和促进价值创造为目标,促进企业财务在管理控制和决策支持方面的作用发挥,实现战略财务。

从价值实现角度来说,财务数字化转型是一个从传统的价值守护到价值创造的过程。新技术、新管理和新模式是推动社会生产生活变革的动力,也是推动企业不断进步发展的基础。在财务数字化转型阶段,财务数据也将体现更高的价值。一方面,在数字经济时代,财务数据不再仅局限于报表中的一个个冰冷的数字,而能够囊括诸如宏观经济、组织行为、供应商生产、消费者偏好等企业运营的全部数据。有了这样一个全面的数据体系,财务数据除了衡量企业历史业绩,还能够为企业决策提供更大的支持。另一方面,产生财务数据的财务工作正在发生变革,财务工作的自动化、智能化、数字化将赋予财务数据更旺盛的生命力。财务数据能够促进财务部门的职能发生转变,使其自然成长为企业的数据部门;会逐渐模糊财务部门和业务部门的界限,打破各职能部门之间的信息孤岛;财务部门也将从相对滞后的后端走到企业的前端,成为企业的"探照灯"(彭娟等,2020)。财务数字化转型是财务战略、职能定位、组织结构、人力资源、操作流程和信息技术等的全方位转变,是动态持续的优化过程。对企业来说,提升财务管理水平、实现财务转型,既是企业转型的关键环节,也是企业核心竞争力之所在。从实践角度来说,如何实现数字化转型及财务数字化转型,是数字经济时代摆在企业管理层及财务人员案头上的新命题。为深入探讨数字化转型的框架,陈沛等(2019)以中国联通数字化转型路径为例,指出企业可通过重构思维模式、重构IT架构、重塑业务架构等,实现对业务对象、业务流程、业务规则的数字化转型。在去中介化、去中心化、去物质化的推动下,企业数字化转型的成功秘诀是外联内通。实际上,财务数字化转型是财务战略的转型,因此企业的战略发展目标是企业进行财务数字化转型的关键。同时,企业应具有足够的风险管控能力,企业的顶层设计中要充分展现其风控意识。最后,企业的财务数字化转型应当涵盖业务对象、业务流程以及业务规则,只有全方位共同推进财务数字化转型,才能够实现财务从后端走向前端,提高企业业财融合水平与资源配置能力,助力企业价值提升。

数字化转型及财务数字化转型是一个持续发展的过程。数字经济时代,数字化转型已经是必然趋势,但是过程不是一蹴而就的,而是持续迭代的,是随着社会和科技的发展,不断演变和不断进步的。数字化转型需要经历数据化(digitization)—数字化(digitalization)—数字化转型(digital transformation)三个阶段,财务数字化转型也需要经历财务数据化—财务数字化—财务数字化转型三个阶段,最终提升企业推进财务管理变革,助力企业经营决策,实现价值创造。

五、国有企业财务数字化转型

我国经济的主要特色之一是国有经济居主导地位。在中国研究企业财务问题,最应关注的领域当属国有企业财务。特别是应研究体现中国特色的现代国有企业财务管理和针对国资国企改革的财务问题。

李心合和蔡蕾(2021)指出,1949年以来,国有资产管理体制曾经历三次重大变革,先后出现三种管理模式:分别是改革开放前计划经济时期的"管企业"模式;改革开放后至党的十八大期间的"管资产"模式;十八大以来的"管资本"模式。从"管资产"向"管资本"转变,国有企业的一系列财务问题都需要作出新探索。张建军等(2010)指出,加强国企财务数字化管理是加强企业管理的重要组成部分。大数据时代背景下,要想提升企业整体战略管理能力,就要加强财务数字化管理。加强国企财务数字化管理是应对传统财务管理模式出现的各种问题的最好办法。规避财务风险与财务管理出现的问题,用新技术、新办法加强财务数字化管理是现代企业发展的必然趋势。邱新花(2020)基于大数据背景指出,加强国企财务数字化管理的必然性及必要性,并提出了大数据背景下加强国企财务数字化管理的路径。

廖杏(2020)提出,国有企业数字化转型所蕴含的可观商业价值吸引力巨大,以5G为代表的数字化科技创新,可改变传统管理模式,助力企业实现数字化转型,为经济增长与自主创新提供有力支撑。国有企业数字化转型是时代发展的必然结果,也是企业发展的大趋势。目前一些国有企业已初步推进相关工作,但是由于时间短、经验不足等原因,推进过程存在阻力。王刚(2019)指出,在国有企业实现数字化转型过程中,财务必须主动转型来适应数字经济的发展。数字经济主要是由以数字化的信息和知识为生产要素,以现代信息网络为重要载体的一系列经济活动组成,应有效利用信息和通信技术来推动经济结构优化。

"十四五"时期,我国进入全面建设社会主义现代化国家的新发展阶段。面对新发展阶段的新格局和新要求,企业应当深入探索新数字技术在财务领域的应用,促进国有企业数字化转型,增强国有企业竞争力与影响力。

六、金融科技辅助财务数字化转型

金融科技(Fintech)一词源于20世纪90年代,由花旗银行董事长约翰·里德(John Reed)提出,兴起于美国、英国等金融市场较为发达的国家。Arner等(2015)认为,金融科技是指信息技术与金融的融合,其利用新兴技术突破传统金融发展瓶颈,是一种覆盖全方位的金融业态。Chishti和Barberis(2016)探究金融科技本质,认为其是一种新型的科技企业,不仅为传统金融机构提供技术支持与架构开发等服务,更基于不断出现的新金融需求,持续创造新的产品和服务。巴曙松等(2016)认为,金融科技结合了技术和传统金融业务,其在拓宽客户层面、减少成本、提高效率等方面具有一定优势。对于金融行业来说,选择进行数字化转型,契合了当前竞争形势和复杂多变的经济形势,帮助企业加快业务流程与商业模式的创新改革,助力企业决策与发展。正如IDC所认为的那样:数字化转型是中国金融行业的必经之路。实际上,金融科技的发展,推动了金融与科技的进一步结合,也加快了金融行业不断进行数字化转型的步伐。随着科技的发展,企业在其商业模式、市场拓展以及财务管理等方面都要进行创新,全方位进行数字化转型,助力企业价值创造与价值增长。常路和符正平(2019)提出,"传统企业的数字经济转型与互联网的深度融合"是近年来学术界和实务界关注的焦点问题。以金融行业为例,各企业在财务数字化转型中均面临诸多问题,王莹和董付堂(2019)指出,集团化企业财务管理工作正面临如何利用信息技术突破经营管理困境的问题。结合对金融行业数字化转型的研究,可以看到财务数字化转型模式仍然适用于"数据化—数字化—数字化转型"的模式,结合其实践可以看到,应以财务共享为基础,依托于数字技术,实现互联互通,助力管理会计理论的落地,实现业财融合与价值创造。在金融行业中,财务共享往往被视作财务数字化转型的第一步,陈虎(2016)认为,财务共享服务是财务转型的基础。徐晨阳等(2017)也将共享服务看作企业财务转型的第一步,认为共享服务对企业有着低成本、高效率、资源释放、战略风险控制等普遍意义。唐勇和胡先伟(2019)表示,财务共享服务已成为大型企业财务数字化变革转型的重要工具,助力大型企业业财融合、内外互联、信息共享,驱动中国大型企业参与工业化革命。随着数字技术的不断发展,其在各个行业,尤其是金融行业中的影响力日渐深入,金融科技的双向融合改变了金融行业传统财务的发展模式,切实助力金融行业的财务数字化转型。Warrenjr等(2015)认为,数字技术对会计领域的积极影响已被初步认知。

江乾坤（2018）等除了对区块链进行研究，还强调了财务云模式的先进性，表示财务云模式客观上弱化了财务会计职能，凸显了管理会计地位；认为相较于财务共享服务只是将财务会计做到极致，财务云服务通过无缝对接第三方平台和系统集成企业内部各个信息系统，不仅可以有效利用强大的外部资源，而且累积的海量大数据有利于管理会计报告真正落地。

第三章

研究背景及问题分析

第一节　海通证券股份有限公司简介

海通证券股份有限公司成立于1988年,是国内成立最早的券商之一,在沪、港两地上市,是一家资本实力雄厚、业务牌照齐全的综合金融服务集团。截至2021年年末,公司总资产7 449亿元,全年实现营业收入432亿元,各项业务、财务指标均排名行业前列。公司成立以来,始终坚持以客户为中心的发展战略,以建设国内一流、国际有影响力的中国标杆式投行为使命,坚持"务实、开拓、稳健、卓越"的经营理念,稳健而不失创新。

经过多年的精耕细作,公司逐步完善了集团化、国际化的战略布局,基本建成涵盖证券期货经纪、投行、自营、资产管理、私募股权投资、另类投资、融资租赁、境外银行等多个业务领域的金融服务集团;经营网点遍及全球14个国家和地区,覆盖"纽、伦、东、新、港、沪"六大国际金融中心;在境内拥有343家证券及期货营业部,正式员工过万人;在境内外拥有超过1 850万名客户,托管及管理客户资产总额超5.9万亿元。

第二节　海通证券财务数字化转型前概况

20世纪80年代初,中国证券市场雏形初现。当时,中国证券市场的交易仅局限于国库券的发行和分销。1984年,北京天桥股份有限公司和上海飞乐音响股份有限公司经中国人民银行批准进行股票公开发行,成为市场上第一批交易的股票;1986年,第一个证券交易柜台在上海设立;1990年,上交所和深交所成立,至此中国证券市场雏形已现。

海通证券就是在这样的背景下诞生的,公司成立于1988年,最早脱胎于交通银行上海分行证券业务部,于1994年改制为有限责任公司,并发展成全国性的证券公司。公司成立之初,财务管理模式是基于营业部展开的,公司每个营业部都配备一名财务主管,营业部的日常财务核算、月末财务报表出具,都由营业部财务主管手工完成;营业部将手工报表通过电子邮件发送总部之后,再由总部完成合并报表的编制。当时的财务工作面临着财务数据分散、收集归拢时间较长、手工核算效率较低、准确率不高、合并报表出具不及时等问题。

进入21世纪,证券市场法规体系逐步建立,市场结构不断完善。1999年《证券法》的颁布及2006年《证券法》《公司法》的修订，奠定了我国证券市场的基本法律框架。2006年中国金融期货交易所正式批准成立，进一步完善了证券市场结构，为金融衍生品业务发展打开了大门。

这一阶段也是海通证券业务快速扩张、资本规模大幅增长的时期。2001年年底，海通证券整体改制为股份有限公司。2002年，公司完成增资扩股，成为当时国内证券行业中资本规模最大的综合性证券公司。2005年，公司成功托管甘肃证券和兴安证券，实现低成本快速扩张，同年公司成为创新试点券商。2007年，公司反向收购都市股份，在上海证券交易所成功挂牌上市。

业务规模的扩大和成功上市，对公司财务管理水平提出了更高的要求。如何提升财务管理的合规性、会计核算的统一性、信息披露的准确性，成为摆在海通财务人面前的课题。为此，公司迈出了财务信息化的第一步，于2000年年初上线了用友NC2.3财务管理系统，在不改变财务人员组织架构的前提下，初步实现了会计核算电算化和财务数据集中管理，大幅提升了日常财务工作的统一性、合规性和财务数据处理的时效性。此阶段的财务信息化实现了财务工作线下向线上、纸质向电子的转型。但是，由于整体自动化程度依然不高，财务工作效率仍有较大提升空间。例如，经纪业务清算、自营业务核算等还未完成与前端系统对接，仍停留在手工核算阶段；所有会计凭证还需要财务人员手工录入系统；报表虽然可以按账套自动生成，但是合并财务报表还是依赖手工完成。

2010年以后，资本市场发展不断提速，多层次资本市场逐步建立并日趋完善。2009年创业板的推出，标志着多层次资本市场体系框架基本建成，形成了包括主板、中小板、创业板、科创板在内的多层次股票市场，各市场定位明晰，有机联系，相互补充。资本市场制度创新和改革措施频出，资本市场枢纽功能得到前所未有的重视。金融工具和创新业务不断丰富，传统业务收入占比持续下降。行业竞争加剧，佣金率呈下降趋势，推动证券公司业务结构发生深刻变化。对外开放力度加大，外资券商积极进入中国市场，对中资证券机构形成竞争压力。

面对蓬勃发展的中国资本市场和日趋激烈的行业竞争格局，海通证券大力推进集团化、国际化、信息化战略。公司于2010年在中国香港收购大福证券，2014年收购恒信金融租赁，2015年收购葡萄牙圣灵投行和日本吉亚公司，业务范围和地域分布不断拓展。这一阶段，传统的财务职能和组织架构已无法适应专业化、复合型的管理要求，财务工作面临新的挑战。如何借助信息化手段实现财务管理的转型和升级，支持和促进公司经营战略落地，成为财务数字化建设的根本目标。具体而言，一是如何整合过去分散、网状的财务管理模式；二是在公司国际化、集团化的进程中，面对行业差异与区域监管差异，如何提升对子公司的财务管理效能；三是面对不断涌现且日趋复杂的创新业务，如何利用信息系统协助日常核算需求；四是在国家大力推动企业数字化转型的背景下，如何变革财务组织，重塑财务职能，构建完备的财务管控体系，促使财务管理模式由核算型向管理型转变。

第三节 海通证券财务数据化面临的问题与挑战

一、财务信息化基础薄弱

财务数据化通过财务系统的建设,实现手工财务信息的线上化,改变了财务工作的操作习惯、工作流程和管理理念,是一个自上而下的建设过程,因此需要得到公司管理层的足够重视与大力支持。

由于海通证券财务数据化之前的财务管理模式是基于营业部展开的且为手工记账,财务管理体制较为分散,财务管控能力有限,导致会计基础数据易出现不规范、不完整、不统一的问题,财务管理基础相对薄弱。

信息化基础方面,内部来看,海通证券在数据化建设初期,面临各分子公司科目编码不统一、实物数据与会计数据无法实现统一等问题,导致会计自动化与信息化程度受限;缺少信息技术与财务管理的专业人才,无法为财务数据化提供足够的技术支持。外部来看,我国软件行业发展具有一定的滞后性。一套成熟的财务管理系统的建立,应当与企业的财务管理理念相融合。但在当时,市场上的主流产品如 Oracle 和 SAP 主要为大型制造型企业设计,对金融行业企业的适用性不强,而国内软件企业普遍规模较小,开发能力较弱,无法满足公司财务集中管理的诉求。

二、数据处理能力不足

(一)财务管理数据缺乏统一性

在数据化建设初期,财务管理系统建设缺乏统一的标准,导致不同平台的数据缺乏统一性,数据管理方式各异,数据统计口径千差万别,无法实现财务管理资源共享,且当后续管理需求发生变动时,容易出现数据紊乱等问题,对信息化建设产生一定阻碍。

(二)数据收集和整理能力有限

数据的收集与整理技术是数据处理的重中之重。由于数据处理技术不成熟,系统在接收到大量多重来源的数据后无法进行及时清洗和整合,出现数据冗余、数据分类性较差、数据无规则储存、数据加工困难等问题,从而影响数据的后续使用。

(三)数据的分析与探究能力有限

数据的价值往往需要依赖系统工具的挖掘分析、可视化的展现方式来体现。在财务数据化阶段,市场上的财务管理软件尚无法完整实现上述分析、挖掘和展现功能。

三、信息孤岛问题

在财务数字化推进的初期,信息孤岛问题突出,各个系统之间互不相通、相互独立,各自拥有自己的数据库和信息来源;数据只在本系统间进行流转,无法在企业间形成畅通的信息流，无法通过整合实现资源共享，严重制约公司数字化进程。

（一）数字化建设初期缺少全面周详的规划

企业在数字化建设初期较难自上而下形成一个全面周详的顶层规划。这个规划包括：通过详细分析企业各项核心业务的流程与关联关系以及企业内部各业务组织之间的支持与管控关系，形成企业整体数字化需求；拟定各项数字化需求的推进顺序及建设周期，最终形成企业整体的数字系统构架规划及实施路线图。信息系统层面需确定系统之间的输入输出关系，哪些数据在哪些系统之间共享，各项数据的流转方式，形成数据接口清单等。只有确定了完整的规划，才能避免在后续企业数字化推进过程中出现信息孤岛问题。海通证券在数字化建设初期，业务部门各自为政，缺少全局性的统筹规划，造成公司层面数字化工作参差不齐，各业务条线之间缺乏必要的信息互通，为后续数字化转型的深入推进带来了一定困难。

（二）信息系统建设不同步，业务系统财务系统发展方向不协调

在数字化发展初期，业务系统的发展方向主要由企业自身需求决定。以海通证券为例，业务系统的主要需求是如何满足客户对公开市场各种金融产品的便捷快速交易需求及盘后资金的准确对账清算需求等。因此，核心业务系统是由公司信息技术部门独立自主研发的。而财务系统的发展方向主要由软件供应商根据会计准则、监管要求及行业热点来决定，其主导权并不在企业。例如海通证券在财务数字化发展初期，就采用市场化采购方式，择优购买成熟的财务管理软件，快速落地实施，以满足大部分财务数字化需求。业财系统发展方向的不一致，带来了以下问题：一是财务系统只能满足基础的标准化需求，具有公司行业特色的管理需求落地困难；二是财务系统与业务系统建设不同步，信息不能互联互通，导致信息孤岛出现。

（三）信息系统接口标准化程度偏低

信息孤岛是数字化发展的必经阶段。一方面，财务软件供应商在产品开发阶段多专注于自身产品的设计，通过打磨产品功能提升产品的竞争优势，往往无暇过多考虑系统集成与接口标准化问题；另一方面，财务系统与业务系统并行开发，各自为政，缺少统一规划，很少考虑如何实现业务平台和财务平台的数据共享。技术接口标准化是一个不断完善与规范的过程，需要通过在实践中归纳总结各个信息系统的输入输出情况，制定统一的标准，且随着系统研发的不断深入推进，涉及的接口类型也在不断增加。在这个逐渐标准化的过程中，必然会存在一定时期的信息孤岛。

第四节　海通证券财务数字化面临的问题与挑战

一、数字技术财务应用场景欠缺

目前，数字技术在财务工作的应用场景有限，多集中在会计核算、费用报销等功能模块,帮助优化业务流程,提高工作效率;而在更能发挥数据价值的财务分析、风险管理、经营决策支持等领域的场景应用相对较少。上海国家会计学院智能财务研究中心发布的《中国企业财务智能化现状调查报告》(2020),对智能财务提供的服务、财务信息系统各模块的智能化程度等要素展开调查,发现目前企业财务工作中智能化程度最高的是会计核算和银企互联模块,最低的是风险管理和经营决策支持模块。企业认为会计核算和费用报销模块最迫切需要实现智能化,其对风险管理和信息披露智能化的重视程度较低。

通过分析海通证券数字化应用场景,本节发现存在以下不足:第一,目前的实际应用场景主要集中在通过数字化技术提高财务核算、费用审核等工作的效率上,相对缺乏更能发挥数据价值的应用场景。这既与公司当前的数字化程度和现实需求有关,也与实现更高级人工智能应用的难度和成本有关。第二,尚未完全建立具有层次性的智能财务应用场景体系。刘梅玲等(2020)在智能财务的基本框架与建设思路研究中指出,凡是将数字技术运用于财务工作领域,对传统财务工作进行模拟、延伸和拓展的场景,都是智能化场景设计的范畴。智能财务应用场景是广泛的,但目前仍缺乏科学系统的应用框架总结,如当前海通证券的数字化应用场景应用多为点状分布,技术和应用场景的对应关系较为模糊。第三,对应用场景缺乏理论总结,单纯从实践角度介绍如何应用,而缺少对背后技术原理的探讨。财务人员似乎认为只需要"会用"数字财务产品即可,但正确理解产品背后的技术原理对财务工作的思维转变和流程转型同样具有重要意义。

二、财务数字化配套制度尚未完善

完善的企业数字化制度是财务数字化发挥效能的重要基础。财务数字化配套制度不仅仅包括信息系统管理制度,还包括相关的组织管理、日常运行管理、数据管理等各种制度。海通证券在财务数字化建设初期,对于配套的制度建设不足,比如,对信息系统作业范围、处理标准及相关工作人员的作业流程缺少明确的制度进行规定和规范。以财务管理数字化程度较高的华为为例,正是因为建立了完善具体的财务数字化管理制度,包括对财务数据的更新周期和更新项目都有明确的规定,才能做到依靠计算机软件系统完成很多财务管理工作。

李锡兰(2021)认为,在会计信息化发展的历程中,首先要重视会计信息化的标准与规范制定,通过完善制度建设对会计工作进行更加系统的监督,使会计信息化在发展应用的过程中有据可依。企业要有管理意识,积极加强会计信息化相关标准和规则的建设,建立分级培训学习的管理方式,从而实行标准化的流程。在此基础上,企业还应该加强信息化会计事务的考核,使制定的相关举措得以落实。企业在推进会计信息化的进程中,还要注意信息系统与具体业务是否兼容,应合理地利用信息化优化工作流程,保证会计信息化能够取得更好的效果。

三、数据治理能力欠缺

数据治理涵盖了企业所有与数据有关的内容,不仅需要对数据系统进行管理,更需要一套完整的规章体系和流程,对整个企业范围内的工作流程、人员和使用技术等进行管理,保证数据的可用性、一致性、完整性、合规性和安全性,从而确保整个数据生命周期都具有较高的数据质量。

企业具备完善的数据治理能力至关重要。只有建立了完备、准确的数据基础,数据才能发挥出价值。在没有好的数据基础的情况下,数据本身无法为业务提供真正有效的输出,反而可能成为一种负资产。除了数据采集和数据处理层面的投入,企业还需要为检验数据可信度投入高昂的数据排查和清洗成本,经不起应用层检验的数据资产就成为负资产。

海通证券在数字化转型过程中的数字治理能力有所欠缺:一是数据治理缺少有效的管理机制,技术层面上各平台间数据标准不一致,公司层面上数据产权不明确、管理职责不清晰、使用流程不明确;二是数据治理缺乏全局性的考量。由于各个系统建设周期不同步,且在建设时缺少顶层设计,往往只考虑局部数据需求,导致相同的数据在不同的系统中以不同的属性存在,数据质量参差不齐,不利于后续对数据的综合运用和深入挖掘。数据治理能力的欠缺给财务数字化转型带来了困难。

第五节　海通证券财务数字化转型面临的问题与挑战

一、财务数字化转型带来的组织变革与阵痛

海通证券在财务数字化转型过程中,财务管理职能从后端走向前端,原先财务组织中的人员结构、知识结构及工作经验已和当下的财务管理工作不再适配。财务数字化转型对财务组织的变革是深刻而长远的,经历阵痛也在所难免。如何转岗分流部分财务人员去充实一线业务;如何二次赋能财务人员,使其快速适应新的财务工作内容;如何培养和储备具有数字化思维、能够站在企业整体战略视角开展工作的综合性财务人才,都是海通证券面临的迫切而现实的问题。

二、业财数据积累之后的应用问题

大数据时代,如何从庞杂的数据中寻找和创造商业价值至关重要。越来越多的企业已开始探索利用大数据提升用户体验,提高企业的生产力、竞争力和创新能力。经过多年的积累,海通证券已累积了海量的业务数据与财务数据,但目前对数据的应用和发掘仍处于起步阶段。面对每日倍增的数据和日趋复杂的数据结构,如何在提高数据基础质量和数据治理能力的同时,大幅提升数据挖掘分析乃至价值创造的能力,是摆在海通财务人面前的重要课题。只有真正将大数据运用在支持业务发展的场景中,才能切实发挥财务工作的增值作用,为公司的经营决策提供支持。

三、财务数字化转型缺少最佳实践经验

海通证券作为证券行业财务数字化转型的先行者,在数字化转型推进的过程中缺少先进行业经验作为参考与借鉴,从需求设计、系统规划、产品选择到系统落地都主要依赖自我摸索,摸着石头过河,也走过弯路。例如,在建设财务共享中心时,海通证券由于过去财务体制的沿革,在流程设计时抽象归纳不够,缺少统一性,违背了财务共享理论,脱离了信息系统实际,无法为财务工作带来质量和效率的实质性提升,导致了后续对财务流程的二次重建。在跨行业交流学习时,海通证券照搬其他行业的模式进行系统开发和设计,造成信息系统建设水土不服、无法精准匹配公司需求、投入产出转化比较低等问题。

第四章

解决方案和成果展示

第一节 建标准——海通证券财务数据化解决方案

一、强化财务信息化基础建设

海通证券在推进财务数字化的过程中,坚持推动员工观念转变,反复向员工宣传先进财务管理理念,不断强调财务信息化基础建设的重要性,定期召开系统建设例会,向全体财务人员传递财务信息化基础建设目标与实施路径,关注员工的二次赋能问题,定期组织员工技能培训,提升其工作能力。

海通证券在推进会计信息化的进程中,时刻注意制度、信息系统与具体业务三者的匹配融合,通过制度建设规范各单位的财务行为,逐步提升财务基础信息质量,为公司提升财务信息管理打下了坚实的基础。针对子公司众多、财务系统不统一、数据分散管理的情况,公司及时发布各项财务管理制度,指导、规范各分子公司的财务工作,推行标准化的管理流程。此外,海通证券还强化财务信息化制度执行监督,使制定的相关举措得以落实。

在财务信息系统合规建设方面,海通证券建立了一套相对完整的内部控制体系。公司在财务部门内设置了独立的内部控制岗及部门合规专员,以确保内控有效性;对于公司可能遭遇到的危害与风险进行全面控制,确保财务信息系统中财务数据的有效性、准确性和安全性。

海通证券高度重视财务信息系统安全问题,加强企业网络安全保护,定期对财务信息系统进行巡检。针对系统漏洞及时组织系统升级,防止财务数据信息泄露,保障公司财务信息安全。在完成财务信息系统开发工作之后,由财务部门与信息技术部门共同完成财务信息系统的硬件管理和软件维护工作,对财务信息系统的运行环境进行监督和控制,保证财务信息系统的健康运行。

在数字化转型过程中,海通证券对作为财务信息化基础的财务核算系统进行不断规范与持续夯实。该系统自2008年建成后,经历了2016年第一次升级,后随着公司分支机构转型、营改增等事项的推进,在2020年核算系统又开展了一次较大的升级改进,优化核算体系,为后续工作夯实基础。财务核算系统建设围绕财务科目、财务报表、自营清算几个关键条线展开;以会计准则为基础,设立业务管理账套和总部运营账套,从多个维度核算、归集、分摊收入成本,加强公司财务规范管理,提高财务管控效率,优化资源配置,防范财务风险。公司在进行财务核算系统建设时，始终以业务数据为基础，以财务会计平台为支撑，充分利用信息技术优势，结合财务管理及经营活动需要，搭建资产、租赁、税务、自营、清算、报表等模块，与财务管理全面对接，深化业财融合，提升财务工作效率，加强财务风险管控能力，提升财务管理水平。同时，在系统建设过程中结合公司业务需要，对财务核算组织结构进行合理调整，以满足未来营业部扩张管理的需要；对系统规则、编码规则等作了数据维度规划，充分考虑大数据下的快速查询及数据归集的需要；考虑到未来可能采用区域化管理，对系统组织结构采用弹性可延展性的设计。核算系统的持续优化与不断升级，满足业务财务核算、资金结算、管理会计多维度管理需求，对集团财务信息进行了有效整合，优化了财务数据治理结构，沉淀了财务数据，为管理会计、财务分析、经营分析等信息系统建设提供了重要的数据源。

二、提升数据处理能力

海通证券在开展财务数字化转型伊始，尤其重视数据积累与处理能力建设，将数据创造价值的理念贯彻始终，在建设财务数据集市上作了一定的探索。在建设过程中，财务部门与科技部门通力配合，不断探索应用最新的数据处理技术，对接前端业务系统，梳理数据流转过程，累积各类业务数据，输出各项财务指标，并尝试探索建立数据标准，完善财务数据集市建设。

海通证券在财务核算系统建设过程中，十分注重财务数据的标准建设，在全集团推动会计科目、报表项目、数据统计口径的统一，初步实现了财务数据可共享、易使用；并初步建立了数据接口管理规范，对财务接口功能实现、入参出参、接口调用频率等作了梳理与规范。

借助 ETL（extract-transform-load）技术，公司实现了端到端的数据采集、加工和推送功能，数据收集和整理能力得到大幅提升。借助该功能，财务部门实现了包含经纪业务清算数据、自营业务交易数据、行情数据、人力数据和合同数据在内的共计近 200 项业务数据的日内采集推送。

以上数据的采集和加工，大致可以分为以下几种情况：

数据提供源系统提供表名和加工逻辑，财务数据集市负责将相关原始数据表推送到下游财务系统，下游财务系统参考源系统的数据逻辑按需加工。比如，场外衍生品自营业务的交易数据，财务数据集市直推源系统的原始表，包括交易记录、账户关系和票券信息等；财务核算系统参考源系统的数据模型和加工逻辑，加工出所需结果，供给自营业务核算使用，以实现业务会计核算的自动化。

数据提供源系统提供表名和加工逻辑，财务数据集市负责数据逻辑处理，将加工完成的结果推送下游财务系统；下游财务系统基于加工后的数据结果，实现相关功能。比如，税务管理系统在计算公司总部应纳印花税税额时需要的合同数据，由财务数据集市根据具体需求，参考源系统确认数据来源及加工逻辑来实现，税务系统直接采集并使用数据结果。

对于源于不同系统、但有相同结构模型的数据,财务数据集市负责从各原系统采集加工,并进行合并汇总后,作为主题数据,推送给下游财务系统。比如,经纪业务清算数据中的二级日报表数据,是跨系统的主题数据,在集中交易、融资融券交易、个股期权交易和贵金属交易四大柜台系统中均存在,且数据模型一致。鉴于数据模型的一致性,财务数据集市在实现每个系统的数据计算逻辑后,作了额外一层的汇总,实现跨系统基于主题的数据推送。

除了传统的数据结构化,海通证券还应用数字技术实现部分半结构化和非结构化数据的处理。借助 OCR 技术,实现各类票据的半结构数据化解析,提升网络报销审核效率;借助 ASR 和 NLP 技术,识别语音输入,转换为半结构化的指令数据,为商旅预定提供便利;使用 RPA 技术,将财务日常工作流程转换为非结构化的数据的业务流程包数据,将员工从简单的重复劳动中解放。虽然这些半结构化和非结构化数据的数据化工作占整体数据化工作的比重不高,但是这部分数据处理能力恰恰是运用数字技术提升数据处理能力的关键所在,可以大幅提升员工应用体验,提高财务工作效率,具有较大应用价值。

三、推进互联互通,打破信息孤岛

证券行业数据资产的特点是规模庞大、非结构化,数据来源、类型、标准各不相同,整合应用难度大,容易形成信息孤岛,导致业务数据到财务数据流转不畅、财务工作效率低下、财务信息质量下降等问题出现。针对这一问题,海通证券致力于系统互联互通建设,主要包括以下几个方面:

首先,在意识到缺少全面周详的数字化建设规划后,财务部门与科技部门互相配合,详细梳理和分析各业务条线的流程及关联关系、前后端各部门之间业务流转和管控关系等,在此基础上制定了全局的数字化建设方案,并以此为基准有序开展数字化建设,实现了数据在各个系统间的有效流转。

其次,在进行数字化建设的过程中,海通证券吸取初期的经验与教训,逐步实现业务与财务系统的同步建设。业务部门在进行业务系统建设时,不再只考虑业务系统自身的建设规划与方案,还充分考虑与数据仓库以及后端财务系统的对接,实现前端到后端的同步落地,形成畅通的信息流,打通各部门之间的数据壁垒,一定程度上避免了内部信息孤岛现象的产生,从而提高了公司财务管理的工作效率和财务数据的准确性。

最后,随着软件市场的逐渐发展,各个软件公司也逐步意识到数据接口标准化的重要性,并逐步进行改善。海通证券在进行财务数字化建设的过程中,不仅要考虑与内部系统对接,更要兼顾与外部系统相连接,确保财务信息有效传递,推动资金支付、财务数据报送、税务申报等工作高效开展,提高财务工作效率。

经过多年的数字化建设,海通证券不断推动公司信息系统外联内通、互联互通、内联内通,消除信息孤岛,确保数据信息的全面、真实、可靠。目前,海通证券已实现外联商业平台如 TMC、用车及电商平台,实现了成本费用财务核算管理和付款交易业务的融合;内联业务系统,如清算系统、新意系统、交易系统等证券投资业务系统,实现了财务核算与业务协同相融合；互联总账、财务并表、网络报销、增值税、电子档案等财务信息系统，实现了多系统的数据交互。公司以外联内通、内联内通和互联互通，促进了业财融合，为财务数字化转型奠定了基础。

第二节 立标杆——海通证券财务数字化解决方案

一、推动财务共享理论落地实践应用

财务共享是指将重复的、分散的财务基础工作从企业各单位中分离出来，集中到一个新的财务组织中集中处理，这个新的财务组织也就是财务共享服务中心（FSSC）。财务共享服务中心通过互联网络为分布在不同地区的集团成员单位提供流程化、标准化、低成本、高效率的共享服务，为企业创造更大的价值。财务共享服务中心是企业级财务服务平台，是各成员单位的会计业务运作中心、财务管理中心、服务中心。借助 IT 信息技术，可实现对信息、技术、流程的有效整合，实现企业内部财务流程标准化和精简化，提高财务工作的整体运作效率。

"十三五"期间，为了配合分支机构转型，落实分支机构财务集中，提升财务工作效率，提高财务管控效果，防范财务风险，海通证券开始探索运用财务共享管理模式。通过建立财务共享服务中心，公司实现了相关业务流程的电子化，提高了业务处理效率，并进而提升了内部管理的信息化、规范化和一体化水平，优化了资源配置，提升了公司核心竞争力。

海通证券在财务共享理论的落地实践中，宏观上进行了总体建设方案规划，包括搭建财务共享平台，实现集中作业，前后台分离，将财务管理职能与财务操作职能分离，明确财务共享服务中心的职能分工，实现了费用集中报账、资金集中结算和会计集中核算。微观上进行了三个步骤的推进：首先搭建统一的业务处理平台，用于支持各项业务处理；其次统一制定会计制度以及核算口径，实现标准化财务核算；最后，通过财务共享服务中心规范财务处理流程，提升处理效率，释放更多资源，从而将更多的时间和精力投入财务管理，包括预算管理控制、财务指标分析等，大大提升了集团管控力度，降低了经营风险。

海通证券对于财务共享理论的实践落地，极大地推动了公司财务数字化的进程，促进了财务会计与管理会计的分离，构建起全新财务管理体系。财务共享服务中心运作后，海通证券财务管理形成公司总部战略财务和分公司财务共享服务中心两个层面的全新财务管理体系。财务共享服务中心释放出高素质人员到战略财务，参与总部财务战略的制定与推进，进行预算资源管理和绩效控制，为公司经营决策提供辅助支持。

二、挖掘数字技术财务应用场景

为满足企业日益扩大的经营管理需求和规范化管理需要，海通证券不断优化财务管理体系，建设财务信息系统，逐步搭建起财务数字化转型生态圈，如图 2-3 所示。

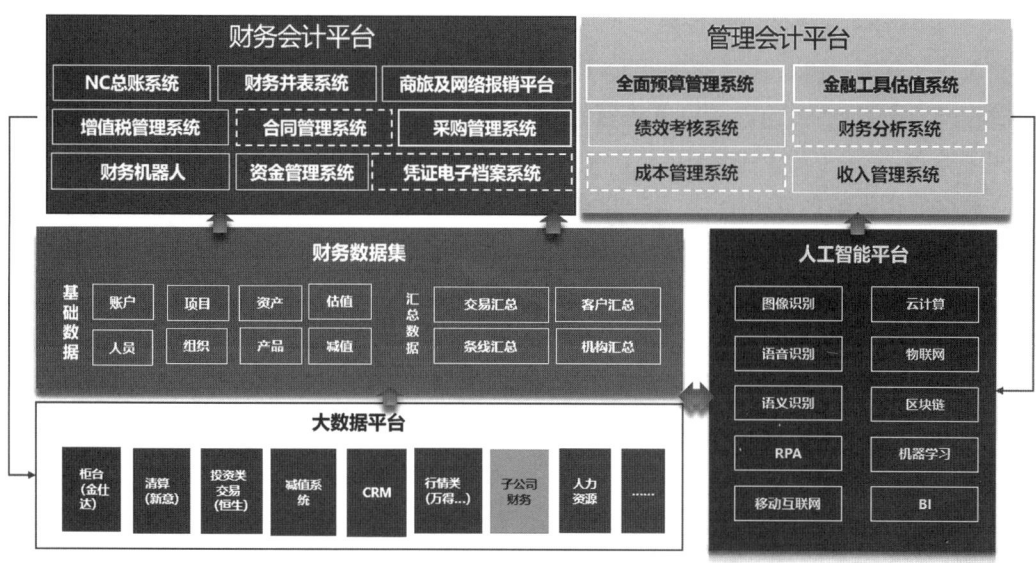

图 2-3 海通证券财务信息系统总体框架

在数字化转型建设过程中,海通证券将大数据、人工智能、区块链、云计算、物联网等多项数字技术融合运用到各个财务场景中,表 2-1 展示了海通证券不同应用场景中所使用的数字技术。

表 2-1 海通证券数字技术应用场景

数字技术	应用场景								
	费用报销	商旅平台	线上采集	会计核算	税务管理	资产管理	财务分析	财务稽核	辅助决策
大数据		√	√	√			√	√	√
图像识别	√	√	√	√	√				
语音识别			√	√			√		√
语义识别	√							√	√
财务机器人				√	√		√	√	
移动互联网	√	√	√			√			
云计算	√	√							
物联网						√			
区块链					√				
数字档案技术	√	√	√	√					
条码扫描	√	√				√			
爬虫技术							√		
智能报表	√	√	√				√		
机器学习				√			√	√	√

(一) 财务机器人的应用场景

海通证券通过将智能财务机器人(RPA)运用在财务基础工作中,大幅提高工作效率,解放生产力。目前,公司已在税务管理、会计核算辅助支持、数据采集及加工、财务统计分析四大类62个财务场景中运用了RPA技术。例如,增值税发票验证机器人,通过登录国税总局增值税发票认证平台,批量导出未勾选认证的增值税发票,并按发票代码与号码进行批量查询,自动比对生成核验结果,通过邮件发送给发票管理人员。分支机构清算附件输出机器人通过登录柜台系统,每日查询导出所有分支机构保证金日结表作为凭证附件,批量输出至对应文件目录并上传FTP,交给各分支机构财务人员,效率提升约15倍。RPA的使用,减少了财务工作中的手工录入和出错概率,响应更及时,处理时长大幅缩短,切实提升了财务工作效率,帮助解决了财务工作最后一公里问题。

(二) 商旅应用场景

商旅平台运用移动互联、语言图像识别、云计算、大数据等科技手段,将公司现有的网络报销平台向移动终端延伸,利用手机强大的数据采集能力集申请、预定、报销于一体,提升了员工的商旅体验,支持一线人员展业。商旅平台聚合多家优质商旅消费服务商,引入竞争,支持多家商旅供应商智能排序、比价选择,促进了供应商之间形成良性竞争,为公司提供更好更优质的服务,也节约了公司的营运资金;同时,移动互联技术可完成"一键报销",提升员工报销体验。

(三) 全面预算应用场景

海通证券搭建的智能全面预算管理系统,实现了预算管理工作"流程线上化、编报模板化、管理可量化",集中体现了"强管理、控风险、提效率"的总体建设目标。通过运用大数据、人工智能等技术,公司不断完善预算预测模型,进一步提升预算预测工作的科学性和准确性;通过数据挖掘、智能分析等工具,公司了解各个业务条线的预算完成情况,通过大屏、移动端等方式实现实时展现,直观地为管理层提供预算决策的有用信息。智能技术在全面预算管理系统中的充分应用,大大提升了公司在预算编制、执行以及后续分析过程中的效率;通过系统的建设扩大数据分析的维度,积累丰富的数据资产,深化业财融合,强化财务管控,提升工作效率,助力公司战略规划和经营目标的实现。

(四) 销项发票增信应用场景

区块链技术是一项新兴的互联网技术,具有去中心化、防篡改和可追溯性等特点,已经被广泛应用在政务、金融、民生等领域,而在财税方面的应用仍在探索中。海通证券突破性地运用中证联盟链,将销项增值税发票上链,确保了自身开具的销项发票的真实性,为业务增信,从而促进业务发展。

(五) BI技术的应用场景

BI(business intelligence)技术的运用为企业管理者提供决策支持。近年来,随着财务数字化转型的深入推进,海通证券积累了大量数据资产,使其有条件从中挖掘出大量关于市场、业务、客户的有用信息,通过整合和加工,搭建量本利分析、费用预算对比分析等模型,为公司创造价值。

三、提高数据治理能力

数据正成为数字经济时代最重要的生产要素之一,海通证券十分重视数据要素在数字化转型中的核心驱动作用。围绕提升数据治理能力,海通证券主要开展了如下几方面的工作:

首先,建章立制,为数据治理工作保驾护航。公司在"十三五"期间发布多项数据治理相关制度,逐步厘清各部门在数据治理工作中的管理职责,明确各项业务数据的产权归属,统一各系统的数据处理标准。

其次,从IT规划的顶层设计出发,规划数据治理。在系统立项阶段充分考量其对数据治理工作产生的影响,规范数据的获取和推送流程,明确数据质量标准。在各系统同步建设中,协调各系统建设进度,使其与数据治理工作同步。在系统建设完成,进入运维期后,对信息系统数据质量进行再评估、再梳理和再优化。

最后,技术进步助力海通证券财务数据集市建设。数据治理能力的提高,离不开数据库技术的发展。随着硬件发展遇到瓶颈,摩尔定律受到挑战,传统的集中式数据难以满足海量的数据存储和处理需求。为了充分利用现有的硬件条件,应对指数级增长数据的处理需求,分布式计算技术在数据库领域崭露头角,催生出分布式数据库。传统单机数据库转变为大规模并行处理(massively parallel processing,MPP)数据库,如图2-4所示。分

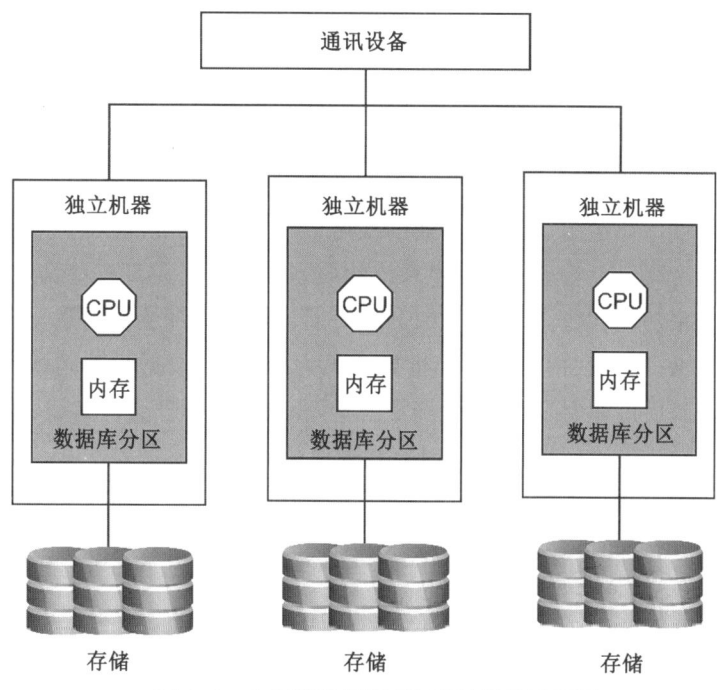

图2-4 大规模并行处理(MPP)架构示意图

布式数据库的应用，打破了单机硬件的瓶颈，允许计算能力横向扩展，大幅提升了数据的处理能力。以海通证券经纪业务清算二级日报表数据为例，传统的集中式数据库需要依次完成四大经纪业务柜台的数据采集加工，而分布式数据库可以将四大经纪业务柜台的数据分散到四台机器上完成，效率提升可达 3 倍左右，有效保障了分支机构日常的经纪业务会计记账的及时性。

完备的制度建设、IT 规划及信息技术的进步，帮助海通证券实现了数据收集程序化，基于当前已经积累的数据，完成数据的解析、清洗、规范和入库；实现了数据分析可视化，基于财务专家已有的数据分析和图形化展示方法，针对管理者需求，实现财务分析展示的报表化和图形化；提升了数据资产规模化，基于数据收集程序化，结合财务专家原始数据的获取、加工模式，设计财务数据可持续化收集方案，实现数据资产的规模化增长；促进了数据质量规范化，在数据集市基础上设计和建立一套完整、可靠且操作性强的数据管理方案与标准加以规范，为数据挖掘分析工作夯实基础。

未来，数据处理的一个发展方向是将数据库技术与人工智能技术相结合。利用人工智能技术，一方面，可以简化数据库运维，实现优化索引、内存调优，提高大数据分析的效率；另一方面，可以探索基于人工智能的财务决策建议发掘与验证，为公司管理层决策提供不同的视角和建议，助力公司经营。

第三节　创价值——海通证券财务数字化转型解决方案

一、推动管理会计理论落地

在数字技术发展背景下，管理会计信息化是财务信息化发展的必然趋势。如何规划和设计管理会计信息化架构，是企业数字化转型时期管理者最关心的问题之一。管理会计信息化的框架设计与运用，需要与企业的战略目标、业务流程以及财务部门需要实现的管理会计职能紧密联系。管理会计信息系统的规划和设计需要具有前瞻性、灵活性，并充分考虑企业的未来发展和变化（陈虎，2015）。海通证券在管理会计信息化建设的过程中，结合企业自身需求，以国家相关政策和指导意见为准绳，以数据为基础，转变财务管理理念，加强风险管控，促进业财融合，优化资源配置，积极推进管理会计实践。

业财管理平台是海通证券推动管理会计理论落地的一项重要实践，主要包括商机发布、绩效考核、成本分摊三大模块。业财管理平台通过打通业务和财务的连接，将财务工作向上游延伸，让财务人员主动参与到业务全流程管理中，提升服务业务的意识，运用自己的专业能力，为公司业务发展作贡献。

商机发布模块覆盖商机发布、资讯发布、业务学习等多个功能，实现了内部商机发布、事项撮合，并提供知识帮助，支撑集团内的协同战略。该模块打通了财务和业务的直联互通，既面向财务人员，侧重于业务学习、统计分析，也面向业务人员，实现找客户、发资讯、寻合作。商机发布模块理顺了业务流程，让财务人员在业务筹备期就作好与业务人员的沟通，全面评估业务发展可能带来的财务影响，有助于促进综合型、复合型人才团队的培育，提升公司整体竞争优势。

绩效考核和成本分摊模块以促进业财融合、提高精细化管理水平为目标，包括备案管理、收入分配、成本分摊、考核报表等功能模块，为公司绩效考核、成本管理、业务协同、经营决策提供了有力支持。

综上所述，业财管理平台有助于海通证券推动以下几方面管理会计理论落地：一是有助于考核数据管理的完善，通过简化备案机制、前置审批流等功能设置，实现了精细化、自动化的收入认定和分成，提高了考核数据的及时性和透明度。二是有助于提高成本管理效率。成本分摊模块细化了成本管理颗粒度，优化了成本分摊管理模式，还原了全面、真实的成本，逐步推进了全成本分摊，在强化降本增效意识的同时，也为公司内部进行经营分析、评价、控制和决策提供了依据。三是有助于提升绩效管理和经营监控，通过引入绩效指标模型、量本利模型、杜邦分析模型等分析工具，提升了数据的自动化程度和经营分析深度；通过事前事中的预算控制，加强对经营情况的监控，促进经营目标的实现。四是为经营决策提供了有力支持，通过打破固有会计报表结构，实现了数据的多维度统计、分析和灵活展示，从而满足不同的管理需求，实现客户、项目的盈利分析和风险收益计量，指导业务经营，支持管理决策。

二、促进财务职能转型

财务数字化转型不仅仅是将财务工作由线下转移到线上，更是借助信息化手段实现组织的变革、流程的再造、财务职能的重新定义，推动财务工作由被动核算转为主动管理，支持公司经营决策和战略目标实现，如图 2-5 所示。这样的转型不是一蹴而就的，需要直面财务数字化转型带来的各种风险，克服各种困难，审时度势，顺势而为。

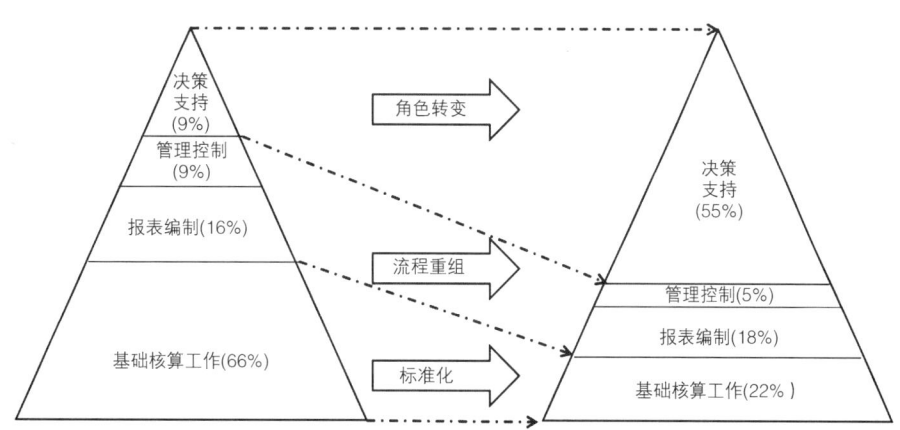

图 2-5　总部财务职能转变

第一，财务数字化转型将会对财务工作岗位进行重新定义，使财务的工作职责、工作内容、工作方法都产生颠覆性的变化。李闻一等(2018)认为,现有的财务岗位在未来将全部消失,如出纳、总账会计、固定资产会计、成本会计、税务会计乃至审计等,取而代之的是数据资产岗、信息需求岗、算法设计维护岗、人机交互岗、数据信息安全岗等新岗位,这些岗位构成了数字化财务新的工作组织。面对这些变化,公司需要努力帮助财务人员调整心态、转变理念、优化工作模式,使全员都积极投身到财务数字化转型的进程当中。

第二,要真正运用数字技术实现财务职能转型,必须构建起与之匹配的新型财务管理团队。团队成员应当是复合型的人才,必须具相应知识结构和管理能力,能在多方面、多领域发挥能效。海通证券自财务数字化转型起,便开始建设这样的新型财务团队。团队建设是一个漫长的过程,人才梯队的培养需要稳步推进。公司在人才梯队建设过程中尤其要关注由于新旧组织过渡给财务数字化转型带来的风险和阻碍。

第三,由于财务数字化转型并不仅仅局限于财务条线,而是涉及全公司所有部门,因此,财务数字化转型获得公司领导和相关部门的支持至关重要。海通证券的数字化转型打破了财务和业务的固有边界,秉持"服务+支持"的工作理念,将财务监督蕴含其中,让财务数字化转型为业务发展服务,从而获得公司领导和相关部门的支持与配合。

三、数据创造价值

在数字经济时代,数据是金融机构的核心资产,数据是财务管理发挥职能的重要支撑。如何从庞杂的数据中筛选出精准有效的信息并让数据产生价值、为业务运营赋能,是企业财务数字化转型中管理者最关心的问题之一。海通证券财务部门以公司大数据平台为基础,以业、财、税三大主题构建财务数据集市,运用大数据技术,进行实时全流程数据采集,依靠集成数据共享平台与数据处理模型,规范化数据的获取、流动、应用,实现数据收集的程序化、数据质量的规范化、数据资产的规模化和数据分析的可视化。同时,按照数据质量规范化要求,对数据进行系统性与规范性改造,提升数据的可用性,为财务数字化转型打好基础。在数据平台的基础上,建立财务分析模型,提升财务分析能力,延展财务工作内涵,提升财务管理能级。

差旅数据分析基于商旅平台积累的差旅大数据,通过对这些数据的整理分析,挖掘有价值的信息,为公司精细化管理提供有力抓手。例如,通过对经营、差旅数据进行加工、整理、分析,对公司常飞航线、常住酒店进行有针对的价格谈判,降低公司差旅成本。通过对差旅数据与经营数据的进一步梳理,对比分析公司各主要业务条线重点客户群体所在地、主要收入来源地等信息,发现公司实际经营版图与公司战略目标版图的差异,辅助公司各级经营单位落实公司战略,并及时对焦经营目标提供有决策价值的参考信息。

海通证券创造的"海通分析法"(图2-6)是财务数据分析的另一项重要应用,即在杜邦分析模型的基础上,财务部门根据证券公司的经营特点,将6层结构的相关参数替换为适用海通证券全集团的指标。其以收费类业务和资金类业务为切入口,结合业务数据,深入探究集团及各子公司的经营特点及经营表现,拓宽经营分析的视角,挖掘影响营利表现的关键因素,为公司进一步提升净资产收益率、实现战略经营目标保驾护航。

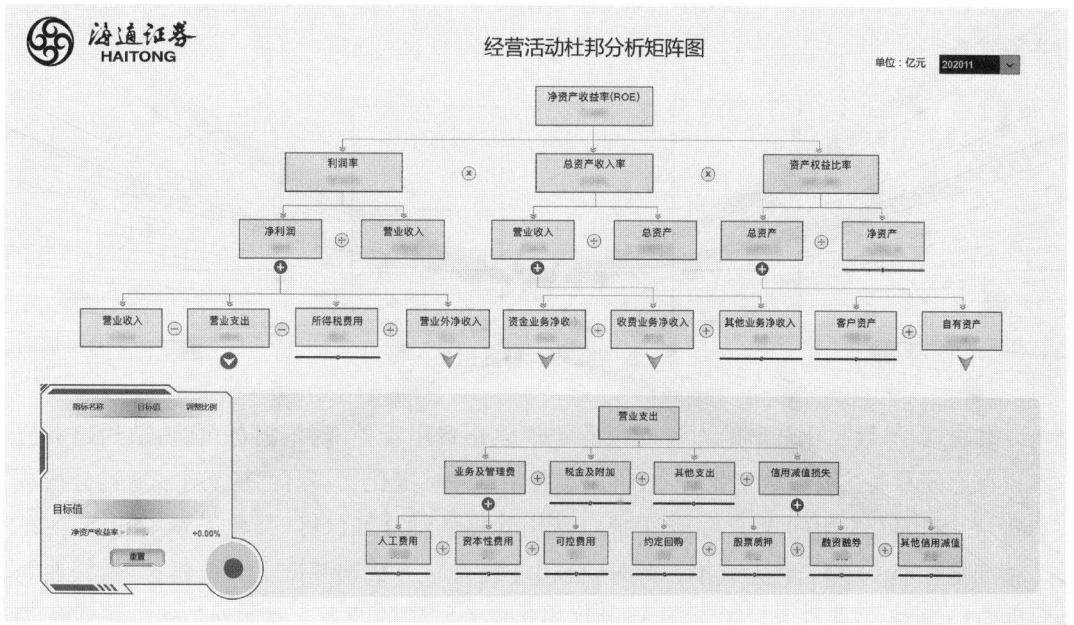

图 2-6 经营活动杜邦(海通)分析矩阵图

四、打造生态圈,孵化产业链

海通证券在数字化转型过程中,始终秉承"合作共赢"的原则,在做好自身财务数字化转型工作的同时,助力供应商发展。一是公司优选信息系统供应商,利用其成熟的软件产品和专业化的实施经验,大幅缩短了系统建设投产的周期,快速形成数字财务生产力,并在一定程度上降低试错成本。二是公司在数字财务建设中的个性化需求和项目实施改造经验,也反过来推动系统供应商对其技术、产品和方案进行完善与细化。三是海通证券利用自身所长,在资本市场为供应商提供全方位、专业化的优质服务,助力科技企业快速发展,打造多方共赢的科技生态圈,做深数字财务产业链,共享发展成果。

第四节 海通证券财务数字化转型成果分析

海通证券的财务数字化转型,始终聚焦"强管理+控风险+提效率"的战略目标,坚持服务与支持的理念,完成从财务管理观念到财务管理流程的全面革新。

首先,海通证券财务数字化转型助力公司实现了财务职能转型,优化了人员结构,节约了人力成本,促进了业财融合,让财务工作更好地发挥价值创造职能,为公司战略目标落地和经营目标实现提供支持。公司建立了 28 个区域财务共享中心,提高了工作效率,强化了财务管控。分公司财务集中后,财务人员由原先的 394 人减少到现在的 131 人,减幅为67%,如图2-7所示。同时,分公司财务集中后,原财务人员在各自单位自主转岗,主要分布在营销管理岗、机构营销岗、渠道营销岗、业务处理岗等岗位,充实业务一线,支持业务发展。

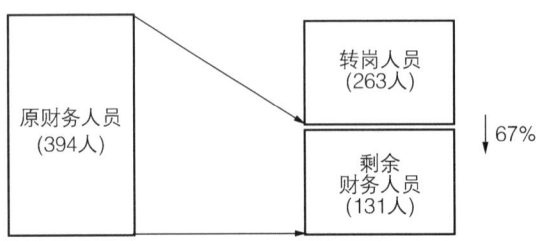

图 2-7 数字化转型前后财务人员对比

其次,财务数字化转型助力海通证券实现强化费用管控,防范财务风险,节约财务成本。海通证券通过财务数字化转型,将成本费用管理标准化、流程化、智能化;通过分析成本费用的动因及发生的规律,优化了成本费用管理的细度和深度,强化了费用管控,实现了精细化管理,节约了财务成本。此外,公司在现有财务数据基础上向前延伸,做好业财税融合,满足集团化税务管理需求,提升集团化税务管理的能力。公司通过争取税收优惠政策,节省税收成本。例如,公司牵头争取的永续债利息所得税前扣除政策,截至2019年年中,全市场共存续永续债券19 375.27亿元,"税前抵扣"政策的明确预计每年将为企业节省财务费用约300亿元。

再次,财务数字化转型帮助海通证券优化业务流程,促进资源配置,全面提升管理能级,助力公司实现"战略财务"转型。例如,智能商旅平台有效整合了航司等各类商旅资源,实现了差旅订票的自动比价。据不完全统计,平台每年为公司节约机票成本约400万元。又如,公司以建设全面预算管理系统为抓手,实现了事前预测、事中管控和事后分析的全流程管理,全面提升公司管理能级,优化公司资源配置,促进公司战略达成。公司通过系统建设优化了现有业务流程,结合RPA技术,节约了将近30%的人力成本,大幅提升了效率(表2-2至表2-5),为数字化转型战略落地提供了有效支撑。

表 2-2 税务管理 RPA 应用效果　　　　　　　　　　　　　　　　单位:分钟

场景	增值税发票打印	纳税申报明细查询	增值税发票验证
应用 RPA 前	15	12	180
应用 RPA 后	5.4	4.2	9

表 2-3 会计核算辅助支持 RPA 应用效果　　　　　　　　　　　　单位:分钟

场景	总分往来对账	分支机构清算附件输出	审核记账	新意银行互划凭证导出
应用 RPA 前	420	3 600	30	50
应用 RPA 后	150	240	10	20

表 2-4 数据采集加工 RPA 应用效果　　　　　　　　　　　　单位：分钟

场景	滴滴打车费用分拆	券商采集公告
应用 RPA 前	180	90
应用 RPA 后	1.8	10.2

表 2-5 财务统计分析 RPA 应用效果　　　　　　　　　　　　单位：分钟

场景	科技投入数据查询	集团并表数据差异分析
应用 RPA 前	50	30
应用 RPA 后	15	10

最后,财务数字化转型促进海通证券实现制度创新与流程重组。海通证券在财务数字化转型实践过程中,始终坚持将制度融合在流程上,将流程建设在系统中。随着系统建设的不断完善,公司开展必要的制度创新、流程重组和组织架构变革,以解决数字化与传统部门组织协作方式之间的矛盾,打破原有部门之间的信息孤岛,鼓励协同创新。此外,公司也积极摆脱旧有财务管理理念和模式的束缚,将新兴技术手段有机融入财务转型战略,让数字财务在公司经营发展中发挥更大的作用。

第五章

上海市国有金融企业财务数字化转型的经验总结和未来展望

第一节 海通证券财务数字化转型的特色与亮点

海通证券财务数字化转型具有全局性视角,顶层设计着眼于企业整体业务结构,转型工作始终聚焦服务和支持的战略目标。随着海通证券在不同时期总体战略的调整,财务数字化转型也有着不同的发展阶段,由浅入深、由表及里。从财务共享中心的组建,到管理会计平台的搭建,再到智能财务的深度应用,财务数字化转型循序渐进,完成从财务管理理念到财务管理流程的全面革新和落地,在提高工作效率、强化费用管控、节约人力成本、深化业财融合等多方面取得了显著成果,助力公司高质量发展。

一、敢于突破职责范围的局限

在传统企业架构中,各部门的职责范围界限明确。财务部门作为传统的中后台职能部门,也有着清晰的权责限定,这对财务工作的数字化转型造成了一定的限制。公司管理层深刻意识到仅仅针对财务工作方式、工作手段、工作技术的升级,无法实现财务职能的根本转变。因此,公司在财务数字化转型过程中,大胆突破财务固有边界,将财务工作向前延伸,促进业务部门、技术部门与财务部门之间的紧密配合,协同效应逐步体现,实现了财务数字化转型升级。

二、实现从理念到流程的全面转型

革新财务管理理念是推进财务数字化转型的重要前提之一。随着财务数字化转型的深入进行,财务工作的传统职能被重新定义,大量基础性工作被机器替代,取而代之的是数据分析、信息需求管理、算法设计、流程设计等新的工作职责。在这一过程中,如何帮助财务人员转变工作思路,拥抱全新工作模式显得尤为重要。海通证券在财务数字化转型过程中,始终将推动员工观念转变放在重要位置,通过定期召开工作例会等方式,向员工宣传先进的财务管理理念,传递财务数字化转型的工作目标与实施路径。当然,员工从观念转变到实际财务工作提质增效也不是立竿见影的,公司只有通过长期性、持久性的宣传引导、培训赋能才能让全体财务人员统一思想、协同一心,才能让财务数字化转型工作推进得更顺利、更高效,才能使财务工作在整体上迈上一个新台阶。

财务数字化转型还意味着对财务管理流程的重塑,这不仅仅是对财务流程中部分环节的自动化,而是借助数字技术手段,打造一种全新的财务管理模式。新型的财务管理理念下,海通证券深刻认识到服务公司员工和支持企业发展是财务数字化转型的终极目标,以"制度+科技"为驱动,不断完善制度建设,紧抓信息系统建设,适时推动各项财务业务流程改革,切实推动财务职能全面转型,助力公司经营发展。

三、逐层推进,强调人机协同

财务数字化转型涉及的公司各部门、各分支机构、各子公司,财务管理诉求不尽相同。海通证券在推动财务数字化转型的过程中,没有抱着硬性推进、一步到位的心态,而是循序渐进,坚持讲策略、分步走、先试点、后推广,稳步推进财务数字化转型。例如,公司在推进集团财务自动化并表系统的建设过程中,面对境外地域及监管的差异,经审慎评估后,决定充分尊重境外监管要求,分步实施境外财务数据采集工作,既符合了监管的要求,又高效地完成了并表取数。此外,海通证券在财务数字化转型过程中,始终强调人机协同,针对每项新技术、每个新场景,都会开展全面系统的培训,充分赋能员工,让员工熟练掌握新技术,确保在实际财务工作中发挥最大效用。

四、调整人员结构,建立新型财务团队

在财务数字化转型过程中,原先财务组织中的人员结构、知识结构及工作经验,与转型后的财务工作不再匹配。面对自身知识结构与工作要求的错配,财务人员在短期内难免产生恐慌、抗拒、反感的心理,从而阻碍财务数字化转型的推进。如何转岗分流部分财务人员充实一线业务;如何二次赋能财务人员,使其快速适应新的财务工作职责;如何建立人才梯队,培养和储备一精多专的复合型财务人才等,都是公司需要思考和解决的问题。海通证券主要从以下几个方面作了积极探索:

一是采取措施帮助员工消除、缓解转型过程中的压力与恐慌,将员工的心理落差稳定在一个可控的水平,包括及时自上而下地向员工传达、沟通转型方案,帮助员工更好地理解流程和组织变革的意义。公司通过宣传和培训,打破员工的一些旧有观念和传统认知。例如,在建设财务共享服务中心、推动分支机构财务集中时,打破各单位都需配备财务部的传统观念,在重塑分支机构财务职能架构时,更加强调财务工作的服务属性,从而将分支机构的财务职能向区域分公司集中,并分流财务人员充实一线业务部门。

二是持续加强对财务人员的相关培训。由公司总部统一制定专门的培训方案,拟定培训计划并编制培训材料。通过全面深入的培训,让员工尽快掌握新技能,了解新岗位,适应新工作。同时在集团层面重点组织培训一批业务骨干,由业务骨干指导各单位的财务数字化转型工作,通过频繁而密切的沟通,保障培训的成效,确保财务数字化转型自上而下扎实高效开展。

三是不拘一格求人才。财务数字化转型需要打造一支专业性很强的人才队伍。为此,海通证券突破原有的财务招聘要求,对外从华为、平安、用友等招聘一批专业性人才,

对内则通过协调信息技术部,内部推荐一批具备信息技术背景的员工,充实到财务数字化转型工作的队伍中去,为财务数字化转型工作作好人员组织保障。

五、在转型过程中加强风险防范

数字技术在给财务工作带来更多便利和创造更多可能的同时,其自身固有的风险和在财务场景应用中的特有风险都给企业带来了新的挑战。海通证券在财务数字化转型过程中,始终牢牢树立风险防范意识,厚植合规风控文化,坚守财务合规底线不放松,配套完善制度建设,优化改进内控机制,定期作好风险有效性分析,确保整个转型过程中没有重大财务风险发生。

第二节 海通证券财务数字化转型对上海市国有金融企业的借鉴意义

党的十八届五中全会在谋划"十三五"时期经济社会发展规划时,首次提出"创新、协调、绿色、开放、共享"的新发展理念。创新是引领发展的第一动力。我国高度重视科技创新,围绕实施创新驱动发展战略、加快推进以科技创新为核心的全面创新,提出了一系列新思想、新论断、新要求,强调"科技兴则民族兴,科技强则国家强"。

上海作为国际金融中心和国家经济社会发展的中流砥柱,积极响应国家总体战略规划,将科技创新和数字化建设作为支持区域经济发展的核心动能。《上海市"十四五"规划和二〇三五年远景目标的建议》提出,到2025年,城市数字化转型取得重大进展,国际经济、金融、贸易、航运、科技创新中心核心功能迈上新台阶。2020年1月,上海市政府发布《加快推进上海金融科技中心建设实施方案》,提出在5年内将上海建成具有全球竞争力的金融科技中心。

作为诞生于上海的券商,海通证券始终牢记肩上的重任,坚决贯彻落实国家创新驱动发展战略和上海市委、市政府的各项政策及工作要求,坚持务实、开拓、稳健、卓越的经营理念,以技术驱动金融创新,深化金融供给侧结构性改革,增强金融服务实体经济能力,积极为中国经济高质量发展作出应有的贡献。

财务数字化转型是大势所趋,未来仍将是各大金融机构突破和发展的重要领域。作为金融行业中较早开始财务数字化转型的金融国企,海通证券敢于担当、勇于创新、顺势而为、厚积薄发,充分依托数字技术,扎实推进财务数字化建设并取得了丰硕成果,也积累了宝贵的经验。海通证券在财务数字化转型过程中依靠内生动力探索出"数据化—数字化—数字化转型"发展之路,其财务数字化转型方案及经验极具理论指导意义和实践应用价值,为国有金融企业的财务数字化转型提供了有价值的参考和借鉴,发挥了重要的示范引领作用。

第三节 展望海通财务数字化转型的高质量发展

未来,我们一方面要树立数字化战略思维,塑造拥抱数字化的经营理念,培育对数字化转型友好的企业文化。海通证券的财务人员必须以集团战略为统领,不断加强学习、主动作为、创新思路,围绕财务管理集团化、国际化、信息化,提升自身的综合业务素质,不断拓展财务管理领域;以数字化转型为契机,强化财务参与公司管理的广度与深度,从而为海通证券"十四五"战略规划达成贡献财务力量,助力公司实现高质量发展。

另一方面,我们也深刻地认识到数字化转型并非简单地把传统证券业务电子化和线上化,而是从根本上改变证券公司的金融服务和产品生产函数,对资本市场和证券行业的运营模式进行创造性重塑。投资银行逐渐演变成一个以数据为核心的组织,对市场、业务以及自身组织管理的洞察力将全面增强。我们将继续深化财务数字化转型,持续深入探索大数据、人工智能、区块链、云计算、物联网等智能技术在提升数据质量、加强经营预测分析、强化风险管控、提高财务工作效率中的运用,以业财融合为核心,优化完善财务数字化转型整体框架,全面提升财务管理能级,助力公司实现高质量发展。

未来已来,我国正处在立足新发展阶段、贯彻新发展理念、构建新发展格局的重要战略转型期。上海也正处在深化国际经济、金融、贸易、航运和科创"五个中心"建设、全面提升城市能级和核心竞争力的关键发展期。作为根植于上海专注金融服务的本土券商,海通证券必须坚持创新发展理念,把握机遇,真抓实干,以财务数字化转型为先导推动公司数字化转型,提升公司服务实体经济能力,实现公司高质量发展,助力上海全面推动城市数字化转型。

参考文献

[1] TOBIAS S, BROSIG S, BORK C, et al. Digitization of corporate performance management: revolution or evolution?[J]. 2019. DOI:10·10071978-3-030-12730-5_4.

[2] AGARWAL R, GAO G, DESROCHES C. Research commentary: the digital transformation of healthcare: current status and the road ahead[J]. Information Systems Research, 2010, 21(4): 796-809.

[3] VERHOEF P C, BROEKHUIZEN T, BART Y, et al. Digital transformation: a multidisciplinary reflection and research agenda[J]. Journal of Business Research, 2021, 122: 889-901.

[4] LOEBBECKE C, PICOT A. Reflections on societal and business model transformation arising from digitization and big data analytics: a research agenda[J]. Journal of Strategic Information Systems, 2015, 24(3): 149-157.

[5] SCHALLMO D, WILLIAMS C. Digital transformation now! guiding the successful digitalization of your business model[M]. Berlin: Springer, 2019.

[6] SEBASTIAN IM, ROSS JW, BEATH C, et al. How big old companies navigate digital

transformation[J]. MIS Quarterly Executive,2017,16(3):197-213.

[7] 刘勤,杨寅.改革开放40年的中国会计信息化：回顾与展望[J].会计研究,2019(2):26-34.

[8] VALIRIS G,GLYKAS M. Critical review of existing bpr methodologies: the need for a holistic approach[J]. Business Process Management Journal,1999,5(1):65-86.

[9] 安筱鹏.数字化转型的八个关键问题[J].中国经济评论,2021(7):4.

[10] TAPSCOTT D. The digital economy:promise and peril in the age of networked intelligence [M]. New York:McGraw-Hill,1996.

[11] TICOLL D,TAPSCOTT D,LOWY A,et al. Blueprint to the digital economy:creating wealth in the era of e-business[M]. New York:McGraw-Hill Professional,1998.

[12] 美国商务部.浮现中的数字经济[M].姜奇平,等译.北京：中国人民大学出版社,1998.

[13] 苏米特拉·杜塔,布鲁诺·朗万,菲奥纳·保.世界经济论坛2002—2003年全球信息技术报告：Readiness for the Networked World[M].北京：机械工业出版社,2003.

[14] 赵星.数字经济发展现状与发展趋势分析[J].四川行政学院学报,2016(4):85-88.

[15] 李长江.关于数字经济内涵的初步探讨[J].电子政务,2017(9):84-92.

[16] 张鹏.数字经济的本质及其发展逻辑[J].经济学家,2019(2):25-33.

[17] 孙萍."算法逻辑"下的数字劳动：一项对平台经济下外卖送餐员的研究[J].思想战线,2019,45(6):50-57.

[18] 温珺,阎志军,程愚.数字经济驱动创新效应研究：基于省际面板数据的回归[J].经济体制改革,2020(3):31-38.

[19] 张辉,石琳.数字经济：新时代的新动力[J].北京交通大学学报(社会科学),2019,18(2):10-22.

[20] BARRO R J. Economic growth and convergence,applied to china[J]. China & World Economy,2016.24(5):5-19.

[21] 魏晓盼.对数字化环境下企业财务转型的思考[J].现代经济信息,2017(8):266.

[22] 陈春花,朱丽,钟皓,等.中国企业数字化生存管理实践视角的创新研究[J].管理科学学报,2019,22(10):1-8.

[23] 陈剑,黄朔,刘运辉.从赋能到使能——数字化环境下的企业运营管理[J].管理世界,2020,36(2):117-128+222.

[24] NEGROPONTE,NICHOLAS. Being Digital [M]. New York:Knopf Publishing Group,1995.

[25] 中兴新云,南京大学智能财务研究院,厦门大学会计学系.财务的自动化 智能化 数字化[R].2020.

[26] 彭娟,陈虎,王泽霞,等.数字财务[M].北京：清华大学出版社,2020.

[27] 陈沛,彭昭朕,孙健.企业数字化转型路径及实践[J].管理会计研究,2019,2(1):73-81,88.

[28] 李心合,蔡蕾.新发展阶段企业财务研究的新格局[J].财务与会计,2021(1):16-19.

[29] 张建军,李清枝.企业财务预算中加强现金流量的重要性[J].现代商业,2010(14):223-224.

[30] 邱新花.大数据背景下加强国企财务数字化管理研究[J].山西农经,2020(15):137-138.

[31] 廖杏.浅谈国有企业财务数字化转型中的问题及完善方法[J].商讯,2020(27):61-62.

[32] 王刚.大数据时代下的国有企业财务管理转型探讨[J].今日财富,2019(9):127-128.

[33] ARNER D,BARBERIS J,BUCKLEY R. The evolution of fintech:a new post-crisis paradigm? [J]. Georgetown Journal of International Law,2016,47(4):1271-1319.

[34] CHISHTI S,BARBERIS J. The fintech book[M]. New York:Wiley. 2016.

［35］巴曙松,白海峰.金融科技的发展历程与核心技术应用场景探索[J].清华金融评论,2016(11)：5.

［36］常路,符正平.数字经济转型下传统企业的双平台战略与组织变革：以广新集团为例[J].企业经济,2019(9)：69-76.

［37］王莹,董付堂.数字经济时代集团化公司财务转型的一些做法[J].财务与会计,2019(12)：81-82.

［38］陈虎.基于共享服务的财务转型[J].财务与会计,2016(21)：23-26.

［39］徐晨阳,王满,沙秀娟,等.财务共享、供应链管理与业财融合：中国会计学会管理会计专业委员会2017年度专题研讨会[J].会计研究,2017(11)：93-95.

［40］唐勇,胡先伟.共享服务模式下企业财务数字化转型探讨[J].会计之友,2019(8)：122-125.

［41］WARRENJR J D, MOFFITT K C, BARNES P. How big data will change accounting［J］. Accounting Horizons，2015，(2)：397-407.

［42］江乾坤,王泽霞,徐荣华.数字经济时代的云计算、财务云创新与未来会计：首届中国财务云高峰论坛综述[J].财务与会计,2018(12)：83-85.

［43］刘梅玲,黄虎,佟成生,等.智能财务的基本框架与建设思路研究[J].会计研究,2020(3)：179-192.

［44］李锡兰.会计信息化对会计实务的影响及对策分析[J].中国商论,2021(14)：164-166.

［45］陈虎,孙彦丛.管理会计信息化：财务信息化发展的必然趋势[J].财务与会计,2015(7)：11-12.

［46］张信军,马中,陈巍鋆,等.财务数字化赋能管理会计研究：海通证券数字财务实践[J].中国管理会计,2022(1)：90-97.

［47］李闻一,严汉妮."互联网＋"时代下会计人才能力框架探讨[J].财务与会计,2018(3)：79-80.

专题研究报告三

企业集团资金管理数字化转型研究
——技术条件、路径选择、风险和对策

本专题研究报告为上海市会计学会2021年科研课题研究成果。

课题组成员

课题负责人：
　　上海浦东发展（集团）有限公司　　林　东

课题组其他成员：
　　上海浦东发展（集团）有限公司　　孙　芸　陆　莹　史文君

第一章

导　论

第一节　研究背景和问题

当前,数字化、智能化正成为新一轮全球生产力革命的核心力量,企业财务的数字化与智能化已成为当前企业转型与降本增效的新驱动力之一。本研究提出,企业的财务数字化转型,指的是企业在财务领域运用云计算、大数据等技术来重构财务组织、再造业务流程,以提升财务数据质量和财务运营效率,更好地赋能业务、协助管理、辅助经营和支撑决策。企业的资金管理数字化,是财务数字化转型在管理会计领域的重要应用。

国有企业集团作为我国经济发展的中坚力量,其数字化转型实践在我国数字经济发展中具有重要战略意义。早在2017年10月,党的十九大就提出加强各类技术的基础应用研究,为建设数字中国提供支持的远景。同年12月,中共中央政治局第二次集体学习提出实施国家大数据战略、加快建设数字中国的要求。2019年8月,我国确立雄安新区、浙江省、福建省、广东省、重庆市、四川省等为国家数字经济创新发展试验区,明确数据的新型生产力要素地位。这一系列办法和法规,都明确将数字经济与企业的数字化转型提升到国家战略层面。2020年9月,为促进国有企业数字化、网络化、智能化发展,增强竞争力、创新力、控制力、影响力、抗风险能力,提升产业基础能力和产业链现代化水平,国务院国资委印发《关于加快推进国有企业数字化转型工作的通知》,首次确立了国有企业数字化转型对于建设数字中国的重要意义。2021年3月,我国发布了2020年国有企业数字化转型100个典型案例,为后续国有企业及民营企业的数字化转型提供经验参考与实践借鉴。2022年1月12日,国务院印发了《"十四五"数字经济发展规划》,提出"以数据为关键要素,以数字技术与实体经济深度融合为主线",大力推进产业/企业的数字化转型,加强数字化转型的基础设施建设,构建数字中国体系。相关的政策办法的颁布整理如表3-1所示。国有企业集团作为国民经济发展的中坚力量,顺应数字经济时代、率先推动企业集团的数字化转型,是其承担特定使命、发挥特有优势的具体体现,也是其做强做优数字经济、建设数字中国的必然要求。

表 3-1 数字经济及国有企业数字化转型相关政策与意见

时间	政策	内容摘要
2017年10月	党的十九大报告	加强应用基础研究,拓展实施国家重大科技项目,突出关键共性技术、前沿引领技术、现代工程技术、颠覆性技术创新,为航天强国、网络强国、交通强国、数字中国、智慧社会提供有力支持
2017年12月	中共中央政治局第二次集体学习	推动实施国家大数据战略,加快完善数字基础设施,推进数据资源整合和开放共享,保障数据安全,加快建设数字中国
2019年8月	《国家数字经济创新发展试验区实施方案》	在雄安新区、浙江省、福建省、广东省、重庆市、四川省等启动国家数字经济创新发展试验区创建工作,明确数据的新型生产力要素地位
2020年4月	《关于构建更加完善的要素市场化配置体制机制的意见》	大力培育数字经济新业态,深入推进企业数字化转型,打造数据供应链,以数据引领物资流、人才流、技术流、资金流,形成产业链上下游和跨行业融合的数字化生态体系
2020年9月	国务院国资委印发《关于加快推进国有企业数字化转型工作的通知》	明确国有企业数字化转型的基础、方向、重点和举措,开启了国有企业数字化转型的新篇章。积极引导国有企业在数字经济时代准确识变、科学应变、主动求变,加快改造提升传统动能、培育发展新动能
2021年3月	《关于发布2020年国有企业数字化转型典型案例的通知》	总结提炼数字化转型经验做法,发挥国有企业示范引领作用,遴选出产品和服务创新、生产运营智能化、数字化营销服务、数字生态、新一代信息技术、工控安全、两化融合管理体系、综合等8类100个典型案例
2022年1月	《"十四五"数字经济发展规划》	我国数字经济转向深化应用、规范发展、普惠共享的新阶段。以数据为关键要素,以数字技术与实体经济深度融合为主线,加强数字基础设施建设,完善数字经济治理体系,协同推进数字产业化和产业数字化,赋能传统产业转型升级,培育新产业新业态新模式。优化升级数字基础设施,引导企业强化数字化思维,加快企业数字化转型升级

企业集团资金管理数字化转型的阶段如图3-1所示。

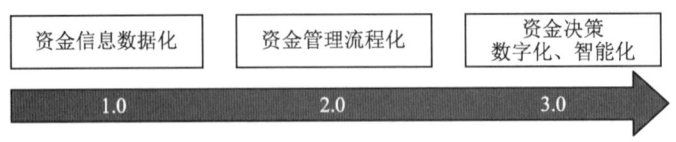

图 3-1 企业集团资金管理数字化转型的阶段

本研究以企业集团资金管理的数字化转型为切入点,讨论传统行业①的企业集团在资金管理数字化转型过程中的技术条件、路径选择、所遇风险和应对策略。本研究以P集团的资金全流程管理数字化转型为例,对企业集团的资金管理数字化转型进行深入探讨,提

---

① 互联网等以数字化技术为基础而发展起来的行业,不在本研究的讨论范畴内。

炼我国中小型国有企业集团在财务管理数字化转型中可借鉴、可复制的模式,为促进我国中小型企业集团财务数字化转型提供一系列操作性强的经验与建议。

企业集团资金管理的数字化转型,侧重于企业集团对资金供应的精细化管理:在保障企业生产经营活动正常运行的基础上,利用数字技术,提高企业集团资金的使用效率,实现企业资源的优化配置,促进企业的持续健康发展。

我们认为,在企业集团进行资金管理数字化转型的过程中,转型内容主要分为以下三个阶段:(1)资金信息数据化;(2)资金管理流程化;(3)资金决策数字化、智能化(图3-1)。

结合企业实际管理与操作,我们对以上三个阶段的资金管理转型内容,梳理了四个层次递进的企业集团资金管理具体实施目标:

(1) 子公司财务核算标准统一化,提升财务数据质量,与集团公司形成有效联动。

(2) 财务和业务融合设计,切断"信息孤岛",形成资金"统一融资、统一投资、统一资金管理"的"三统一"数据一体化管控,赋能业务。

(3) 应用资金数据支持管理,建立企业资金监控与预警系统,保障企业发展,辅助企业经营管理。

(4) 资金管理智能化,实现资金运行的预测功能,支持集团战略决策。

第二节　研究方法

本研究主要采取案例研究法和数据分析法,对企业集团资金管理的数字化转型进行讨论;以P集团的资金管理数字化转型建设为案例,梳理P集团资金管理数字化转型建设的方式方法,总结具有普适性的建设方案,为同类型企业集团资金管理数字化转型建设提供参考。

在数据分析方面,本研究从两个部分展开。第一个部分探讨P集团如何在数字化建设过程中,利用沉淀的资金数据支持企业决策,从而优化资金配置的效率。该部分内容使用回归分析的方法,预测P集团某所属企业的月度资金流出金额,并对资金与预算偏离进行了归因分析。第二部分探讨P集团如何在数字化建设过程中,利用沉淀的资金数据对企业资金进行风险管理,从而降低资金的风险。

本研究根据一系列企业资金相关的文献,构建了企业运行状况、企业资金流动性和企业融资约束三个维度的考核预警机制,并对P集团重点所属企业进行了相关指标的计算与分析。

第三节　研究框架

本研究主要分为七章。

第一章为导论，主要阐述研究背景、研究方法和主要创新点。

第二章是对企业集团资金管理数字化转型发展的综合讨论，梳理了我国企业集团资金管理数字化转型的现状，总结未来发展的方向与趋势，最后提出企业集团资金管理数字化转型的三个阶段与四个实施目标。

第三章对 P 集团的背景作了深入介绍，为进一步讨论 P 集团的数字化转型建设作铺垫。该章从 P 集团的背景出发，分别介绍了集团的主要业务、信息化技术基础建设和集团的资金管理模式。

第四章对 P 集团这一阶段资金管理数字化转型的路径选择作了深入讨论，从 P 集团资金管理的规划路径入手，讨论了 P 集团资金管理数字化转型建设的规划与操作路径。

第五章主要梳理 P 集团资金管理数字化转型的建设过程。首先介绍了 P 集团资金管理数字化转型的动机；其次讨论了 P 集团资金管理数字化转型的创新业务流程再造模式（"同业同主体"模式）；最后在业务流程再造的基础上，具体展示 P 集团资金管理系统的建设过程。

第六章主要讨论了 P 集团资金管理数字化转型的应用实例。第一，该章介绍了 P 集团资金管理系统的建设成果，展示了资金管理系统的应用场景与"业财融合"设计案例。第二，该章提出了 P 集团下一步资金管理数字化转型的主要方向为优化资金配置效率（决策支持）和降低资金风险（风险管理）。第三，在规划的基础上，该章结合 P 集团真实数据，展示了集团优化资金配置效率层面的资金管理数字化案例。第四，该章使用 P 集团真实数据展示了集团降低资金风险的资金管理数字化案例。

第七章主要总结了 P 集团在资金管理数字化建设过程中得到的启示与对未来的展望。

第四节　主要创新点

目前，与企业集团资金管理相关的建设思路研究比较多，但是大多数文章集中于资金信息化、数字化管理的设想（李组洪，2020；郑骞和牛健，2020；倪雪妍和马忠民，2020）。关于资金管理信息化建设、运营落地以及资金管理数字化转型等面临的问题及对策的研究，相对来说存在一定空白。

本研究以 P 集团资金管理数字化建设为例，从技术条件、路径选择、风险和应对策略等方面，讨论国有企业集团资金管理数字化建设和落地运营的方式与方案。

此外，本研究基于 P 集团对资金管理的战略规划，使用回归分析等工具，以 P 集团所属企业的数据积累为基础，探讨构建了资金预测模型和企业资金运行预警机制，为国有企业集团资金管理数字化转型建设提供了参考方向。

第二章

企业集团资金管理数字化转型的发展

阿里研究院认为,数字化转型的本质是在"数据+算法"定义的世界中,以数据的自动流动化解复杂系统的不确定性,优化资源配置效率,构建企业新型竞争优势[①]。中国企业从20世纪90年代进入了传统软件安装期,即信息化改造初级阶段。当前,企业正进入数字化转型新阶段。

基于此,本章的第一节从企业集团资金管理的技术条件、路径选择两个维度,介绍资金管理数字化转型的现状;第二节剖析我国企业集团未来资金管理数字化转型的发展趋势;第三节主要阐述企业集团在资金管理数字化转型的三个阶段与具体实施目标。

第一节 我国企业资金管理数字化转型的现状

一、技术条件

随着新一代信息技术[②]的发展,企业的数据能力、通信能力和计算能力获得了前所未有的技术支持基础。这三项能力,是企业集团进行资金管理数字化转型的运行基础。

数据能力的提升主要特指随着大数据的发展,庞大的数据量能极大提升数据分析与预测的准确度。目前来看,数据主要通过终端产品(如电脑、智能手机、传感器等)上的应用(如软件、网站、App等)进行积累。随着移动互联网、物联网等技术的出现,可用数据的量级正在经历爆发式增长。根据中国通信研究院《大数据白皮书(2020年)》和国际权威机构Statista的统计预测,2035年全球数据量将从2018年的33 ZB增长至2 142 ZB。企业集团资金数据化,即建立在数据能力的基础之上:通过新技术的赋能,直接搜集、积累标准化的资金数据,是挖掘数据价值的基本盘。

通信能力建设特指通信基础设施建设,通信基础设施是数据传输的管道,包括有线网络、光纤网络、4G和5G网络等。只有通信能力足够强大,信息传输足够顺畅,才能保障企业对海量数据的传输效率。企业集团的资金管理流程化,即建立在通信能力的基础之上:通过通信设施及时高效的信息传输,企业才能做到对资金信息的实时获取,才能通过资金信息系统实施资金管理。

---

① 参考阿里研究院副院长安筱鹏:《一文讲透数字化的8个关键问题》。
② 根据国务院国资委办公厅《关于加快推进国有企业数字化转型工作的通知》文件,新一代信息技术包括但不限于5G、云计算、区块链、人工智能、数字孪生、北斗通信等信息技术。

计算能力主要指本地服务器运算、云计算、边缘计算、超级计算机、国家脑工程等提升运算速度的软硬件基础技术。IT 支撑体系的发展与完善,是企业对海量数据进行存储、掌控与分析的基础。国家发展研究院和中桥调研指出,2016—2018 年约有 80%的受访企业用户将 IT 运行在"混合云"环境中。中桥调研《2021 中国市场十大 IT 热点》显示,63.5%受访的企业用户认为他们需要云存储(公有云、私有云和混合云)。企业集团的资金管理体系的数字、智能化,即建立在计算能力的基础之上:企业集团把资金管理系统部署在服务器、云端,通过足够的算力保障系统的运作速度、计算速度,从而实现数据分析结果的实时反馈,达到数字化与智能化的效果。

在数字化建设方面,中国的发展保持着世界领先的地位。《人民日报》评论文章[①]指出,中国的数字经济总量位居世界第二;意大利前经济发展部副部长认为,他们国家可以从中国的数字化建设中借鉴经验。

虽然我国企业在建立财务系统过程中对新一代技术的应用不广,但大多数企业都有财务信息系统数字化、智能化的需求。上海国家会计学院对中国企业财务智能化的调查报告显示(如图 3-2 所示),截至 2019 年年末,被调查企业在其财务系统中采用最多的技术分别为电子发票、移动互联网与移动支付技术,采用率分别为 51%、46.38%和 43.49%。此外,超过 20%的企业计划短期内在其财务系统采用图像识别技术(30.30%)、视频识别技术(26.81%)、机器学习(24.69%)、自然语言处理(22.69%)等算法技术,但实际采用率均低于 25%。值得注意的是,财务专家系统的使用率不到 10%,但 40.52%的受访者表示短期内有采用计划。该调查表明,超过半数的受访者具有使用财务信息系统进行企业管理、决策支持的需求。

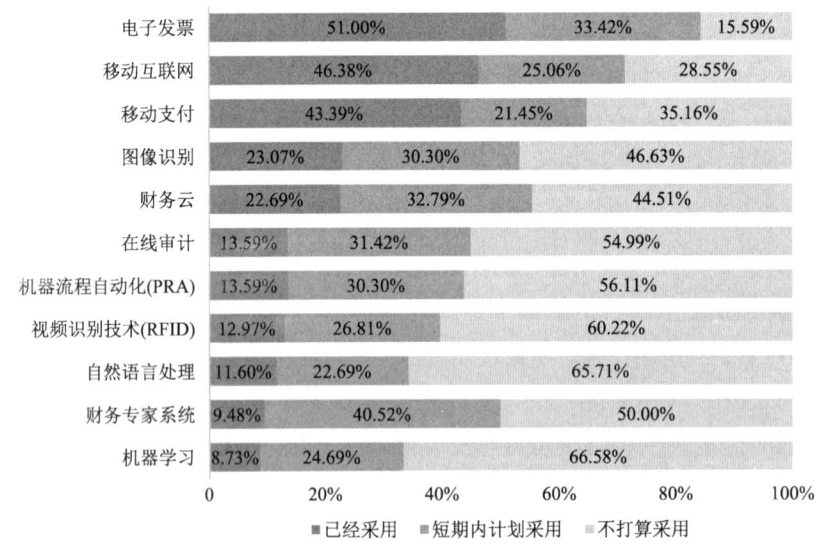

图 3-2　企业财务系统对技术的采用及规划情况

资料来源:上海国家会计学院智能财务研究中心发布的《中国企业财务智能化现状调查报告》。

---

① 《人民日报》文章:《中国数字化转型为全球带来机遇》,2021 年 6 月 13 日。

二、路径选择

本节将以资金管理数字化转型的路径选择为切入点,分别从转型规划、转型操作和转型实施三个层面,讨论企业集团在资金管理数字化转型过程中的路径选择。

从规划路径来看,企业集团主要呈现两类数字化转型路径:一是需求导向型,二是战略导向型。需求导向型一般是指业务/执行部门针对自己明确的需求和痛点,利用数字化工具,解决自己部门对数字化转型的需求。战略导向型一般指的是企业集团"自上而下"推动企业数字化转型,各个部门(如财务部门、业务部门)再针对自身的需求进行局部数字化转型,最后由企业集团牵头打通系统壁垒,对企业的信息系统进行链接与集成,达到整体数字化转型的效果。艾瑞咨询在《2021年中国企业数字化转型路径实践研究报告》中指出,数字化发展的前期,多以大型企业为主要参与者,其大多倾向于选择"自上而下"的战略对企业进行数字化转型改革。在指导企业总体进行数字化转型的过程中,企业集团的资金管理是财务方面数字化转型的重要环节之一。图3-3展示了企业数字化转型的规划路径。

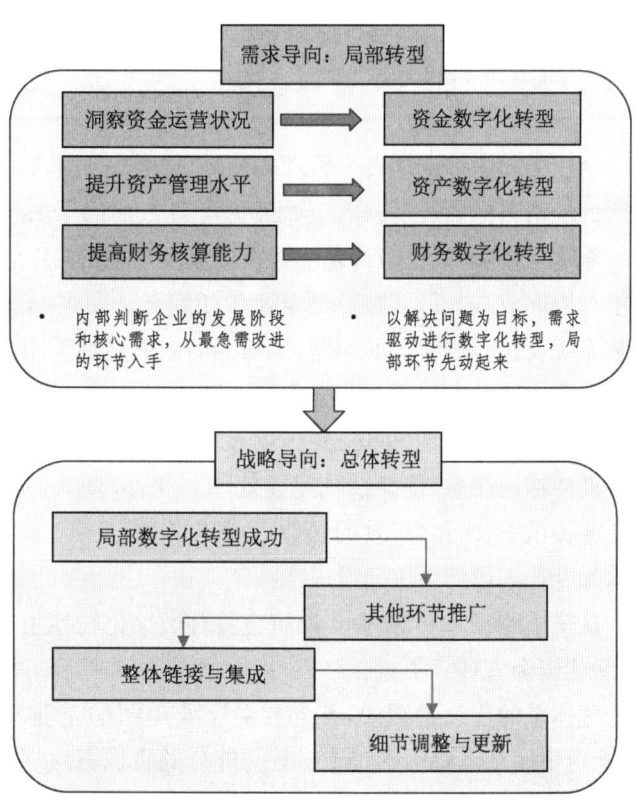

图 3-3　数字化转型的规划路径:需求导向型 v.s. 战略导向型

资料来源:艾瑞咨询,《2021年中国企业数字化转型路径实践研究报告》。

不论是需求导向型,还是战略导向型,最大的共同点在于两个路径都是起步于局部的数字转型,最后推广到企业整体的数字化转型。最大的不同点在于推广的难度,在系统搭建初期明确了最终系统链接与集成的需求,能大幅降低企业集团总体进行数字化转型的难度。

企业集团资金管理进行数字化转型的操作路径有两类①:一是通过企业集团内部自己梳理资金管理流程,再与信息系统供应商共同部署信息系统;二是寻求外部力量(专业咨询机构,如毕马威、埃森哲、元年科技等)协助梳理,再与信息系统供应商共同建设资金

---

① 企业集团自行开发操作系统一般集中在大型互联网企业,这类企业集团暂不在本课题讨论范围之内。

管理系统。具体如表3-2所示。

表3-2 企业集团资金管理数字化转型的操作路径

操作路径	优势	难点
企业集团＋资金系统供应商	(1) 内部人员精准把握资金管理的需求与痛点,系统更符合企业集团需求。 (2) 节约成本	对企业集团内部人员素质要求较高
企业集团＋外部咨询机构＋资金系统供应商	(1) 对企业集团内部人员素质要求相对较低。 (2) 方便企业集团吸取外部成功经验	费用较高

企业集团内部梳理资金管理的路径,优势主要体现在两个方面:一是内部人员对企业集团的战略目标、操作流程、企业能力等各方面的了解比较深入,能精准把握当前资金管理的需求与痛点;二是节约系统建设的成本,主要体现为节约与外部咨询机构沟通的时间成本与咨询成本。但该路径对企业集团财务人员的信息技术背景要求较高,后续可能会面临系统在执行逻辑上的问题,或初期的系统规划无法满足企业未来的发展需求等问题。

企业集团寻求外部专业咨询机构协助梳理资金管理的路径,主要优势在于其有一套成熟的资金系统规划、搭建、实施的经验,可以帮助企业集团内部的财务人员降低与系统供应商的沟通障碍,提高系统建设效率。此外,外部咨询机构还能根据过往的成功经验,为企业提供一套行之有效的新业务逻辑、组织逻辑。但一般来讲,咨询费用比较高,会极大增加企业集团的系统建设成本。

从实施路径来看,企业集团资金管理数字化转型主要包含资金数据共享、业财融合设计、智能资金管理三个核心路径,具体如图3-4所示。杨寅等(2020)提出,企业在进行资金管理体系的建设过程中,首先要对企业集团的企业愿景、企业现状有充分的认识。其次,企业集团还需要明确实施财务智能化的目标,对企业的业务、财务、管理等现状进行调研。应在充分评估企业财务智能化转型的条件、问题及可行性的基础上,重构一套企业集团资金管理的体系架构。最后,将资金管理的体系架构融入企业集团的大数据管理平台。

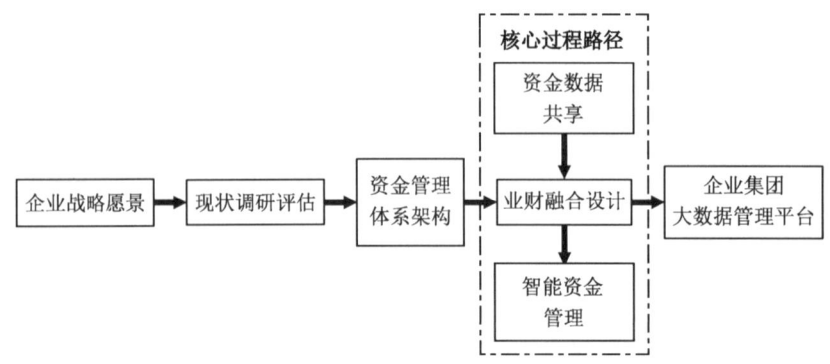

图3-4 企业集团资金管理数字化转型的实施路径

资料来源:《企业财务智能化转型研究:体系架构与路径过程》。

其中,资金管理体系架构的重构核心路径主要分为三项内容：一是搭建资金数据的共享平台,形成标准的、可得性强的资金数据。二是打通业务与财务数据之间的壁垒,实现业务数据与财务数据实时的、统一口径的融合。三是在数据积累的基础之上,开发数字化、智能化的资金管理平台,实现资金计划、支付过程和资金结果的全流程自动化管控。

第二节　我国企业集团资金管理数字化的发展趋势

我国在"十四五"规划中明确了加快数字化发展的理念,全面提升了数字化建设的战略定位。国务院国资委办公厅发布《关于加快推进国有企业数字化转型工作的通知》,也对加快推进国有企业数字化转型的工作作出明确部署,要求国有企业着力夯实数字化转型的基础,打造行业数字化转型示范样板。

财务数字化转型、资金管理数字化转型是企业集团推动整体数字化的重要环节。我们结合艾瑞咨询的调研,整理了我国活跃的财务数字化转型服务商的企业图谱。应用层主要展示了部分财务系统的供应商。其中,提供资金管理系统的供应商包含了能提供全面财务系统服务的大型系统供应商（如思爱普、甲骨文、金蝶、用友和元年科技等）和资金管理系统的垂直服务商（如蓝凌）两大类。此外,税务管理（如快合财税、百望云）、资产管理（如易点易动）等方面也有许多专业的垂直系统供应商。

平台层主要包含提供大数据平台/数据中台服务的企业和提供数据管理分析与可视化的企业。基础层主要包含企业数字化转型过程中必须使用的一些基础设施,如服务器等基础硬件、云服务和基础软件等。

随着企业管理越来越精细化,提供全面财务系统服务的大型系统供应商,将更有能力适应企业集团的多元需求,为其提供服务。而专注于某一领域深度开发的垂直系统供应商,或会成为大型供应商的补充,为企业集团某些特定需求供更精准的数字化服务。中国企业级应用软件市场规模和系统供应商的市场规模目前还在高速增长的时代,如图3-5所示：2021—2023年的中国数字化转型系统供应商市场规模的预测增速一直维持在30%以上。随着新一代信息技术的快速发展,越来越多的企业集团会认识到数字化转型的价值,选择加入数字化转型的队伍。

根据上海国家会计学院智能财务研究中心发布的《中国企业财务智能化现状调查报告》,企业已经应用的管理信息系统中,财务信息管理系统的占比高达91.65%,如图3-6所示。其中,会计核算和费用报销为企业财务信息系统的主要应用模块,采用率分别达到了79.68%和54.63%,如图3-7所示。但风险管理和经营决策支持相关功能模块的采用率最低,仅为14.11%和10.88%。由此可以看出,目前我国企业财务数字化转型主要停留在数据化、流程化的阶段,对数字价值的挖掘与应用较为薄弱。

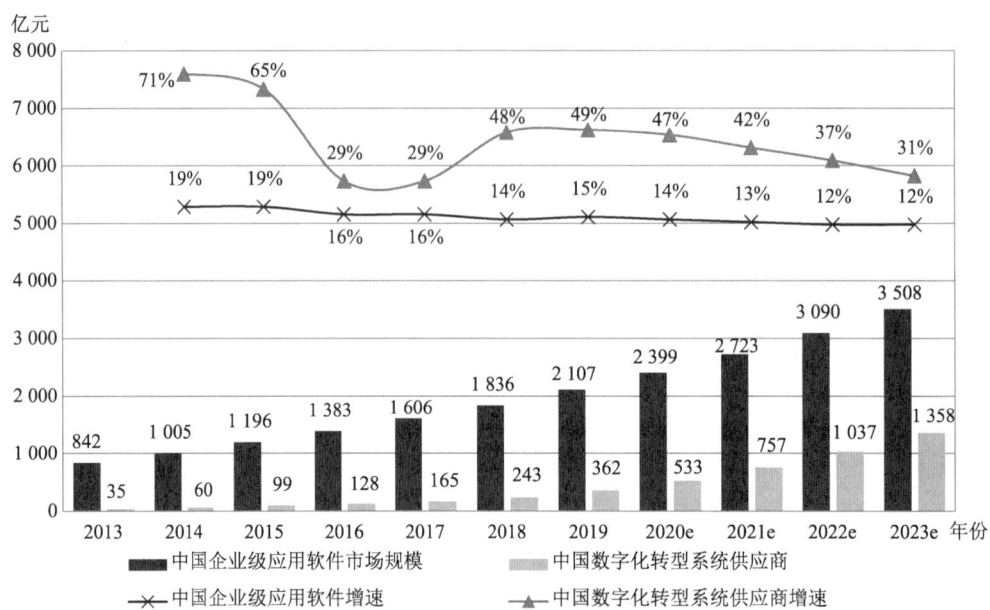

图3-5　2013—2023年中国企业级应用软件和数字化转型系统供应商市场规模及增速

资料来源：艾瑞咨询，作者整理。

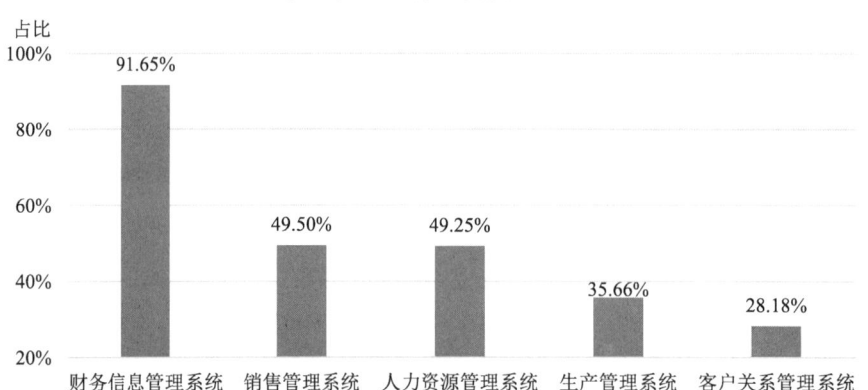

图3-6　企业已采用的管理信息系统分布

资料来源：上海国家会计学院智能财务研究中心发布的《中国企业财务智能化现状调查报告》，作者整理。

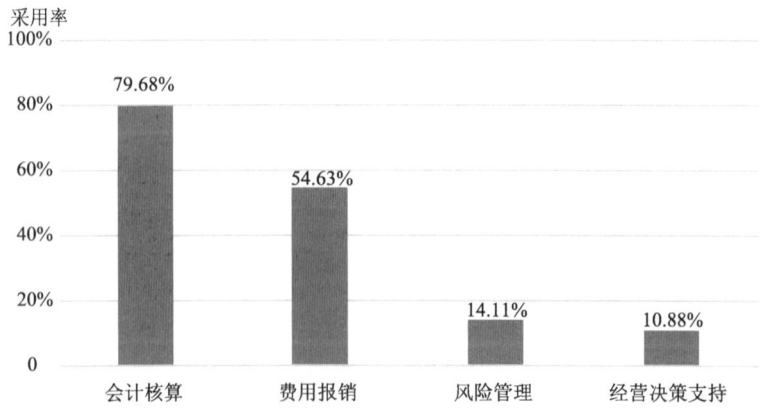

图3-7　企业财务信息系统主要功能模块采用情况（最高与最低）

资料来源：上海国家会计学院智能财务研究中心发布的《中国企业财务智能化现状调查报告》。

据上海国家会计学院智能财务研究中心的调查,报告受访者认为,会计核算和银企互联模块是企业财务信息系统中数字化程度最高的模块。以1~5分数字化由低到高打分,会计核算的数字化平均得分为3.05分,银企互联模块得分为2.62分,如图3-8所示。财务信息系统中,数字化程度较低的模块为风险管理模块(1.93分)和经营决策支持模块(1.92分)。这一特点显示,受访企业在数字化进程中,倾向于优先解决事务性问题。

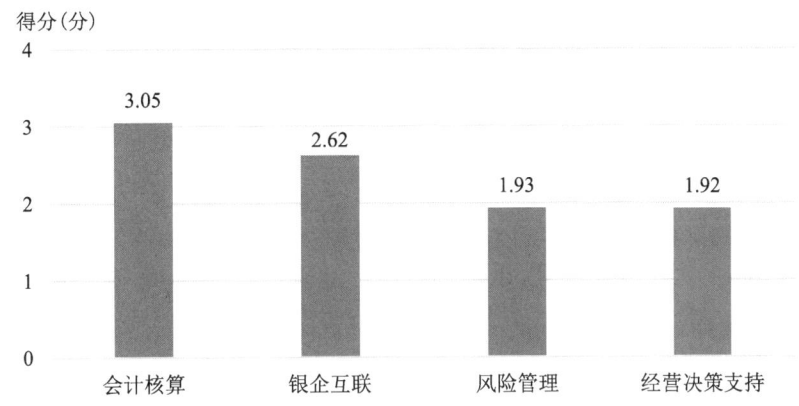

图3-8 企业财务信息系统数字化程度现状(最高与最低)

资料来源:上海国家会计学院智能财务研究中心发布的《中国企业财务智能化现状调查报告》。

总体而言,我国大部分企业集团尚处于资金信息数据化的阶段,有一部分企业集团已经进入重构管理流程的阶段,只有少量企业进入了资金管理体系的数字化、智能化阶段。

第三节 企业集团资金管理数字化转型的阶段与目标

一、企业集团资金管理数字化转型的三个阶段

根据上文的讨论,我们把企业资金管理数字化转型分为资金数据化、资金管理流程化以及资金管理体系数字化、智能化三个阶段。这三个阶段的具体含义如下:

资金数据化,是指企业集团将碎片的资金数据整合成统一口径、统一标准,提升企业整体的财务数据质量,将财务数据整合成可运算、可分析的标准化数据。

资金管理流程化,是指企业集团在数据化的基础上,通过重构财务组织、再造业务流程,形成一套可持续运行的资金管理方案。在这套管理流程下,企业集团可以抛弃传统手工录入系统的财务资金管理方式,通过资金管理流程自动产生可运算、可分析的标准化数据。

资金管理体系数字化、智能化,是指在管理流程化的基础上,企业集团产生了海量数据;企业集团可以通过深入挖掘海量资金和财务数据的价值,达到协助企业集团管理、辅

助企业集团经营和支持企业集团决策的效果。

二、企业集团资金管理数字化转型的具体实施目标

结合企业集团实际管理与操作,本研究对以上三个资金管理转型阶段,梳理了四个层次递进的企业集团资金管理具体实施目标。

(1) 子公司财务核算标准统一化,提升财务数据质量,与集团公司形成有效联动。企业在集团化的过程中,多元业务板块给企业集团财务核算与报告带来挑战。企业集团在资金全流程数字化转型初级阶段,资金信息数据化是关键。集团可以以统一所属企业财务核算与报告标准为切入点,实现所属企业与集团公司在财务数据层面的有效联动。

具体来讲,集团应该建立统一的核算体系与内控体系。其中,核算参数与核算规则的制定,可以由集团逐级管理、逐级下发,做到统一口径、规范核算、统一核算。在财务口径统一的基础之上,集团可以在预算、投融资管理等方面,进一步深化统一资金数据的编制口径。同时,企业集团也可以在资金管理系统中,实现集团常用报表的快速编制,为集团的资金管理、监察、审计提供便利。

(2) 财务和业务融合设计,切断"信息孤岛",形成资金"统一融资、统一投资、统一资金管理"的"三统一"数据一体化管控格局,赋能业务。实现财务与业务融合,是企业集团资金管理数字化转型的内在要求。财务与业务融合是指企业通过将财务管理工作和业务管理工作深度融合,将财务管控功能嵌入业务的全过程,实现从业务到财务价值链条的连通,帮助企业集团快速适应市场变化,支撑高层战略决策。

这一实施目标对应着两项具体的操作:一是打通财务数据与业务数据之间的壁垒,切断"信息孤岛",形成资金"统一融资、统一投资、统一资金管理"的"三统一"数据一体化的结构,这是资金信息数据化的阶段。二是通过业务流程再造,将财务管控嵌入业务过程。通过"业财融合"设计,使资金数据能为业务提供有效的指引,这是资金管理流程化的阶段。

(3) 应用资金数据支持管理,建立企业资金监控与预警系统,保障企业发展,辅助企业经营管理。通过回归分析、机器学习、神经网络等技术,构建现金流量预测模型、风险防控等模型,并在企业集团开展实时数据分析与智能自动预警。实现大额支付实时提醒、资金异动实时反馈、资金风险在线监控等功能。这类方法能够做到对企业多视角、多维度地追溯,从而保障企业集团的稳定发展,辅助企业集团高效率经营管理。这是资金管理体系数字化、智能化的初级阶段。

(4) 资金管理智能化,实现资金运行的预测功能,支持集团战略决策。构建资金智能分析监控平台,通过分析预测和风险防控模型,在实现对资金多视角、多维度自动化监控的基础上,实现集团资金运行预测、资金统筹调度、智能推荐服务等功能,进一步提升资金管理效率,为集团决策提供量化数据支持。这是资金管理体系数字化、智能化的成熟阶段。

第三章

P集团资金管理数字化转型的基础条件

企业集团的特征,是影响企业集团资金管理数字化转型的重要因素。本章以P集团为主要研究对象,讨论集团资金管理数字化转型的基础条件,为下文进一步分析P集团资金管理数字化转型的成果作铺垫。本章对P集团的整体情况进行了简要介绍,展示了P集团的资金管理模式,总结梳理了P集团资金管理数字化转型的技术条件。

第一节 P集团介绍

一、P集团概况

P集团为上海市人民政府批准设立的国有独资有限责任公司,主要承担着上海市浦东新区的重点工程及重大项目建设,以及国有资产经营管理两大基础任务。P集团的主要经营范围包括土地开发和经营管理、房地产开发经营、城市基础设施及社会事业投资与管理等。[①] 集团自成立以来,几乎包揽该区域所有的重要道路建设任务,成为基础设施投融资及建设的主力军。此外,P集团不断拓展企业服务的边界,培育了城市运维、民生服务等多项配套产业。截至2021年年末,P集团资产总额为1854亿元,[②] 年收入超230亿元,共计150家控股企业[③],是一家业务多元的地方性国有集团公司。

二、P集团的主要业务

P集团紧扣该区域重大基础设施建设和国有资产经营管理两大核心功能,不断拓展延伸,逐步形成以工程建设、区域开发、城市服务为三大核心主业,以国有资产经营管理和配套金融保障服务为两大基础业务的多元化业务体系。集团业务架构如图3-9所示。

"十三五"期间,P集团进行了业务板块重构,形成了"3+2"的业务架构体系。"3"为P集团的三大主业,包括工程建设、区域开发和城市服务三项核心业务。"2"指的是金融保障服务和国有资产经营管理服务。

---

① P集团2021年年报附注(企业基本情况)。
② P集团2021年年报。
③ 《P集团"十四五"发展规划》。

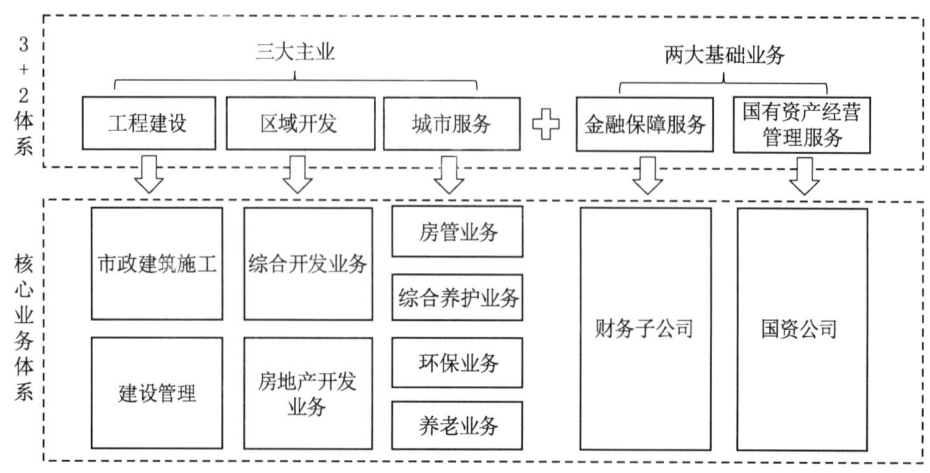

图 3-9　P 集团业务架构图

在工程建设方面，P 集团深耕市政建筑施工、建设管理两个领域。前者致力于提供一流的工程建设综合服务，将施工总承包和工程总承包做专做强。后者以市政道路代建管理为主要业务，以"高效率的项目建设全过程管理集成商"为主要发展方向。

在区域开发方面，P 集团下设综合开发业务和房地产开发业务两个领域。在综合开发业务领域，P 集团积极配合政府城市规划，围绕城市更新、旧区改造、美丽乡村建设等开展综合开发业务。在房地产开发业务领域，秉承成为"卓越的人居开发商"的理念，P 集团成功开发了近百个商品住宅和保障性楼盘。其中，商品房在激烈的市场竞争中，打造出了住宅项目的新名片与新标杆。保障性住房强化国有企业的功能性作用，贯彻执行"租售并举"战略，住房建设供应覆盖动迁房、经适房、公租房、人才公寓等。

在城市服务方面，P 集团现有房管、综合养护、环保及养老四个细分业务领域。其中，房管业务重点依托该区域的住房租赁公共服务平台和物业系统，为市民提供住房租赁及物业管理服务。综合养护业务以市政工程（城市道路、公路、排水设施等）、养护作业和环卫收运等为主要经营业务；自运行以来，综合养护子公司已经成长为资质齐全、产业链完整、多元化发展的企业，为 P 集团所在区域提供综合性的养护服务。环保业务主要涉及对固体废弃物、污水和有机质固废的处理，通过对资源再利用项目的投资与管理，打造循环经济产业链。养老业务以提高该区域养老服务水平为主要目标，采用"功能＋市场"模式，协助养老产业从"有"走向"优"，承担起国企"托底""保基本"的社会责任。

在金融保障服务方面，集团下设财务子公司。集团以财务子公司为载体，实现资金的集中管理，充分提高资金效率、保障资金供应、控制资金风险。财务子公司主要发挥资金归集平台、结算平台、监控平台、投融资运营平台及金融咨询服务平台"五大平台"作用。

在国有资产经营管理服务方面，集团大力推进改革重组，优化资产结构；不断盘活存量资产，提升资产经营效益，形成了功能性与经营性共同发展的格局。

第二节 P集团的资金管理模式

在资金管理上，P集团主要围绕经营、筹资和投资三项资金基本活动展开。经营活动主要与业务部门相关联，在配合业务部门完成业务活动的前提条件下，优化集团内部的资金和资源分配，提升资金使用效率。筹资活动主要指在平衡筹资利率与风险的前提下，结合资金的实际情况为集团及所属企业筹措资金。投资活动则是在充分考虑流动性等各项风险后，在资本市场进行资金运作，弥补资金使用成本。P集团部署了一系列制度安排和组织安排，保障集团资金的稳定运行。

一、组织与制度安排：以资金全流程管理制度为例

在P集团的业务发展过程中，资金管理的作用贯穿了全流程。根据P集团多元化业务的特点，P集团建立了一整套资金管理制度协助集团及子公司开展业务，如《P集团资金归集管理办法》《P集团融资管理办法》《担保管理办法》等。完善的资金管理制度，辅以科学的内控体系，规范了集团及其子公司的资金全流程运营管理。

从资金管理制度的操作层面来看，P集团在全面预算管理制度、投资管理制度财务风险预警、重大项目可行性分析、绩效管理等方面，通过数字化手段，使得财务人员能参与到公司的各个业务环节，在事前、事中和事后发挥财务分析的辅助作用。以全面预算管理制度为例，P集团实行"统一预算，分级管理"的预算管理方式。"统一预算"是指P集团将所属和受托管理的企业均纳入预算编制范围，使得集团内部在预算编制的体系、模板和口径上，形成统一的标准；"分级管理"指的是预算实行"分级编制，逐级汇总"的编制模式。业务发生前，所有预算编制和管理，均通过P集团统一在其子公司部署的资金系统中完成。业务进行过程中，通过系统的资金支付模块（银企直联）确保预算与实际资金支付挂钩。业务完成后，系统也能对资金计划与资金实际使用情况进行穿透分析，对相关人员进行考核评价。P集团的全面预算管理制度，通过数字化的手段，深化了财务与业务的融合，真正做到了对资金事前、事中和事后的全流程管理。

从人才保障方面来看，P集团设立了委派财务负责人制度。集团通过对下一级子公司委派财务总监，加大集团党管干部的举措，实现了全集团委派财务负责人的全覆盖。委派财务负责人的制度安排，确保了财务负责人能在履行财务管控职能的同时，积极参与企业的经营决策。同时，该制度保证了委派财务负责人所掌握的子公司财务信息真实有效，也给子公司贯彻落实集团各项财务规定带来了保障。集团委派财务负责人制度保障了P集团资金管理数字化转型的建设，使得P集团真正把资金系统建设、资金管理流程重构、人才配套保障等数字化转型建设的重要内容落到实处。

二、财务公司模式：资金集中管理，提高资金效率

资金集中管理是近年来比较主流的会计和报告业务管理方式。通过对财会项目的集

中管理,能有效解决大型集团公司财务职能重复投入和效率低下的弊端,从而达到降低运作成本、提高财务管理效率、支撑集团企业发展战略等目的。

P集团在资金集中管理方面,建立了以财务公司为资金归集平台的集中管理模式。P集团将财务子公司定位为以下五个"平台":资金归集平台、结算平台、监控平台、投融资运营平台和金融咨询服务平台。财务子公司以提高资金效率、保障资金供应和控制资金风险为综合目标,多年以来,P集团的资金归集率保持在90%以上,基本实现了集团内部资金余缺调剂,并通过财务公司结算平台,实现集团对子公司资金运营的有效监控。

目前,P集团虽然在资金集中、统筹资金资源方面取得一定成效。但是,宏观环境复杂多变,P集团需要以新发展理念,高质量地谋求企业的发展。因此,资金管理的及时性、精准性和效益性面临挑战,需要通过进一步深化资金管理的数字化转型实现。

第三节　P集团资金管理数字化转型的技术条件

一、P集团信息化基础

P集团自成立以来,一直非常重视企业信息化建设,并取得了一定的成绩。目前,P集团层面已经建成了协同办公(OA)、财务管理、安全生产管理、人力资源系统(HR)、工程项目管理(IPM)等六大核心业务系统,及集团官网、子公司业务系统等众多应用系统,如图3-10所示。P集团主要设计了两类信息化应用系统体系,即集团通用业务能力中心和业务板块应用系统。

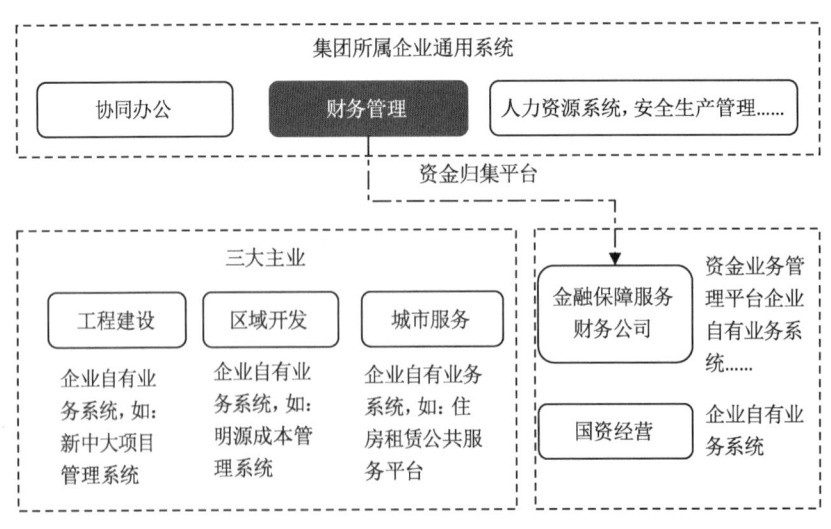

图3-10　P集团信息系统全局图

资料来源:P集团《信息化发展三年行动计划纲要(2019—2022)》。

集团通用业务能力中心是当前P集团信息化架构的核心构成。它将集团总部及所属企业中相似的、分散的功能进行集中，通过统一的平台对整个集团内部成员提供标准化服务。业务能力共享中心能有效提高集团本部的管控能力和集团内部的运行效率，大幅减少重复性的信息化系统建设，规范集团共性业务的标准化流程、降低运营成本。资金管理系统是集团通用业务能力中心的重要组成部分。

当前，P集团信息化建设主要聚焦于系统整合与信息化架构优化，目标是打造P集团和几百家所属企业完整的信息化应用生态。总体来看，P集团现有信息化建设有效地支持并推动了集团关键业务和管理的发展。

二、P集团资金管理数字化应用技术

P集团资金管理数字化转型的当前技术条件主要分为基础设施和软件设施两方面。

（1）基础设施方面，资金管理系统主要搭建在集团采购的服务器上。在P集团私域网络覆盖范围内，可通过私域网络进行访问。在集团网覆盖范围之外，主要通过虚拟专用网络（VPN）进行访问。但资金管理系统本身的运算、运行速度，受到集团采购的服务器性能限制，在数据进一步累积后，运算、运行速度可能会下降。VPN访问模式下，资金系统的速度主要受到网络通信速度的限制，在达到最大开发人数的情况下或有所限制。未来，P集团将筹备建设私有云，计划对集团及所属企业进行全覆盖。业务、财务、办公等系统部署在云端，可以较好地解决上述问题。同时，云端部署系统有利于各个系统数据实现互联互通，能极大提高系统间的协作能力，使得系统运行与运算效率得到较高的保障。

（2）软件设施方面，集团及所属企业现在使用的是同一套财务系统，集团及所属企业会在该系统完成包括资金管理、会计核算等财务信息的录入与管理。集团资金管理系统的供应商为我国财务系统领导厂商金蝶公司，该套系统支持后续的优化、二次开发以及不同系统互联互通等。由于集团业务的多元化特征，各级企业均采用了不同的业务应用信息系统。目前，各级企业的业务信息系统与资金管理系统之间尚未形成数据的互联互通。经课题组初步调研，所属企业均有系统联通的诉求，并具备一定的可行性。在P集团《信息化发展三年行动计划纲要（2019—2022）》的指引下，集团会逐步开展资金系统与关键业务板块系统的数据互联工作。

根据P集团《信息化发展三年行动计划纲要（2019—2022）》的规划，P集团未来在集团层面将开展试点新一代信息技术的硬件平台搭建，并在合适的所属企业进行试点建设。如表3-3所示。根据规划内容，P集团将建立以物联网、大数据分析和分布式应用为主要内容的集团基础能力平台。在该平台下，各个业务板块可以根据自身业务需求，开展硬件技术的试点搭建。例如，集团层面可以建立基于大数据分析的风险控制系统，并将人工智能等先进算法引入风险管理模型的设计和建立，进一步深化集团层面的数字化转型。此外，移动互联网平台通过与PC端系统自适应、功能全同步，在数据安全允许的条件下，实现P集团业务移动化办理，进一步提升办公效率。与资金相关的数据，是该风险管理模型基础数据中最重要的维度之一。

表 3-3 P 集团数字化技术平台搭建与试点建设情况

技术平台	技术储备与规划	技术应用示例
集团基础能力平台	物联网平台	区域开发板块可融合智慧家居、智慧楼宇的一体化智慧设备硬件；城市服务板块可对养护车辆进行定位、跟踪、调度等
	泛物联终端与边缘计算	为物联网硬件提供算力支持
	大数据平台	建设基于大数据分析的集团层面风险控制系统；工程建设板块基于历史数据分析，提供顾问服务等
	人工智能平台	集团层面风险控制系统在风险管理模型的设计和建立，可以融入人工智能技术
	企业级分布式应用平台	为 P 集团构建并托管分布式应用
	移动互联网平台	PC 端与移动端自适应、功能全同步，实现业务移动化办理
集团云计算中心	云计算技术提升 IT 系统使用效率	通过 P 集团私有云整合存量服务器资源，提高 P 集团信息化资源的利用率和运维效率
	集团云构建高效运维系统	通过集团云集中管理，统一建设和运维，降低所属企业的建设维护成本
	集团私有云，向多云演进	集团私有云接入公有云资源，满足业务多元化云服务需求

资料来源：P 集团《信息化发展三年行动计划纲要(2019—2022)》。

除了基础能力平台，P 集团正在建立以集团私有云为核心的集团云计算中心。通过私有云建设，P 集团及所属企业的信息化系统可以迁移至云端，通过集团私有云整合存量服务器资源，提高信息化资源的利用率和运维效率。在此基础之上，实现资金管理系统与业务系统数据的互联互通将会更加简单快捷。此外，通过 P 集团云计算中心的算力支持，资金管理系统的运行速度和运算速度都将得到极大的提升。

未来 3~5 年，P 集团信息化建设的总体架构可概括为"一体+两翼，纵向打通、横向协同，形成集团一张网、一朵云"。其中，"一体"指的是云计算中心和信息服务综合体，是 P 集团信息基础设施和数据中台。"两翼"指集团管控之翼和主业板块信息化应用创新之翼，是集团主要通用和专业信息系统集群的业务中台。"一体+两翼"是一个有机的整体："一体"提供技术、集成和数据基础服务，支撑"两翼"；"两翼"沉淀各类经营管理数据，通过数据集成，为"一体"输送数据资源，提供可集成、可配置的系统资源。"一体+两翼"在未来能给 P 集团及所属企业提供高性能、高质量、有针对性的信息服务，助力 P 集团的数字化转型。

第四章

P集团资金管理数字化转型的路径选择

在现有数字化转型的基础条件下,本章主要介绍P集团资金管理数字化转型的路径选择,探讨P集团资金管理数字化转型的规划路径,并结合P集团实际情况,讨论集团资金管理数字化转型的操作路径。

根据P集团《信息化发展三年行动计划纲要(2019—2022)》的总结,P集团的数字转型在局部范围(部分所属企业、部分业务板块)达到了很高的水平,总体上形成了生产运行数字化强于经营管理数字化、经营管理数字化强于集团管控数字化的格局。

集团所属企业中,负责资金归集的财务公司,在数字化建设上已取得很好的成绩,从组织架构、制度体系、基础设施等方面,均达到了较高的专业化水准。组织架构方面,财务公司设立了独立的信息化部门,人员分工明确,权责清晰。制度体系方面,财务公司设立了包含信息安全、信息化建设管理、信息化项目验收、应急管理等各个方面的制度内容。基础设施方面,财务公司搭建了同城灾备中心,保障业务系统能在紧急时迅速切换。同时,业务系统配备独立专线,与办公系统物理隔离,保障业务系统网络安全。

为实现集团对资金全流程、高效率管理,助力集团业务与功能全面发展的目标,P集团资金管理的数字化转型路径主要分为三个部分:从规划路径来看,现阶段的资金管理数字化转型属于战略导向型。当前的资金管理系统,由集团牵头,整合优化集团及所属企业高度专业化的信息资源,实现集团整体资金管理的数字化。从操作路径来看,P集团依托财务部门具备财务与信息化知识的复合型人才,由业务部门直接与系统供应商对接开发需求,保证数字化转型的大方向与细节均符合集团要求。从实施路径来看,P集团围绕"资金全流程管理",以"业财融合"为手段,依托"全面预算管理"制度,初步建成了集团层面对所属企业资金运作全流程管控的资金管理体系(实施路径见本专题第五章第三节第二部分)。

第一节 规划路径:集团战略导向型整合优化

当前,P集团已经完成了企业信息化建设的初级阶段,构建了完整的企业信息化网络基础设施,统一的集团门户和覆盖核心业务流程的业务系统,以及集团本部和所属企业完整的信息化应用生态。根据P集团的规划,当前P集团要从集团顶层设计出发,"自上而下"推动信息系统整合,优化信息化架构,从而提升信息化价值,达到集团整体的数字化转型。

结合 P 集团当前存量信息系统的技术架构和数据架构,集团未来信息化系统逻辑架构规划如下:重点突出集团基础能力平台和云计算中心,基于集团通用能力中心(含资金管理系统),沉淀、集成、整合和重构集团各业务板块的能力。

其中,资金管理系统作为 P 集团通用能力中心的核心功能之一,承载了集成、整合集团各业务板块资金管理的重任。通过集团层面的推动,以战略导向型数字化转型路径为核心,推动提升全集团的数字化水平。

第二节 操作路径:资金管理部门为主导

P 集团资金系统建设的操作路径,主要是在 P 集团自身财务信息化建设基础上,通过集团资金管理部门直接与系统供应商对接需求,结合咨询机构(普华永道)的风险管理与内部控制经验支持,从而搭建起一套对全集团覆盖的资金管理系统。

在这种操作路径下,参与 P 集团资金管理数字化建设的人员是系统建设的关键力量。在集团层面的推动下,P 集团在资金管理数字化建设上,形成了一套"一把手"挂帅、分管领导具体负责的人员架构,带动集团信息化办公室和所属企业的有效参与,全体员工深度配合,资金管理系统建设初具成效。

第五章

P集团资金管理数字化建设过程

通过对资金管理业务进行数字化建设，P集团对所属企业的整体资金运转情况进行监控和动态化管理，实现了对资金使用情况全流程跟踪。P集团该阶段的资金管理数字化建设，进一步提升了集团的资金管理水平，完善和细化了P集团的资金管理方式，创造了高水平、高质量、全流程、精细化的资金管理模式。

本章首先介绍P集团资金管理数字化转型的动机；其次讨论了P集团资金管理数字化转型的创新业务流程再造模式（"同业同主体"模式）；最后在业务流程再造的基础上，具体展示P集团资金管理系统的建设过程。

第一节 P集团资金管理数字化转型动机

资金是企业的血液，与各业务活动紧密联动的同时也有效支撑业务蓬勃发展。资金管理的信息化、数字化更易帮助企业实现资金的有效利用。科学有效地实施资金管理，应以资金预算管理为抓手，以资金管理的信息化、数字化为载体，以资金内控制度为保障，以监督与评价为手段，做到"事先有预算，事中有控制，事后有分析"。

P集团现阶段的资金管理目标，主要围绕资金使用效率展开。资金集中管理和数字化手段赋能，可提高资金使用效率，实现集团资源的优化配置，产生规模效应。但原有的资金管理模式不足以应对快速变化的宏观环境。在资金管理层面，P集团面临以下几个问题：

（1）资金缺少"收、融、支"一体化管理，导致资金数据碎片化，信息流滞后；

（2）资金管理（包括但不限于预算管理、集中管理等）缺乏配套的预警及考核机制；

（3）集团信息系统众多，系统间数据没有实现互联互通，业务数据系统与财务系统不能融通，形成信息孤岛；

（4）海量资金管理数据不能有效支持决策，资金数据价值尚待挖掘。

结合理论调研和企业的实际管理与操作，P集团针对资金管理数字化转型建设提出了四个层次递进的具体实施目标：

（1）子公司财务核算标准统一化，提升财务数据质量，与集团公司形成有效联动。

（2）财务和业务融合设计，切断"信息孤岛"，形成资金"统一融资、统一投资、统一资金管理"的"三统一"数据一体化管控，赋能业务。

（3）应用资金数据支持管理，建立企业资金监控与预警系统，保障企业发展，辅助企业经营管理。

（4）资金管理智能化，实现资金运行的预测功能，支持集团战略决策。

P集团正在通过业务流程再造，结合新一代信息技术，探索数字化资金管理的新模式，为国有企业集团资金管理数字化转型开辟一条新路。

第二节　业务流程再造："同业同主体"的创新模式

业务流程再造（又称业务流程重组，Business Process Reengineering），指的是企业通过对其管理流程、信息系统及组织架构等进行重组优化或再设计，从而达到优化企业运营、提升企业绩效的目的。本节通过介绍P集团创新的业务流程再造模式——"同业同主体"，展示P集团在资金管理数字化转型中的业务流程再造创新模式，讨论P集团业务流程再造模式的创新动机与管理思路，展示P集团业务流程再造的初步成果。

一、"同业同主体"模式简介

P集团结合实际管理经验，立足集团多元化业务、多层级组织的特点，在数字化转型建设过程中，提出了"同业同主体"的创新组织架构模式。在"十四五"规划布局中，总体形成以P集团为一层面、"3+2"业务板块为二层面、业务板块下属企业为三层面的组织层次。"同业同主体"指的是：（1）管控模式上，做强集团总部，统筹管控战略、项目策划与投资、资产经营、财务资金、人力资源等关键要素，负责推动下属企业之间的业务协同联动；做实二层面，使之成为各业务板块的业务经营中心，消灭管理型公司；规范三层面，尽可能与二层面同体运作，对外作为执行主体或签约壳体。（2）组织架构方面，二层面实现"一业一平台"，控制核心企业的数量；三层面精简数量，仅根据产业链不同环节，保留必要的实体企业，分类做精，在现状基础上控制系统内实体运作企业的总数。

通过纵向压缩与横向整合，"同业同主体"的管理模式精简了P集团管控主体的数量，集中了集团资源。各"部门化运作"的企业由"主体"直接管控，各"同体化运作"的企业与"主体"采用同一套管理审批程序。在这样的组织架构下，集团及各所属企业共用同一套管理流程要素设定，极大地方便了数字化转型的推进。

二、业务流程再造模式的创新动机与管理思路

在过去的信息化建设过程中，P集团各职能与业务部门都陆续开发了大量提升工作效率的管理信息系统，这些信息化建设对集团运作、所属企业发展都起到了积极的作用。但随着时间的推移，所属企业管理系统各自为政、数据各自独立的"数据孤岛"状态，越来越无法适应集团化发展的要求。基于此，P集团立足数字化转型建设的需求，结合自身多元化业务、多层级组织的特点，启动了集团业务流程再造的组织架构变革。

业务流程再造主要有三个方面的目标：首先，纵向压缩层级，缩短集团管控链条。其次，横向整合同质化企业，集中集团的管理资源。最后，在纵向压缩和横向整合的基础上，统一所属企业的决策、财务等各项管理流程，达到"主体"与"同体化/部门化运作"企业在主要管理决策程序基本一致的状态。在此基础上，集团可以通过集中部署通用基础能力平台的方式，打通集团与所属企业之间的数据与流程壁垒，提升集团化运作的工作效率。

具体地，在P集团创新的"同业同主体"组织模式下，"主体"企业主要掌握8方面的管理权力，包括：(1)组织架构；(2)制度建设；(3)信息化建设；(4)基础管理；(5)经营决策；(6)人事管理；(7)薪酬分配；(8)资金支付。在"主体"的管控和集团的负面清单之下，"同体化/部门化运作"企业可以根据自身特点灵活开展业务。

在资金管理方面，各"部门化运作"的企业由"主体"直接管控，各"同体化运作"的企业与"主体"采用同一套管理审批程序。

三、对所属企业的业务流程再造及初步成果

P集团按照先易后难、资源统筹的原则和"一板块一方案"的要求，对所属企业进行"同业同主体"的业务流程再造。在"十四五"规划布局中，总体形成以P集团为一层面、"3+2"业务板块为二层面、业务板块下属企业为三层面的组织层次。

对于三层面以下的企业，P集团通过清理退出（股权转让、关闭注销或减资退出）、产权调整（股权划转）、管理提级（股权关系不变，管理层级提升，便于板块整合）和历史锁定（无法改制的企业）等方式进行消除。例如，对于资产、债务较清晰、人员与历史问题不复杂的企业，主要采取股权划转、吸收合并、关闭注销方式实施整合；对于情况复杂的公司，先与核心企业同体化运作，待问题梳理清晰、人员分流完毕后，再实施股权调整。综合上述手段，P集团共计消除90家三层面以下的企业。其中，对近20家企业进行清理退出，对近40家企业进行产权调整，将10余家企业进行了管理提级，并将10余家企业进行了历史锁定。

对于二层面（即"3+2"业务板块）的整合，主要采取"同业同主体"的创新业务流程再造模式实施一体化运作。具体来讲，P集团从"十三五"中后期的"9+2"格局精简为"3+2"格局。

通过重构业务板块格局与组织架构，P集团实现了"优化资源配置，聚焦主业发展；优化管理层级，提升管控水平；优化考核体系，提升资本收益"的要求。"同业同主体"组织架构重构实现：(1)提高企业综合实力，稳步提质增效的目标。例如，整合后的城市服务板块某企业营收规模达到全市第一，2020年签约额同比增长23%。(2)"管理出效益"，降低企业运营成本的效果。例如，城市服务板块的某企业冗员数量减少，成本下降效应凸显。(3)处理历史问题，降低管理风险的成效。例如，"同业同主体"将控股企业从170余家减少至不足140家，将实体企业从70余家减少至45家，并完成了200余家次的企业改制。

第三节 资金管理系统升级

"同业同主体"的创新业务流程再造,使P集团及所属企业的资金管理决策程序达到了基本一致的状态。在此基础上,P集团对现有资金管理系统进行升级改造,通过资金管理系统实现集团高水平、高质量、全流程、精细化的资金管理目标。

本节以P集团资金管理系统升级改造过程为主要研究对象,以系统建设的主要过程为脉络,展示集团资金管理系统的数字化转型建设,梳理系统建设的关键步骤,展示资金管理系统验收前的内控管理方法。

一、调研工作

现阶段,P集团主要围绕"资金全流程管理"开展资金管理数字化转型建设。根据P集团现阶段"提升资金使用效率"的管理目标,P集团已采取了资金集中管理(财务子公司资金管理模式)的方法。而资金管理的数字化转型,则希望从更精细、更全面的角度,加强集团管控力,进一步优化集团的资源配置能力。集团的资金管理数字化建设主要分为两大阶段:调研阶段和系统建设阶段。

表3-4展示了P集团在调研阶段和系统建设阶段进行的相关工作,后续的内容分别展示了P集团资金管理数字化转型建设调研阶段、系统建设阶段的主要思路,P集团资金管理系统建设的初步成果,以及典型功能的使用场景示例。

表3-4 P集团资金管理数字化转型的功能模块规划

阶段	步骤	时间	具体事项
调研阶段	前期准备	2019年上半年	文献研究、理论学习和专题研讨,梳理本阶段资金管理数字化转型拟解决的问题
	方案设计		形成数字化转型初步方案
			实地调研、业务流程梳理
			根据调研结果完善方案,明确系统建设关键步骤
			需求调研,业务流程再造,明确系统建设关键功能模块
系统建设阶段	系统实施	2019年下半年	系统建设
		2020年上半年	系统试运行,上线部分功能
		2020年下半年	根据试运行结果,开展优化
	系统上线	2021年上半年	系统正式上线

经过过去几年的探索,P集团在资金管理数字化转型上,已经具备了一定的成功经验。在资金管理数字化转型建设初期,P集团首先明确了数字化转型的重点工作内容,就是进

一步解决资金信息数据化和资金管理流程化的问题。

根据调研,资金全流程管理成为P集团财务体系的又一次大的变革。在资金管理数字化建设前期准备阶段,P集团明确了对现有财务软件平台进行升级的总体规划方案。

围绕P集团资金管理数字化转型建设的实施目标①,P集团梳理出了以下几个资金管理信息系统建设的关键步骤:

(1) 规范账户管理,实现银行账户开销户的线上审批。

(2) 统一融资信息平台,集成银行贷款、银行授信、担保等信息。

(3) 实现资金集中监控,动态监控成员企业的资金流动和运营情况,新增网络新型支付工具的账户监管手段。

(4) 统一支付计划,实现资金预算管理,及时掌握资金需求信息。

表 3-5 展示了P集团资金管理信息系统的关键步骤及其对应拟解决的资金管理问题。

表 3-5　P集团资金管理数字化转型的关键步骤及对应拟解决的资金管理问题

关键步骤	拟解决的问题②
规范账户管理,实现银行账户开销户的线上审批	资金数据碎片化,信息流滞后
统一融资信息平台,集成银行贷款、银行授信、担保等信息	资金缺少"收、融、支"一体化管理
统一支付计划,实现资金预算管理,及时掌握资金需求信息	预算集中管理力度弱
实现资金集中监控,动态监控成员企业的资金流动和运营情况,新增网络新型支付工具的账户监管手段	资金数据碎片化,信息流滞后

二、系统建设的关键步骤

在此基础之上,P集团依据现阶段"全流程资金管理"抓手,梳理出了对资金管理系统的五大功能需求,包括:账户管理、投资管理、预算管理、银企直联收付款,以及打通资金管理系统与办公系统。通过这5块功能,结合一系列资金管理的相关政策,P集团在资金管理上已经做到了财务人员深度参与公司业务的各个环节,具备在事前、事中和事后发挥作用的能力。表 3-6 展示了P集团针对资金管理问题和系统建设步骤所设置的系统功能模块。

---

① P集团针对资金管理数字化转型建设提出的具体实施目标:(1)子公司财务核算标准统一化,提升财务数据质量,与集团公司形成有效联动。(2)财务和业务融合设计,切断"信息孤岛",形成资金"统一融资、统一投资、统一资金管理"的"三统一"数据一体化管控,赋能业务。(3)应用资金数据支持管理,建立企业资金监控与预警系统,保障企业发展,辅助企业经营管理。(4)资金管理智能化,实现资金运行的预测功能,支持集团战略决策。

② 在资金管理层面,P集团面临以下几个问题:(1)资金缺少"收、融、支"一体化管理,导致资金数据碎片化,信息流滞后;(2)资金管理,包括但不限于预算管理、集中管理等缺乏配套的预警及考核机制;(3)集团信息系统众多,系统间数据没有实现互联互通,业务数据系统与财务系统不能融通,形成信息孤岛;(4)海量资金管理数据不能有效支持决策,资金数据价值尚待挖掘。

表 3-6 P 集团资金管理数字化转型的功能模块规划

关键步骤	拟解决的问题	对应功能模块
规范账户管理,实现银行账户开销户的线上审批	资金数据碎片化,信息流滞后	账户管理
统一融资信息平台,集成银行贷款、银行授信、担保等信息	资金缺少"收、融、支"一体化管理	投、融资管理
统一支付计划,实现资金预算管理,及时掌握资金需求信息	预算集中管理力度弱	预算管理
实现资金集中监控,动态监控成员企业的资金流动和运营情况,新增网络新型支付工具的账户监管手段	资金数据碎片化,信息流滞后	银企直联收付款

在系统建设阶段,P 集团采用了分阶段上线功能模块的形式。项目启动后,P 集团对集团本部及所属企业作了广泛调研,搜集系统建设的相关功能需求与配套制度流程需求。在充分论证后,集团确认了资金系统蓝图。同阶段,集团发布了一系列与资金管理系统相关的政策制度规定。系统上线的第一阶段,P 集团优先推广使用了账户管理、投融资管理、资金计划(即预算管理)三个模块。第二阶段,P 集团在对使用系统的相关人员进行调研后,进一步优化了上线的功能模块。第三阶段,P 集团上线了银企直联收付款功能。银企直联收付款功能上线后,上述功能模块在线上形成了业务流程闭环,资金从计划、投融资到支付,均能在 P 集团资金管理系统中直接完成或维护信息。图 3-11 展示了 P 集团资金管理数字化转型的建设过程。

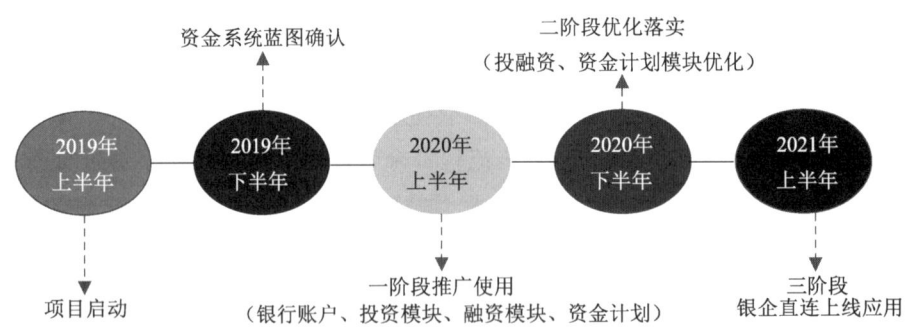

图 3-11 P 集团资金管理数字化转型建设过程

其中,经营活动方面的资金管理数字化转型,是 P 集团此阶段资金管理数字化转型的重中之重。基于此,P 集团制定了全面预算管理制度,依托集团资金管理的数字化转型,构建了一套"全流程资金管理"的信息化系统。图 3-12 以 P 集团经营活动的资金全流程管理为例,展示了 P 集团在现阶段的资金管理数字化转型实施路径。

除了资金管理的设计和配套组织制度安排,P 集团也十分重视数据安全问题。为了充分保障 P 集团的数据安全,资金管理系统只能通过专用网络接入(集团内网和 VPN)。系统权限方面,P 集团也作了多重保障,包括多次梳理与清洗相关人员权限、对人员权限进行

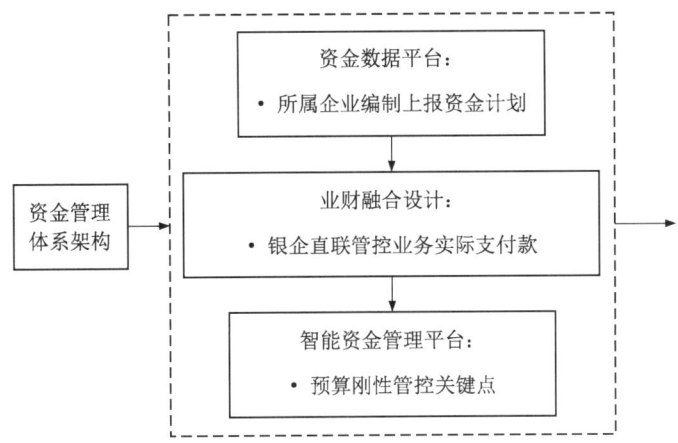

图 3-12　P 集团现阶段资金管理数字化转型实施路径示意图

细分、仅对有权限的员工开放相应功能的视觉模块等。与资金支付相关的功能模块,除了支付款项的网络安全,P 集团也从操作执行流程上对系统作了精细的设置与安排。通过一系列的设计,P 集团的资金管理系统高度安全可靠,切实保障了国有企业的资金与数据安全。

三、系统内控管理方法

资金管理系统建成后,P 集团特邀普华永道咨询团队评估资金系统相关的程序设计、工作程序、集团制度和支持性文档等内部控制相关内容,旨在进一步完善集团资金管理的内控程序,保障集团资金安全。咨询团队从资金系统开发变更、应用控制、安全管理和日常运行管理等方面着手,对 P 集团该阶段资金管理数字化转型的内控流程作了分析与测评,并对管理过程中的相关控制弱点提出系统性的分析与建议。

内控咨询协助 P 集团进一步完善了网络数据安全相关的关键控制点,从系统用户权限、安全配置、网络安全、数据备份等方面强化了资金系统的可靠性,保障了 P 集团资金管理数字化转型的稳健运行。

第六章

P集团资金管理数字化建设成果与应用实例

通过对资金管理业务进行数字化建设，P集团对所属企业的整体资金运转情况进行监控和动态化管理，实现了对资金使用情况全流程跟踪。P集团该阶段的资金管理数字化建设，进一步提升了集团的资金管理水平，完善和细化了P集团的资金管理方式，创造了高水平、高质量、全流程、精细化的资金管理模式。

本章介绍P集团资金管理系统的建设成果，展示资金管理系统的应用场景与"业财融合"设计案例，提出P集团下一步资金管理数字化转型的主要方向为优化资金配置效率（决策支持）和降低资金风险（风险管理），展示了集团优化资金配置效率层面的资金管理数字化案例，并使用真实数据展示了集团降低资金风险层面的资金管理数字化案例。

第一节 资金管理系统建设成果

资金管理系统的设立初衷，主要分为四个方面：①资金信息资源整合：通过资金管理系统，实现资金账户、融资、资金计划与财务数据线上共享，避免数据孤岛。②资金业务线上管理：通过数字化建设，把原本的线下审核业务迁移至线上，提高资金管理的效率。③统一信息平台：与办公平台互联互通，与银行互联互通，实现相关资金业务全流程的监督与控制。④监管要求：符合上级监管要求，提升集团管控能力。

一、资金管理系统总体设计

作为传统产业，P集团在"十四五"期间以产业释放数字红利，以"业财融合"数智化提升管理能力为主要方向，结合集团发展战略以及业务多元化的特点，建设了具有P集团特色的数字化平台。资金管理系统的总体设计如图3-13所示。具体来看，P集团在集团主营业务板块的基础上，建立了以财务共享中心为核心、以大数据分析平台为抓手，多业务系统相互连通的资金管理系统总体设计。集团通过RPA、OCR识别、移动互联网等技术，布局N个"感官神经"，使财务数字化的大脑全域感知，打造了高效便捷的数据获取途径。集团依托扁平化的组织机构，充分发挥资金管理数字化转型的灯塔效应和共振效应，上下联动，推进集团和所属企业的高质量发展。具体来讲，P集团的资金管理系统总体设计主要分为以下三个方面：一是在"智联"时空一体，在集团层面建立大数据平台，通过资金管理、资产管理和预算管理等全集团管控方式,在系统内数据共享、信息互通,提供全链条数据支撑、全局性统筹决策、全周期管理,实现"一屏全观,一网全管"。集团财务管理更加精细化与多维度、实时性与动态化、智能化与合规性。数字化平台积累的超级数据库匹配新兴技术,为智能财务升级作好准备。二是"数联"信息驱动,多平台多系统"业财融合"数智化。通过与各业务系统的互联互通,将财务规则融入业务系统,在业务发生时同步生成业务与财务数据,在保持口径一致的同时提升业务与财务的效率,业务数据与财务数据天然一致大大提升数据质量,沉淀的有价值的数据进一步为管理层决策提供有效支撑。同时,配合财务共享中心模式,依托数字化方式对流程进行再造,更加精简与标准,为企业降本增效提高效率。三是"微联"全域感知,数字化转型延伸至财务甚至业务末端,向公司全体财务人员普及数字化在各岗位的实际应用,在前置管控效果、提高工作效率、降低工作强度方面研究开发。逐步调整优化,使财务人员适应数字化转型,打造业财融合的复合型人才团队,为复杂的分析处理、智能平台的运维优化提供人才后盾。

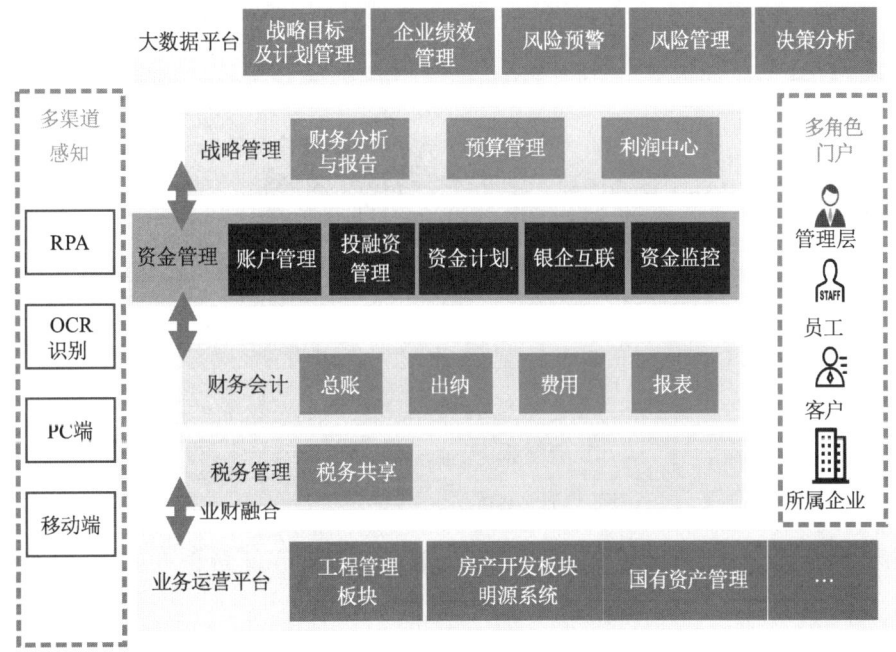

图 3-13　P 集团资金管理系统的总体设计

资料来源:P 集团资金管理系统。

P 集团现阶段使用的资金管理系统,为国内财务系统领导厂商金蝶提供的 EAS 资金管理系统,其功能主要分为五大部分:账户管理模块、投资管理模块、资金计划模块、银/财企直联模块和信息系统互联互通功能,具体内容如表 3-7 所示。图 3-14 展示了部分资金管理系统的功能,借助资金信息管理系统,P 集团实现了对集团及其所有所属企业资金的全流程掌控。

表 3-7 资金管理系统 5 大功能模块

功能模块	主要功能
账户管理模块	1. 建立银行账户集中管理体系,集团内银行账户开户、销户申请通过集团资金管理平台,实现审批流程化 2. 通过银行账户统计报表分析,做到集团范围内银行账户整体变动、使用情况明细可查,自上而下系统管理集团范围内企业账户
投资管理模块	对集团的投资理财、融资、担保等业务,通过"多渠道感知"方式,实现投融资相关数据全面可查
资金计划模块	在满足各公司核算要求的前提下使用统一的成本核算科目,统一资金支付计划上报,通过强化资金计划模块,实现项目资金滚动使用情况管理
银/财企直联模块	1. 业务与资金支付在线上形成闭环 2. CA 正式环境验证等接口保障资金安全 3. 组织制度设计保障收付款的准确性
信息系统互联互通	1. 与业务平台、大数据平台实时联动 2. 对资金进行动态监控

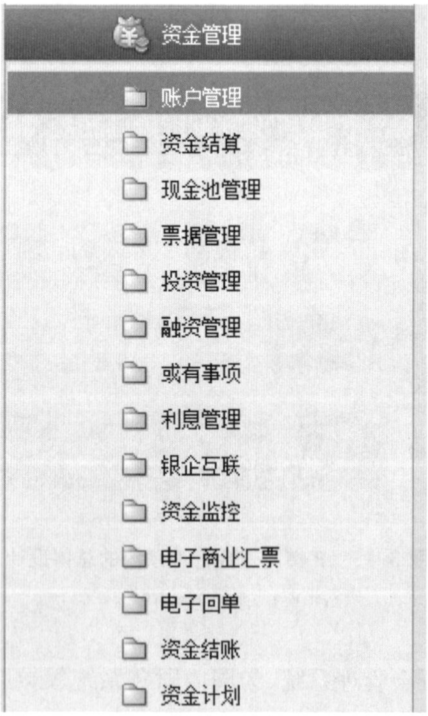

图 3-14 P 集团资金管理系统模块示意图

截至 2021 年上半年,资金管理系统覆盖了 P 集团及其所属企业,资金系统共设立 21 类银行账户种类,覆盖超 500 个集团及所属企业的银行账户。通过资金管理的数字化转型建设,P集团实现了对所属企业实时、精细化的动态管控。

二、P集团资金数字化管理应用场景示例

本节以P集团资金管理系统重点功能(资金计划模块、银/财企直联模块和功能模块的交互)为例,介绍P集团现阶段资金管理系统的应用场景及数字化转型成果。

(一) 资金计划模块

资金计划模块是依托P集团全面预算管理制度而设立的功能,通过统一口径的资金支付计划上报,协助P集团资金运转决策。图3-15展示了资金计划模块的预算设置功能,该模块除了可以构建预算方案,还能调整数据权限,具有一定的可变通性。

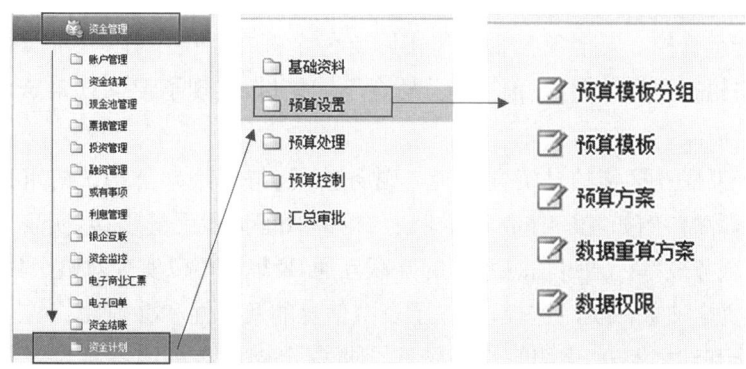

图 3-15　P集团资金管理系统(资金计划模块)示意图

截至2021年上半年,资金计划模块已经覆盖了P集团区域开发业务板块的5家房产企业,总计超70个一级开发项目。通过资金计划模块运作,P集团区域开发业务板累计投资金额达到百亿元人民币,月度资金计划执行准确率从年初的46.9%提升至89.4%,极大提高了集团整体的资金配置效率,数字化转型建设成果显著。

(二) 银/财企直联模块

银/财企直联模块可以实时获取直联账户信息,并具备转账支付、收付款信息统计、统一支付权限分配等功能。通过银/财企直联模块,P集团在资金管理系统中建立了统一的资金在线支付管理平台,覆盖多银行多账户。在资金管理系统中,付款信息可以在集团内部流转审批,最终通过银企平台递交给银行处理,避免二次手工录入,达到了信息不落地的效果。此外,银/财企直联模块接口可以实时获取账户余额、交易明细,实现了集团在同一平台上实时监控多银行多账户的资金流向、流量、存量和异动情况。图3-16展示了银/财企直联模块下,集团及所属企业与银行的交互模式。P集团及所属企业可以通过资金管理系统的银企直联接口,使用支付指令直接进行收付款;同时,银行也能将其电子数据向P集团进行流转交互,满足P集团对其所属企业资金运作的管理需求。截至2021年上半年,P集团及其所属企业通过银/财企直联模块,累计成功支付资金笔数超9 000笔,累计资金结算量百亿余元。通过银/财企直联模块的建设,P集团看得见、管得住、用得着所属

企业的所有账户资金,使集团总部能充分发挥资金监控、风险管控、资金调剂、价值创造等功能,更好助力资金管理工作。

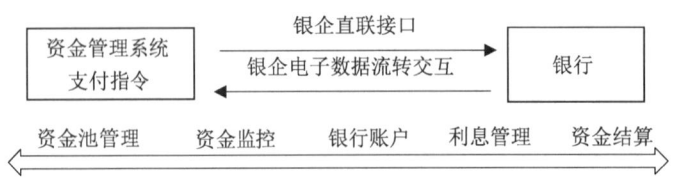

图3-16　P集团资金管理系统银/财企直联模式

(三) 功能模块的交互

资金计划模块与银/财企直联模块在运行过程中是相互连通的,共同实现了P集团对所属企业的资金管控。资金预算金额与实际支付金额在系统中挂钩,所属企业的各个账户都必须严格执行预算计划,超预算部分资金不能支付,实现了P集团对资金运行全过程的刚性管控。

信息系统互联互通指的是资金系统与财务公司、与集团办公系统的审批流程相互连通,避免信息孤岛。例如,银/财企直联模块与内部管理流程无缝衔接,实现了业务不落地处理,提高了服务效率。通过信息系统的互联互通,P集团可以实现对整个集团各企业、各银行、各账户资金业务的实时监控,确保了资金信息的及时性和准确性。

在此功能基础之上,P集团资金系统将会把资金支付与集团各板块业务系统进行对接,实现业务付款流程在资金系统全流程贯通,完成业务闭环。同时,根据实际业务需求,一方面继续完善与优化银/财企直联模块的系统操作便利性,另一方面增加支付限额授权控制功能,保障资金支付过程的安全。

通过功能模块、系统之间的联通与交互,P集团在资金系统中实现了对资金全流程不落地的闭环管理,极大提高了资金管理的效率,有效降低了财务人员的工作量,加速了集团战略的传递与执行能力。

三、P集团"业财融合"设计应用场景示例

P集团在资金管理数字化转型的"业财融合"设计上也进行了深入的钻研与探究。由于集团业务类别众多,本课题以"工程建设"和"国资经营"板块业务为例,展示P集团在资金管理数字化转型中的"业财融合"设计思路与建设成果。

(一) "工程建设"板块资金管理"业财融合"设计

数字化转型之前,工程项目建设在资金管理上存在诸多难题:①项目数量越来越多、项目周期越来越长,管理难度逐渐增大;②跨部门管理口径不一致,资金与业务数据无法对比分析;③项目过程复杂多变,集团监管的途径和手段不足;④项目业务发生频繁,存在大量重复性工作,拖累企业效率;⑤项目动态成本监控难,资金数据滞后;⑥预算与实际支出挂钩程度低,集团难以掌控项目资金风险。

工程项目的资金管理具有合同规则明确、合同数据重复性大、项目数据工作量大等特

点。P集团联合所属企业以"合同控制"为切入点,开展资金全流程数字化管理建设。该过程以员工录入项目信息为起始点,根据各项目的合同特征在系统中自动生成预算、产值、收付款等资金相关信息。在项目进行过程中,系统能自动比对、校验收付款申请需求的合理性与准确性,业务人员能在集团设定的可控范围内发起收付款申请。P集团采用刚性预算约束管控项目进程,根据项目的不同阶段结算要求,结合预算与实际需求从公司账户划拨资金至项目账户,再通过银企直联系统进行对外付款。工程项目资金管理的"业财融合"具体过程如图3-17所示。

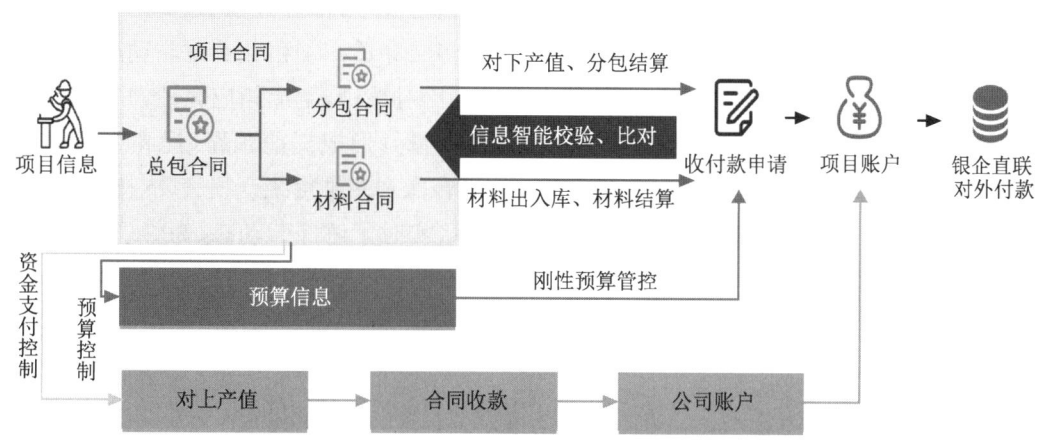

图3-17　P集团工程项目资金管理"业财融合"设计

通过"合同控制"的资金管理数字化转型建设,只要一次性的项目数据录入,P集团就能实时掌握各项目进度的预算信息、资金支付信息等以往需要大量人员、时间才能掌握的信息。在项目的各个阶段,业务部门与财务部门采用统一的管理判断口径,对项目资金余额、项目可用资金、分包产值、材料出入库、资金支付计划、合同付款比例等信息有了统一的管理标准与进度。支付款的发起、操作均可线上点对点操控,极大提高了资金效率,保证了资金安全。预算刚性管控,使得P集团及所属企业有能力控制资金风险。集团也可以在资金层面层层穿透至项目,动态监控项目成本,保证资金数据的实时性,使得集团资金得以高效统筹安排,提升了资金使用效率。系统保留了业务、财务人员的操作痕迹,使得工作过程可查、工作责任可追,避免出现问题时相互推诿的情况发生。

数字化转型前,支付一笔材料款项需要工作人员先将材料对账单送至材料部办理入库,接着将材料部签发的出入库单据送至项目部进行复核。确认完毕后,需要工作人员发起付款申请,再由财务部门通过一系列审批、支付等工作完成付款请求。整个过程中,业务部门的工作人员至少需要往返公司及项目部2次以上,耗时费力。通过项目资金管理的数字化建设,上述工作可以全部在线上完成,同时避免了单据丢失、人员往返、数据有误等问题,还能将业务部门的关键信息与财务部门高效联动,缩短了付款周期,提高了工作效率。

(二)"国资经营"板块资金"业财融合"设计

P集团"国资经营"板块管理的房产类型复杂、资产来源多样。在数字化转型前的历次盘查中,存在着诸多难题:①统计口径不清:承租人既有面向市场的,也有承担政府功能的,难以实现数据全口径、统计全覆盖。②资产状态不清:部分托管企业涉及改制企业、"五违"等诸多历史遗留问题。③管理责权不清:例如,个别公司房产租赁业务中存在不相容岗位未分离的情况,有物业公司存在1人负责业务谈判、合同拟定、发票开具、收款等全流程管理的情况。

通过资金管理的数字化转型建设,P集团有效完成"业财融合":①对土地、在建工程、完工建筑物三大类资产的资产底数、使用及租赁等情况全盘掌握;②对与房产经营管理相关的租赁预算、处置、维修等计划实现数字化管控;③存量土地、在建项目、资产项目、租赁情况、租金收缴等信息与资金系统形成对接,实现多层穿透。④租金业财联动后,通过资金系统收款,系统自动对业务收款与财务收入进行比对核销,生成相应凭证,减少人工做账对账,提高工作效率。通过设置收缴率等风险指标,形成提前预警,提高经营收益。⑤整合全口径资产经营管理数据,支持多业务统计台账和多维度统计报表,支撑集团上下各级监督管理。打造可视化决策平台,借助仪表盘,实时了解经营动态,为管理层决策提供有效数据支撑。

第二节 资金管理数字化转型的规划

未来,根据P集团信息化现状和未来发展要求,资金集中平台建设还有以下三项重要功能需要完成。

一、深化系统互联互通

在资金管理系统与办公系统对接联通的基础之上,P集团计划分批与所属企业的业务系统进行数据联通。资金系统与所属企业业务系统的对接,能进一步加强系统之间的联动性,减轻所属企业财务人员的工作负担。此外,资金系统与所属企业业务系统的对接也有助于集团沉淀数据,为后续的风险管理、决策支持等功能提供有效的历史数据积累。

二、构建基于历史数据的决策支持功能,优化资金配置效率

有效的资金管理,既要有明确的战略和制度流程,也需要配备合理的授权、决策机制和实施平台。利用资金系统的大数据沉淀,可以构建多维度的分析模型,预测与企业金融财务资源相关的各类信息,为P集团高层决策提供依据。

三、构建基于历史数据的风险管理功能,降低资金风险

资金管理负责对企业所面临的各类相关风险进行统一集中和专业化管理,如货币风险(利率、汇率等)、信用风险、流动性风险、操作风险、道德风险等。这些风险需要进行专业化的识别、度量、分析并采取应对措施。利用资金系统的大数据沉淀,可以构建多维度

的企业资金风险管理指标,充分降低 P 集团的资金风险。

表 3-8 总结了 P 集团资金管理数字化转型的模块功能规划与实施情况。下一步,资金管理的数字化转型工作重心将逐步从资金信息数据化和资金管理流程化阶段,转移至资金管理数字化、智能化阶段。通过提前规划资金数据和业务数据的积累与沉淀,可打造具有决策支持与风险管理功能的数字化资金管理体系。

表 3-8　P 集团资金管理数字化转型的模块功能规划与实施情况

功能模块	解决的问题	是否完成
账户管理	资金数据碎片化,信息流滞后	已完成
投、融资管理	资金缺少"收、融、支"一体化管理	已完成
预算管理	预算集中管理力度弱	已完成
银企直联收付款	资金数据碎片化,信息流滞后	已完成
系统互联互通	业务数据系统与财务系统不能融通,形成信息孤岛	部分完成
决策支持	海量资金管理数据不能有效支持决策,资金数据价值尚待挖掘	建设中
风险管理		建设中

资料来源:P 集团资金管理系统工作汇报。

下面,本研究将从决策支持(优化资金配置效率)和风险管理(降低资金风险)两方面,展开关于 P 集团进一步深化资金管理数字化转型建设的讨论。

第三节　资金全流程精细化管理,优化资金配置效率

为进一步优化集团层面的资金配置效率,提升资金数据支持集团决策的功能,支持集团对资金运行与管理的分析判断与绩效考评,本节以 P 集团区域开发板块 A 公司(房产开发)为例,运用数据分析的研究方法,构建 P 集团区域开发板块 A 公司(房产开发)月度资金流出的预测模型。本节内容首先阐述了 P 集团的资金预算管理背景,结合数据可行性,认为区域开发板块 A 公司(房产开发)的数据是构建预测模型最适合的样本。其次,本节通过一套完整的数据分析流程,构建出了一套适合 A 公司的资金预测模型。最后,本节对资金计划偏离进行归因分析,得出市场化项目是影响资金计划准确性的主要因素。

一、P 集团所属企业的预算管理背景

在资金全流程管理上,P 集团主要围绕经营、筹资和投资三项资金基本活动展开。经营活动的管控,主要关注项目概算与投资计划的准确性,要求经营相关的资金活动严格按照资金计划展开。筹资活动主要通过在资金缺口基础上设置合理阈值的方法,在平衡筹资利率与风险的前提下,结合资金的实际情况,在阈值范围内筹措资金。投资活动则是在充分考虑流动性等各项风险后,在资本市场进行资金运作,弥补资金使用成本。

其中，经营活动涉及的全面预算管理，是P集团对资金全方位、全流程管理的重要制度之一。准确的资金流出计划，不仅能够提高筹资与投资活动的效率，也能使业务与财务的配合更加紧密，提升企业综合效益。

然而，目前P集团所属企业的资金流出计划制定，主要依赖业务人员和财务人员的主观判断，预算金额与实际支付金额尚有一定偏离度，在一定程度上拖累了资金归集后的配置效率。其中，由于区域开发业务板块资金支付受众多因素影响，该板块的资金计划偏离尤为明显。如表3-9所示，据统计，2017年至2020年上半年，区域开发A公司的资金计划偏离度一直处于60%以上，年度累计偏离金额最高达219亿元。此外，集团层面也暂时缺乏资金计划准确性的事前判断依据，导致资金管理的及时性、精准性和效益性受到了一定的挑战。

表3-9　2017—2020年上半年区域开发A(房地产开发)公司资金流出计划偏离统计

年份	偏离金额绝对值(万元)	资金计划偏离度
2020上半年	934 270.13	66.95%
2019	1 225 001.69	85.59%
2018	2 196 468.82	82.86%
2017	508 563.30	62.82%

资料来源：P集团财务子公司统计数据。

因此，在P集团资金管理的数字化转型过程中，建立一套资金流出计划金额的量化预测模型与对资金偏离的量化归因分析，可以为P集团事前判断所属企业资金计划的合理性、事后对资金偏离进行归因提供量化参考依据。

二、资金流出预测模型

基于上述背景，本研究以P集团区域开发板块A公司(房产开发)2020年1月至2021年7月的资金计划与执行数据为样本，对P集团所属企业的预算管理进行研究，构建P集团所属企业资金流出的预测模型，及预算偏离归因分析模型。

P集团区域开发板块主要包含综合开发和房地产开发两大业务，业务范围涉及市场化项目(包括商品房项目和商业配套项目等)、非市场化项目(功能性项目，如保障房项目、租赁房项目等)、土地储备、区域开发项目(包括区域开发项目、区域配套项目等，如幼儿园、中小学建设，"城中村"项目)和其他项目(如环卫所)。该业务板块的主要特点是项目类型丰富、资金占用量高、资金使用不确定性强。

从项目开发流程来看，5种不同的项目在资金使用上的特点具有较大差异。市场化项目的特征是项目之间的差异较大。以商品房开发项目为例，楼盘的目标客群定位不同，会直接导致项目成本不同。例如定位高端的楼盘，每个楼盘都会有自己鲜明的特色，从楼栋外墙到园林设计等，都需要打造出特色。因此，市场化项目在资金支出上会相对较大。而极具特色的标杆性商品房项目，由于其不可预见的因素较多，则会降低资金计划的准确性。

非市场化项目则注重功能性,与市场化项目的运作模式截然不同。P集团的区域开发板块子公司A已经开发出一套非常成熟的业务运作标准体系。从原材料到建筑设计施工等细节,都有最低交付标准与准确的金额测算,操作执行也完全遵照这套体系的标准进行开发。在这套业务体系下,非市场化项目的资金实际支付金额可以做到比较精准地预测;且相同条件下,由于该类项目不需要独创的开发设计成本,资金的实际支付金额也比市场化项目低。

区域开发项目主要是与区域政府(如镇政府)合作开展的区域建设,涉及幼儿园、中小学等配套房屋建设,也有"城中村"改造项目等。这类项目的主要特点是对政企配合度要求较高,导致不同区域的施工进度会出现较大差异。因此,区域开发项目总体成本相对较高,且资金计划的准确性会相对较低。

土地储备项目的开展不涉及开发建设,时间与金额相对较好测算。其他项目一般是上述分类无法涵盖的项目,如环卫所的建设。这类项目由于业务量较少、使用金额较低,基本不影响资金计划的准确性。

综上所述,根据 Kumar 和 Walia(2006)、Horcher(2005)对企业资金使用预测相关讨论,结合 P 集团数据可行性,本节提出区域开发板块的项目类型及项目数量是影响资金实际支付金额的主要因素。

基于上述背景与数据分析,本研究构建资金流出预测模型[模型(3-1)](计算过程见本章附录A):

$$
\begin{aligned}
Target_{t+1} = & 19.694_{(t=14.97)} + 1.132_{(t=1.132)} \times Mkt_t - 3.564_{(t=-331.56)} \times Nonmkt_t \\
& + 0.310_{(t=6.42)} \times \text{Land-related}_t + 5.660_{(t=16.54)} \times Regional_t \\
& - 8.405_{(t=-8.77)} \times Others_t + \text{Time fixed effect} + e_t
\end{aligned} \quad (3\text{-}1)
$$

$$Adj.R^2 = 88.3\%$$

其中,$Target_{t+1}$ 是资金支出预测指标,包括 $\log(Target)_{t+1}$、$S(Target)_{t+1}$ 和 $Target_{t+1}$。Mkt_t 是市场化项目数量取 $\log(1+x)$,$Nonmkt_t$ 是非市场化项目数量取 $\log(1+x)$,Land-related_t 是土地储备相关项目数量取 $\log(1+x)$,$Regional_t$ 是区域开发相关项目数量取 $\log(1+x)$,$Others_t$ 是其他项目数量取 $\log(1+x)$。具体含义见附录A表A-1。

模型的 $Adj.R^2$ 为88.30%,说明这5类项目的数量预测资金实际支付数量的准确度达到了88.30%的水平。根据模型(3-1),每增加1倍标准差的市场化项目,资金计划在平均水平基础之上需要增加约20%的资金量。在其他条件不变的情况下,当月市场化项目数量越多,下月的资金实际支付量会边际增大。区域开发项目会边际增加下月的资金支付金额,非市场化项目或其他项目数量会边际减少下月的资金使用量。同时,土地储备项目对下月的资金使用量影响不明显。

三、预算偏离归因分析模型

根据 Kumar 和 Ekta(2006)、Karen(2005)对企业资金使用预测相关讨论,结合 P 集团数据,我们提出区域开发板块的项目类型及项目数量是影响资金计划准确性的主要因素。

基于上述背景与数据分析,本研究构建资金预算偏离归因分析模型,如模型(3-2)所示(计算过程见附录A):

$$Deviation_t = 0.199_{(t=-0.71)} + 0.258_{(t=2.09)} \times Mkt_t - 0.438_{(t=-6.94)} \times Nonmkt_t$$
$$- 0.055_{(t=-3.40)} \times Land\text{-}related_t + 0.566_{(t=8.26)} \times Regional_t$$
$$- 0.112_{(t=-0.50)} \times Others_t + Time\ fixed\ effect + e_t \tag{3-2}$$

其中,$Deviation_t$ 是资金支出偏离指标,包括 $\log(Dev\ rate)_t$、$S(Dev\ rate)_t$ 和 $\log(Dev)_t$、$S(Dev)_t$。Mkt_t 是市场化项目数量取 $\log(1+x)$,$Nonmkt_t$ 是非市场化项目数量取 $\log(1+x)$,$Land\text{-}related_t$ 是土地储备相关项目数量取 $\log(1+x)$,$Regional_t$ 是区域开发相关项目数量取 $\log(1+x)$,$Others_t$ 是其他项目数量取 $\log(1+x)$。变量具体含义见附录A表A-1。

市场化项目的进度与资金用量不确定性较高,市场化项目数增加,资金计划的偏离度会显著增加。非市场化项目和土地储备项目的数量能显著降低资金计划的偏离度。区域开发项目会显著提高当期资金计划的偏离度,而其他项目会降低资金的计划偏离度。

总体来讲,样本数据表明,市场化项目是降低资金计划准确度的主要原因。P集团未来在资金计划上,应当以加强对市场化项目的监督与管控为抓手,使管理市场化项目的资金运行更为精细,提高资金计划准确度,从而进一步优化集团资金配置的效率,赋能集团管理。

总体来讲,上述模型能够在一定程度上协助P集团资金计划管理人员判断所属企业资金计划上报的准确度。未来,当所属企业业务系统与资金管理系统对接成功后,在数据积累的基础上,该模型可以纳入更多与资金支付金额相关的变量,进一步提高模型预测的准确性,优化集团资金配置,提高资金运作效率,实现资金数字化建设促进集团业务发展的效果。

四、P集团优化资金配置效率数字化建设的价值

基于P集团的历史数据,本节首先构建了区域开发企业的资金支付预测模型,通过对P集团所属企业每月资金使用量的预测,进一步优化提升了集团层面的资金配置效率。历史数据表明,区域开发企业的项目类型与数量是预测企业资金使用量的有效数据。本研究模型具备一定的参考意义,可用于预测P集团区域开发板块企业未来的月度资金使用额度,进一步优化了集团层面的资金配置效率,提升了资金数据支持集团决策的功能。

其次,本节构建了区域开发企业的资金预算偏离度归因分析模型,通过对P集团区域开发企业历史预算与实际支付资金偏差的分析与归因,从量化的层面为集团管理层提供所属企业资金运行偏离情况的分析。历史数据表明,市场化项目的数量显著增加了区域开发企业资金预算与实际支付的偏离度。未来P集团管理层可根据区域开发板块企业的项目特点,合理调整对所属企业在资金管理层面的绩效考评,通过数字化管理手段,支持集团对资金运行与管理的分析判断与绩效考评。

总体来讲,上述结论对P集团资金管理具有一定的参考意义。由于数据积累时间有

限,模型的预测准确率有待提升。未来,在数据维度与精度进一步积累的条件下,P集团可利用其云平台和算力,构建机器学习、深度学习等算法的预测模型,进一步提高集团对各项资金流动的预测能力,达到资金全流程、精准化、智能化管理的效果。

第四节 资金全流程监控,降低资金风险

为全流程监控集团所属企业的资金运行,进一步深化集团的资金风险管理能力,本节将从企业运行的三个维度出发,构建一套企业资金运作的预警体系,通过资金数字化建设,对资金进行风险管理。通过对P集团所属企业各项指标的滚动运算,P集团管理层可以实现对所属企业资金运行情况的全流程监控,进一步降低集团的资金风险。

我们从企业运行状况、企业资金流动性和企业融资约束三个维度对P集团几大板块的所属企业进行量化分析[①]。该套指标可以作为事前、事后判断所属企业财务资金运行状况(如所属企业自留资金额度合理性)的辅助依据。由于P集团多元化业务的特征较为明显,所属企业大部分为非上市公司,本节选取了不针对特定行业的、非上市公司通用指标作为所属企业统一的衡量标准。表 3-10 为三个维度的衡量指标及指标说明。

表 3-10 三个维度的企业资金考核

维度	衡量指标	参考文献	指标说明
企业运行状况	Altman Z score	Altman 和 Hotchkiss(2006); Altman(1968)	$Z = 3.25 + 6.56 \times X_1 + 3.26 \times X_2 + 6.72 \times X_3 + 1.05 \times X_4$ [②] 安全区:$Z>0$ 危险区:$Z<0$
企业资金流动性	The cash flow sensitivity of cash	Erel 等(2015); Almedia, Campello and Weisbach(2004)	$\Delta Cash = a_1 + b_1 \times Cashflow_{t,i} + Controls + e_{t,i}$ 若 b_1 显著为正,则说明企业资金流动性较弱; b_1 系数越大,企业的资金流动性越弱。若 b_1 不显著为正,则说明企业资金流动性良好,企业不存在流动性问题和融资难题
企业融资约束	KZ index	Leong 和 Yang(2021); Lamont, Polk and Saa-Requejo(2001); Kaplan 和 Zingales(1997);	$KZ\ index = -1.001\ 909 \times X_1 + 0.282\ 638\ 9 \times X_2 + 3.139\ 193 X_3 - 39.367\ 8 \times X_4 - 1.314\ 759 \times X_5$ [③] KZ index 数值越大,企业融资约束越明显

[①] 财务公司是金融类企业,运行情况与非金融类企业差异较大,本节不讨论。
[②] 变量含义:X_1:营运资本/上期总资产;X_2:留存收益/上期总资产,X_3:EBIT/上期总资产;X_4:所有者权益/上期总资产。
[③] 变量含义:X_1:企业自由现金流/上期固定资产;X_2:非上市公司,取 1;X_3:(长期负债+短期负债)/上期总资产;X_4:企业分红/上期总资产;X_5:现金及现金等价物/上期总资产。

对于企业运行状况维度,本节选用 Altman Z 值模型作为衡量指标。根据 Altman 和 Hotchkiss(2006)对 Altman(1968)中 Altman Z 模型的修正,我们选取了最适合新兴市场 (emerging market)非上市公司的模型作为衡量 P 集团所属企业的企业运行状况的指标。根据该指标的计算,Z 值大于 0 的企业属于运行状况良好的企业,处于安全区;Z 值小于 0 的企业存在一定的财务风险,处于危险区。若企业进入危险区,则应当重视企业的经营与发展,防止破产风险。

对于企业资金流动性维度,本节选取现金流的敏感程度(the cash flow sensitivity of cash)作为衡量指标。现金流的敏感程度最早由 Almeida 等(2004)提出,他们发现,在美国制造业企业中,资金流动性有问题的企业,往往会从现金流中"截取"部分现金作为自身的现金储备,以备不时之需(或用于未来可能发生的投资项目)。而现金流的敏感程度则是衡量企业该行为的代理变量,若企业的现金流量与现金储备的变化显著正相关,则说明该企业的资金流动性可能出现了问题;若企业的现金流量与现金储备的变化不相关,则说明企业并没有改变自身的"储蓄"习惯,企业资金面运行状况良好,不存在流动性问题和融资难题。Erel 等(2015)将该方法应用于兼并与收购领域,测量被收购企业在收购前后的资金面变化,为该方法应用在非制造业企业提供了指导。

对于企业融资约束维度,我们选取了财务领域应用最广泛的融资约束指标之一——Kaplan-Zingales Index(通常简称 KZ index)。KZ index 最早由 Kaplan 和 Zingales(1997)提出,用于衡量企业吸收外部融资的难度。KZ index 使用的是一个概率模型,需要把一系列公司放在同一年、同一个维度去衡量,计算出的指标数值需要用相对的视角来看。一般来讲,KZ index 越大,企业获取外部融资的难度越大;当宏观环境收紧时,这类企业相对更难以从外部获取融资。Lamont 等(2001)确定了 KZ index 的 5 个因子系数,后续研究基本都沿用了这套系数来计算企业的融资约束,并按照数值大小排序,以确定企业的相对融资约束难度大小[如 Leong 和 Yang(2021)]。

本研究根据各指标的实际含义,结合集团实际情况,构建了以"红灯"为重要预警信号、以"黄灯"为关注信号、以"绿灯"为安全信号的预警机制(图 3-18)。若所属企业相关指

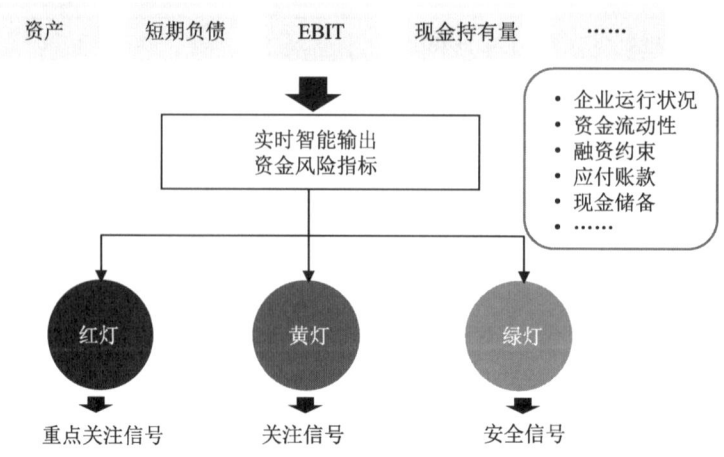

图 3-18　P 集团资金风险智能监控体系

标落入"红灯"区域,则表示该所属企业在资金运行上或有需要集团关注的事项,集团应当重点关注企业的资金运行情况,发挥集团资金集中管理统筹调配功能,协助所属企业运营。若所属企业的相关指标落入"黄灯"区域,表示该所属企业在资金运行上未来或有可能出现需要集团关注的事项,集团应当在日常运行管理过程中,对该类企业加以关注,防患于未然,防止企业资金运行出现重大问题。若所属企业的相关指标落入"绿灯"区域,则表示该所属企业运行正常。

一、企业运行状况

本节聚焦企业运行状况维度,以 P 集团 2019—2020 年为例,展示了该维度 P 集团所属企业的企业运行状况结果。目前,P 集团所属企业采用的是集团层面统一开发部署的财务系统,可以在系统内通过数据调取和低代码开发,完成企业运行状况指标在系统的构建与操作。

企业运行状况使用 Altman Z 值来衡量,表 3-11 和表 3-12 分别展示了 2020 年、2019 年 P 集团所属企业的 Altman Z 值分布。如表 3-11 和表 3-12 所示,2019—2020 年 P 集团绝大部分板块所属企业的 Altman Z 值均位于安全区。其中,两年 Altman Z 值均位于公司领先位置的企业为工程建设板块的子公司,区域开发板块聚焦综合开发业务的子公司 F 和房地产开发子公司 A。而位于危险区的子公司,分别是城市服务板块的养老公司和区域开发板块综合开发 C 公司。根据该结果,P 集团在资金层面,会重点关注养老公司和区域开发 C 公司。

表 3-11 2020 年 P 集团所属企业 Altman Z 值分布

安全区/危险区	公司名称	Altman Z score	预警
危险区	城市服务(养老)	−14.63	红灯
	区域开发 C(综合开发)	−0.48	
安全区	城市服务(综合养护)	3.67	绿灯
	国资经营 B	4.41	
	区域开发 E(综合开发)	4.94	
	区域开发 B(房地产开发)	5.16	
	城市服务(环保)	5.20	
	区域开发 D(综合开发)	5.30	
	区域开发 A(房地产开发)	6.37	
	工程建设	6.61	
	区域开发 F(土地一级开发)	10.70	

表 3-12 2019 年 P 集团所属企业 Altman Z 值分布

安全区/危险区	公司名称	Altman Z score	预警
危险区	城市服务(养老)	−1.92	红灯
危险区	区域开发 C(综合开发)	−0.19	红灯
安全区	区域开发 E(综合开发)	5.04	绿灯
安全区	国资经营 B	5.10	绿灯
安全区	区域开发 D(综合开发)	5.34	绿灯
安全区	国资经营 A	5.35	绿灯
安全区	城市服务(环保)	5.66	绿灯
安全区	区域开发 B(房地产开发)	6.90	绿灯
安全区	区域开发 A(房地产开发)	6.97	绿灯
安全区	区域开发 F(土地一级开发)	9.41	绿灯
安全区	工程建设	20.97	绿灯

本研究结合理论文献与集团实际情况,将落于"危险区"的企业设置成"红灯"预警,将落于"安全区"的企业设置成"绿灯"企业。未来,集团将根据最新的理论文献与更符合集团特点的参数,动态完善该指标及判断标准,保证预警指标更符合时代与企业的特征。

二、企业资金流动性

本节聚焦企业资金流动性维度,以 P 集团 2019—2020 年为例,展示了该维度 P 集团所属企业的企业资金流动性结果(详细分析报告见本章附录 B)。与企业运行状况一致,P 集团可直接在其资金管理系统内实现该内容的构建与操作。

企业资金流动性状况用现金流的敏感程度来衡量,表 3-13 展示了 2019—2020 年 P 集团所有所属企业的总体资金流动性状况。如表 3-13 所示,$Cash flow$ 的系数均不显著为正,说明总体来看,P 集团所属企业的资金流动性状况良好,不存在流动性危机。

表 3-13 2019—2020 年 P 集团所属企业资金流动性状况

项目	(1) $\Delta Cash_{t,i}$	(2) $\Delta Cash_{t,i}$
$Cash flow_{t,i}$	−0.365	−0.226
	(−0.79)	(−0.51)
预警	绿灯	绿灯

表 3-14 分别展示了 2019—2020 年 P 集团非区域开发板块[列(1)和列(2)]、区域开发板块[列(3)和列(4)]的资金流动性状况。表 3-14 的结果说明,区域开发板块企业资金状况良好,企业不需要通过改变自己的现金储备习惯在内部筹资。而非区域开发板块的企业资金面则相对紧张,企业在样本期间调整过自身的现金储备。2019 年,P 集团曾将经

营状况良好、企业资金充足的非区域开发板块所属企业富余资金归集至集团本部,通过内部资金配置渠道,向资金需求量较高的区域开发板块所属企业调配资金。非区域开发板块的资金流动性结果,充分展示了集团统筹安排资金的成效,而非个体经营的结果。总体来看,该结果表明 P 集团资金管理卓有成效,能够充分通过资金的集中管理,提高集团整体效益。

课题组根据理论与集团所属企业实际情况,将 $Cash\,flow$ 系数为正显著的公司板块认定为资金流动性"黄灯"板块,不显著为正的公司板块认定为"绿灯"板块。未来,集团将进一步完善控制变量的选择与企业板块分类,调整完善模型准确性,保证该流动性预警指标更符合集团所属企业特征。

表 3-14 2019—2020 年 P 集团区域开发与非区域开发板块子公司资金流动性状况

项目	(1) $\Delta Cash_{t,i}$	(2) $\Delta Cash_{t,i}$	(3) $\Delta Cash_{t,i}$	(4) $\Delta Cash_{t,i}$
板块	非区域开发板块		区域开发板块	
$Cash\,flow_{t,i}$	1.053**	0.718*	0.012	−0.727
	(3.12)	(1.76)	(0.01)	(−0.31)
预警	黄灯	黄灯	绿灯	绿灯

三、企业融资约束

本节聚焦企业融资约束维度,以 P 集团 2019—2020 年为例,展示了融资约束维度 P 集团所属企业的计算结果。与上述两个维度一致,P 集团可直接在其资金管理系统内实现该内容的构建与操作。

企业融资约束使用 KZ index 来衡量,表 3-15 和表 3-16 分别展示了 2020 年、2019 年 P 集团所属企业的 KZ index 分布。如表 3-15 和表 3-16 所示,2019—2020 年 P 集团绝大部分板块所属企业的相对位置变化较大,没有一家所属企业长期在集团内部处于融资困难的状态。该结果表明,总体而言,2019—2020 年 P 集团的所属企业在融资约束评价体系中表现优异,各所属企业的外部融资约束不大,有利于企业健康稳定运行。

本研究根据理论与集团所属企业实际情况,将长期(3 年)落于集团融资约束前 25% 的企业设定为"红灯"企业,将当年落于集团融资约束前 25% 的企业设定为"黄灯"企业,将其余企业设定为"绿灯"企业。未来,集团将根据最新的理论文献与更符合集团特点的参数,动态完善该指标及判断标准,保证预警指标更符合时代与企业的特征。

表 3-15 2020 年 P 集团所属企业 KZ index 分布

融资约束从大到小	公司名称	KZ index	预警
1	区域开发 C(综合开发)	6.76	黄灯
2	城市服务(环保)	3.14	

(续表)

融资约束从大到小	公司名称	KZ index	预警
3	区域开发 A(房地产开发)	2.18	
4	国资经营 B	1.40	
5	区域开发 E(综合开发)	1.03	
6	区域开发 D(综合开发)	0.74	
7	工程建设	−18.88	绿灯
8	城市服务(养老)	−23.42	
9	城市服务(综合养护)	−24.42	
10	区域开发 F(土地一级开发)	−73.08	
11	区域开发 B(房地产开发)	−260.39	

资料来源：P 集团所属企业年报。

表 3-16　2019 年 P 集团所属企业 KZ index 分布

融资约束从大到小	公司名称	KZ index	预警
1	城市服务(养老)	11.34	黄灯
2	区域开发 B(房地产开发)	7.20	
3	区域开发 C(综合开发)	6.02	
4	区域开发 A(房地产开发)	3.16	
5	区域开发 D(综合开发)	2.27	
6	城市服务(环保)	2.03	
7	国资经营 B	1.26	绿灯
8	区域开发 E(综合开发)	1.06	
9	国资经营 A	−0.11	
10	区域开发 F(土地一级开发)	−63.40	
11	工程建设	−1 190.38	

资料来源：P 集团所属企业年报。

四、P 集团降低资金风险数字化建设的价值

基于 P 集团的历史数据，本节分别从 P 集团的企业运行状况、企业资金流动性和融资约束三个维度对三大板块的所属企业进行研究分析，构建了一套符合 P 集团特点的企业资金运行情况全流程监控体系，进一步深化集团的资金风险管理能力。该套指标不仅可以通过对资金全流程的监控，采用事前、主动的方式管理集团资金风险，也可以作为事前、事后判断所属企业财务资金运行状况的辅助依据。

企业运行状况方面，P 集团能在资金系统中使用季报、年报等信息，滚动编制所属企业

各个阶段的 Altman Z 值,监测所属企业的运行状况。若所属企业的 Altman Z 值持续走低,则需要引起集团层面的重视,重点关注该所属企业资金运行健康程度。

企业资金流动性方面,P 集团不仅可以利用财务报表监测所属企业的资金面状况,也能在资金管理政策调整后,通过哑变量交乘项[如 Erel,Jang,Weisbach(2015)],事后评估资金管理政策对所属企业资金面的影响。

企业融资约束方面,P 集团能在资金系统中使用季报、年报等信息,滚动编制所属企业的 KZ index 值分布,监测所属企业的融资状况。若所属企业的 KZ index 值持续走低,则需要引起集团层面的重视,通过集团内部力量协助所属企业渡过难关。

总体来讲,上述研究对 P 集团资金管理数字化转型建设的风险管理方面具备一定的参考意义。未来,在数据维度与精度进一步积累的条件下,P 集团可利用其云平台和算力,训练机器学习、深度学习等算法的风险控制模型,进一步提高集团对资金风险的管控水平,达到事前、主动化解潜在资金风险的效果。

第七章

P集团资金全流程管理数字化转型的启示与展望

本研究以企业集团在资金管理的数字化转型为切入点,讨论传统行业的企业集团在资金管理数字化转型过程中的技术条件、路径选择、风险和应对策略。课题以P集团的资金全流程管理数字化转型为例,对企业集团的资金管理数字化转型进行深入探讨。

本研究从P集团的企业背景出发,展示了过去一段时间P集团在资金管理数字化建设上的方案与成果。在经历了信息化转型的基础之上,P集团探索出了以"资金全流程管理"为核心的资金管理数字化建设方案。实践证明,"资金全流程管理"不仅提高了集团资金运行信息的可视化、可监控化程度,更提高了P集团整体的资金运行效率。P集团的资金管理数字化建设,给我国中小型国有企业集团的资金管理数字化转型建设提供了可借鉴、可复制的模式。

最后,本研究根据P集团深化资金管理数字化转型的指导思想,进一步挖掘资金数据价值。本研究通过构建资金运作模型和企业资金运作状况指标体系,分析资金管理数字化转型的决策支持与风险管理作用,探索P集团下一步数字化转型的方向,为促进我国中小型企业集团深化资金管理数字化转型提供参考。

第一节 P集团资金全流程管理数字化转型的启示

一、数字技术能力,是企业集团进行资金管理数字化建设的基础

信息技术的发展,给企业带来了数据能力、通信能力和计算能力三方面的有力支持。对企业集团而言,这三项能力是决定企业集团资金管理数字化转型建设的基础条件。

凭借着前瞻性的IT规划能力和先进的管理理念,P集团不仅走在了企业集团信息化技术应用的前沿,也在新一代信息技术上有了充足的储备。根据P集团的资金管理数字化建设经验,扎实的技术储备是其顺利推动数字化建设的先决条件。在P集团的数字化转型建设过程中,每一步的规划,均建立在集团信息技术能力的基础之上。超越企业信息技术能力范畴的功能与规划,存在较大执行难度。

因此,企业集团在进行资金管理数字化转型的建设过程中,首先要梳理出企业的技术能力边界。技术条件主要包括基础硬件设施(数据能力、通信能力两方面)、软件设施(计

算能力）和企业未来规划设施三个方面。企业集团在进行资金管理数字化转型建设的初期，应该充分评估自身的信息技术条件与能力，以保障数字化建设的顺利推进。

若企业在过去已经完成了信息化改造，且在信息技术战略规划上具备使用新一代信息技术的能力，可以参考 P 集团的资金管理数字化转型方案：以原有信息化建设为基础，进行升级改造，以符合当下及未来的需求。

二、合适的数字化建设路径，是企业集团进行资金管理数字化转型成功的关键

合适的资金管理数字化转型建设路径，是企业集团进行资金管理数字化转型成功的关键。如果说技术条件关注的是企业的"硬"实力，如硬件设备等，路径选择则更关注企业的"软"实力。企业集团需要从管理制度、组织架构、人才储备、业务特点等方面，对企业的综合"软"实力进行全盘评估，结合建设成本与时间，确定一条符合企业特点的资金管理数字化转型路径。

资金管理的数字化转型不仅涉及系统建设和数据应用，也对企业集团的管理制度、组织架构、人员素质等构成重大考验。根据 P 集团的资金管理数字化建设经验，符合企业集团"软"实力特点的数字化转型路径，是企业集团能否成功转型的关键。P 集团基于管理层对资金管理数字化转型的支持，主动调整制定更符合时代发展需求和数字化管理要求的管理制度与组织架构，大力培养数字化人才，为 P 集团资金管理数字化转型的建设保驾护航。建设过程中，P 集团遵循"全局规划、局部试点"的推动逻辑，在不影响企业正常运营的情况下，高效完成了集团及上百家所属企业的资金管理数字化转型推广。

若企业集团已拥有具备一定财务与信息化建设复合背景的专业人才，集团核心管理层对数字化建设也具备深刻的认识与理解，有决心依托数字化转型建设进行组织和业务流程重构，则可以参考 P 集团的资金管理数字化转型方案：将资金管理部门作为建设的核心对接团队，与资金系统供应商合作开发资金管理系统，以低成本高质量的形式进行数字化转型建设。

三、前瞻性的科学规划，有助于高效执行资金管理数字化建设

P 集团管理层高度重视数字化转型建设，以强大的决心和前瞻性的规划指导，建设初期便对集团整体的数字化建设和资金管理数字化建设有了明确的定位与要求。管理层和数字化转型建设团队上下一心，以极强的执行力，高效、高质地完成了集团资金管理数字化转型的基础建设。

P 集团的资金管理数字化转型建设，是根据时代与技术的发展在不断迭代更新的。根据 P 集团的规划，P 集团未来的资金系统将围绕云计算和大数据人工智能技术的创新应用展开，以更先进的技术，向集团和所属企业提供更低成本、更高质量、更高效率的资金管理能力。

上述内容表明，管理层对数字化转型建设前瞻性的认识与科学规划指导，有助于企业集团高效地进行资金管理数字化转型的建设工作。

四、数据安全,是资金管理数字化转型不可忽视的议题

《中华人民共和国数据安全法》于 2021 年 9 月 1 日起正式实施,数据安全是企业进行数字化转型建设过程中必不可少的一个环节。维护国有企业的数字安全、建立健全国有企业的数据安全体系、提高数据安全保障能力,是 P 集团在资金管理数字化建设过程中的重要一环。

为了保障 P 集团的数据安全,P 集团根据企业业务特征、资金管理特点等,增加了大量与数据安全相关的措施。在数字化的时代,P 集团在资金管理数字化转型建设过程中,充分保障了集团资金数据安全,从而保护了国有资产的安全。

企业集团在资金管理数字化转型建设过程中,不可忽视数据安全的问题。企业集团在建设资金管理系统的过程中,需要时刻保持对数据安全的敏感性,确保企业集团的资金安全与信息安全。

第二节　P 集团资金全流程管理数字化转型的未来展望

数字化转型是一项长期的工作,其内容、含义会随着企业集团的发展而发展。P 集团的战略定位坚守"一切为了浦东发展"的核心价值,在城市开发及运营等方面给予更深层次的诠释,以高质量服务支撑高品质区域建设发展。未来,P 集团的资金管理数字化转型将坚持服务集团战略定位,通过数字化手段,赋能集团发展。

附录 A

资金全流程精细化管理，优化资金配置效率

一、样本与数据

我们使用 P 集团区域开发板块 A 公司(房产开发)2020 年 1 月至 2021 年 7 月的资金计划与执行数据为样本，对上述假设进行数据分析，最终样本共有 14 个月的观测值(部分月份数据缺失)。表 A-1 为该部分研究所涉及的变量名称及定义。其中，因变量资金支出预测指标为 $log(Target)_{t+1}$，$S(Target)_{t+1}$ 和 $Target_{t+1}$；分别对应 $t+1$ 期实际支出金额取自然对数，$t+1$ 期实际支出金额和标准化(standardization) $t+1$ 期实际支出金额三个定义，该指标越大，说明下一期支付的金额越高。因变量资金偏离度指标主要分为两类，第一类是资金计划偏离比例，分别采用了取自然对数 $[log(Dev\ rate)_t]$ 和标准化 $[standardization, S(Dev\ rate)_t]$ 两种变换方式，该变量越大，说明资金计划偏离度越高；第二类是偏离计划的项目数量，同样采取了取自然对数 $[log(Dev)_t]$ 和标准化 $[standardization, S(Dev)_t]$ 两种变换方式，该变量越大，说明偏离计划的项目占比越高。①

影响资金支出指标为自变量。根据企业运作实际情况，结合 P 集团数据可行性，我们归纳总结了五大项目类型的数量，分别为市场化项目数量(Mkt_t)、非市场化项目数量($Nonmkt_t$)、土地储备相关项目数量($Land\text{-}related_t$)、区域开发相关项目数量($Regional_t$)和其他项目数量($Others_t$)，变量具体定义见表 A-1。

表 A-1 变量名称及定义

指标类别	变量名	变量定义
资金支出预测指标	$log(Target)_{t+1}$	$t+1$ 期实际支出金额，取自然对数
	$S(Target)_{t+1}$	标准化(standardization) $t+1$ 期实际支出金额
	$Target_{t+1}$	$t+1$ 期实际支出金额
资金支出偏离指标	$log(Dev\ rate)_t$	当期资金计划偏离比例，取 $log(1+x)$。资金计划偏离比例=ABS(计划完成比例-1)
	$S(Dev\ rate)_t$	标准化(standardization)当期资金计划偏离比例

---

① 由于资金实际支出金额、计划完成比例和偏离原因数量均不是正态分布，为了提高模型估计准确性和系数可读性，故作取自然对数和标准化(standardization)两类数据变换。

(续表)

指标类别	变量名	变量定义
资金支出偏离指标	$\log(Dev)_t$	当期偏离计划的项目数量占比,取 $\log(1+x)$。偏离计划的项目数量占比＝当期偏离计划项目数/当期项目总数
	$S(Dev)_t$	标准化(standardization)当期偏离计划的项目数量占比
影响资金支出指标	Mkt_t	市场化项目数量取 $\log(1+x)$。市场化项目包括市场化项目,商品房项目和商办项目
	$Nonmkt_t$	非市场化项目数量取 $\log(1+x)$。非市场化项目包括租赁房项目和保障房项目
	$Land\text{-}related_t$	土地储备相关项目数量取 $\log(1+x)$。土地储备相关项目包括土地储备项目和土地储备配套项目
	$Regional_t$	区域开发相关项目数量取 $\log(1+x)$。区域开发相关项目包括区域开发项目和区域配套项目
	$Others_t$	其他项目数量取 $\log(1+x)$

表 A-2、表 A-3 分别为描述性统计和相关系数矩阵。根据统计,P 集团区域开发板块 2020 年 1 月至 2021 年 7 月每月资金计划中位数为 105 094.968 万元,市场化项目会极大降低资金计划的完成比例(与两个计划完成比例指标的相关系数分别为 －0.560 和 －0.652),区域开发项目会极大增加发生偏差的原因个数(与两个偏差原因个数指标的相关系数分别为 0.841 和 0.718)。

表 A-2 描述性统计

变量	N	Mean	Std	Min	25%	Med	75%	Max
$\log(Target)$	13	11.123	1.473	7.282	10.403	11.563	11.825	12.830
$S(Target)$	13	0.000	1.000	－1.136	－0.837	－0.151	0.150	2.398
$Target$	13	120 932.528	105 182.415	1 453.939	32 946.200	105 094.968	136 660.185	373 138.847
$\log(Dev\ rate)$	14	0.232	0.249	0.001	0.024	0.102	0.448	0.686
$S(Dev\ rate)$	14	0.000	1.000	－0.868	－0.801	－0.558	0.779	2.002
$Log(Dev)$	14	0.497	0.192	0.114	0.395	0.533	0.649	0.773
$S(Dev)$	14	0.000	1.000	－1.814	－0.616	0.109	0.804	1.632
Mkt	14	2.596	0.643	0.693	2.404	2.890	2.944	3.045
$Nonmkt$	14	3.370	0.992	0	3.434	3.637	3.819	3.871
$Land\text{-}related$	14	1.523	0.901	0	1.488	1.792	1.792	2.996
$Regional$	14	2.418	0.789	0	2.565	2.773	2.773	2.833
$Others$	14	1.618	0.209	1.099	1.609	1.609	1.609	1.946

表 A-3 相关系数矩阵

变量	Log (Target)	S (Target)	Target	Log (Dev rate)	S (Dev rate)	Log (Dev)	S (Dev)	Mkt	Nonmkt	Land-related	Regional	Others
log(Target)	1											
S(Target)	0.782	1										
Target	0.782	1	1									
log(Dev rate)	−0.072	0.012	0.012	1								
S(Dev rate)	−0.021	0.061	0.061	0.997	1							
log(Dev)	0.218	−0.114	−0.114	−0.306	−0.330	1						
S(Dev)	0.161	−0.147	−0.147	−0.292	−0.317	0.995	1					
Mkt	0.135	−0.089	−0.089	−0.431	−0.520	0.314	0.255	1				
Nonmkt	−0.129	−0.346	−0.346	−0.601	−0.641	0.446	0.409	0.917	1			
Land-related	0.803	0.621	0.621	0.213	0.258	−0.251	−0.309	0.027	−0.322	1		
Regional	0.062	−0.263	−0.263	−0.611	−0.642	0.655	0.611	0.814	0.926	−0.260	1	
Others	−0.214	−0.487	−0.487	−0.468	−0.507	0.794	0.791	0.406	0.674	−0.566	0.825	1

二、基于历史数据的资金流出预测模型

根据公式(3-1)模型,我们得到表 A-4 回归结果。表 A-4 展示了当期项目类型的数量对下一期资金计划金额的影响,列(1)的因变量为下一期资金实际支付金额取自然对数,列(2)的因变量为资金标准化下一期资金实际支付金额,列(3)的因变量为下一期资金实际支付金额(万元)。其中,列(1)的 Adj. R^2 达到了 88.30%,说明 5 类项目的数量预测资金实际支付数量的准确度达到了 88.30%的水平。

根据表 A-4,Mkt_t 的系数在 1%的水平与三个因变量正向显著,说明每增加 1 倍标准差的市场化项目,资金计划在平均水平基础之上需要增加约 20%(21.99%~24.09%)的资金量。在其他条件不变的情况下,当月市场化项目数量越多,下月的资金实际支付量会边际增大。$Regional_t$ 的系数均显著为正,说明区域开发项目会边际增加下月的资金支付金额。$Nonmkt_t$ 和 $Others_t$ 的系数在 1%的水平与三个因变量显著负相关,说明非市场化项目或其他项目数量会边际减少下月的资金使用量。$Land\text{-}related_t$ 呈现混合结果,没有证据表明当月土地储备项目会正向或负向影响下月的资金使用量。

表 A-4 影响资金实际支付金额

变量	(1) $\log(Target)_{t+1}$	(2) $S(Target)_{t+1}$	(3) $Target_{t+1}$
Mkt_t	1.132***	3.335***	350 765.685***
	(5.32)	(50.57)	(50.57)
$Nonmkt_t$	−3.564***	−4.352***	−457 780.281***
	(−331.56)	(−26.84)	(−26.84)
$Land\text{-}related_t$	0.310***	−0.918***	−96 584.298***
	(6.43)	(−10.67)	(−10.67)
$Regional_t$	5.660***	3.523***	370 506.116***
	(16.54)	(7.85)	(7.85)
$Others_t$	−8.405***	−5.697***	−599 255.790***
	(−8.77)	(−5.62)	(−5.62)
$Const$	19.694***	8.165***	979 718.803***
	(14.97)	(5.80)	(6.62)
Time fixed effect	YES	YES	YES
N	13	13	13
Adj. R^2	88.30%	64.10%	64.10%

注:括号内的数值为 t 值,经公司层面聚类调整(cluster by firm);*** 表示在 1%的水平上显著,** 表示在 5%的水平上显著,* 表示在 10%的水平上显著。

三、基于历史数据的资金预算偏离归因分析模型

根据公式(3-2)模型,我们得到表A-5回归结果。表A-5展示了资金支出偏离度的归因分析。列(1)和列(2)的因变量为资金计划偏离比例,列(3)和列(4)的因变量为偏离计划的项目数量占比。由表A-5的结果可以看出,市场化项目的进度与资金用量不确定性较高,市场化项目数增加,资金计划的偏离度会显著增加,偏离计划的项目数量占比同时显著增加。非市场化项目和土地储备项目的数量能显著降低偏离计划的项目占比,与研究假设的推理一致。区域开发项目会显著提高当期偏离计划项目的占比,而其他项目会降低资金的计划偏离度。

总体来讲,样本数据表明,市场化项目是降低资金计划准确度的主要原因。数据表明,P集团未来在资金计划上,应当以加强对市场化项目的监督与管控为抓手,精细化管理市场化项目的资金运行,提高资金计划准确度,从而进一步优化集团资金配置的效率,赋能集团管理。

表 A-5 资金支出偏离度归因分析

变量	(1) $\log(Dev\ rate)_t$	(2) $S(Dev\ rate)_t$	(3) $\log(Dev)_t$	(4) $S(Dev)_t$
Mkt_t	0.425*	1.556	0.258*	1.212*
	(1.71)	(1.496)	(2.09)	(1.69)
$Nonmkt_t$	−0.448	−1.759	−0.438***	−2.185***
	(−1.48)	(−1.41)	(−6.94)	(−5.49)
$Land-related_t$	−0.080	−0.266	−0.055**	−0.326**
	(−0.98)	(−0.77)	(−3.40)	(−2.915)
$Regional_t$	0.146	0.631	0.566***	2.893***
	(0.70)	(0.74)	(8.26)	(8.74)
$Others_t$	−0.322*	−1.421*	−0.112	−0.666
	(−1.71)	(−1.80)	(−0.50)	(−0.58)
$Const$	0.92**	3.069**	0.199	−1.207
	(3.10)	(3.11)	(0.71)	(−0.860)
Time fixed effect	YES	YES	YES	YES
N	14	14	14	14
Adj. R^2	37.50%	42.90%	88.00%	85.90%

注:括号内的数值为t值,经公司层面聚类调整(cluster by firm);*** 表示在1%的水平上显著,** 表示在5%的水平上显著,* 表示在10%的水平上显著。

附录 B

企业资金流动性

表 B-1 展示了衡量企业资金流动性所涉及的变量及其定义。鉴于区域开发板块涉及的资金量级、资金监管(房企的三条红线)与其他两块业务有明显差异,结合模型使用特征,我们在研究中采用 P 集团所属企业全样本,区域开发板块与非区域开发板块子样本为研究方式。

表 B-1 2019—2020 年 P 集团所属企业资金流动性状况

变量名	变量定义
$\Delta Cash_{t,i}$	企业现金及现金等价物$_{t,i}$/总资产$_{t,i}$ — 企业现金及现金等价物$_{t-1,i}$/总资产$_{t-1,i}$
$Cashflow_{t,i}$	企业自由现金流/总资产
$Size_{t,i}$	总资产取自然对数
$Leverage_{t,i}$	(长期负债+短期负债)/总资产

企业资金流动性状况用现金流的敏感程度来衡量,表 B-2 展示了 2019—2020 年 P 集团所有所属企业的总体资金流动性状况。如表 B-2 所示,$Cashflow$ 的系数均不显著为正,说明总体来看,P 集团所属企业的资金流动性状况良好,不存在流动性危机。

表 B-2 2019—2020 年 P 集团所属企业的总体资金流动性状况

变量	(1) $\Delta Cash_{t,i}$	(2) $\Delta Cash_{t,i}$
$Cashflow_{t,i}$	−0.365	−0.226
	(−0.79)	(−0.51)
$Size_{t,i}$	0.027	0.041
	(0.48)	(0.77)
$Leverage_{t,i}$		0.547*
		(1.76)
$Const$	−0.506	−1.136
	(−0.40)	(−0.91)
$Time\ fixed\ effect$	YES	YES
N	24	24
Adj. R^2	3.30%	16.90%
预警	绿灯	绿灯

注:括号内的数值为 t 值,经公司层面聚类调整(cluster by firm);*** 表示在 1% 的水平上显著,** 表示在 5% 的水平上显著,* 表示在 10% 的水平上显著。

表 B-3 分别展示了 2019—2020 年 P 集团非区域开发板块[列(1)和列(2)]、区域开发板块[列(3)和列(4)]的资金流动性状况。如表 B-3 列(1)所示,非区域开发板块的 $Cashflow$ 的系数正显著;在增加控制变量后,系数仍保持为正显著[列(2)]。表 B-3 列(3)和列(4)展示了区域开发板块的回归结果,$Cashflow$ 的系数均不显著为正。上述结果说明,区域开发板块企业资金状况良好,企业不需要通过改变自己的现金储备习惯在内部筹资。而非区域开发板块的企业资金面则相对紧张,企业在样本期间调整过自身的现金储备。2019 年 P 集团曾将经营状况良好、企业资金充足的非区域开发板块所属企业富余资金归集至集团本部,通过内部资金配置渠道,向资金需求量较高的区域开发板块所属企业调配资金。非区域开发板块的资金流动性结果,充分展示了集团统筹安排资金的成效,而非个体经营的结果。总体来看,该结果表明 P 集团资金管理卓有成效,能够充分通过资金的集中管理,提高集团整体效益。

课题组根据理论与集团所属企业实际情况,将 $Cashflow$ 系数为正显著的公司板块认定为资金流动性"黄灯"板块,将不显著为正的公司板块认定为"绿灯"板块。未来集团将进一步完善控制变量的选择与企业板块分类,调整完善模型准确性,保证该流动性预警指标更符合集团所属企业特征。

表 B-3 2019—2020 年 P 集团区域开发与非区域开发板块子公司资金流动性状况

变量	(1) $\Delta Cash_{t,i}$	(2) $\Delta Cash_{t,i}$	(3) $\Delta Cash_{t,i}$	(4) $\Delta Cash_{t,i}$
	非区域开发板块		区域开发板块	
$Cashflow_{t,i}$	1.053**	0.718*	0.012	−0.727
	(3.12)	(1.76)	(0.01)	(−0.31)
$Size_{t,i}$	−0.101	0.006	−0.004	0.006
	(−1.52)	(0.061)	(−0.14)	(0.21)
$Leverage_{t,i}$		0.778		0.075
		(1.30)		(0.85)
$Const$	2.274	−0.510	0.099	−0.164
	(1.53)	(−0.20)	(0.17)	(−0.25)
Time fixed effect	YES	YES	YES	YES
N	9	9	12	12
Adj. R^2	73.80%	81.60%	0.40%	9.60%
预警	黄灯	黄灯	绿灯	绿灯

注:括号内的数值为 t 值,经公司层面聚类调整(cluster by firm);*** 表示在 1% 的水平上显著,** 表示在 5% 的水平上显著,* 表示在 10% 的水平上显著。

参考文献

[1] ALMEIDA H, CAMPELLO M, WEISBACH M S. The cash flow sensitivity of cash[J]. The Journal of Finance, 2004, 59.

[2] ALTMAN E I. Financial ratios. Discriminant analysis and the prediction of corporate bankruptcy [J]. The Journal of Finance, 1968, 23(4): 589-609.

[3] ALTMAN E I, HOTCHKISS E. Corporate financial distress and bankruptcy[M]. New York: Wiley, 2006.

[4] EREL I, JANG Y, WEISBACH M S. Do acquisitions relieve target firms' financial constraints? [J]. The Journal of Finance, 2015, 70(1): 289-328.

[5] KAREN A H. Essentials of managing corporate cash[M]. New York: Wiley, 2005.

[6] KAPLAN S N, ZINGALES L. Do investment-cash flow sensitivities provide useful measures of financing constraint? [J]. Quarterly Journal of Economics, 1997(1): 169-215.

[7] KUMAR P, EKTA W. Cash forecasting: an application of artificial neural networks in finance[J]. International Journal of Computer Science & Applications, 2006, 3(1): 61-77.

[8] LEONG C K, YANG Y C. Constraints on "doing good": financial constraints and corporate social responsibility[J]. Finance Research Letters, 2020: 101-694.

[9] ALMEIDA, HEITOR, MURILLO CAMPELLO, et al., The cash flow sensitivity of cash[J]. Journal of Finance, 2004, 59, 1777 - 1804.

[10] OWEN L, CHRISTOPHER P, SAAÁ-REQUEJO JESúS. Financial constraints and stock returns [J]. Review of Financial Studies, 2001(2): 529-554.

[11] 李祖洪. 初探集团企业资金管理信息化建设思路[J]. 现代商业, 2020(21): 97-98.

[12] 郑骞, 牛健. 数字化企业: 资金管理逐渐趋近数字孪生[J]. 中国总会计师, 2020(7): 14-15.

[13] 倪雪妍, 马忠民. 基于管理会计视角下的企业资金管理模式研究[J]. 现代商业, 2020(22): 187-188.

[14] 杨寅, 刘勤, 黄虎. 企业财务智能化转型研究: 体系架构与路径过程[J]. 会计之友, 2020(20): 145-150.

专题研究报告四

医院会计智能化：技术条件及应用场景研究
——以××人民医院为例

本专题研究报告为上海市会计学会2021年科研课题研究成果。

课题组成员

课题负责人：
  上海交通大学附属第九人民医院 何 堃

课题组其他成员：
  同济大学附属上海市肺科医院   陈益民
  上海市第一妇婴保健院   何森林
  耶鲁大学   胡乐佳
  上海交通大学附属第九人民医院 王 艳 王 华
  华东理工大学   张宁心

第一章

导　论

近年来,随着信息技术的深入发展,人工智能成功地与各种商业模式形成交互应用,在财务会计及管理会计领域也有非常多的应用及创新,如财务机器人、信息系统一体化等,提升了会计管理水平并创新了财务管理的应用模式,为管理者提供了非常丰富的应用场景。人工智能技术作为一个全新的专业,对会计人员来说,有着非常高的门槛,但如何运用人工智能技术实现提高会计工作效率尤其是数据使用效率,成为诸多会计人必须面对和研究的重大课题。

人工智能技术是一门非常精深的科学,大多数会计人员并没有掌握人工智能开发技术。但是,借鉴人工智能在其他领域诸多应用场景的研究,会计人员需要依据以往的经验掌握对会计智能化技术选择以及应用场景进行设计的能力,从而使会计工作顺应时代的发展。人工智能在会计方面的应用必须经过精心的设计,目的是运用人工智能来真正解决会计工作中的痛点,对症下药、有的放矢,从而达到事半功倍的效果。为了更好地展现会计智能化应用的主要场景,本研究以上海大型三甲综合医院××人民医院为例,通过实地调研等方式,着重描述该医院通过人工智能在会计工作的应用,来解决会计工作痛点,实现智能财务升级和提升财务管理水平的举措,旨在为智能会计研究同行提供参考和借鉴。

第一节　研究背景和意义

一、智能化成为会计发展方向,必须顺应时代、直面变革

人工智能对会计工作的影响,既取决于会计工作和人工智能发展所处的阶段,也取决于世界上不同国家和地区社会经济发展水平。截至目前,国内外会计学者对于人工智能对会计工作的影响已基本达成共识:大批量、高重复性、标准化且规则明确的会计工作将被人工智能替代,而具有个性化、价值甄别、专业判断特点的会计工作将与人工智能并存。第四次工业革命中的"互联网+"与区块链的去中心化、去中介化和去信用化催生了共享经济;追求去中心化信任结构下,共享价值已成为共享经济的新常态,这要求会计在去中心化信任结构下采取系统论整体法为利益相关者或组织提供有价值的定制化会计信息。因此,未来以机器学习为研究核心的人工智能,将会成为会计人员能力的延伸,企业和会计人员将通过系统论整体法完成去中心化信任结构下的智能化会计职能,实现人工智能

与会计人员工作的协同并进和创新融合(即"人工智能＋会计人员")。

二、研究会计智能化所需技术条件、路径选择以及风险对策成为必然

从微观层面上看,将财务会计数据应用于管理会计,需要强大的信息系统为管理会计的实施提供数据保障、基本的分析保障,使以财务会计为基础的信息系统智能化,从而让会计人员从简单的会计劳动甚至传统的财务会计分析中解脱出来,利用智能化的会计信息系统来实现更高层次的需要。这要求我们研究会计智能化所需的技术条件,实现会计智能化的路径以及这一过程中的风险应对策略。

三、会计智能化是宏观需求以及微观需求共同作用的结果

从宏观上来看,一个国家、社会对商业数据的运用是迫切的。随着经济的发展,数字货币、区域大数据中心、区块链等各类全新的商业及信息技术被使用,人工智能在会计方面的运用被提升到了国家战略的高度。如何选择人工智能模式,直接影响会计智能化发展的长远性、即时性和有效性。人工智能的运用已不再局限于对以往会计信息的处理,而更多地偏向于对未来经济走向的预测。会计作为基础工具,可以对以往数据进行归纳、总结,通过查找问题、发现规律,对未来进行预测,已成为会计智能化的必然要求和发展方向。智能化集中体现在对历史数据的处理以及对未来事项的运筹这两个方向,所以我们必须对会计智能化进行必要和迫切的研究。本研究的主要的目的是以××人民医院的会计智能化发展为案例,为会计智能化发展给出一个可行有效的方案。

第二节 研究思路和研究方法

一、研究思路

首先,研究医院会计智能化实施的背景以及目前公立医院财务信息化建设的现状。

其次,总结人工智能的主要技术,分析人工智能对我国公立医院财务管理信息化的影响。

再次,对××人民医院财务管理信息化现状进行分析总结,发现存在的问题;针对人工智能对财务管理信息化提出的要求,以及当前公立医院财务管理智能化现状进行升级,提出建议与对策。

最后,进行案例分析,对××人民医院财务管理现状进行诊断、分析现状,提出可行性方案,对人工节约、信息汇总、大数据管理、会计数字化等方面实现智能会计飞跃的具体应用场景进行设计和评价。尝试梳理各类人工智能技术,如机器学习、自然语言处理、知识图谱、计算机视觉、人机交互、生物特征识别等技术的应用,为智能会计发展提供选择基础。

二、研究的主要方法

（1）文献法：收集、整理、分析近年国内外关于财务信息化应用的相关研究文献，借鉴他人研究的成果以指导课题研究，夯实课题研究的理论基础。

（2）调查法：通过调查实务中信息化应用的实际情况，基于对管理理念、财务管理行为的调查，找准××人民医院会计智能化转型的最佳切入口和有效途径。

（3）案例分析法：对相关财务管理实例进行整理归类并加以分析，探索基于政府会计制度改革背景下财务信息化模式的有效途径和方法。

第三节 研究创新之处

本研究深入分析会计智能化对实施主体产生的影响，并阐述会计智能化如何实施。

（1）微观企业或单位以及国家或者社会在实施会计智能化的过程中，如何选择基础语言及算法，关系着智能技术和设施未来的可拓展性。本研究通过对底层算法的介绍和分析以及组合，为会计智能化实施主体介绍常用的技术条件。

（2）分析人工智能与商业整合运用对会计智能化提出的要求，以及如何通过"人工智能＋会计"来实现商业智能化。

（3）分析会计智能化可能带来的风险，提出防范会计智能化风险的具体对策，并通过实际案例反映"人工智能＋会计人员"的具体实施情况。

第二章

文献综述、制度背景及理论基础

第一节 国内外文献综述

一、国外对人工智能在会计运用领域的影响研究

人工智能研究最早在西方发达国家起步,取得了丰硕的应用成果。西方国家也较早将计算机应用于会计工作。早在20世纪50年代,美国的通用电气便将电子计算机运用到会计工作当中。Baldwin等(2006)在其发表的《人工智能在会计领域的发展机遇:审计案例》中提到,人工智能会计研究起源于1987年,涉及专家系统、智能代理、神经网络、基于案例的推理等,其中以专家系统为代表,但专家系统在之后并没有很好地发展。

1992年,毕马威会计师事务所B. Elliott在 *Accounting Horizons* 上发表了 *The Third Wave Breaks the Shores of Accounting* 一文,认为信息技术引起的变革浪潮给会计职业带来了强大的冲击,在它彻底洗涤了工业、服务业后,会计界将接受它的洗礼。Hirschfield(2010)在其发表的 *Shared Services Save Big Money* 中认为,财务共享的本质就是借助流程再造,将企业中职员的行为、大量的数据资源与管理需求进行有效集合,寻求企业长远发展的动力源泉。Efstathios Kirkos等(2010)通过对在审计师委派过程中运用三种人工智能技术的效果进行研究,发现通过人工智能方式可以更好地揭示在任命审计师决策中需要考虑的重要因素,从而提高整体的审计质量。随着人工智能技术的发展,大数据会计技术和概念日益普及,大数据会计的几个主要研究领域包括:风险与安全、数据可视化和预测分析、数据管理和数据质量。

人工智能在会计领域的应用在过去的几十年已经有了飞跃性的进展,未来的发展趋势也持续被研究者看好。Leitner-Hanetseder(2021)预测,基于人工智能的数字技术,会使得现有专业职业的任务和技能在未来10年内在更广泛的会计背景下发生重大变化。现有会计人员的"核心"角色和任务将在未来继续存在,但有些则不会由人类来执行,转而由人工智能执行。对于其他"新"角色,人类将需要充分利用数字技术,并在某种程度上与基于人工智能的技术合作。

二、国内对人工智能在会计运用领域的影响研究

我国最早提出"会计电算化"概念是在1981年8月,财政部和中国会计学会在吉林省

长春市召开了"财务、会计、成本应用电子计算机专题研讨会",专题研讨了"会计电算化"。1999年,谢诗芬在《会计信息化的概念、特征和意义》一文中提出"会计信息化"的概念。2004年,王文莲等在《网络条件下会计信息模式研究》中提出,现代信息技术环境下,会计已经由单纯的人工系统发展为人/机(计算机)复合系统;在网络环境支持下,可构建起智能化会计信息处理系统,实现真实、准确、即时的会计信息提供,从而满足企业内外部管理者和信息使用者管理决策需要。2004年,欧阳电平等在《IT环境下会计数据采集运作模式的演进及其启示》一文中,研究了IT技术对会计工作的支持或改造,设计了相应的会计信息处理系统模型。

2016年8月,在由IT Value主办、ACCA支持的2016 IT价值峰会上,中兴通讯副总裁陈虎作了"大智移云的财务信息化"的主题演讲。他认为,未来是一个"万物互联、无处不在、虚实结合、智能计算、开发共享"的世界,会计信息系统在"大智移云"的推动下,会更加智能。所有数据化、重复化、客观性、可计算性的工作,都将被人工智能替代,而且财务首当其冲。2019年,傅元略在《智慧会计:财务机器人与会计变革》中提出,基于"智慧会计"的理论基础,财务人员的核心新技能框架由报表与管控、IT与AI应用、规划、决策和业财融合五大要素组成。

第二节 我国关于人工智能的制度背景

"十三五"以来,我国出台了一系列有关人工智能的政策,加速推进人工智能产业布局。2017年7月,国务院发布《新一代人工智能发展规划》,旨在抢抓人工智能发展的重大战略机遇,构筑我国人工智能发展的先发优势,加快建设创新型国家和世界科技强国。同年10月,党的十九大召开,人工智能应用议题被写入党的十九大报告,明确要推动互联网、大数据、人工智能和实体经济深度融合。2017年12月,工信部印发了《促进新一代人工智能产业发展三年行动计划(2018—2020年)》,从推动产业发展角度出发,积极推动人工智能和实体经济深度融合,提升智能制造水平,完善公共支撑体系。2018年3月,李克强在政府工作报告中提到"做大做强新兴产业集群,实施大数据发展行动,加强新一代人工智能研发应用,在医疗、养老、教育、文化、体育等多领域推进'互联网+';发展智能产业,拓展智能生活;运用新技术、新业态、新模式,大力改造提升传统产业"。2018年10月31日,中央政治局集体学习了人工智能的发展现状和趋势,更加重视人工智能应用的健康发展。由此可以看到,应用人工智能无论是从国家顶层设计还是在各行各业的前景规划中都已经形成普遍共识,人工智能将成为推动数字经济发展的新动力和新技术。

伴随智能信息时代的到来,云计算、人工智能等技术愈发成熟,会计信息管理及会计档案信息化的进程也随之加速。2015年12月,财政部和国家档案局联合发布修订后的《会计档案管理办法》,确定了电子会计档案的法律效力,电子原始凭证的获取、报销、入账、归档、保管等均可电子化管理。2018年11月,财政部下发《关于全面推开财政电子票据管理改革的通知》(财综〔2018〕62号)。2019年2月,国家档案局、财政部、税务总部联合下发了《开展电子发票电子化报销入账归档试点工作通知》。2019年11月,李克强主持召开国务院常务会议,部署以实施《优化营商环境条例》为契机,在"2020年年底前,实现增值税专用发票电子化"。2020年4月,财政部和国家档案局联合下发《关于规范电子会计凭证报销入账归档的通知》,要求取得电子发票等电子会计凭证的单位,必须完整保存电子文件,确保不得篡改,从"可以用打印件入账"到必须同时保存"电子会计凭证",推动了财务管理数字化革新。2020年6月,新修订档案法明确,电子档案只要来源可靠、程序规范、要素合规,其与传统纸质档案具有同等效力,且有专门一章节描述企业信息化。2021年2月,国家档案局、财政部、税务总局又联合下发了《扩大电子发票电子化报销入账归档试点工作通知》。

随着人工智能技术的发展,其覆盖的各类会计信息处理的模块不断得到深化,运用人工智能技术的财务机器人将逐步成为一个高智慧、高情商、高能力的"智能人",其运用的范围也将越来越广。人工智能在财务领域的应用是大势所趋。

第三节 会计信息化的理论基础

一、传统会计信息化理论

(一)一般系统论

一般系统论由美籍奥地利人、理论生物学家L. V. 贝塔朗菲(L. V. Bertalanffy)创立。1968年,贝塔朗菲出版的专著《一般系统理论基础、发展和应用》(*General System Theory; Foundations, Development, Applications*),确立了系统论的学术地位。学者们通常把系统定义为:由若干要素以一定结构形式联结构成的具有某种功能的有机整体。系统论的基本思想方法,就是把研究和处理的对象当作一个系统,分析系统的结构和功能,研究系统、要素、环境三者的相互关系和变动的规律性,并用优化系统观点看问题,即世界上任何事物都可以看成是一个系统,系统是普遍存在的。系统论的任务不仅在于认识系统的特点和规律,还在于利用这些特点和规律去控制、管理、改造或创造系统,使它的存在与发展合乎人的需要。也就是说,研究系统的目的在于调整系统结构,协调各要素关系,使系统达到优化目标。一般系统论不仅为现代科学的发展提供了理论和方法,而且为解决现代社会中各方面的各种复杂问题提供了方法论基础。系统观念正渗透到每个领域。

会计信息系统是管理系统中最大、最复杂的子系统。企业内部全部成员都一定程度上参与生成和使用会计信息,会计信息系统在企业经济管理中独具特殊的重要地位。

(二)控制论

1948年,诺伯特·维纳发表了《控制论——关于在动物和机器中控制和通讯的科学》,阐述了控制论的一般思想。随后控制论不断发展,控制论的思想和方法不断扩大和覆盖到几乎所有的自然科学和社会科学领域。诺伯特·维纳认为,控制论是一门研究机器、生命社会中控制和通信的一般规律的科学,是在变化的环境条件下研究动态系统如何保持平衡状态或稳定状态的科学。控制论的目的在于寻找和创造一种思想、语言和技术,使我们能借助一定的概念及分类方法,有效地研究一般的控制和通信问题。

控制论原理在会计中的运用,是会计现代化的标志之一。由于会计信息系统功能结构复杂,受到的影响因素多,变化性强,会计信息的质量极易发生改变。为了实现总目标,必然要对出现的一些偏离计划和不协调的情况加以控制、调节和纠正。

(三) 信息论

信息论由美国贝尔电话研究所的数学家香农(Shannon)在1948年创立。他在发表的《通讯的数学理论》中研究了信息的产生、获取、变换、传输、存贮、处理识别及利用过程。他把发射信息和接收信息作为一个整体的通信过程来研究,研究信息编码方法,提出信息的一般模型,建立了信息量的统计公式。

复杂完善的会计信息系统包含大量的信息资源,不仅包括企业内部的各种财务信息,还包括企业外部的资金市场信息、投资信息、市场商品信息、材料资源信息及有关财务缺席信息等。因此,会计信息具有数据量大、关系复杂、系统、连续、准确真实有效、数据加工方法规范严格以及可验证等特点。

二、会计信息化新理论

(一) 结构论

结构论的创始人是比利时俄裔科学家伊里亚·普里戈金(Ilya Prigogine)。结构论是研究耗散结构的性质及其形成、稳定和演变规律的科学。结构论以开放系统为研究对象,着重阐明开放系统如何从无序走向有序的过程。结构论认为,当一个脱离平衡的开放系统可以通过不断地与外界相互作用,交换物质和能量,在满足外界条件变化达到一定阈值时,通过涨落,系统可能发生突变即非平衡相变,促发内部产生自组织现象作用,使原来的无序状态系统自发转变为时空、功能上达到宏观有序状态,达成新的、稳定的有序结构。由于需要不断与外界交换物质或能量才能维持,因此该结构可称为"耗散结构"(dissipative structure)。

结构论关于开发系统由无序自发转变为有序的论证,对企业的经营管理具有指导意义。企业作为一个开放的系统,不断与外界进行物资和能量交换,融入国民经济大系统,取得"熵流",才能保持企业的有序结构。对会计来说,其可以通过加强财务会计和管理会计的交流,使两者信息共享,相互渗透和演变,继而将两者重组再造,打破管理会计与财务会计的壁垒,减少熵增(即减少内耗),使之与现代营商环境相适应。

(二) 协同论

协同论是20世纪70年代初由联邦德国理论物理学家哈肯创立的。协同论是一门新兴综合性学科,研究由众多子系统组成的大系统如何通过自组织方式,从无序到有序演化,以形成宏观的空间、时间或功能有序结构的开放系统的规律。协同论与结构论及一般系统论之间有许多相通之处,它们既有联系又有区别。一般系统论提出了有序性、目的性和系统稳定性的关系。结构论则从另一个侧面回答形成这种稳定性的具体机制,指出非平衡态可成为有序之源。协同论的概念和方法为建立系统学奠定了初步基础。在企业管理中,如果说结构论研究促进企业内部系统与外部系统的关系,协同论则研究促进企业内部各子系统间协同效果更好。

协同论提出,在有物质能量交换的前提下,如何通过自己的内部协同作用,使之自发地产生有序结构。根据协同论原理,工作中应打破不同会计种类之间的界限,对原有的财务会计和管理会计进行协同,对两个子系统内的要素进行矩阵式管理,提供决策支持数据分析,提高企业经营水平。

(三) 突变论

突变论在20世纪60年代由法国数学家雷内·托姆提出并加以完善。该理论提出,一个系统由稳定状态进入不稳定状态后稍作变化而进入新的稳定状态,就发生了突变。突变理论的基本内容是提供了描述事物量质变过程的基本模型。在企业的运营管理中,某种情况发生"渐变","渐变"过程发生到一定程度,到达一定的临界值,平滑的"渐变"过程就会中断,新的质就会出现,如企业发生亏损、资金流断裂、发生破产清算等。

在现代复杂运营环境下,简单的线性管理已不能适应企业发展要求,经营环境时而会产生突变,一定条件下的变化也会使这一变化产生渐变和飞跃两种不同的模式。只有建立完善的数字信息系统,将两者有机融合,预测和掌控渐变和飞跃,方可建立起完善的会计制度。

第三章

会计智能化发展现状

第一节 人工智能发展现状

"十三五"以来,国家出台了一系列有关人工智能的政策,加速人工智能产业布局,对发展人工智能建构了制度保障。2017年国务院在《政府工作报告》中,把人工智能发展提升到国家战略层面。2017年7月,国务院公布了《新一代人工智能发展规划》,作出"人工智能是引领未来的战略性技术"的重要判断,从研发投入、共性技术、人才建设等维度加强了对人工智能发展的顶层设计。2017年12月,工信部印发了《促进新一代人工智能产业发展三年行动计划(2018—2020年)》,从推动产业发展角度出发,结合"中国制造2025",对《新一代人工智能发展规划》相关任务进行了细化和落实,以信息技术与制造技术深度融合为主线,以新一代人工智能技术的产业化和集成应用为重点,积极推动人工智能和实体经济深度融合,提升智能制造水平,完善公共支撑体系。

随着大数据、云计算、互联网、物联网等信息技术的进步,以深度神经网络为代表的人工智能技术飞速发展,图像分类、知识问答、语音识别、人机对弈、无人驾驶等人工智能技术实现了突破,迎来一波爆发式增长。对于人工智能的发展现状,社会上存在一些"炒作",给人工智能的发展带来了不利影响,因此,客观认识人工智能技术和发展的现状尤为重要。

可以从以下五个角度认识人工智能技术与产业发展的现状。

一、专用人工智能取得重要突破

从可应用性看,人工智能可分为专用人工智能和通用人工智能。人工智能的近期进展主要集中在专用智能领域。在面向特定任务(比如围棋比赛)的领域,由于任务单一、需求明确、应用边界清晰、领域知识丰富、系统建模相对简单,一些专用人工智能系统实现了单点突破,在局部智能水平的单项测试中可以超越人类智能。例如,阿尔法狗(AlphaGo)在围棋比赛中战胜人类冠军;人工智能程序在大规模图像识别和人脸识别中达到了超越人类的水平,人工智能系统诊断皮肤癌达到专业医生水平。

二、通用人工智能发展刚刚起步

人的大脑是一个通用的、综合性的智能系统,能举一反三、融会贯通,可处理视觉、听觉、判断、推理、学习、思考、规划、设计等各类问题。真正意义上完备的人工智能系统应该类似于人的大脑,是一个通用的智能系统。当前的人工智能系统在概念抽象和推理决策等"深层智能"方面的能力还很薄弱,总体发展水平仍处于起步阶段,存在明显的局限性,在很多方面还有很多力不能及的地方,与人类智慧还相差甚远。

三、人工智能创新创业如火如荼

由于人工智能领域未来的发展充满想象力,处于创新创业的前沿,全球产业界充分认识到人工智能技术引领新一轮产业变革的重大意义,纷纷调整发展战略。例如,谷歌在其2017年年度开发者大会上明确提出,发展战略要从"移动优先"转向"人工智能优先";微软2017财年年报首次提出人工智能是公司重要的业务发展方向。全球著名的风险投资调研机构 CB Insights 报告显示,2017年全球新成立人工智能创业公司1 100家,人工智能领域共获得投资152亿美元,同比增长141%。

四、创新生态布局成为人工智能产业发展的战略高地

人工智能创新生态包括纵向的数据平台、基础软件、开源算法、计算芯片、图形处理器等技术生态系统和横向的智能制造、智能医疗、智能安防、智能零售、智能家居等商业和应用生态系统。在全球范围内,目前智能科技时代的信息产业均未形成垄断格局,全球科技产业巨头正在积极推动人工智能技术生态的研发布局,全力抢占人工智能相关产业的制高点。

五、人工智能的社会影响日益增大

人工智能作为新一轮科技革命和产业变革的核心力量,正在推动传统产业升级换代,驱动"无人经济"的快速发展,在智能交通、智能家居、智能医疗等民生领域逐步产生了积极正面的影响。同时,人工智能带来的个人信息和隐私保护、人工智能创作内容的知识产权、人工智能系统可能存在的歧视和偏见、无人驾驶系统的交通法规、脑机接口和人机共生的科技伦理等问题已经有所浮现,需要予以重视,并抓紧提出解决方案。

第二节　人工智能对会计行业的影响

2017年,德勤会计师事务所率先推出"财务机器人",标志着人工智能在会计行业的起步。此后普华永道、安永、毕马威会计师事务所相继推出软件机器人 RPA,国内金蝶软件有限公司也在2017年推出了云端财务机器人。这些机器人利用人工扫描、语言录入技术,将凭证、报表完整无误地输入公司记账系统,实现会计核算电算化、电子发票的普及等。

人工智能在会计行业的应用和发展,提升了会计信息处理的效率,同时也给行业带来深刻的影响。

一、人工智能给会计行业带来的优势

1. 优化财务工作体系

人工智能在会计行业中应用广泛,取得了一定成果。华为等国内大型集团已实施"财务共享中心管理"模式,即利用互联网、大数据把会计核算中最基础的部分集中起来,让人工智能代替手工记账完成会计相关的基础工作。目前的财务机器人已经可以从事基础的会计录入、核算业务等工作,不断优化财务工作体系。随着人工智能的普及,会计人员的工作重心已从分析、整理财务数据转变成筛选、审核财务数据,促进财务工作的转型升级,优化财务工作体系,为企业创造更多的价值。

2. 升级企业信息管理系统

传统的会计管理系统以会计核算为主,其工作只是简单地手工录入凭证,生成报表,并且此管理系统中只有简单的会计核算系统,一般没有成本管理系统、预算管理系统、绩效评价等系统。"互联网＋"、云计算等新时代产物的出现,使企业通过更新信息管理系统,完善财务数据搜集、汇总、分析、共享,不断优化管理系统,满足 VUCA 时代复杂的经营环境对会计行业的要求。

3. 提升会计人员工作效率和工作质量

全天无休止地工作是人类无法做到的。人工智能代替会计人员从事财务信息录入、整理等基础性工作,大大提升了会计工作的效率。会计人员在进行会计核算、信息录入时难免会发生错误,甚至会受到钱财的诱惑,出现私自挪用公款等违法行为。而人工智能是一种人类编程的计算机代码,只要编码正确就会准确无误地完成编码所指令的工作,可更好地履行客观性原则。

二、人工智能对会计行业带来的冲击

1. 基础财会工作岗位进一步减少

人工智能在会计行业的应用与基础会计人员的日常工作重合的地方较多,可以在很大程度上替代基础会计从业人员的工作。人工智能出现之后,一些公司对基础从业人员的需求可能将逐步减少,庞大的基础从业人员群体可能将会面临失业的风险。

2. 财务数据信息安全受到威胁

随着智能会计的推广运用,越来越多的企业在云计算的平台上工作,黑客高手通过查找 IP 地址便能获得对方的财务信息,财务数据的安全性就会受到威胁。一方面,目前人工智能尚且处在发展阶段,各行业对云计算平台上数据信息的保护、警惕、防卫意识均不成熟,无法保证会计信息的安全性。另一方面,目前的人工智能仍处于研究、开发的阶段,国家对于人工智能的监管还未形成成熟的法律条文,难免会有非法分子钻法律条文的空子对会计信息进行非法盗取、篡改以牟取自身利益。这样既增加了财务数据信息的安全风险,也使会计信息使用者对会计信息安全的信任度大打折扣。

3. 财会人员转型压力进一步增强

随着智能会计的推广运用,基础会计工作岗位将大幅减少,从事基础会计工作的人员面临从核算型会计向复合型管理会计转型。人工智能可以得出非常精确的会计信息,有效缩短审核时间,降低会计核算量,促进审核工作的进一步简化,优化税务管理流程,这就要求从事内部审核和税务核算的财会人员更加深入地掌握税法等各类法律和实务处理方法,向高级审计人员及国际化会计人员转型。随着智能会计的进一步发展,其核算职能逐渐弱化,管理、决策等职能将越来越突出,这就要求财会从业人员从信息转化者转变为信息使用者,对信息进行有效的管理、评估,也要求会计从业人员加强对人工智能和大数据知识的深入学习,更专业地进行数据分析。

第三节 人工智能在会计行业应用的现状

2017年7月,国务院颁布的《新一代人工智能发展规划》,为促进人工智能的大规模应用、促进人工智能与各行业的结合、全面提高工业智能的发展水平进行了谋划布局。2018年,中国电子技术标准研究院发布的《人工智能标准化白皮书》,将人工智能主要技术分为七大类:机器学习、知识图谱、自然语言处理、人机交互、计算机视觉、生物特征识别、虚拟现实/增强现实。

一、人工智能会计的主要应用场景

人工智能在会计全流程的应用案例目前还不多,目前应用的场景主要有语音指令会计核算、机器视觉核对验证、财务大数据分析、财务风险智能控制、提供精准预测方案等。

1. 语音指令会计核算

语音指令会计核算主要采用语音识别、语音转换技术,通过人工智能训练自动转换语音为结构化信息,自动完成资产、负债、收入、成本、费用类型的金额、时间、地点的填写和核算。语音指令会计核算主要包括语音指令记账、核算和编制财务报表,会计人员在与人工智能拟人化的交互中,轻松完成会计核算流程,从而使会计核算流程变得简单、快速和高效。

2. 机器视觉核对验证

机器视觉是人工智能正在快速发展的一个分支,它在会计领域中的应用,就是通过机器视觉的眼睛和部分大脑的功能,把影像文件转化成结构化数据,并作出测量、判断、核对和验证。机器视觉核对验证的领域主要包括:①会计凭证查重、验证。②自动实现记账、价税分离。审核原始凭证是会计核算的第一步,原始凭证审核完成后需要根据复式记账原理选择核算科目和相关的数量、单价、金额。机器视觉可以自动确定核算科目和数量、单价、金额，并根据原始凭证的类型和业务情况，自动确定可以抵扣的进项税额。

3. 财务大数据分析

财务人员通过人工智能系统，可以对公司同行业国内外情况和内部财务状况与生产经营等各个方面的数据进行挖掘、分析、整理、对比，将所收集和录入的数据系统分成不同方面进行数据整合，以满足经营管理的需要。首先，公司可以利用人工智能，360°综合核算不同的数据集，广泛搜集相关信息，形成数据库。同时，可以对内外部数据库进行实时更新。其次，针对数据库，人工智能利用数据挖掘和分析技术发现并推断未知关系，建立与此相适应的数据模型。最后，人工智能依据大数据的分析结果，并结合公司实际情况，选择相应参数，得出相关结论，供管理层实施应用或服务于决策。应用人工智能进行财务大数据分析后，事前风险分析、事中数据分析、事后绩效分析等都将成为财务大数据分析的新内容。

4. 财务风险智能控制

财务风险智能控制是指把人类具有的直觉推理和试凑法等智能加以形式化或机器模拟，用于财务风险控制系统的分析与设计，使之在一定程度上实现财务风险控制系统的智能化。目前，财务风险智能控制流程主要有：①利用模糊数学、神经网络方法对财务风险控制过程进行动态环境建模，利用传感器融合技术进行数据的预处理和综合。②采用专家系统作为反馈机构，修改控制环节或选择较好的控制模式和参数。③利用模糊集合决策选取决策模型来进行财务风险控制。④利用神经网络的学习功能和并行处理数据的能力，进行在线的模式识别。⑤自动进行财务风险预警，实施财务风险控制。

5. 提供精准预测方案

人工智能的实际应用就是提供各种精准的预测方案供人们选择。当人工智能应用于预测时，公司的生产经营预测便开启了精准预测的新篇章。人工智能可以从多维度、多角度对公司数据进行全面收录，除了数字，还包括文本和图像，甚至包括与客户的通话记录。例如，亚马逊的商业模式从"先买后寄"变成"先寄后买"，就是应用人工智能预测技术的结果。

二、中国企业财务智能化现状

上海国家会计学院联合多家单位开展2020中国企业财务智能化现状调查，向企业财务管理者、会计从业人员及行业相关人士发放调查问卷，了解智能财务在中国的应用现状以及发展趋势，探究我国企业财务工作与智能技术之间的关系，探索智能财务在我国成熟运用的特点，发现中国企业智能财务的特点如下。

1. 企业信息系统覆盖面较广

我国企业主要应用了财务信息系统、采购管理系统、库存管理系统、人力资源管理系统、销售管理系统，其他信息系统在企业的使用也较多。信息系统的广泛应用，奠定了企业基于业务、财务、管理融合的智能财务建设能力。

2. 信息技术应用广泛但程度较低

"大智移云物区"等新型信息技术对企业智能财务建设起到决定性影响作用。已经采用的信息技术主要集中于电子发票、移动互联网、移动支付,短期内计划采用的信息技术主要集中于数据挖掘、财务专家系统、电子档案,而不打算采用的信息技术主要集中于机器翻译、光学字符识别、可扩展商业报告语言、区块链、自然语言处理、机器学习。这在某种程度上说明,大量企业对信息技术的理解还存在缺失。

3. 财务系统智化程度较低

企业应用财务信息系统的功能模块非常全面,会计核算、费用报销和银企互联三个功能模块的采用程度最高,其他功能模块采用程度相差不是很大,但财务信息系统功能模块的智能化程度普遍较低,特别需要应用智能技术,强化财务信息系统各功能模块的智能化应用程度。

4. 财务系统智能化提升需求迫切

财务人员迫切需要更加智能的财务功能模块,企业最想尽快实现智能化的财务功能模块主要集中于会计核算、费用报销、发票管理、合同管理,同时财务信息系统各功能模块的智能化迫切程度差别很小。成熟企业借助智能财务信息系统,能够释放更多人力从事高附加值财务工作,促进财务转型,推动企业价值提升。

5. 智能财务建设的关键是组织因素

企业智能财务建设需要同时考虑技术因素、组织因素、人员因素、财务因素,而企业认为最关键的因素主要集中在组织因素,尤其是"领导或管理层实施新项目的重视程度和决心"和"领导或管理层对智能财务的价值认识"。

第四章

××人民医院财务信息化的现状及问题

为了更好地理解智能会计,我们需要对智能会计的发展阶段和智能会计的关键技术进行简单的阐述。

第一节 会计智能化的发展历程

智能会计是会计信息化的高级阶段,到目前为止,会计信息化发展经历了三个主要阶段:

第一个阶段是会计电算化,也就是纸质的手工会计在单机或者局域网的系统内实现了会计工作电脑化,这是纸质数据向电子数据转换的基础,是会计发展史上一个里程碑的阶段。其结束了长期以来手工纸质会计为主要形式的传统会计记账模式,也拉开了近几十年会计信息化发展的序幕。但是,这个阶段只是将人工纸质记账转换为人工电脑记账,大量人工的会计信息录入仍然无法避免。

第二个阶段是会计自动化,即会计系统作为单独的系统或者作为一个整体信息系统中的一个模块,会计数据基本来自业务系统和其他辅助系统中的原始数据源,会计信息系统从中采集和收集数据信息,自动将其转化为会计信息,同时完成会计处理的自动化过程。会计自动化是会计信息化摆脱大量人工干预的一个重要标志阶段,是目前大多数会计信息化正在实践的阶段,也是许多单位会计信息化所处的阶段。会计自动化基本上能够做到从其他的业务系统或统一数据库中提取和生成会计信息,包括自动生成会计凭证、报表,甚至是固定格式的会计分析报告,从而起到了获取数据以及替代大量重复人工的作用。

第三个阶段是会计弱人工智能阶段,在技术手段上取得了显著进步,在语音识别、图像识别处理和业务分割、机器翻译等方面取得了重大突破,甚至可以接近或超越人类水平。但弱人工智能是指不能真正实现推理和解决问题的智能机器。这些机器表面看着像是智能的,但并不真正拥有智能,也不会有自主意识。相对弱人工智能,强人工智能是指真正有思维的智能机器,它有知觉和自我意识。但是,强人工智能当前鲜有进展,不仅在哲学上存在巨大争论(涉及思维与意识等根本问题的讨论),在技术上的研究也具有极大的挑战性。在经济性方面,一个强人工智能的开发和维护成本,远远超出了一般组织所能够承受和负担的范畴。所以,目前人工智能和会计相结合的研究,主要集中在第三阶段,即会计弱人工智能阶段。为方便起见,本文所提及的智能会计均指会计弱人工智能。

第二节 ××人民医院财务管理信息化现状

××人民医院是上海市政府主办的非营利性大型三级甲等综合性医院,总占地面积124亩,总建筑面积24.2万平方米,总核定床位数2 150张,全院职工4 759人。医院年医疗收入超60亿元,年门急诊量超400万人次。在智能会计升级改造之前,医院的财务信息化水平处于部分自动化水平,会计人员数量庞大,业财融合度低。作为大型三甲医院,医院的会计工作存在若干痛点。

一、信息孤岛问题严重,系统间数据交互度和利用率低

医院业务涉及多个学科和系统,由于专业细分程度太高,各个系统间存在数据壁垒。会计工作需要各个部门和系统提供相关数据,然而数据的准确性和及时性存在问题。医院财务管理信息化建设要求医院财务部门与其他部门之间打破信息孤岛,实现信息共享和互联互通,不断提高数据应用能力。但在业财融合一体化建设中,医院的制约因素较多,导致真正能体现一体化成效的实际案例并不多。一方面,业务部门已习惯使用现有业务系统,若要财务系统与HIS、RIS、LIS、PACS等医疗业务系统进行数据共享,业务系统可能会有较大改动,从而得不到业务部门的有效支持;另一方面,一体化建设会对原先传统的操作流程带来比较明显的改变,要求医院从顶层往下强有力地推动执行,排除大量困难,需要各部门、各岗位相关人员的思想认识统一,提高部分岗位的工作要求,克服信息化支撑的需求与医院实际可提供条件之间的诸多差距。

二、业务种类繁多,员工人数众多,收付款业务量巨大

医院业务大体分为医疗、教学和科研三块,但是细分业务则复杂得多。以××人民医院为例,医疗人员加上后勤管理人员以及外聘人员超过万人。医院的病房管理相比宾馆酒店业有过之无不及,医院的营养餐食管理要求又高于餐饮业的一般水平,各类物品管理、人员管理、设备管理消耗了大量人力物力财力,各类名目繁多的开支导致财务工作压力巨大,日常报销、付款等工作量大琐碎。为了配合内控管理的要求,财务审批手续也较为复杂,传统的线下审批已经无法满足医院日益增长的业务量需求。财务人员队伍庞大,人工劳动已捉襟见肘,亟须智能化改造和流程改造来解决效率问题。财务人员由于受大量基础会计业务牵扯,自身能力进一步提升受限,会计人员队伍建设问题日益严峻。

三、业务流程繁琐,内控落实代价大,须数字化升级改造

长期以来,医院的各类流程不仅数量繁多,而且繁琐。纸质流程使用大量纸张,不仅会造成成本的浪费,而且一旦审批流转过程中出现差错,则需要重新填写再流转。会计信

息和数据由人工填写,也增加了错误率。另外,各类流程涉及的内控程序也导致了业务流转缓慢,效率低下。随着电子票据的不断普及,财务流程无纸化、数字化成为可能,医院这种财务档案量巨大的单位需要减少纸质档案,同时减少差错并兼顾内控要求。如何通过人工智能的方式来解决这些数字化问题,也就成为许多医院会计人急需解决的问题。

第五章

××人民医院会计智能化技术条件、解决方案及实施效果

公立医院财务信息化建设的目标是适应新政府会计制度要求,根据信息技术及相关管理手段对信息资源实施管理,建立信息集成平台,实现数据共享,打造以财务信息为核心的集成数据库与共享平台,将医院财务信息系统与业务系统、资产管理系统和合同管理系统等充分融合,逐步实现医院财务分析、全面预算管理、风险控制、绩效考核等决策支持信息化。

第一节 智能会计关键技术条件

一、机器学习

机器学习是一门涉及统计学、系统辨识、逼近理论、神经网络、脑科学等诸多领域的交叉学科。机器学习通过计算机模拟和仿真人类的学习行为,可获取新的知识或技能,重新组织已有的知识结构并使之不断改善,是人工智能技术的核心。通俗地说,机器学习是构建人工智能的本质,它能够在信息的不断获取中逐渐形成识别的规律和总结的技能。然而,对于会计智能化而言,如何选择一个适用的算法模型,以及是否需要深度学习来实现会计的高智能化,不仅需要一个漫长的过程,更需要衡量会计主体的需求及效益。

二、自然语言处理

自然语言处理是计算机科学领域与人工智能领域的一个重要方向,主要是对实现人与计算机之间用自然语言进行有效通信的各种理论和方法开展研究,涉及诸多领域,如机器翻译、语义理解和问答系统等。机器翻译,是指一种自然语言利用计算机技术实现为另外一种自然语言的翻译过程,突破了之前基于规则和实例翻译方法的局限性,大大提升了基于统计的机器翻译方法的翻译性能。语义理解,是指利用计算机技术实现理解文本篇章并回答与篇章相关问题的过程。语义理解更注重把控上下文的理解以及答案精准程度。语义理解近年来受到诸多关注,发展迅速,出现了大量相关数据集和对应的神经网络模型。语义理解技术大量运用于智能客服、产品自动问答等相关领域,问答与对话系统的精度得到进一步提高。问答系统,是指让计算机像人类一样用自然语言与人交流的技术。人们可以用自然语言与问答系统进行问题交流,系统会给出关联性较高的反馈。这是人

机交互技术的一种方式，即以一种人类语言来实现人与机器之间的交流，是语义理解技术的机器表现形式，也是人与机器接触的语言终端应用技术。

三、会计知识图谱

会计知识图谱本质上是一种会计语义数据库，是构成整个人工智能知识图谱的一部分。点和线组成的图数据结构是人工智能知识图谱的主要特点，它将物理世界中的概念及相互关系以通体符号的形式来描述。通俗地讲，知识图谱是指通过一个关系网络把所有不同种类的信息连接起来进行分析。会计知识图谱则是会计领域人工智能应用图谱，在保障数据安全的前提下，用异常分析、静态分析、动态分析等方法挖掘数据。知识图谱的优势体现在搜索引擎、可视化展示和精准分析等方面，是业界的热门工具之一，但还有一系列关键技术，如数据噪声、来源错误等需要突破。

四、计算机视觉

计算机视觉是指通过计算机模仿人类视觉系统，让计算机能够像人类一样提取、处理、理解和分析图像以及图像序列，在自动驾驶、机器人、智能医疗等领域有着非常广泛的应用。未来计算机视觉技术的发展主要集中在以下几个方面：一是如何在不同的应用领域更好地结合其他技术，广泛利用大数据来解决计算机视觉的某些问题，继续提高精度；二是如何降低计算机视觉算法的开发时间和人力成本；三是针对新的成像硬件与人工智能芯片，设计和开发新的计算机视觉算法。

五、人机交互

人机交互主要研究人和计算机之间的信息交换，是人与计算机双向的信息交换，是人工智能领域重要的外围技术，与多个学科密切相关。人机交互技术不仅包括传统的基本交互和图形交互，还包括语音交互、情感交互、体感交互及脑机交互等技术。在会计领域，目前运用最多的则是语音交互，人们通过语音交互可以利用电脑终端、移动终端等接受语音指令，实现人机交互操作。语音交互既要对语音识别和语音合成进行研究，还要研究语音通道下的交互机理、行为方式等，是人类沟通和获取信息的最自然便捷的手段。语音交互明显优于其他交互方式，是人机交互的根本性变革，也是大数据和认知计算时代未来发展的制高点，发展前景和应用前景非常广阔。

六、生物特征识别

生物特征识别技术涉及的内容十分广泛，包括指纹、掌纹、人脸、虹膜、指静脉、声纹、步态等，其识别过程涉及图像处理、计算机视觉、语音识别、机器学习等多项技术。目前，智能化身份认证技术是生物特征识别的主要应用场景，被广泛应用于金融、会计、公共安全、教育、交通等领域。

第二节 会计智能化解决方案

为了解决××人民医院日常会计工作中的诸多痛点,医院管理层加大重视力度,重新评估了医院信息化建设规划。全院统一思想,对会计工作进行了智能化改造设计。

一、建立财务共享服务中心

医院将财务共享中心作为智能会计的具体智能化组织,并利用智能化技术在多个方面实现替代人工并进行智能处理,如图4-1所示。

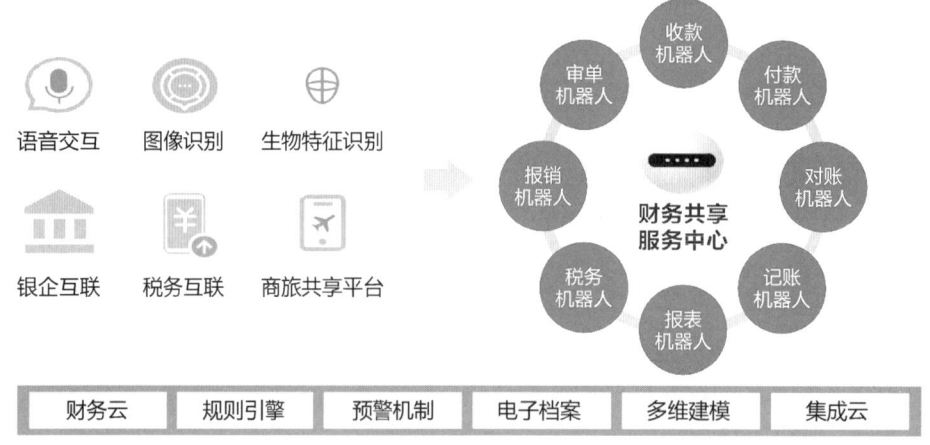

图 4-1 智能会计技术应用设计

财务共享服务中心像是整个智能会计处理系统的大脑,而其他的智能化读取技术则像是触觉、视觉、听觉,服务于这个信息和数据的处理中枢。

财务共享服务中心将技术含量低、数量大和重复性高的财务工作进行集中处理。审核、对账、记账、开票等大量占据会计人员时间的工作,由财务机器人和财务共享服务中心系统来处理,大大提升了自动化程度。财务人员将向资金管理、预算管理、风险管控、决策支持等高价值工作转型。"人机协同"的工作场景,让财务共享服务中心的价值产生了质的飞跃。"财务人员+人工智能"的财务管理模式将在未来的一段时间里成为会计智能化的主要表现形式。

二、实现数字化转型

数字化是智能化的基础;智能化是将海量的数字化形成的数据、会计、计算机算力和机器学习的算法结合,形成最优的下一步行动计划。

医院"业财税银"一体化的实现,将银行、税务、商旅、供应商、业务、信用等数据实现互联互通,实践应用数字化技术,进一步提高了财务交易处理的自动化程度。智能财务的新形式将是管理控制和决策支持相结合的智能化应用。大量电子票据的使用也为医院会计数字化提供了电子档案管理的基础。

数据中台、云计算、多维建模、机器学习、智能搜索引擎、数据挖掘等智能化应用,将为财务管控和决策提供全方位支持。

三、业财融合的数据应用平台

根据业务数据进行会计核算后生成财务数据,再进行财务管理、分析和决策,这是传统的财务管理模式。虽然系统自动完成了大多基础、简单、标准化的工作,但医院仍需花费大量的人力资源进行财务数据分析。同时,不同业务系统独立运作,导致前台的业务系统根据业务的变化不断膨胀延伸,财务系统和财务数据的获得被动地受到影响,造成人力和财力的浪费。

为了满足医院业务发展和多级管控的需求,财务管理前中后台的业财融合型数据应用平台应运而生。

从图 4-2 中我们可以看出,业财融合型的数据应用平台中,在同一数据平台上通过业务前台、财务中台和账务后台进行一体化建设,统一的数据来源、统一的信息处理和统一的数据生成,大大降低了研发和使用成本,并且避免了多种数据来源导致的差错。数据库唯一且可溯源,确保了业务数据和财务数据的高度相关性和一致性,数据安全性和可溯性为分析决策提供了完整的数据参考。

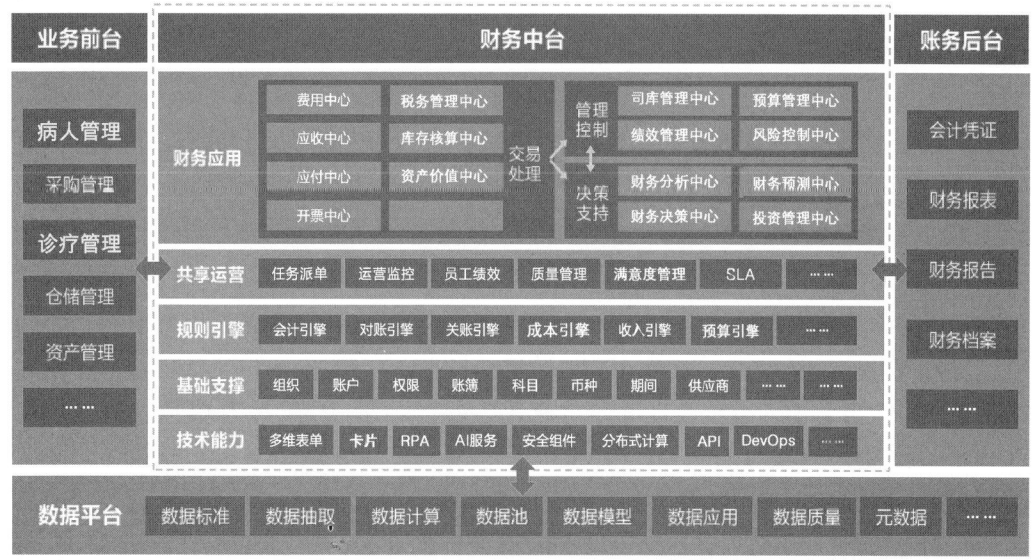

图 4-2　××人民医院业财融合型数据应用平台

四、日常报销智能化应用

在日常的报销中,报销手段可实现智能化。以差旅费报销业务为例,可运用人脸/声纹/指纹等生物识别技术来验证系统使用权限，进行人机交互，实时进行内控管理。通过OCR等机器视觉技术可实现发票、文档、查验等识别并自动生成报销单据，并通过网络数据库查询订票方案，线上完成订票支付，自动计算出差补助。系统可线上自动进行票据核验，完成财务审核，核验通过后自动支付报销款项，对该业务自动对账，结算和生成会计凭证，并对电子凭证按照既定规则分类归档，从而实现完成支付和会计处理的智能处理，如图4-3所示。

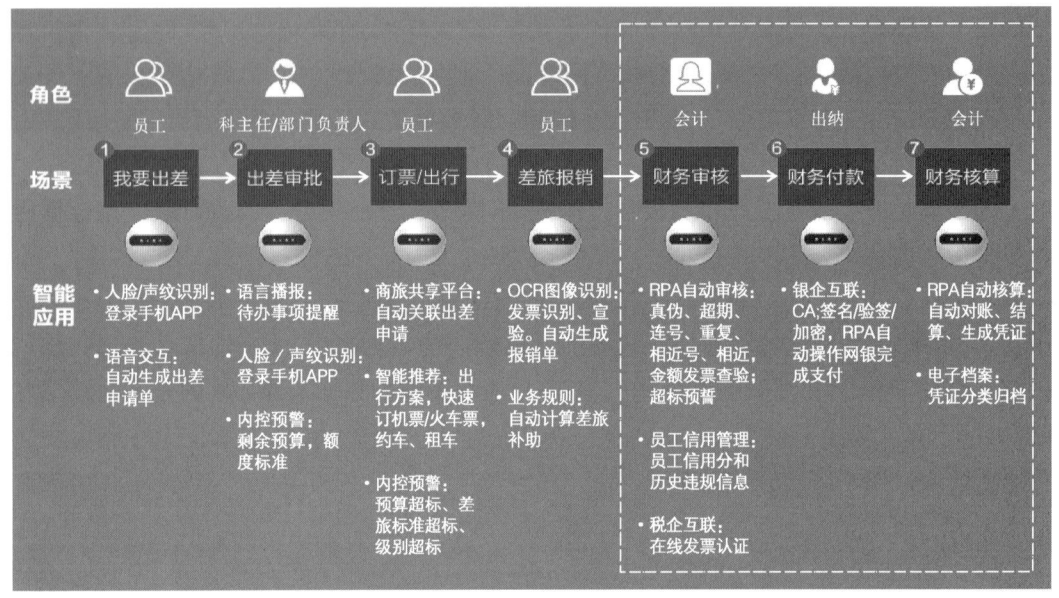

图4-3　智能化差旅费用报销

五、智能采购结算平台

各类设备、药品和耗材等资产的采购，使医院的订货以及结算等业务量大且繁琐。由此，××人民医院通过设计搭建智能采购结算平台来实现数字化转型。

智能采购结算平台是供应商和医院的数据交换平台，可实现一站式订货、发货、入库、对账、开票等业务需求。平台自动关联生成业务单据，采购订单、收货单、发票三单相匹配，银行支付、财务记账自动处理，由此采购付款全流程的处理效率和准确性大大提高。医院搭建的智能采购平台，通过供应商或政府采购平台（达到标准）多方比价，互联互通采购信息，根据历史数据自动测算最佳采购量，采购周期有效缩短，采购成本和仓储成本有效降低，院内空间实现了有效利用，从采购发起到完成的全流程，实现了透明、高效、数据一致。通过平台，采购部门可对业务进展进行实时监控，及时发现处理问题，有效规避采购风险。××人民医院智能采购结算平台如图4-4所示。

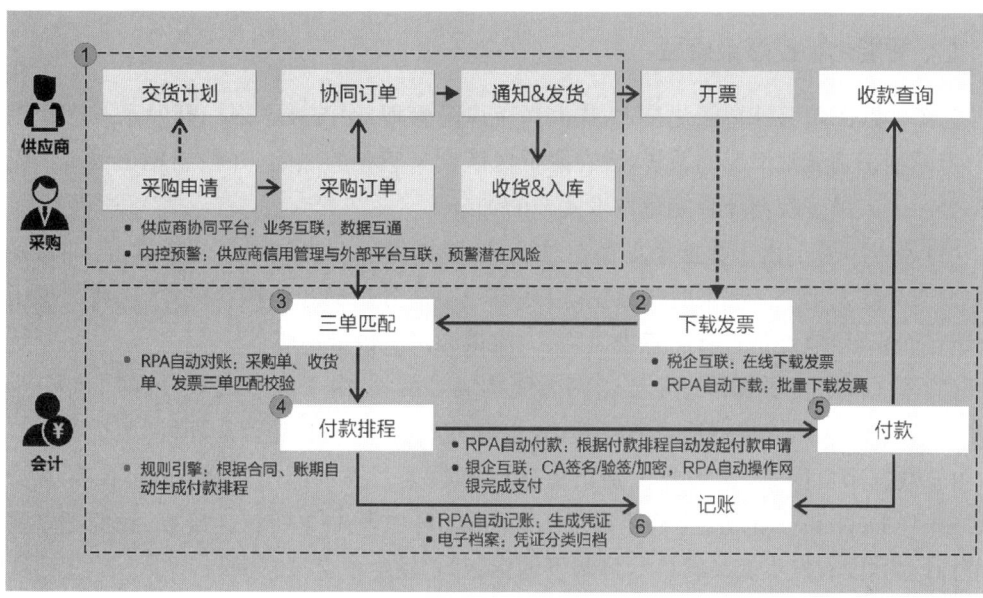

图 4-4　智能采购结算平台

六、付款业务智能风控平台

日常采购付款涉及医院资金的流出,存在资金迟付、错付、多付、重复支付等风险。××人民医院设计搭建智能风控平台,通过大数据洞察,将涉及采购付款风险的内外部因素实时提取展现,节约财务人员进行风险识别和监测的时间,提高工作效率。通过风控引擎和风控模型,可实现采购付款业务的全过程动态预警,异常数据及时提示,提高风险管控的及时性,防范主观人为风险和道德风险,全面保障付款安全。××人民医院付款业务智能风控平台如图 4-5 所示。

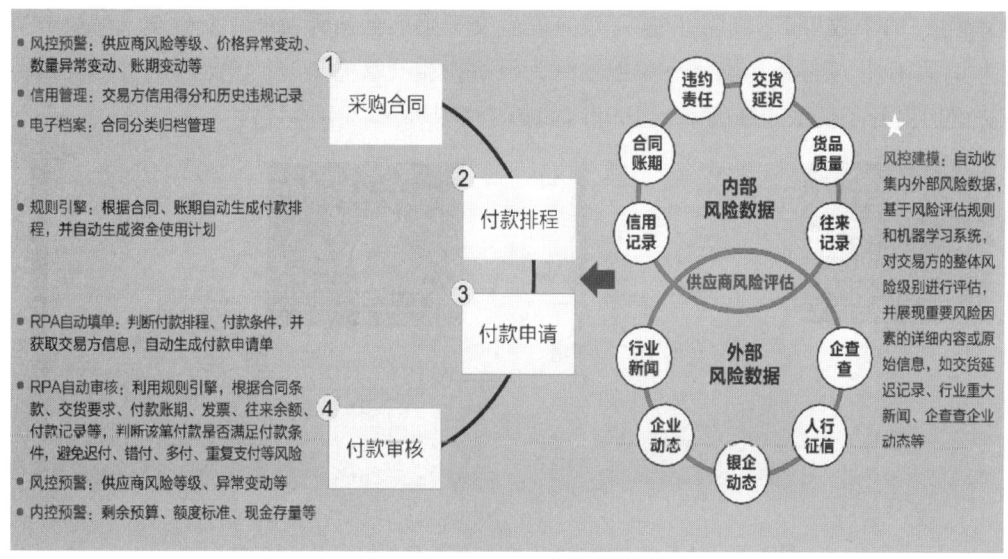

图 4-5　付款业务智能风控平台

七、智能化防控感染模型

为了实践医院会计智能化技术,提高医院风险管理,医院技术部门开发了一套运用机器学习模型识别异常情况的系统,旨在降低医院交叉感染的风险,并控制相关成本。以下是整个××人民医院会计智能化技术实践的细节。

(1) 数据采集:由于数据采集存在难度,医院提供了一些时间点的数据,已知这些数据中大部分是发生交叉感染时的数据,但还有一小部分是噪音数据。另外,这些数据由地点、地点面积、该地点是否有高感染风险、人流量和医生数量构成。

(2) 数据清理:数据清理主要由两方面构成。第一,由于地点太多,数据全部分为虚拟变量不太现实,所以根据地点的特性,分为"是否是病房"和"是否是外科"两个特征。第二,由于数据采集困难,还需要识别出上述噪音数据。技术部门运用了 KNN 异常检测(Anomaly Detection)的方法,检测出了 7 个离群值,如表 4-1 所示。接着,我们把这些离群值标记为"没有发生交叉感染",将剩下的标记为"发生了交叉感染"。

表 4-1 数据中的 7 个离群值

	isWard	isSurgical	Risk	Area	Patients	Doctors
13	0	1	0	2 279	1 098.000 000	260
15	0	0	0	3 165	510.363 636	48
49	1	1	1	2 780	105.733 333	41
51	1	1	1	4 145	77.783 333	39
55	1	1	0	7 019	193.700 000	19
58	1	0	0	3 178	100.966 667	137
59	1	0	1	3 579	105.516 667	105

(3) 搭建模型:对于模型的尝试,技术部门分别使用了 KNN 和孤独森林两种算法,其中 KNN 的正确率为 85.7%。在 21 个测试点中,真阳性(实际发生交叉感染且预测为发生交叉感染)的个数为 15,真阴性(实际没有发生交叉感染且预测为没有发生交叉感染)的个数为 3,假阳性(实际发生交叉感染但预测为没有发生交叉感染)的个数为 3。而孤独森林算法更加提升了模型的准确率至 100%,如图 4-6 所示。

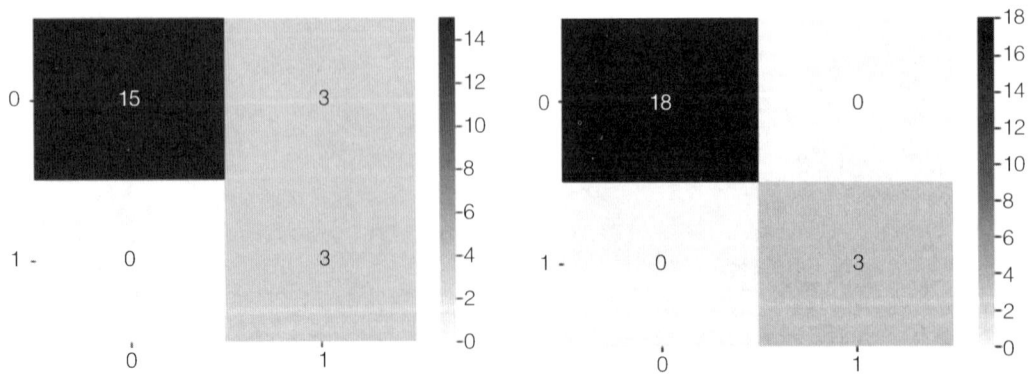

图 4-6 KNN 的混淆矩阵(左)和孤独森林的混淆矩阵(右)

(4) 模型结果理解与实际意义：虽然孤独森林算法让此模型的准确率达到100%，但随着数据量的增加，正确率可能会有所浮动，因此理解模型的精确率和召回率尤为重要。拿KNN模型举例，精确率为83.3%，而召回率为100%。精确率告诉我们，83.3%的实际交叉感染被模型预测出来了，而16.7%实际交叉感染的情况被模型忽视了。召回率告诉我们模型预测出的交叉感染100%会发生交叉感染。对于控制成本来说，我们应该提高召回率，确定预测出交叉感染的情况大概率发生交叉感染，这样确保每一次干预是有效的，不会把不必要的时间成本、人力成本和支出浪费在不会发生交叉感染的场景中。对于保证医疗安全性来说，我们应该提高精确率，确保每一次实际会发生交叉感染的情况被系统预测出来，不放过一个漏网之鱼。

第三节 智能会计实施效果

智能会计是人工智能技术对财务管理的重塑，是智能财务最本质的内容。××人民医院通过对财务信息系统进行智能化改造，财务管理水平发生了明显的改变。

一、会计业务处理效率明显提高

从表4-2中可见，由于智能会计的实施，人工智能和会计人员的配合，医院会计业务处理效率得到飞跃式的提升。基础会计工作效率的提升，为医院财务管理全面的提升奠定了基础。

表4-2 ××人民医院智能会计业务实施对比

业务	实施前	实施后	提高效率
凭证录入时间	每小时18张	每小时600张（系统自动抓取生成）	34倍
收入业务对账时间	4～5小时	0.6小时（系统自动抓取业务数据对账）	7倍
报销业务审批时间	7天	3天	2.3倍
每天可处理报销单据	150～200张	500～600张	3倍
每天可处理付款单据	80～120张	280～350张	3倍

二、会计人才转型，复合型人才需求激增

随着医院管理智能化水平的提升，低技术含量的重复劳动逐渐被机器取代，医院会计人员能够腾出更多的时间和空间来提升自身学习和管理水平。自开始实施智能财务的2年间，××人民医院会计人员学位提升人数为2人（硕士），职称提升人数为43人，占比达31.5%。另外，医院还组织了多次专题讲座和培训。智能会计业务实施期间，××医院财务人员学历职称晋升情况如表4-3所示。

表 4-3　智能会计业务实施期间××医院财务人员学历职称晋升情况

序号	学历职称	人数	占比
1	硕士	2	1.4%
2	高级职称	2	1.4%
3	中级职称	18	12.6%
4	初级职称	23	16.1%

高层次会计人员的需求日渐紧迫,既懂业务又懂财务更懂信息化的复合型人才成为医院财务管理中的"香饽饽"。这不仅倒逼会计人转型提升,同时也提升了会计行业人才的整体素质,会计人才的就业面、工作胜任宽度、管理精细度、视野高度等方面进一步得到提升。

三、业务和财务进行深度融合,财务组织高度共享化

智能会计使得财务数据流和管理流与业务同时发生,之前有隔阂的管理体系实现了完全打通,业财深度融合。目前,医院智能财务系统发展到了 8 个智能模块:除了本研究前面提到的 6 个模块,还开发出人力资源智能管理平台和绩效智能管理平台,使财务管理深入医院管理业务端。

财务共享服务中心使得原来会计信息孤岛问题得到了有力、有效的化解。现在,医院管理层已经能够运用基本的财务管理知识为自己的业务管理提供有力的支持,业财融合型数据共享中心使财务人员和业务人员能够共享信息、相互支持,为医院的管理能级提升提供了一条可持续的发展道路。图 4-7 展示了××人民医院财务共享服务中心的功能辐射情况。

图 4-7　××人民医院财务共享服务中心功能辐射

四、财务信息系统智能化显著

智能化显著意味着人的干预会越来越少,智能化程度越来越高。规则、知识图谱、神经网络及 OCR 等技术高度融合,使信息系统的智能化越来越显著。智慧医院、无人值守收费、出入院结算管理等智能应用场景将延伸至医院的每个角落,不仅为病人提供了便利,而且提高了医院自身的管理效率,提升了医院信息系统的整体智能化水平。图 4-8 显示了××人民医院财务信息系统智能化程度。

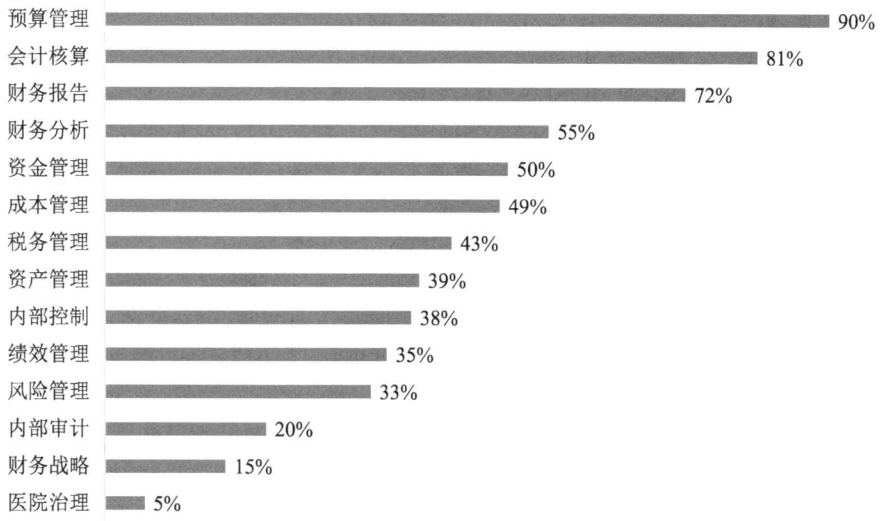

图 4-8 ××人民医院财务信息系统智能化程度

第六章 结论与建议

一、结论

公立医院作为事业单位会计主体,其发展受制于繁琐的业务以及庞大的数据量,信息化建设是唯一的解决途径。然而,随着信息技术的突飞猛进,特别是人工智能技术与商业有机结合的应用场景日益增加,公立医院原有的会计信息化系统已经明显落后于现在主流的"人工智能+会计"应用模式。因此,主动拥抱人工智能技术,将医院财务管理、会计核算等与人工智能技术有机结合,成为医院诸多会计人面临的一项重大课题,同时也成为响应国家建设智慧医院战略的一部分,对医院有效提升管理能级意义重大。

本研究通过对人工智能技术的阐述,分析公立医院的财务信息系统升级的背景和改造过程,为公立医院落实会计智能化转型设计提供借鉴,帮助医院完善智能化建设,并且通过信息系统优化,提升财务管理水平,提高财务管理效率。

随着公立医院财务信息化的不断完善,人工智能结合会计相关的业务模块也逐渐成熟起来。本研究对如何构建优化公立医院财务信息系统,从而实现各个智能化会计应用平台的构建给出了思路,也具体分析了如何进行人工智能技术建设,可基本满足大多数同类单位财务智能化改造的需要。在实际运用中,公立医院还可以根据自身需要,增设和开发的模块可能更多。但无论模块的多少,都可以参考本项研究给出的基本思路和方法来实施建设和改造。

(1) 政府会计制度"双功能""双基础""双报告"的"三双"变革,对公立医院财务信息质量提出了更高的要求。将人工智能运用于会计领域,对公立医院适应变革、改进财务管理水平、升级改造财务信息系统提出了挑战,也提供了机遇。本研究通过对一系列人工智能技术的深入研究,为智能会计在公立医院的落地提供了参考。

(2) 财务信息化一直以来都是公立医院财务管理的重要工作,但是现有的财务信息系统还存在很多不足。查找这些不足,可为公立医院对现有的财务信息系统进行智能化改造升级提供依据,从而适应管理的需要。国家卫健委和国家中医药局于2022年4月份发布的《关于印发公立医院运营管理信息化功能指引的通知》(国卫办财务函〔2022〕126号),为公立医院提供了政策指导,也为利用信息化手段的标准化提供了支撑。

(3) 最大限度发挥智能化环境下公立医院财务管理新模式的优势,可以更大幅度地提高财务管理的有效性。政府会计制度要求的"双轨制""平行记账"等特点,对传统的会计处理提出了更高的要求,如何高效提升财务管理以及会计核算的效率,将成为新制度实施中一个很难解决的问题,也是影响新制度实施有效性的一个关键因素。本研究通过对医院财务信息系统的智能化改造,使得医院财务信息化水平得到进一步的提升。智能应用场景的研究,使得会计向服务转型又迈出了更大的一步。通过对整个会计智能化系统搭建设计的研究,形成可以付诸实施的系统搭建方案,可对政策落地实施、财务管理效率提升、管理水平提高及财务人员业务转型提供参考。

(4)构建"业财融合"接口,打造智能化的信息共享平台,实现业务系统和财务系统的智能化对接,简化各部门之间的工作流程,加强各部门间的相互协作,提高单位管理信息化水平,降低管理成本,是会计智能化建设的重要方向。

二、建议

公立医院通过使用智能化的信息手段,实现高效的会计管理,是其不二之选。但是,在实施推进会计智能化的过程中,有许多注意事项需要公立医院加以重视。

(1)努力推动智能化培训。信息化手段再好,也需要在必要的范围内开展详细的培训,才能使智能化技术的作用得到最大程度的发挥,才能实现成本效益的最大化。使用者、管理者、实施者均应充分了解智能化技术,必要的培训和细致的讲解是智能技术手段发挥功效的重要保障。

(2)控制好智能化改造实施的成本与效益。当会计管理系统以及会计管理手段高度依赖于智能化信息系统之后,会计人员以及会计管理部门不再像以往那样能够自己进行相应系统的设置和调整。高度依赖于智能化的信息系统将成为今后会计部门信息化建设的重要标志。但是高度的依赖性,导致实施之后的维护和变动成本可能变得非常高昂。人员调整和修改系统,都必须要依赖于外购智能化外包服务来实现,后续成本较高。因此,在实施智能化会计手段的前期,会计部门与信息部门包括外购的信息服务商之间必须充分沟通,选择最有利于实施单位的方案,为会计部门后续自主调整和变动留有一定空间,避免由此产生高额的后续维护支出。

(3)智能化改造应循序渐进。由于人工智能技术的更新换代十分迅速,实施主体应该根据自身的需要,逐步选取相应的智能化技术来替代现有系统。应将按需采购和实施原则落实在整个智能化改造过程中,避免同时购买或升级大量的智能化系统,技术更迭之后导致原来升级的智能化系统无法跟上时代。

(4)建设适应政府会计制度的业财融合一体化智能系统。业财融合一体化智能系统的优势体现在综合性、多维反映、精准核算、信息流传递的双向性和信息的及时性等方面。通过实施业财融合一体化智能系统,医院管理者可以随时提取财务信息,并利用基于业务融合财务信息一体化的现代医院管理体系,构建支持和保障公立医院运行管理的统一框架。智能化技术的应用多着力于应用场景以及使用体验,但只有后台数据归集实现了业财融合,才能实现智能信息手段和共享数据的集成。

参考文献

[1] BALDWIN A A, BROWN C E, TRINKLE B S. Opportunities for artificial intelligence development

in the accounting domain: the case for auditing[J]. Intelligent Systems in Accounting, Finance & Management: International Journal, 2006,14(3): 77-86.

[2] ELLIOTT, ROBERT K. The third wave breaks the shores of accounting[J]. Accounting Horizons, 1992,(6): 61.

[3] HIRSCHFILED R. Shared services save big money[J]. Datamation,2010,42(15): 76-78.

[4] KIRKOS E, SPATHIS C, MANOLOPOULOS Y. Audit-firm group appointment: an artificial intelligence approach[J]. Intelligent Systems in Accounting Finance & Management,2010, 17(1): 1-17.

[5] 谢诗芬. 会计信息化:概念、特征和意义[J]. 湖南财政与会计,1999(11): 34-36.

[6] 王文莲,李真,孙玉甫. 论网络条件下会计信息生产模式[J]. 现代会计与审计,2006, 2(1):10.

[7] 欧阳电平,胡建敏,罗凤. IT环境下会计数据采集运作模式的演进及其启示[J]. 中国会计电算化, 2004(2): 20-22.

[8] 陈虎. 大智移云的财务信息化[J]. 首席财务官,2016(9): 5.

[9] 傅元略. 智慧会计:财务机器人与会计变革[J]. 辽宁大学学报(哲学社会科学版),2019(1): 68-78.

专题研究报告五

数字化转型背景下的财务运营共享中心建设

本专题研究报告为上海市会计学会 2021 年科研课题研究成果。

课题组成员
课题负责人：
  上海汽车集团股份有限公司 顾晓琼
课题组其他成员：
  上汽大通汽车有限公司   姚力挽 金海霞 阮林波
                孙婧宇曦 黄娴雅 顾振亚 王敏蕾

第一章

导　论

第一节　研究背景

进入21世纪以来,人类的社会生产力转型加快,产业环境不断变换,社会经济环境也不断变化。随着越来越多企业集团和跨国公司的出现,并购重组交易数量在全球也呈上升趋势,企业在扩大自身的规模的同时在寻求着全球化扩张,并在不断探索多元化与规模化发展的道路。

企业在快速发展的过程中,也会有许多问题出现:财务分散管理导致企业信息缺失、信息传递受阻、数据分散、难以发现串通舞弊行为等风险,这些都会影响企业决策的效率和效果,阻碍企业发展,导致企业对市场的变化反应不灵敏,分散企业集团资源。若每个分子公司都建立属于自己的完整财务核算部门,则会造成人力资源的浪费,增加工作的重复性,使企业机构臃肿,严重损害企业的盈利性。财务也会面临巨大的挑战:分子公司之间信息不对称导致上层管理者之间信息传递不及时,影响管理者对经营、投资决策的判断。面对这些严峻的挑战,在财务共享给予企业足够支持的情况下,财务转型是必行之势。

财务部门一直是组织中处理数据的部门,随着其所掌握数据量的爆发,其将逐步成为企业的大数据中心。企业通过建立财务数据中台,聚合内外部的海量多维数据,不仅仅局限于结果数据,还要采集过程数据、行为数据、业务底层的明细数据,不断拓展数据的深度与广度,将原始数据转化为数据资产,快速构建数据服务中心,为企业制定各种适配业务场景的数据解决方案,实现数据可视、易懂、好用、可运营,进一步实现企业财务数据能力和数据资产的沉淀、共享,为企业经营和发展提供专业洞见。以财务数据中台的建设引领企业中台的全面建立,助力企业融入数字创新时代。

财务共享服务中心,从20世纪80年代开始逐步在全球最顶尖的一部分企业中被应用。财务共享服务中心将企业财务工作中重要性低、重复性高的财务职能和流程集中到远程财务共享服务中心处理,使批量处理产生的规模效应能够提升效率、降低企业运营成本;同时集中化工作更能提高财务部门业务专注度,从而实现资源优化,提升对主营业务的支持能力。财务共享模式改善了大型企业的财务环境,优化了传统的财务工作模式。

财务共享服务中心发展至今,在发达国家有着较为成熟的实施体系。我国第一家自主财务共享服务中心建立于2005年,发展时间较短。目前,建立财务共享服务中心的企业数量相对较少,经验不足。然而,松散型财务管理模式的低效以及财务人力成本的日益上升,使我国集团公司不得不寻求财务转型,消除现有财务管理模式的弊端。加之我国近年信息技术突飞猛进,财务共享服务中心在我国兴起已成为必然趋势。

我国建立财务共享服务中心发展时间较短,建立与实施经验不丰富,而国外与我国环境不同,不能照搬国外经验,所以我国企业在建立和实施财务共享服务中心时会遇到许多问题与困难。深入地分析研究这些问题与困难,对于今后构建适应我国市场环境的财务共享服务中心很有意义。

第二节 研究目的和意义

当前,中国企业面临着越来越复杂的环境和激烈的竞争,应用财务共享服务中心对于企业的发展来说至关重要。财务共享服务能够集中企业信息、降低成本和提高效率。但我国企业传统的管理模式仍在财务管理工作中占据主导地位。在财务管理领域,传统的财务管理难度不断加大,组织架构、管理模式、业务流程、管理工具等已经逐渐不适应企业高速发展的需求。在这种形势下,我国企业迫切需要进行财务变革,在信息系统支持下,构建新的财务管理架构,优化财务流程,提升财务管控能力。

人工智能、区块链、云计算、大数据等技术正在快速地向经济和社会的各个领域渗透,带来了全方位的深层次变革。在数字经济背景下,基于交叉网络外部效应的作用,用户价值主导和替代式竞争成为驱动企业管理变革的两股根本力量。具体而言,用户在商业活动中将发挥更为重要的作用,替代式竞争则驱使着企业的管理创新。在全球数字化革命浪潮下,产业结构和产业组织发生巨大变化,市场竞争变得更加复杂激烈,企业面临着一系列新的机遇和挑战。数字化转型、智能化升级业已成为各类企业战略方向上的不二选择。

换个角度来说,随着信息化程度的提高,软件功能越来越强,逻辑性很强的基础性核算工作正在逐步地被智能化系统取代。例如,发票自动认证、OCR 自动识别、银企直连、智能影像识别等技术,最直接的应用就体现为财务共享服务中心用集中化、信息化的处理方式来解决核算问题。企业通过构建财务共享服务中心,达到了用少量人力实现核算业务精细化的目的,同时解放了其他财务人员。这些财务人员将摆脱会计核算工作,转变成为企业创造价值的业务财务,以及为企业长远目标作出财务规划的战略财务。

本研究以上汽大通汽车有限公司(以下简称上汽大通)的财务共享、组织流程再造为案例,运用理论研究与实践探索相结合的方法,深入分析在信息化环境下如何构建财务共享服务中心,高效组织财务工作,建立统一集中的财务管理体系。本研究希望通过对上汽大通财务共享服务中心建设的研究,总结成功经验和教训,为国内企业集团财务共享服务中心构建和运行提供有实践意义的参考和借鉴,推动我国企业集团财务管理水平不断提升。

第三节 研究方法

一、个案研究法

本研究以上汽大通为例,通过走访组织内外部参与财务运营共享中心平台(即财务共享服务中心)搭建的相关人员,实地考察共享中心运作模式,深入了解上汽大通财务运营共享中心平台搭建所面临的组织和人员难题、为公司高效运转所创造的价值。研究结合新技术快速发展的时代背景和上汽大通独有的特征,探索未来推进和完善财务共享服务中心的可行方向。

二、经验总结法

从 2015 年开始,上汽大通已经开始探索财务数字化转型,推进财务工作数智化、平台化进程,积极创新尝试。本研究通过对上汽大通财务数字化进程的研究,总结各阶段失败的教训和成功的经验,为企业集团未来数字化发展提供参考建议。

第四节 研究创新

本研究以上汽大通数字化转型为契机,依托上汽大通 C2B 建设基础,整合面向 C 端的业务(新零售、云服务、网上商城、直营 4S 店),结合财务数据化前期准备工作,利用发票电子化全面推广的机会,探索如何建设上汽大通财务运营共享中心 2.0,实现财务运营、数据、分析、报表及共享服务的一体化,迭代传统财务功能(费用报销、应收应付、纳税、资金等的集中管理),做到数据穿透、风险管控,提升财务运营效率,实现集团化统一标准管理。

第二章

文 献 综 述

自20世纪90年代起,世界各地就有学者对共享服务应用于企业财务展开研究,并提出了一个全新的名词——财务共享服务中心。财务共享中心是一个全新的部门,也代表了企业家新的理念。在财务共享理论的指导下,财务共享服务中心这一全新部门被大量企业接受,逐渐兴起并发展壮大。21世纪初,我国经济发展开始提速,众多大型跨国企业陆续将业务版图扩展到中国市场,也带来了国外先进的公司管理模式和理念。同时,国内的学者们也逐渐注意到了这个新颖的管理模式,作出了很多相关的研究,并且取得了不少杰出的成绩。

第一节 财务共享服务的定义

Robert等(1993)首次提出共享服务的概念时是这样定义的:共享服务是分散型组织机构寻求变革,以获取更多竞争优势的一种创新型管理模式,而在变革中,共享员工和技术等资源是创新的核心要素。

20世纪90年代,美国的一些企业,如福特汽车、通用电气、百特医疗和科尔尼公司最先开始实施共享服务。而共享服务最早应用于企业集团的会计和财务领域,即企业集团首先在财务领域开展共享服务。随着共享服务的发展,其范围从财务扩大到人力资源、公共关系、信息系统等方面。

财务共享服务通过在一个或多个地点对人员、技术和流程进行整合,将那些具有规模经济和范围经济属性的财务业务放到共享服务中心集中处理,从而体现出成本的节约、知识能力的积累和内外部顾客服务质量的提高以及新技术的运用。Moller(1997)认为,共享服务必须有一个独立组织实体——共享服务中心(shared service center,SSC),为企业集团内的不止一个业务单位(分、子公司或业务部门)提供明确的财务活动支持。SSC负责管理针对内部顾客进行的财务服务活动的成本、质量以及时效。它拥有确定的资源,服务对象通常存在着正式或非正式的契约,通常被称为服务水平协议。

Schulman等(1999)也对财务共享服务作出了定义:财务共享服务将公司内跨组织的资源集中在一起,以更低的运营成本和更优质的服务为多样的内部合作伙伴提供财务职能服务,以最终提升企业价值。上述概念虽然在表述形式上不太相同,但在含义上仍具有高度的一致性。本研究立足于中国企业集团财务共享服务实践,将集团财务共享服务界定为将分散式的财务基本业务从企业集团成员单位抽离出来,集中到一个新的财务组织统一处理。这个新的财务组织,即财务共享服务中心(FSSC)以业务伙伴的形式,通过网络,为分布在不同国家和地区的集团成员单位提供标准化、流程化、高效率、低成本的共享服务,并为企业创造价值。

Bryan(2003)在其著作 *Essentials of Shared Services* 中则定义:共享服务中心是将不同组织机构或部门的职能、流程进行整合后归集到一个独立或者半独立的新组织或部门中,为集团公司内部客户提供更加专业高效的服务,同时为集团财务管理降低成本创造新的利润点。

关于财务共享中心的概念,我国学者刘婷媛(2007)认为,财务共享中心作为一种战略性业务框架,对人员、流程和业务进行整合,以服务和持续改进为核心,打破部门壁垒,集中处理一些公共流程,从而提供更多的价值。

陈虎(2013)将共享服务定义为一种创新型的管理模式,这种共享服务的本质是由新的信息技术发展带动企业管理模式发生改变。公司内部各个从事业务的单元将散落于各地的工作交由财务共享中心进行统一的标准化处理,从而形成规模效应,提高企业对现有资源的利用程度,将全部精力聚焦于核心业务,保持自身在行业内的竞争优势,弥补自身管理上的不足,以整合人力资源,降低运营成本,提高工作效率,提高产品的竞争力和吸引力。

刘东(2016)认为,相比传统的财务管理模式,财务共享模式是更加高层次的财务管理模式。它依托快速发展的信息通信技术,运用比以前更加智能的系统,实现了对财务管理的本质性变革,将整个集团内子公司、分公司的重复繁杂的基础会计核算、资金支付职能等,从众多单位中剥离开来,集中到财务共享中心,为内部单位提供流程化、标准化、高效率的服务和支持。同时,由于集中了大量的集团内部公司财务数据,财务共享中心还将承担起分析决策类型的财务管理活动职责,为企业管理者提供管理支持。

第二节 财务共享服务的意义

Kops(2012)等在对从事财务共享实践和研究的相关人士访谈调研后指出,业内及学界对于财务共享服务的作用和价值都给出了很高的评价和期望,对于大型集团企业来说,建立财务共享服务中心是必然的发展趋势。

王军萍(2015)认为,财务共享中心能够获得显著的规模效应,相较于传统的财务模式,其更加符合企业的发展需要,能够配合企业的扩张和业务增长。在实际运营过程中,其给前端业务条线提供了后台保障,提高了管理者对于企业的管控能力,在标准化的财务运作下,能够有效地降低企业可能面临的财务风险。

张春霞(2014)对于财务共享服务持以下观点:财务共享服务对于两类企业的发展很有必要。一类是规模较大的跨国公司或是集团公司,跨地域、多种业务、机构发展较快的企业往往具有较高的管理成本,而财务共享的低成本、标准化的服务能够有效满足大型集团扩张的需求，有效降低人工成本和管理成本；另一类是内部组织机构不断变换的企业，这类企业不断有新的部门和公司创立和注销。财务共享中心在新组织创立过程中能够有效地降低财务成本，并且提供更好的财务服务，保障公司业务扩张。

Peivisov（2016）认为，可以将财务共享服务中心主要的服务内容分为四类：第一类是公司的流入管理，比如公司的库存材料进入公司的记录、合同签订的备案、相关资金的流入等；第二类是公司的流出管理，比如项目审核、资金流出管理、资金回单、凭证归档等；第三类是协助管理者进行内部管理，提升内部管理水平；第四类是提供咨询服务，即协议承接兄弟公司的财务核算业务，有时甚至可以接收其他外部公司的订单，为其提供财务标准化服务或是将整套系统打包卖给其他外部公司。

第三节 财务共享服务的实施

关于财务共享的构建与实施，Barbara E. Quinn（1998）在著作 *Shared services: Mining for Corporate Gold* 中提出观点：共享服务可以被看成是一项商业经营，一种"顾客为中心＋服务收费＝商业"的经营模式。顾客为中心是指提供共享服务的部门，以其他部门为顾客并根据顾客的需求和支付价格提供服务，这种以顾客为核心的运作模式可以为提供服务的部门提供更有力的保障。

财务共享服务涉及流程再造与关键因素。业务流程再造（Business Process Reengineering，BPR）这项起源于20世纪90年代的管理思想与方法，从备受推崇到遭到质疑再到企业对其敬而远之，最终又开始受到管理者的重视。特别是随着财务共享服务在企业集团的推广应用，一些学者开始意识到，虽然财务流程是辅助流程，但是研究其再造的意义同研究核心业务流程同等重要。其中一个重要原因是，辅助性业务流程——那些在早期被管理者们忽视的流程，具有更多改善的可能性，人们试图用流程再造理论揭示共享服务的流程再造机理。Schulman认为，应用流程再造理论作指导，将那些具有重复性的辅助职能重新安排，整合到共享服务中心，对于优化内部资源配置和发挥规模经济优势提供理论上的可行性。企业通过将那些具有重复性的辅助职能重新安排，整合到共享服务中心运营，有助于实现内部资源的优化配置，发挥规模经济优势。从流程再造研究的角度看，财务共享服务的流程再造是企业集团实现辅助性业务流程再造的创造性突破。张瑞君等（2008）立足于中国企业集团的财务共享实践指出，以流程再造理论为基础进行分析，企业集团财务共享服务构建的过程实质上就是财务流程再造的过程。

上述学者虽然以流程再造理论为基础，从新的视角推进了财务共享服务这一管理变革的研究，但并没有揭示流程再造中的关键因素。考虑到现实中BPR的高失败率，学术界对流程再造成败影响因素的研究也格外重视，这就使其成为BPR相关研究中的一个重要分支。这一研究领域假设是：只要那些最重要的影响因素被确认出来，后续实践者就可以有更高的BPR实施成功率。虽然有些专家对早期分析影响BPR成败关键因素的研究进行了批评,但是经过实践的检验和学者们坚持不懈的研究,研究方法和成果又得到了肯定。而另一些学者应用案例研究法,深入探讨了流程再造的关键因素,对流程再造理论和方法的丰富起到了重要作用。另外,通过对早先 BPR 实施文献的回顾和多家企业核心业务流程再造的最佳实践进行总结,以及一项历时两年获取的在线调查资料,学者们提出了一套 BPR 实施框架,即 7 个关键因素(客户、运营观、行为观、外部环境、组织、信息、技术)和相应因素的特征描述。在此之后,学者们将这一方法通过案例调查和 AHP 方法加以验证,支持了早先的结论,并强化了应当逐步改善而非剧变的再造进程:以顾客为导向、合理运用新的 IT 技术、相应的组织机构变革等。

陈虎等(2011)通过问卷调查发现,财务共享服务成功实施的关键因素是流程管理、业务标准化、信息系统、人员管理等。Martin(1999)设计调查问卷并通过网络平台对外发放,在对收集到的数据进行分类整理的基础上,运用线性回归模型对假设因素进行显著性检验,发现选址决策、服务水平协议、流程管理、变革管理、组织架构和战略规划六大因素通过显著性检验,成为成功实施财务共享服务的关键因素。综观国内外目前研究成果,对财务共享服务的关键因素研究尚没有统一的结论,但从流程再造的视角看,主要涉及战略规划、流程管理、信息系统、组织管理(组织结构、人员管理、绩效管理)四个方面(由于变革管理属于深层次要素,涉及战略、流程、组织、IT 等多方面,所以不再单独考量)。

国内有关财务共享中心实施的研究中,张瑞君(2008)提出了通过四个方面来建设财务共享模式的方法论:一是财务管理制度标准化的制度改革创新;二是财务人员集中化的组织变革;三是财务管理流程化的流程变革;四是财务管理网络化的技术创新。

在建设财务共享中心的成功要素上,段培阳(2009)指出了成功要素包括与企业战略规划的贴合度、思维方式的转变和管理理念的创新、组织变革的冲突处理、管理层的支持和推行力度、信息系统的搭建以及人才培养等方面。

何瑛(2013)以流程再造理论为基础,通过大量的实证研究,通过检验各要素对实施的各种影响,进一步揭示了各关键因素之间的相互作用,进一步论述了这些成功因素的关系,得出了"各关键因素对财务共享服务的价值的影响程度排序为:战略规划>信息系统>流程管理>组织结构>绩效管理>人员管理"的结论。

在建设财务共享中心的风险把控上,黄庆华、杜舟、段万春等(2014)指出,财务共享中心的成功建立,要在财务管理的规范化、标准化、流程化、自动化四个方面深入准备,在效率、控制与合规三者中把控风险并寻求平衡。

对财务共享实施过程中的问题,张庆龙(2013)提出,成本与管控是建立财务共享的两个重要驱动因素,管理层重视和支持是保障,流程化、标准化是主要特征,信息技术是重要技术平台,复合型人才是未来发展的核心动力。

在服务效率、成本、服务质量等企业服务能力的提高方面,学者们通过分析微软公司实施 FSSC 前后的费用变化,发现 FSSC 的实施大大降低了公司的运营成本。张瑞君等(2008)对中兴通讯的 FSSC 进行案例研究,发现财务共享服务具有降低运营成本、提升服务质量、提高工作效率、实现集团范围的财务监控等优势。其通过对匈牙利的共享服务中心专家进行多次采访发现,共享服务中心具有提高服务质量以及服务满意度的功能。

此外,在 FSSC 带来的企业组织能力的提升方面(如提升创新能力,增强组织某些特殊业务的灵活性,提高组织的管控能力等),专家论证得出 FSSC 提高了企业的资金集中管控能力与经营决策支持能力,使得运营效率得以大幅提升。张瑞君等(2008)研究发现,FSSC 在实现财务业务一体化、支持集团公司战略的有效执行等方面具有显著优势。FSSC 通过对制度、流程等进行统一,大幅提升企业的风险管控能力,使得企业经营效果得以改善。其以葡萄牙制造商的共享服务中心为例进行案例研究,指出共享服务中心可以在实质上改变和影响集中网络权力关系。另外,其通过对罗马尼亚公司的 FSSC 进行分析,发现 FSSC 能够有效支持企业的信息技术、财务、采购、营销等活动并取得较好成效。

上述两类研究均只考虑 FSSC 的产出,而对于实施 FSSC 的投入却考虑较少。事实上,FSSC 具有规模经济特性,实施初期往往需要投入大量的人力、物力与财力。因此,对其有效性的研究应该结合投入与产出两方面加以衡量。此外,FSSC 在我国的实践已 10 年有余,其实施效率怎样尚不得而知,也难以回答运营中存在哪些不足以及"互联网+"背景下 FSSC 又将何去何从等一系列逻辑命题,这是我国集团企业 FSSC 取得进一步发展的关键。

第四节 财务共享中心对财务转型的推动作用研究

从 20 世纪 80 年代初福特公司建立第一个财务共享服务中心开始,财务共享服务的有效性便成为学术界和实务界持续关注的问题。国内外学者已对财务共享服务的有效性进行了大量研究。专家基于交易成本经济学,指出企业内部的不同资源是异质性的,这些资源在企业内部不可能实现无成本的转移。企业是资源的结合体,整合一组互补和特定的资源能够为企业创造价值,而财务共享服务能够起到内部资源优化整合的作用。张瑞君、陈虎等(2008)认为,财务共享服务有利于推动财务与业务一体化战略的进程,借助新的财务管理模式,集团的各项战略和财务管理需求能够直接传递至各业务单元的核心决策层,从而为推进集团一体化战略奠定坚实的基础。部分专家分析了微软公司采用财务共享服务模式后成本费用支出的变化:财务共享服务每年从税务、采购及付款、合同员工支付系统、微软员工自助系统、费用报表等方面,为微软公司节省的实际资金超过 1.25 亿美元,运营成本显著降低。管理会计协会通过选取财富 500 强企业中 100 家实施与未实施共享服务的公司进行比较,表明员工薪酬处理、总账会计、应付账款、资金预算等六项共享功能的成本平均下降 83%。财务流程的优化和财务功能的集中,实现了财务效率的提升和财务人员的转型,资金集中管理能力和快速支持经营需求能力大幅提高,运行效率明显提升。财务共享服务通过统一作业标准和流程、统一制度和信息系统、统一资金管控与调度,加强了风险管控能力,改善企业的经营效果。总之,财务共享服务的有效性主要体现在战略有效性、成本有效性、效率有效性和效果有效性四个方面,通过内部资源的优化整合及协同效应提升公司价值。

国内方面，1998年陆定国提出"会计工作的转轨变型"的概念，其本质就是今天的财务转型，指的是由核算型财务向管理型财务工作角色的转变。"核算型"会计是指传统的财务人员，主要日常工作就是处理日常报账核算、支付资金、管理档案。而"管理型"会计则以公司经营管理和分析决策为主要工作内容，不再为事后监督而存在，而是为了事前的分析决策。"转轨"是指会计准则和管理与国际会计相关的制度相接轨。

陈虎和孙苗（2011）认为，创造企业价值的管理体系可以通过构建自身的财务共享中心来实现。在建立财务共享中心之后，原有从事核算事务的财务人员可以从原先的工作中脱身，将工作重心放在财务管理工作上，为企业创造价值。

钟敏华（2017）认为，财务共享中心的成功建设，能够促进业务和财务两方面的管理进行行之有效的融合，有助于提升企业的核心竞争力；财务共享中心是企业在战略发展层面的有效尝试。

秦荣生（2015）认为，财务共享的实施能够改变企业财务管控的方式，促使企业对自身的财务控制更加行之有效，降低企业内部自身因财务分散造成的管理成本增加，潜移默化地助力企业的核算会计向管理会计转型，也给未来的财务从业者提供了一个新的想法、一个新的职业发展路径：先精通核算会计，再向熟知业务的复合人才转型。

多数学者倾向于将财务共享中心定义为企业新时代的一个部门机构，也代表了现代企业管理的一种新模式，它主要通过高标准、高统一、高度集中的方式，处理日常核算业务来达成规模经济效益。该部门建立的目标是提升企业管理效率，降低企业日常经营活动的成本费用，提升各个部门内部流转的效能。当然，中心的建立并不仅仅为了降低成本，更重要的意义在于，财务共享中心的建立能够改变整个公司的财务体系的臃肿状态，精简内部机构，理顺财务流转的程序，弥补企业内部控制的缺失，最终达成提升管理效能和基础核算效率的双收获。

张庆龙（2017）认为，企业发展到一定程度后，"大企业病"来临时，或是企业的财务人员难以满足管理者价值管理的需求的时候，就需要进行财务转型。随着财务的转型，企业的财务可以随着现有技术与前台各个部门链接，前置到经济活动的最前端。

第五节 国有企业战略转型及数字化变革

自党的十八大以来，中共中央、国务院围绕"五位一体"的总体布局和"四个全面"战略布局决策部署了一系列国家战略使命。随着《中华人民共和国国民经济和社会发展第十四个五年规划和2035年远景目标纲要》的正式发布，国家在经济发展、创新驱动、民生福祉、绿色生态和安全保障领域清晰制定了中长期战略蓝图。国有资本作为中国特色社会主义的重要物质基础与政治基础，其核心使命是在引领经济社会发展的同时体现国家意志，服从服务国家战略需要。因此，一方面要求国资国企具有多元化的功能定位，有效衔接国家使命的多元价值需要,另一方面要求国资国企提升战略定位并创新发展路径,高质量落实新时代的国家使命安排。

随着数字经济时代的开启和国家新一轮的战略部署,国家使命与国有资本战略定位被赋予新的时代内涵,要求国有企业创新战略发展路径。一方面,数字经济是未来经济的新制高点,以数字化变革打造数字经济新优势成为新时期国有企业发挥战略引领作用的关键领域。根据中国信息通信研究院2021年4月发布的《中国数字经济发展白皮书》,2020年中国数字经济增加值为39.2万亿元,占GDP比重为38.5%。2011—2020年数字经济年均增长率达17.06%,远远高于同期GDP年均增长率。数字经济与实体经济深度融合,不断促进经济与社会发展的质量变革、效率变革与动力变革,国有企业的功能使命及其履行模式也被嵌入其中。为有效应对数字化挑战,国有企业需以高质量发展为战略主线创新发展动能,推动中国经济在数字化变革中占据国际竞争制高点,在打造数字经济新优势、建设网络中国和数字中国、引领发展现代产业体系的国家使命和国有资本战略布局中发挥前瞻引领作用。

数字化战略变革是数字技术与企业战略深度融合的演进过程,引发企业竞争方式、商业逻辑、商业模式、商业生态等方面的系统变革。通过构建敏捷性、适应性与无边界性的组织结构和形成技术支撑的管理决策模式,数字化变革帮助企业基于客户中心性和"端到端"的市场互联性创新商业模式,以自动化、虚拟化和数据驱动重塑业务流程,为用户提供智能化、网络化及定制化的产品或服务,在赋能效率提升的基础上形成"使能"创新。

数字化战略内嵌于企业整体战略之中,支持企业创造竞争优势并持续达成企业使命。早期数字化战略研究秉持"匹配观"(alignment view),将数字化战略视为一项职能级的战略安排并从属于企业使命。随着数字化技术不断升级和对传统商业战略的渗透重塑,新一代数字技术打破了传统商业战略的时间、空间与功能边界,强化了企业的动态能力与跨界颠覆能力,催生出商业战略的新形态。深度嵌入数字化技术的产品与服务愈加难以脱离数字基础设施,数字化技术重塑了企业使命的履行方式。数字技术与企业战略的深度融合激发了学界对数字化战略定位的再思考,提出了数字化战略与企业使命的"融合观"(fusion view),建立了所谓的数字商业战略。从"匹配观"发展至"融合观",数字化战略愈加深入融入企业战略使命,赋能企业不断累积数字化资源,提升敏捷能力、网络能力以及大数据分析能力,支持企业使命持续达成。可见,企业使命构成了数字化战略变革的价值目标,而数字化变革支撑了企业使命的有效达成。

第三章

共享中心和数字中台

第一节　共享中心与数字中台建设

一、数字中台的含义

数字中台是立足于大数据、云计算、人工智能的技术架构打造的数字化创新平台,它支撑企业数字业务的标准化及快速定制化,实现数据驱动的精细化运营,沉淀企业数据资产;为企业提供用户个性画像、商品智能推荐、业务在线监控,解决企业在面向产业互联、生态发展过程中应变与响应能力不足的问题。

数字中台包含业务中台与数据中台。业务中台沉淀基于最佳业务实践的业务模型、业务构件、RPA组件等资源,通过将不同系统相同功能的服务聚合起来,统一标准、规范、出口,形成面向未来业务流程、可复用的标准化组件,实现企业业务的整合。数据中台的作用是"连接、整合、服务"。数据中台连接各类场景下的数据源并将其作为生产原料,整合大数据的计算和存储能力形成生产能力,提供标准化的数据服务。数据中台通过高效的数据采集、清洗、管理和分析,实现数据精细化运营,形成一套让企业可持续利用数据的机制,帮助企业从数据中学习改进、调整方向,实现资源与能力共享,支撑新应用与新业务的快速开发与迭代,以满足快速变化的用户需求。数据中台架构如图5-1所示。

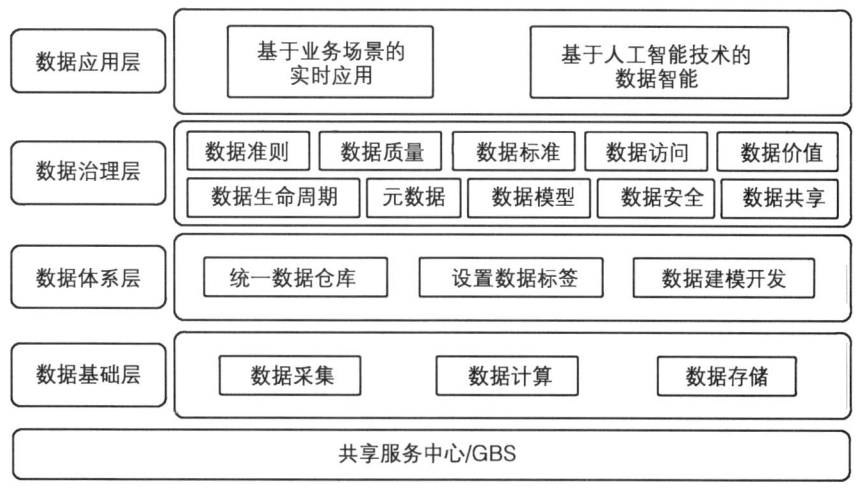

图5-1　数据中台架构图

二、数字中台与财务共享服务数字化转型的关系

财务共享服务数字化转型是企业财务数字化转型的起点,目标主要是利用数字技术,通过连接、共生、协同、平台等理念,对来自企业内外部多而杂的数据,运用数据采集、数据加工、算法模型等形式进行数据清洗,取有效数据,便于可视化展示。企业推动数据中台建设,可以带动整个财务数字化转型,充分发挥管理会计的信息决策功能。那么如何实现这一目标?从企业实践来看,建立数字中台将会成为传统大型企业集团全面数字化转型的最佳解决方案。作为数字化创新平台,数字中台将共性业务服务和技术予以沉淀,以避免相同功能重复建设和维护带来的资源浪费,有助于企业实现业务数据化、数据业务化,赋能企业智能化。从阿里巴巴中台建设的经验不难发现,中台是从共享多个相似的前台业务的需求中产生的。阿里巴巴最先提出的是业务中台,如会员中心、商品中心和交易中心等。业务中台附有一种前台可复用、共享的服务能力,为前台提供了强大的"炮火支援"。

数字中台作为从企业层面对能力进行复用的管理理念与IT技术框架,是企业数字化转型的基础和保障。将其运用到财务共享服务领域,有利于驱动财务共享服务的数字化转型。财务共享服务数字化转型是企业财务数字化转型的重要组成部分,两者是局部与整体的关系。它有利于构建企业级财务数据的服务能力,沉淀共享数据资产,帮助财务共享服务进一步解决数字化转型过程中的数据连通问题,同时实现财务组织架构向"橄榄型"转变,更好地提供数据决策支持服务,最终驱动整个财务数字化转型的实现。

三、基于财务共享服务中心的数据中台建设路径

首先,如何从财务共享服务中心走向"大共享",扩大共享服务中心的职能和服务范围。财务共享服务中心从核算共享、报账共享、标准财务共享、业财一体财务共享,逐步发展成为管理成熟度和信息化水平最高的"大共享"。这意味着共享中心不仅仅涵盖财务,更是把其他各类职能都纳入管理范畴,将传统的财务、人力资源、采购、市场管理和信息技术共享服务中心等都集中在共享服务中心。

其次,致力于实现共享服务中心的数字化和中台化转型。国际上,一些优秀企业的共享服务中心已经通过数字化转型,成为实现企业数字化管理的重要组织,如宝洁、玛氏等大型跨国企业集团。共享服务中心未来的价值在于整合来自不同的业务领域、职能部门、地区的数据和信息,在消耗更少资源的同时为企业带来更可观的价值,通过预测分析得到的洞见,以空前的速度实现用户体验的提升。这已然勾勒出了数字化共享服务中心所应具备的能力,而这正是共享服务中心进行数字化转型的关键,也是由共享服务中心向数据中台演变的必经之路,称之为"中台化"。"中台化"需从以下三个方面综合发力。

(1)提高共享服务中心的数字服务能力。未来企业共享服务的价值创造能力将进一步提升,从传统的人工和交易性事务转向"基于知识的服务",如决策支持、报告、预测分析等成为企业价值创造的新来源,并进化为企业的数据中台。要实现这一转变,共享服务中

心需在数字化转型过程中广泛采集和汇聚数据,并通过模型分析充分开发数据价值,提供数字服务。

(2)提高共享服务中心的业务敏捷能力。共享服务中心数字化转型的第二个关键词是速度,也就是提高共享服务中心响应前台服务的敏捷性。结合中台"敏捷与服务""复用与共享"的特征可知,这是共享服务中心成为数据中台所必须具备的能力。

(3)优化共享服务中心客户的服务体验。共享服务中心与中台建设的最终目的都是通过服务来支撑前台业务,将业务能力沉淀并抽象成服务的方式输出,确保最低服务体验标准,以提升前台用户的体验。这也是其与传统信息系统建设最大的差异之一。中台更为强调客户体验,是业务和数据服务。对于为强化企业整体控制、风险与合规性要求的业务流程,如果不能通过中台实现,则更适合放在后台系统。

由此,共享服务中心的数字化转型要借鉴中台的服务体验思想,以客户为中心提供定制化服务,通过人机协作有效参与管理,利用多种渠道与客户进行交流。例如,运用基于RPA 技术的虚拟客户助理,全天候为客户解决问题,增强客户体验;建立起共享服务运营平台,在跨职能、跨地理位置的共享服务中心通过一个整体的平台来集中管理资源和分配工作,实现共享服务中心作业人员和派单人员的高效协作,提高作业效率、作业质量和客户满意度。这类以客户体验为导向的数字化转型举措,为每一位客户提供个性化且稳定一致的客户体验,在共享服务中心的每个触点上都体现出对员工和客户的价值。这给未来中台建设过程中考虑服务对象提供了重要的思想和工作流程基础。

再次,建设基于共享服务中心的数据中台架构。在技术维度上,每个企业不可能有完全相同或标准的数据中台架构,数据中台也不适合用某种特定特征或某项数据技术来作概念界定。但是,数据处理和利用的基本方法论、共享服务中心与数据中台的关系,可为构建基于共享服务的数据中台架构提供思路。数据中台作为一种数据处理和利用的方法论,基于企业全局数据,形成一致的数据标准、计算口径,统一保障数据质量,并面向数据分析场景构建数据模型,使通用计算和数字服务沉淀并能复用。数据中台必须以共享服务为基础,并进一步把共享服务中心生成的数据体系业务化,为前台提供数据生产力。

最后,建立企业数据中台持续运营机制。主要围绕以下三点:

(1)明确数据中台的战略定位。企业应将数据中台定位成全员参与、加强部门间合作的组织战略,而非仅仅是一个新的技术方案。这是因为,数据中台的运营涉及多个部门的联动配合,仅靠单一部门往往难以支撑。企业需培养全员的数据意识,把数据中台作为自上至下都重视的组织战略。

(2)加强业务端的数据分析能力。企业需要从业务流程到技术平台全面地提高数据分析能力。在数据中台架构中,各类数字应用所支持的业务流程位于上层,而信息系统、数据来源等技术平台位于下层。为驱动业务数据思维、获得数据分析能力,真正让数据中台主动被前台使用,必须强调从业务端开始进行数据分析,进而从技术端获取相应的数据分析能力。

(3)不断提高各类人员的数据素养。员工拥有高数据素养是促进部门间合作、让数据中台持续发挥作用的保证。无论是业务人员还是数据技术人员,都需要根据合作的要求提升数据素养,成为复合型人才。

四、数据中台是财务数字化转型与智能财务的中间连接点

数据中台并不是独立的,而是数据处理的架构,并形成数据集市,成为财务数字化转型与智能财务的中间连接点。共享服务模式下的数据中台创建出多种数据集市,包括财务数据、业务数据、基础数据、第三方数据、文本数据和影像图片数据等。数据中台对不同数据源统一标准、格式、口径并形成数据资产。在数据集市中,通过移动端或PC端调出有用数据并将其应用到前端,按需求提供数据支持服务、挖掘数据商业价值。由财务共享服务再到数据中台的转变,形成的一套数据处理架构解决了业务数据化、数据孤岛等问题,为数据运用做了一系列准备工作,形成了丰富的数据集市。未来在数据中台的基础上,通过人工智能技术的深度场景化应用,增强数据"思考"的能力,也更有利于进一步构建数据智能,提供丰富的算法。

总之,由数据中台实现的数据能力,是企业实现智能财务的基础,可通过业务数据化、决策场景化,为科学决策提供有价值的服务信息,反哺业务能力的快速创新与灵活应对,实现真正意义上的智能财务。

第二节 智能财务和人工智能

近年来,人工智能理论和技术日益成熟,其在工商业领域应用范围不断扩大,财务领域的人工智能技术应用也越来越受到重视。2017年,德勤会计师事务所在会计、审计、税务工作中推出人工智能RPA产品——"德勤财务机器人",拉开了财务领域运用人工智能的序幕。在财务领域中,人工智能技术在数据的识别和收集、大数据处理、辅助决策等方面提供了强大可靠的技术支持,大大提高了会计信息质量和工作效率,把财务人员从大量重复劳动中解放出来,专注于高价值的预算决策、数据分析、业务决策等工作,使企业运营管理决策更加精准、及时和高效。

一、人工智能概念

人工智能(artificial intelligence, AI)是研究、开发、应用、模拟、延伸和扩展人的智能的理论、方法、技术及应用系统的一门技术科学。1956年,美国斯坦福大学教授麦卡锡在美国达特茅斯学院研讨会上首次提出了"人工智能"概念。美国麻省理工学院的温斯顿教授对人工智能有一个简单易懂的定义:人工智能就是研究如何使计算机做过去只有人才能做的智能工作。人工智能属于自然科学、社会科学和技术科学三向交叉学科,目前的实际应用主要包括机器视觉、人脸识别、语音识别、专家系统、智能搜索、定理证明、自动程序设计、智能控制、机器人学、语言和图像理解等。目前,人工智能发展阶段属于弱人工智能阶

段,可以做到人类技能增强和部分替代,替代人完成有明确规则且需要大量重复的劳动,财务领域正好符合此类特征。人工智能可以大幅度降低财务人员的工作强度。

二、人工智能技术在财务领域的基础应用

(1) 智能识票:在传统模式下,财务人员在取得发票后,要花费大量时间核对票面信息,登录税务局网站验票,成本很高。而采用了人工智能 RPA 技术后,将财务流程事先编程录入系统,执行命令就可以启动自动 OCR(光学字符识别)智能识票,完成纸质发票或者电子发票录入和审核工作。在智能识票后,可自动链接税务系统,自动完成发票信息提取—发票验真—单据签收—智能审核的全套财务流程。

(2) 语音识别:语音识别是人机交互的一大创新。传统人机交互方式主要是通过鼠标输入指令,以软件机器系统为中心,且每换一个财务信息系统,财会人员就要重新学习操作方法。在人工智能时代下,财务信息系统以用户为中心,可以通过语音对话功能录入指令,完成原始凭证录入、数据查询等工作,还能省去学习新系统操作方法的时间。特别是在财务信息系统扩展到手机移动端后,语音识别功能更能为用户使用增加便捷性。

(3) 基础财务工作:人工智能可以完成大部分基础财务核算工作,包括:①账务处理:在获取基础数据后,自动完成账务处理,月末自动生成各类报表;在单体报表完成后,还能自动完成关联交易核对,并自动完成合并财务报表。②对账:完成往来账款额核对,并能对超期的应收账款进行自动预警;完成银企账户数据的核对,并自动生成银行存款余额调节表。③税务工作:通过纳税申报数据自动采集及链接税务系统方式,完成纳税申报数据核对及申报;通过财务信息系统和税务系统的链接,完成发票开具。

(4) 预算编制和财务分析:计算机系统强大的运算能力是人工无法超越的,我们可以很好地将这一优势运用在预算编制和财务分析上。①预算编制:滚动预算、零基预算、弹性预算的编制方法的缺点都是工作量大,采用人工智能之后,可大幅减少编制时间,提高编制效率。②财务分析:手工分析情况下,做分析图表耗费大量时间,而人工智能程序能自动出具相关的分析图表,并可以实现多维分析,指出成本费用中的差异及不合理之处,提出相对应的改善建议。

(5) 业务、财务系统一体化:业务和财务融合是财务管理的发展方向,而人工智能应用技术的出现,可以加速促进业务和财务资源的整合及业务、财务系统一体化。①费控系统自动化:通过识别原始凭证,配套费控平台系统,即可完成费用报销、款项支付的自动化。费用报销流程如下:员工扫描报销单据—OCR 自动识别原始凭证信息—员工在报销平台提交申请—财务审核—自动完成发票真伪、报销标准、预算监控的审核—流程审批—审批后发送财务自动付款—自动账务处理。②ERP 系统与财务信息系统一体化:人工智能可以实现让财务信息系统自动抓取 ERP 系统中的成本管理和销售数据,除了可以自动完成凭证生成工作,还能针对成本和销售数据的分析处理提出合理化建议。

三、人工智能技术在财务领域的进阶应用

(1) 经营预测:传统的经营预测,管理者主要依靠单一模型和数据来预测,有时甚至

是"拍脑袋"决定,主观性较大且不可复制和授权分解。而人工智能可以在完成历史数据对比分析的前提下,运用不同的会计模型和方法,建立相应的数据模型进行跟踪分析,对企业的各类投资及未来利润水平等重大事项进行预测。

(2) 内控管理:传统操作依赖于财会人员的经验,在人工智能时代下,只要我们把相关的内控规则录入系统,人工智能就可以帮助企业更好地执行内控制度。①针对预算执行异常情况或超合同支付等,人工智能可以实现自动预警和监控,增强了企业的风险识别能力,让企业能第一时间采取措施应对风险。②人工智能可以更好地完成不相容职务分离控制和授权审批控制,防止越权审批、人为造假。特别是"三重一大"事项,更是可以直接设置集体联签流程,保障制度的有效运行。

(3) 绩效评价:在进行绩效评价时,上级公司通常会对下级企业设定一些定性和定量的考核指标,比如,EVA 指标等。传统计算统计工作量大,且往往还存在各种"人情加分",导致了不公平现象的产生。人工智能时代下,企业可以提前将绩效考核指标和评价规则录入系统,年底系统根据指标完成情况自动完成绩效打分,省时省力,还能尽可能保证公平公正。

第四章

上汽大通财务运营共享中心建设实际案例

第一节 上汽大通简介

上汽大通是上海汽车集团股份有限公司全资子公司,成立于2011年3月21日,注册资本为37.94亿元人民币。公司产品包括"上汽大通MAXUS"品牌的MPV、SUV、房车,宽体轻客、皮卡等乘商并举的产品组合和"上汽跃进"品牌的各类轻、中型货车以及各类特种改装车。上汽大通下设以无锡分公司、南京分公司、上汽大通房车科技有限公司、无锡申联专用汽车有限公司为主的生产基地。无锡基地主要生产"上汽大通MAXUS"品牌产品,产能为20万台/年;南京基地主要生产"上汽跃进"轻中型货车,产能为10万辆/年;溧阳基地为上汽大通MAXUS的房车专业工厂,产能超过2.5万辆/年。同时,上汽大通于2017年开始陆续在上海、北京、广州、深圳、苏州、无锡、杭州、长沙、西安等大中城市成立直营4S店。

上汽大通坚持"科技、信赖、进取"的品牌核心价值,在汽车行业中开创了C2B业务模式,通过与用户在整条价值链上进行实时、在线的透明互联,开展个性化产品定制、智能化制造等,创新变革业务模式和商业模式,致力于成为"用户驱动,提供具有全球竞争力的汽车产品和生活服务,为用户创造价值"的跨界车企。

第二节 上汽大通财务信息化现状

从2015年开始,上汽大通开始探索财务数字化转型,推进财务工作数智化、平台化进程,积极创新尝试,至2020年成功搭建了涵盖供应商直连对账平台、电子报销平台、客户直连平台、固定资产在线管理、预算管理平台、内部往来及总账对账平台、大网银资金管理等平台、面向C端电商平台等一体化的财务信息化平台,强化了公司统一管控,推动财务转型,加强了风险控制,以预算管理、资金管理、风险管理、内部控制、战略决策支持等财务管理活动为核心,实现了核算、预算、分析、控制、决策和监督等财务管理功能。上汽大通初步形成财务共享运营中心1.0版本,降低了以往财务工作所需的人力与经营成本,提升了经营考核评价体系的透明化程度,助力公司经营管理的精细化提升,辅助战略决策,发挥了财务价值创造的作用。图5-2展示了上汽大通财务信息化中台架构。

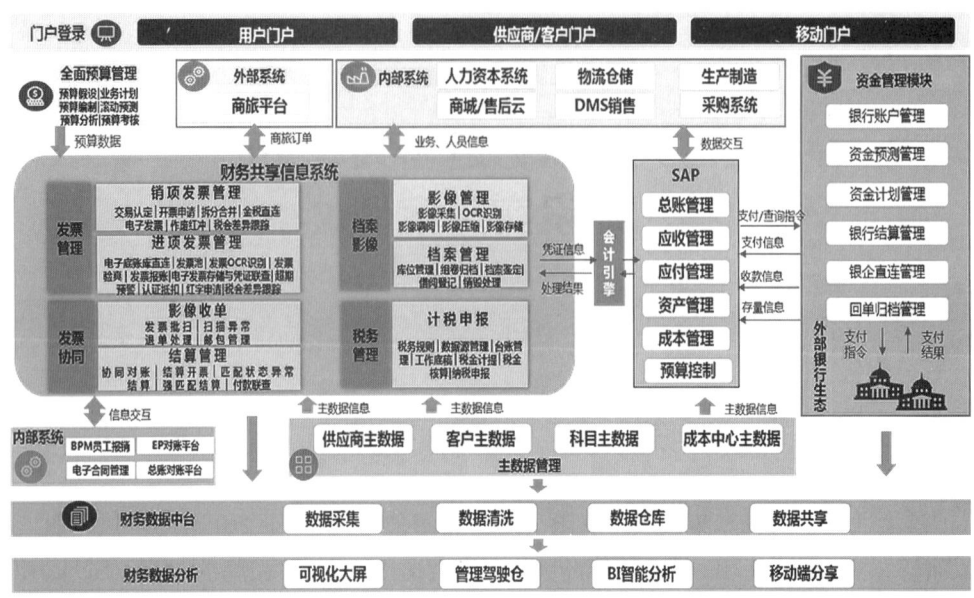

图 5-2 上汽大通财务信息化中台架构

一、上汽大通财务信息化进程

上汽大通财务信息化系统自 2011 年成立以来历经 4 个阶段发展：电算化+手工化、业务系统在线化、集成化+自动化、数字化+智能化。财务运营管理也跟随业务系统不断迭代同步调整，分别历经了区域化管理、一体化管理、客户直连管理、中心化管理、柔性共享精细管控五个阶段，如图 5-3 所示。

图 5-3 财务运营共享中心发展进程

财务共享运营共享中心 1.0 的搭建，实现了上汽大通各分子公司用户（员工、供应商、客户、经销商等）直连化、业务流程标准化、管理一体化、数据共享化，运行过程中仍存在下问题：①各关联业务系统未形成高效集成，业务流未完全打通，部分业务仍需人为干预，易导致业务失控。②各关联业务系统主数据口径不统一，数据清洗、数据分析工作量大，导致公司各业务部门数据分析口径不一致。③应收业务存在大量手工开票、寄送发票的情况。④档案归档仍手工处理等。基于以上问题,上汽大通2021年初开始筹划升级共享运营中心2.0版。

二、上汽大通财务共享运营中心2.0项目背景及整体需求概述

(一) 国家财税政策带来的税务风险变化

"后营改增"深入变革、"金税三期"全面升级、"互联网+税务"持续推进,企业税务外部环境产生极大变化,企业管理从被动接受期进入主动实践期,尤其体现在上下游开票协同、风险管控、税局认证、税票匹配等方面。图5-4展示了"后营改增"时代企业财税面临的政策环境。

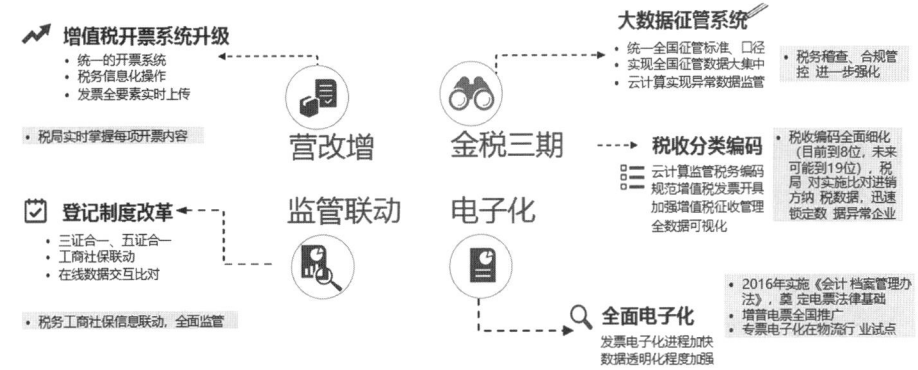

图5-4 "后营改增"时代企业财税面临的政策环境

(二) 全面电子化后的财务税务管理机遇

1. 业务范围变化

传统的作业类工作向智能化(规则引擎自动化、人工智能、B2B对接)转型,以最大限度提高效率、降低成本;传统的作业类工作扩大至全业务主体、全业务范围,以获得全企业最完善的财务数据信息,提升信息质量、数据获取时效;增加管理支持类工作,财务共享获取到的数据是提高财务共享价值的关键;此外,财务共享是与业务的第一接触点,财务共享具有对企业经营风险管理的有利条件。

2. 组织发展变化

财务共享内部组织朝着虚拟网络的组织管理模式和流程Owner制方向发展,实现组织的扁平化管理,提高组织运营效率;财务共享与总部财务、业务财务联系更紧密,必须通力合作才能共享更多价值。

3. 人员职能转变

财务共享需要高级规则制定者、业财融合者、数据分析者、风险管理者。无论是受技术还是运营模式的影响,传统的执行者将慢慢消失。

(三) 财税现状

图5-5展示了上汽大通面临的业财税现状,从中可以看出,只有不断升级财务运营共享中心,才能解决企业面临的业财税管理难题。

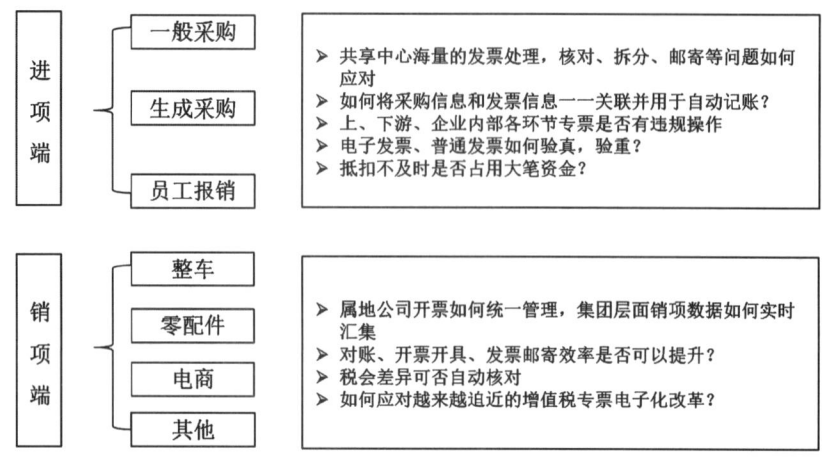

图 5-5 业财税现状

(四) 上汽大通各分子公司税务管理现状

1. 标准不统一、信息不对称、缺乏及时机制

集团各公司之间业、财、税核算口径不统一,导致统计数据无法实时汇总;信息不对称,缺乏及时沟通机制,导致数据提交时点不统一,影响集团整体工作效能。

2. 缺乏财税一体管理平台

集团缺乏财税一体化的进销项管理平台,没有从企业集团的全局性战略出发,对整个集团的经营活动中的涉税行为进行统一管理,以提升效率,实现集团效益最大化。

3. 缺乏系统化、信息化的税收风险防范体系

缺乏系统化的税务风险防范体系,不能形成快速的税务预警系统,不能做到对筹划过程中存在的风险进行实时跟踪和监控,不能做到事前有分析、事中有落实、事后有反馈。

第三节 上汽大通财务运营共享中心 2.0 建设的目标

上汽大通基于财务共享运营中心 1.0 的不足和企业面临的管理现状,旨在建设上汽大通财务共享运营中心 2.0,依托 C2B 建设基础,整合面向 C 端的业务(新零售、云服务、网上商城),结合财务数据化前期准备工作,利用专票电子化全面推广的机会,建设大通财务运营共享中心 2.0,实现财务运营、数据、分析、报表及共享服务的一体化,迭代传统财务功能(费用报销、应收应付、纳税、资金等的集中管理),做到数据穿透、风险管控、提升财务运营效率。平台建设的主要目标如下。

(1) 结合国家金税 3 期全面电子税务发票管理的推进,为上汽大通分子公司、商用车板块及上下游(供应链,经销商)提供发票管理、税务管理、纳税申报、清结算、资金支付集中管理、对账平台、银企直连等数字化服务及业务支持,提升效率,加强业务链整体管控,赋能业务伙伴;升级迭代上汽大通电子报销流程和系统,迭代供应商直连平台发票采集及认证等,提升业务效率。

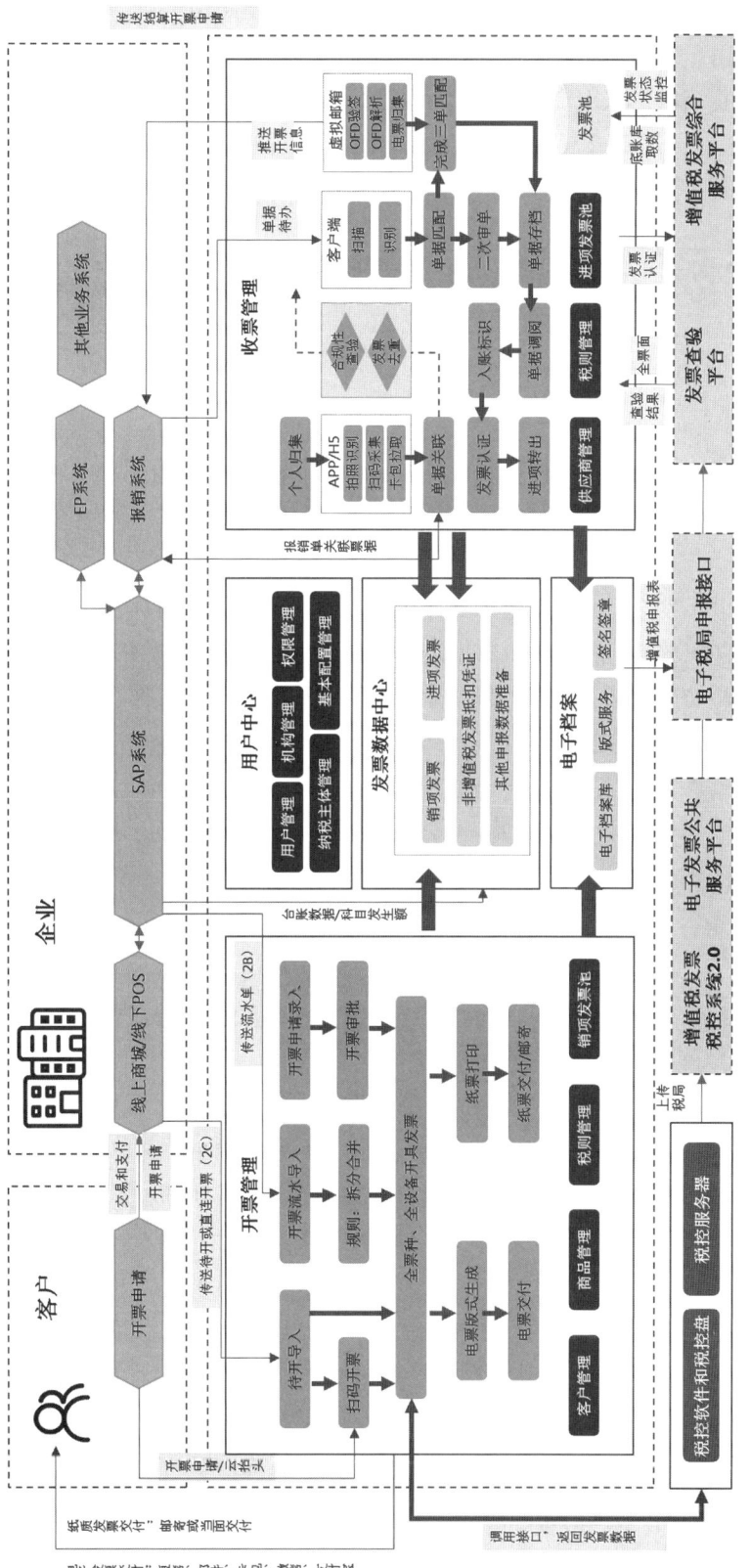

图5-6 业财税一体化管理解决方案架构

（2）在运营过程中提升专业咨询服务能力，沉淀业务数据，创造数据价值；在服务过程中创造更多的业务创新机会，建立面向 C 端运营的财务平台共享运营能力。利用人工智能、云计算、大数据、移动 OCR 等数字技术，改变现有业务处理观念，构建全程电子化业务处理，规避财务风险。图 5-6 展示了上汽大通拟建设的业财税一体化管理解决方案架构。

第四节　上汽大通财务运营共享中心 2.0 建设路径

一、销项业财税一体化解决方案

（一）销项管理业务痛点

（1）单机版开票缺陷：开票单机版软件升级繁琐，开票不能集中管理。

（2）开票自动化程度低：拆分合并人工处理，数据处理效率低，无开票预览功能，打出后才可确认对错。

（3）不支持电子发票开具：只能开具开纸质普通发票，不能开具电子发票。

（4）报表功能较弱：不能对开票数据进行统计汇总，无销项发票状态跟踪表。

（5）预警提醒功能较弱：无空白票和余票预警，无重复开票校验，无固定常规客户开票提醒、新增客户信息自动化同步提醒。

（6）配置功能较弱：SAP 系统数据获取需要配置功能，如商品编码与税收分类编码自动匹配功能以及个性化开票模板配置功能。

（二）销项管理需求

实现税务处理合规、自动，降低税务人员工作量，提升效率，支撑税务转型及税务风险分析。

（1）销项管理标准化：实现流程、制度、岗位统一化、标准化、合规化，确保财务信息的真实性、可靠性、准确性。

（2）运维简单化：通过模块化、流程化的销项管理，对内应对管理变化，对外应对政策变化，建立集中的升级管理能力，为集团企业快速扩张、多板块运营提供系统支撑。

（3）发票数字化：支持应对税务数字化政策趋势发票数据的电子化归档及查询。

（4）流程透明化：支持开票、对账、入账、快递、查验、认证、付款等过程全部透明化。

（5）财税智能化：通过可视化流程，加快从提交单据到资金结算的处理时间；通过自动化手段实现凭证、发票、税务自动处理。

（6）风险自动化：实时监控集团各级公司发票开具情况，税务风险自动分析和推送。

（三）新销项纸电混合方案

新销项纸电混合方案如图 5-7 所示。

（四）端到端的开具及抄报集中管理

集中化开票流程示意图如图 5-8 所示。

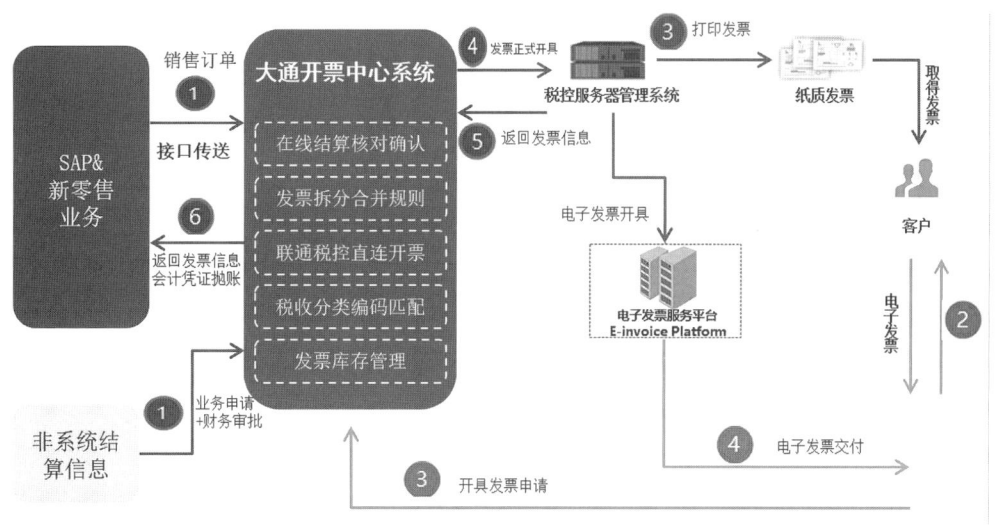

图 5-7　新销项纸电混合方案

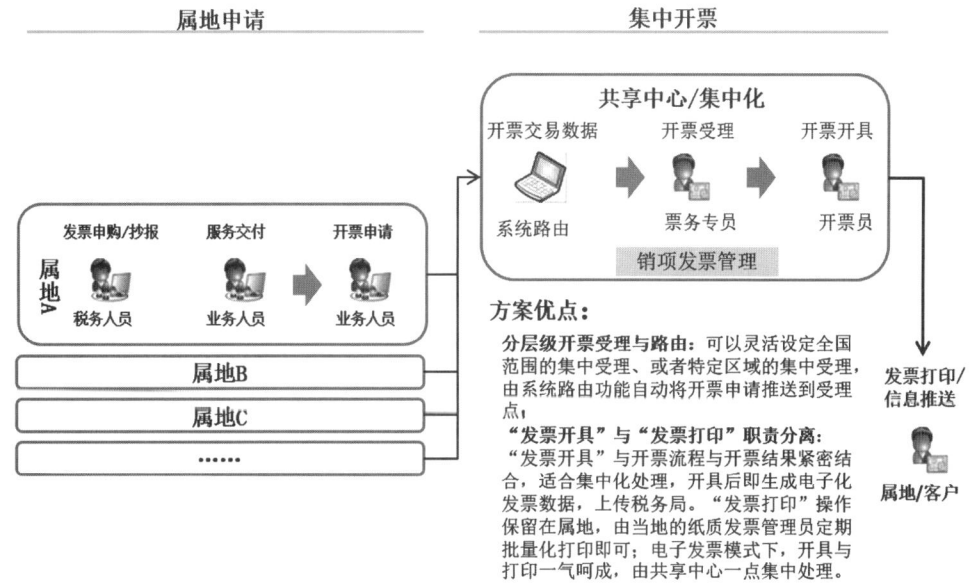

图 5-8　共享中心/集中化开票

(五) 其他管理功能

其他管理功能包括以下内容。①发票库存预警：警戒值设定,低于安全值微信预警,加强监管；通过接口调用,对分散部署的税控盘是否在线进行监控；②报表实时在线统计：多维度发票查询、发票统计、已开票数据统计等；③监控风险情况：已开发票监控、空白发票监控、风险管理；④发票交付及系统权限管理。

(六) 销项发票管理收益

电子发票的应用节约了 80% 开票成本,开票时间缩短至平均 1 分钟/张。具体的销项发票管理收益如图 5-9 所示。

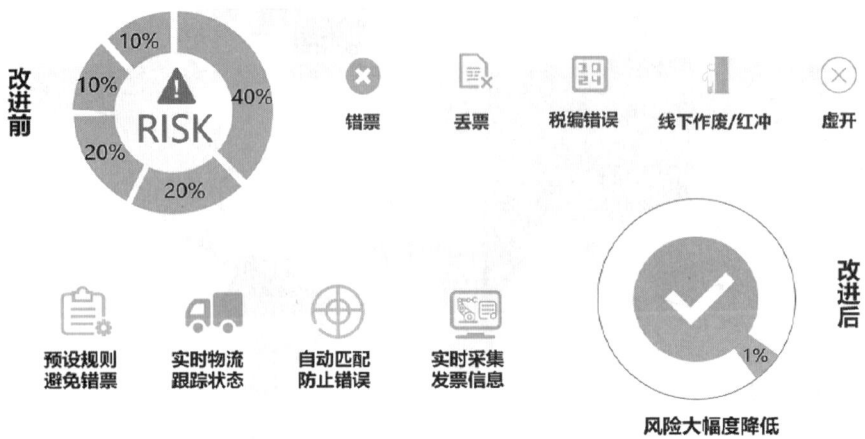

图 5-9 销项发票管理收益图

二、进项业财税一体化解决方案

（一）进项管理业务痛点

（1）供应商线下开票：手工开票金额、税额容易产生尾差；手工开票明细行多、效率较低。

（2）人工配单审核作业多：人工核对，金额、税额均依靠肉眼审核，工作量大；业务及财务重复审核同一发票。

（3）发票归档麻烦：需分公司单独管理存储；纸质发票需要来回传递，无发票影像关联存储，事后管理均需寻找纸质凭证。

（4）发票认证复杂：仅可单屏操作一家税号，不同公司需要插拔硬件后切换账号登录。

（5）报表功能匮乏：税会差异及后续管理全凭人工台账管理；无法实时获取全集团进项统计汇总表，税务管理效率较低。

（6）线下作业：系统脱节，完全依靠人工录入衔接；其他发票信息依赖人工采集；容易产生逆流程环节，耗费多倍精力。

（二）进项业财税管理需求

进项业财税管理需求为：实现全生命周期进项管理，支持集团分级管理。全生命周期进项管理流程如图 5-10 所示。

（三）建设进项发票池赋能财务共享服务

（1）发票采集：直采技术，全票种、全票面；二维码/扫描仪扫描采集。

（2）发票查验：校验发票真伪，验真信息挂接；OA 系统、SAP 系统；全量发票池自动筛查重复；自定义规则，进行合规性检查。

（3）应用：业务系统关联引用发票池数据，并可以回写业务属性：成本类、物资采购类、工程项目类、费用类等；发票校验编号、校验日期；付款编号、付款日期。

（4）入账：回写凭证编号、入账日期。

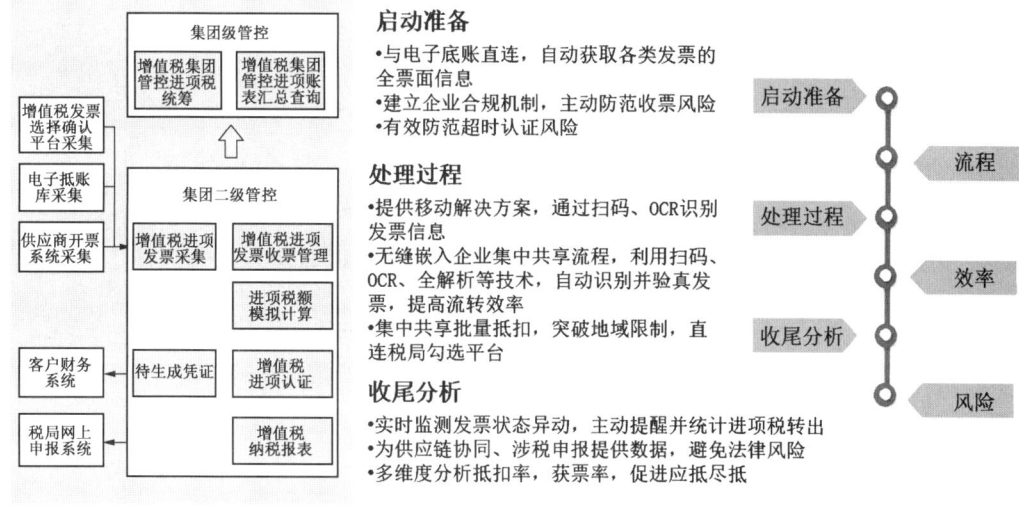

图 5-10　全生命周期进项管理

（5）核对：发票与财务核对；发票与业务核对。

（6）抵扣认证：认证数据自动筛选；直连认证、支持认证清单；导出（全票面信息）；认证状态维护；抵扣提醒。

(四) 整合共享管理，实现业财税一体化

上汽大通财务运营共享中心 2.0 业财税一体化管理流程如图 5-11 所示。

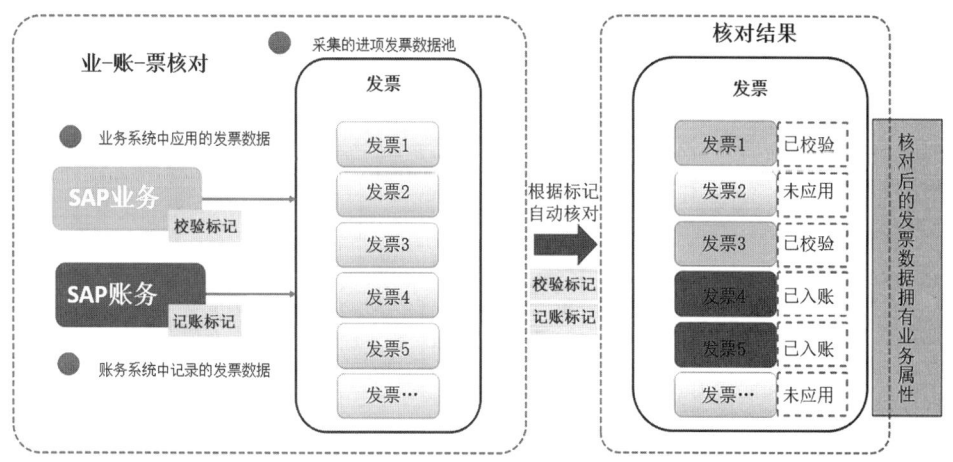

图 5-11　业财税一体化管理流程

(五) 供应商平台直连开票流程方案

上汽大通财务运营共享中心 2.0 供应商平台直连开票流程如图 5-12 所示。

(六) 报销业务流程方案

上汽大通财务运营共享中心 2.0 报销系统流程如图 5-13 所示。

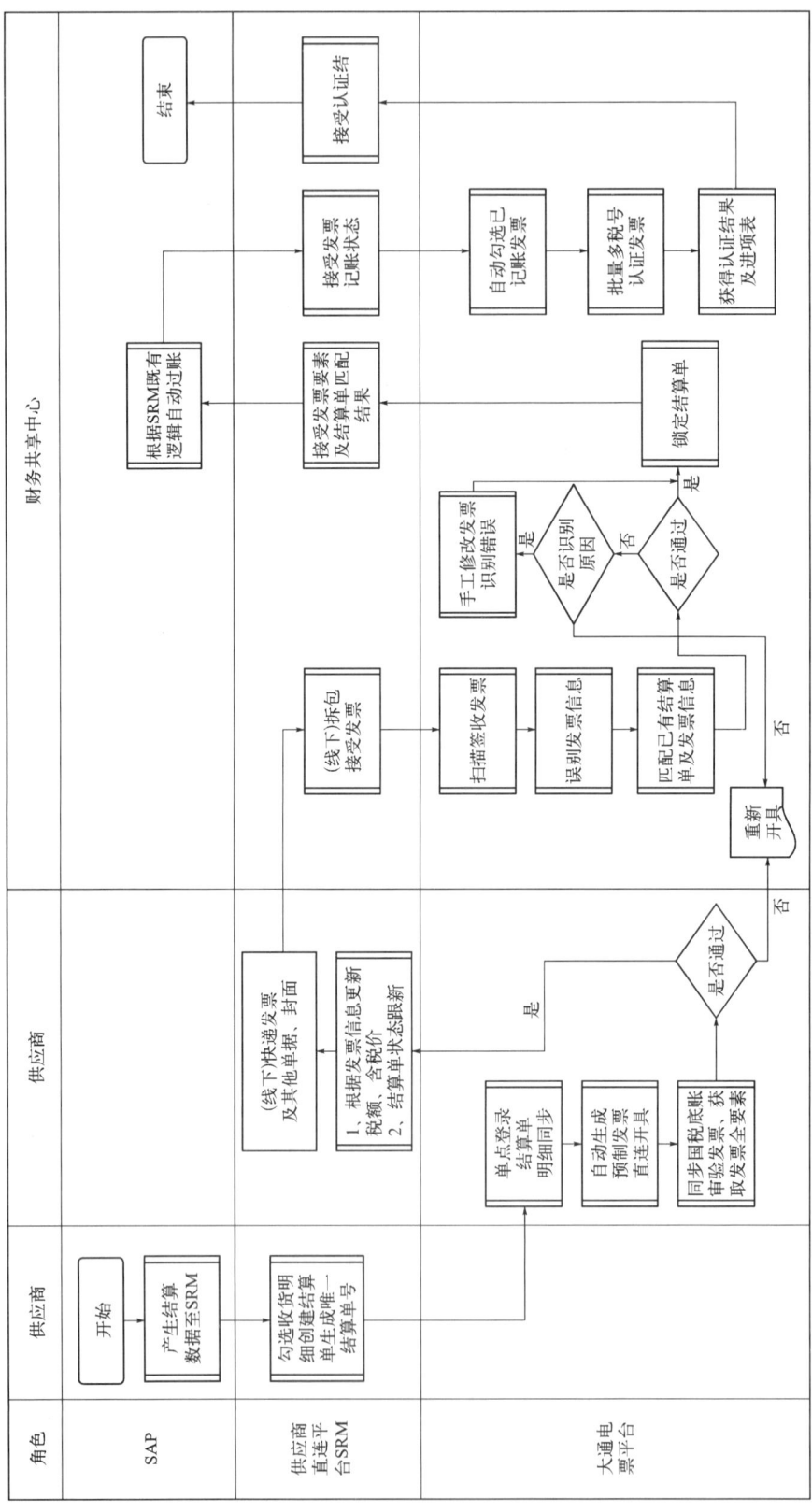

图 5-12 供应商直连平台流程图

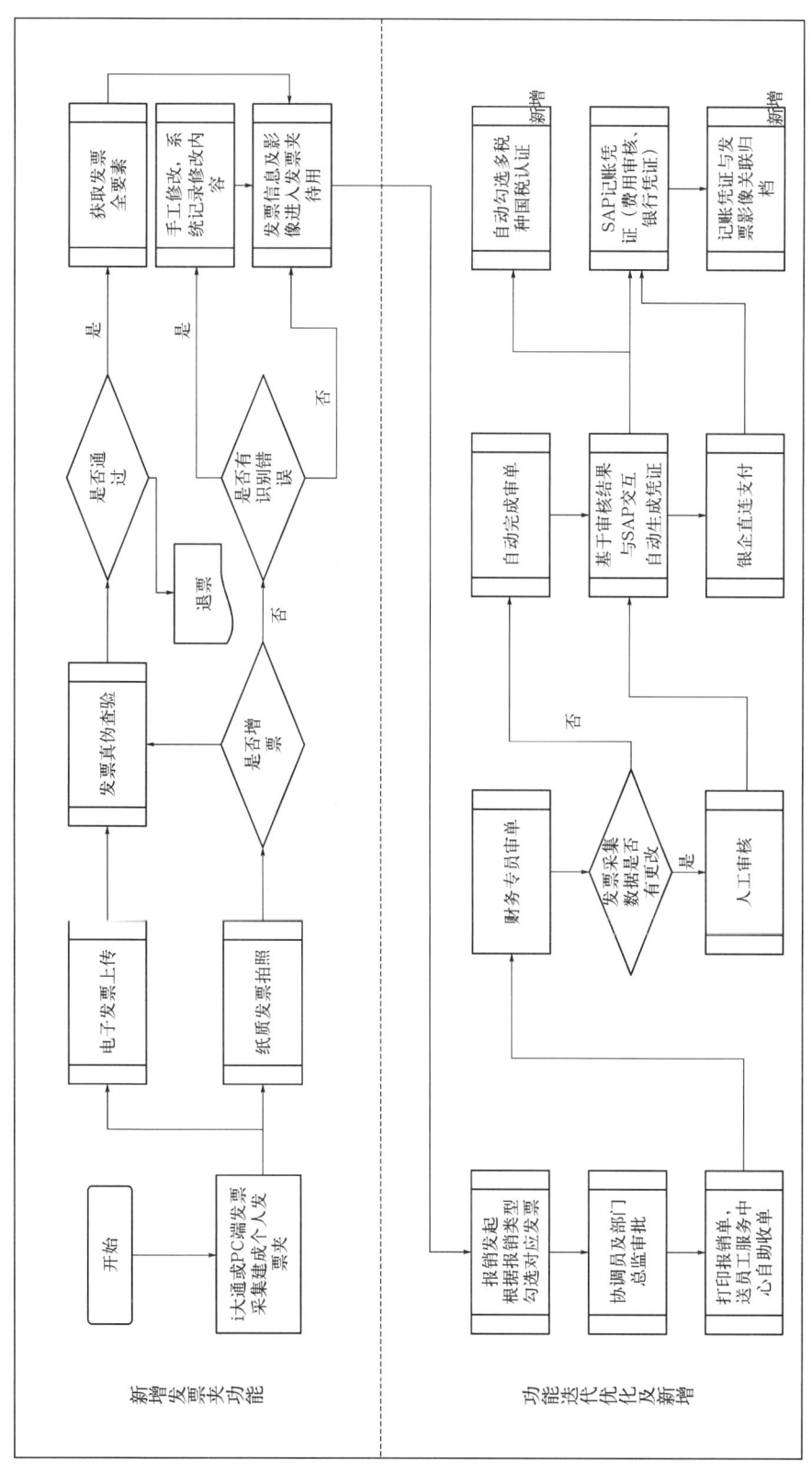

图 5-13 报销系统流程图

(七) App 发票夹——全发票采集

上汽大通财务运营共享中心 2.0App 发票夹发票采集流程如下：①发票采集：电子发票直接导入，纸质发票一键识别；②生成费用：通过发票生成费用，自动填充关键字段；③验真和查重：增值税发票无须在国税网站手工查验，避免虚假发票和重复报销。图 5-14 显示了 OCR 发票采集及验真流程。

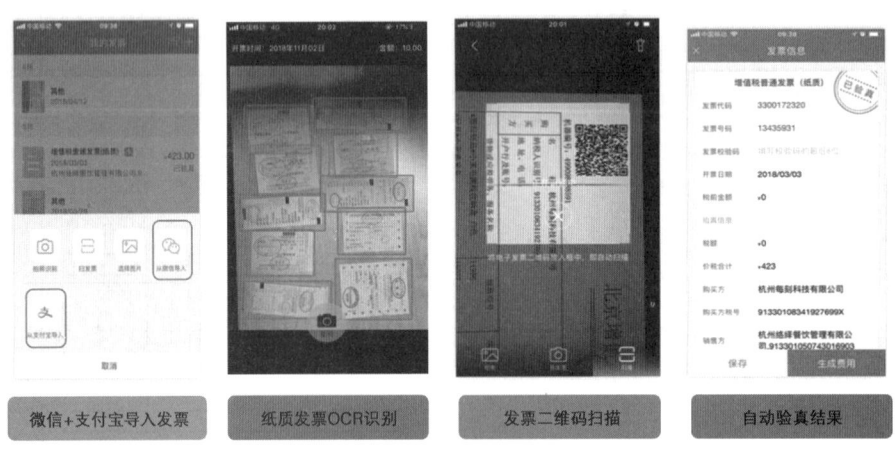

图 5-14　OCR 发票采集及验真

(八) 集团增值税发票池——全票面发票信息池

上汽大通财务运营共享中心 2.0 通过国家税务总局正规渠道获取全票面数据。①专用发票：与增值税发票选择确认平台对接，在企业授权前提下，为各级税号定期(T+1)同步获得专票全票面数据。②普通发票、电子发票：针对增值税普通发票、增值税电子普通发票、卷式普通发票等，可提供发票全票面信息。③其他特殊发票：如海关增值税发票等。

(九) 发票采集管理——智能合规服务

上汽大通财务运营共享 2.0 发票采集的智能合规服务如图 5-15 所示。

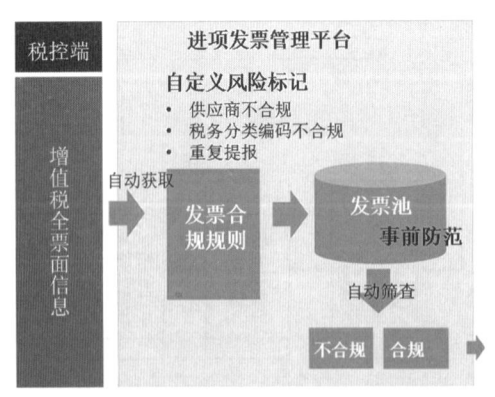
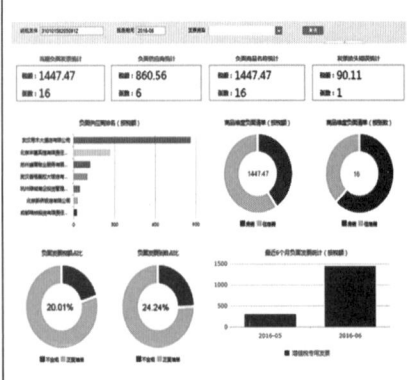

图 5-15　发票采集管理——智能合规服务

(十) 全生命周期状态管理

对进项发票全生命周期状态实时监控管理。①发票查验：查验发票真伪，获取发票全票面；对接税局，进行发票真伪验证，并获取发票的全票面信息。②查询报销是否合规，规避税务风险：对接税局企业黑名单、企业录入黑名单及商品黑名单，对收到的发票进行合规性查验。③灵活的发票认证方式，快速认证：手动勾选抵扣、扫描勾选抵扣，借助扫码枪可实现快速勾选，大大减少人工操作。④多种监控管理方式，有效防范税务风险：开票规则＋商品及企业黑名单＋发票异常状态等异常监控和预警。⑤多维度财税管理及申报支持。

(十一) 发票认证管理——批量自动抵扣

上汽大通财务运营共享2.0进项发票认证流程如图5-16所示。

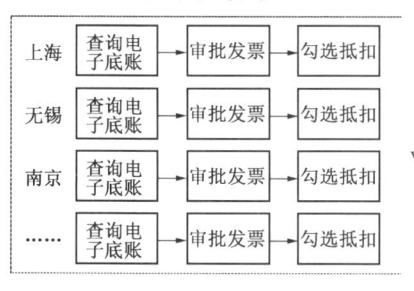
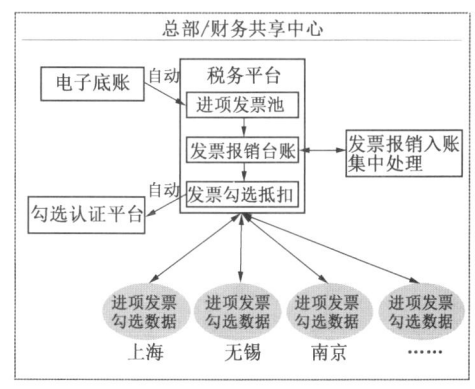

图 5-16　进项发票认证流程

(十二) 进项管理方案先后对比

上汽大通进项管理方案先后对比如图5-17所示。

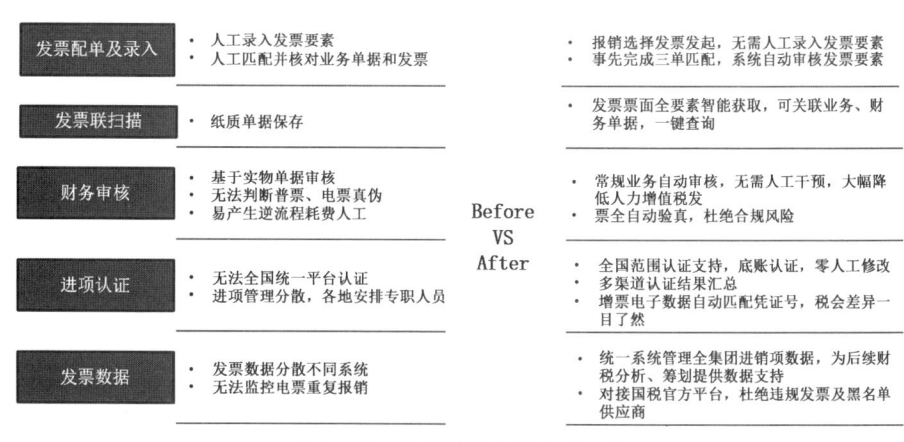

图 5-17　进项管理方案先后对比

(十三) 进项管理方案效率提升

上汽大通进项管理方案效率先后对比如图5-18所示。

图 5-18 进项管理方案效率先后对比

(十四)进项业财税管理方案带来的收益

上汽大通财务运营共享中心 2.0 相较 1.0 实现的进项管理方案优化收益如图 5-19 所示。

图 5-19 进项管理方案优化收益

三、上汽大通财务共享运营中心 C 端应用

(一)售后云服务的项目背景

(1) 差异化竞争驱动:汽车市场同质化竞争日益激烈,建立基于产品整个生命周期运营的新服务体系,通过云服务提升用户体验,可实现差异化竞争。

(2) 个性化需求驱动:客户的需求趋于个性化、多样化,传统的"客—店—厂"线性管理模式无法高效快速响应客户需求。

(3) 定制化基因特质:上汽大通 C2B 的定制化基因与市场化改装需求,让车型本身配置比一般乘用车更加丰富与复杂,用户急需 24 小时在线沟通渠道。

(4) 数据经济时代背景:大数据时代,数据即价值。售后云服务通过车主直连,打造数据化车主运营体系,实现基于数据的线上和线下一体化用户运营,增加用户价值。

(二)售后云服务业务特色

(1) 提升用户体验:云服务平台可提供 7×24 小时在线咨询、预约保养零等待、线上快速故障诊断、服务过程状态透明、上门取送车等服务。云服务在线订单管理架构如图 5-20 所示。

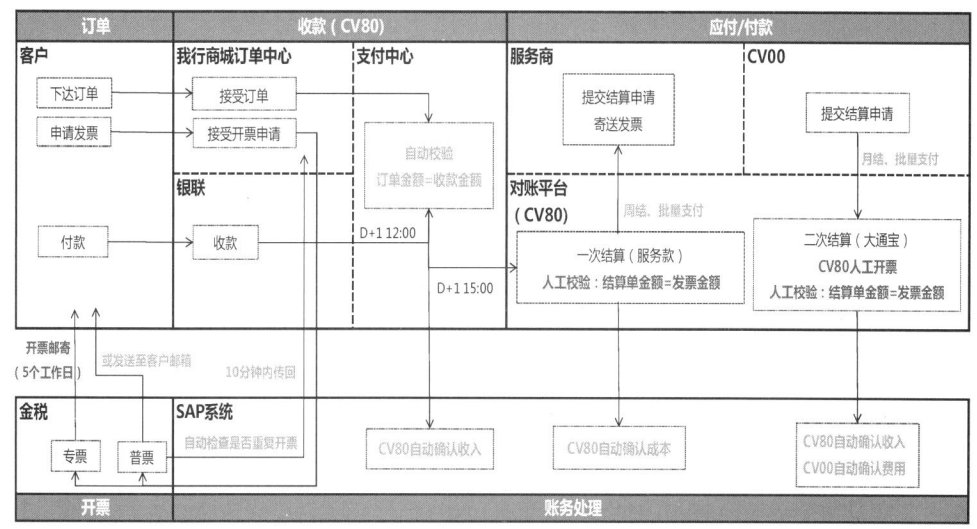

图 5-20　云服务在线订单管理架构图

（2）配件供应管理：云管家远程诊断车辆故障，多渠道调拨配件资源，配件供应过程对用户实时透明，及时告知用户到货信息并提醒进站，避免重复进站。

（3）技术供应管理：服务商维修人员、云服务管家、中后台人员通过企业微信全天候在线，快速响应维修技术问题，缩短故障诊断周期；累积维修案例数据库，赋能服务商，提升一次修复率。

（4）用户数据管理：通过分析用户历史进站数据，洞察用户进站习惯，形成精确的服务 leads 下发至渠道，提升用户预约及回厂率；通过用户在线评价，收集用户真实满意度与服务关注点，持续完善服务体验与流程体系。

（三）售后云服务财务系统自动化

售后云服务利用财务共享中心系统自动化功能，实现了包括订单、收款、入账、开票、对账等一系列自动化管理，大大提高了组织效率和用户体验。

第五节　上汽大通财务运营共享中心 C 端应用：大通销售公司

上汽大通财务运营共享中心利用人工智能、云计算、大数据、移动 OCR 等数字技术，改变现有业务处理观念，降低以往财务工作所需的人力与经营成本，提升经营考核评价体系的透明度，助力经营管理的精细化提升，辅助战略决策，发挥了财务价值创造的作用。

对于销售公司下设全国各地的直营 4S 店，财务运营共享中心可以借助本部现有成熟的财务自动化核算体系，加快 C 端工作体系的搭建。

在销售公司本部层面，可以借助手机端/PC端在线数字化财务数据对直营店财务进行管控。比如，在平台上实时更新包含当月收入完成情况、当月平均销售价格、销量结构、售后产值等信息的日报，以及包含经营报表、ROE分析、销售折扣分析、返利点数、应收账款、库存账龄分析的月报；通过搭建在线交易系统、完善在线折扣审批等流程，执行严格的价格及资金管控；通过系统化流程化管控等措施，共享财务平台中心的日报在线数据，进行过程化风险预警，支持直营店及时进行经营改善工作，从而实现集团化统一标准管理。

在直营4S店财务层面，随着数据化进程推进，可以逐步精简财务人员，由平均1.5人/店精简至1人/店。此外，可以采取大区化管理的形式划分片区，精选优秀财务经理，安排单个片区由1~2人管理4~5家直营店。这将使组织效率得到提升，直营店财务的分析管控得到加强。与此同时，可在财务运营中心平台发布共享直营店日常财务工作白皮书、培训资料等，避免出现人员流动导致直营店财务长期不熟悉工作体系的情况。

具体到销售公司在线交易流程来看，财务运营中心可以结合PAD报价、银企直联、SAP、电子开票平台、新营销系统等一系列数字化工具，优化销售公司的运营。例如，借助财务共享运营中心，直营4S店销售整车业务可以优化为以下几个流程：在线报价、折扣审批、在线订单/合同、收款入账、电子开票、订单数据归集。"折扣审批"流程可以设置3个审批节点：销售经理、店总、销售子公司总经理。严格执行"一店一车型一策"，限价由店总确认签字，财务输入维护，并在平台中设置警戒线，提醒限价的合理性，警戒线标准为本部发布的商务政策，实现远程监控。

而在生成订单的同时，平台可以归集每个订单相关的销售折扣、收款、开票等信息，并最终以日报、周报形式，实时展示在每个订单上，相关人员据此进行订单跟踪。图5-21展示的是4S店在线交易架构图。

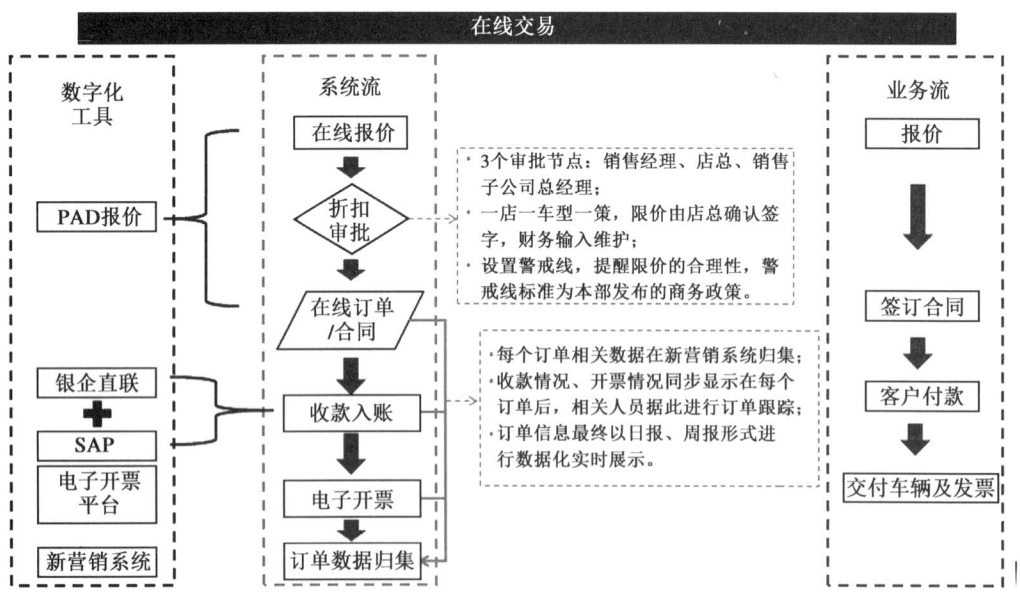

图5-21　4S店在线交易架构图

上汽大通财务共享运营中心可以使得销售公司本部人员有更多的时间专注于分析管控工作,高效支持直营店并同时进行严密管控,形成大通本部、销售公司本部、直营店财务高效互动的模式,大大地提高了销售公司及其子公司的运营效率。

第六节　上汽大通财务共享运营中心 2.0 的组织变革

上汽大通财务部通过借鉴全球共享运营最佳实践经验,搭建了财务共享中心的运作平台,初步完成了财务共享服务中心的组织、人员和信息平台的搭建工作。

(1)梳理共享中心的组织结构和岗位设置。共享服务中心根据交易处理特性及业务循环实现流程的"端到端"管理。在财务共享实施过程中,我们通过发放调查问卷、与相关人员访谈等方式,明确每个中心及每个岗位的职责及分工,并按业务效率定岗定编,将共享服务中心打造成为一个开放的、工序间定期轮换的、专业化的财务核算组织,各中心根据职责及服务水平为事业单元提供财务核算服务。各岗位按照统一的操作手册和标准进行操作,同一交易事项在同一组织内按照统一的标准化流程进行规范处理,真正实现共享中心的经济规模效应、协同效应。

(2)统一系统平台,提升运营效率。通过流程再造及快速迭代优化,有效提高共享中心相关交易处理的高效和准确性,供应商直连对账平台、电子报销平台、客户直连平台、固定资产在线管理、预算管理平台、内部往来及总账对账平台、大网银资金管理等平台、面向 C 端电商平台等一体化的财务信息化平台搭建,打通财务与业务部门"隔音墙",架起财务与各部门的"连心桥",为企业的经营决策保驾护航。

(3)业务流程标准化。实现上汽大通在册 58 家分子公司财务业务流程标准化管理,2021 年新增的 30 家直营 4S 店,实现在 2 个月内系统及流程全覆盖,为上汽大通业务的快速扩张提供了坚实基础。

(4)管理一体化。大通各在册分子公司应收、应付、资金、预算、总账等板块实现一体化管理,提高了工作效率和效益,降低了人力物力成本,各部门在同一目标下密切合作,提高了企业的整体绩效。

第七节　上汽大通财务共享运营中心 2.0 的人才培养

共享服务这种全新的管理模式,需要一支高精尖的专业化财务核算队伍。为提升人员的专业技能和管理技能,上汽大通通过引进外部专家和共享服务中心内部互动培训的方式,对员工进行全方位的技能培训,培训内容包括信息化系统、岗位技能、核算流程、财务核算技能、税务风险等。在提高员工操作技能和专业技能的前提下,公司有效保证了共享服务及时、准确的服务理念。公司财务共享运营中心实现了财务职能由交易处理向决策支持转变,实现了财务核算的标准化、低风险、高效率,使财务能够更加专注于实现高增值的财务决策支持服务,并提升风险管控水平。下一阶段,我们将更加致力于将共享服务中心打造成国内一流的开放式的外包的核算化工厂,成为业界的风向标,为企业持续健康发展贡献力量。

第五章

结 论 与 展 望

上汽大通在建设财务运营共享中心的同时,在运营过程中提升专业咨询服务能力,沉淀业务数据,创造数据价值,在服务过程中创造更多的业务创新机会,建立面向 C 端运营的财务平台共享运营能力。

上汽大通财务运营中心未来推进和完善方向如下。

(1) 流程的柔性化和自动化。即财务共享服务中心的服务流程将从当前仅支持标准化、规范化工作,主要服务客户共性需求的"刚性"流程,逐步向支持灵活性、可扩展性工作,向服务客户个性需求的"柔性"流程方向发展。

随着机器人流程自动化(robotic process automation,RPA)技术的逐渐成熟,共享流程的处理会加速向自动化方向发展。在可预计的未来,财务共享中心的常规工作岗位将被财务机器人程序替代,财务共享中心最终会演变成财务自动化工厂。当然,柔性化和自动化的方向并非一致,柔性化的需求将会增加自动化的难度。

(2) 岗位的虚拟化和碎片化。鉴于财务工作的复杂性,完全取消人类操作岗位的设计既不可取(考虑社会问题),短期内似乎也不可能实现(考虑技术问题)。因此,FSSC 中的人类岗位还会在较长时间内存在。尽管如此,由于互联网技术的飞速发展,FSSC 中心的集中办公模式将会被虚拟办公模式取代,员工可以在不同的城市办公,甚至在飞机、火车、汽车等交通工具上移动办公,这将会使财务共享服务中心的岗位呈现虚拟化和碎片化的趋势,而这从某种程度上会改变 FSSC 的内部管理方式。

(3) 运营的外包化和众包化。由于共享中心的岗位任务定义越来越清晰,以及岗位越来越虚拟化,共享中心的部分工作完全可以整体外包给其他组织和个人,或可采用众包的方式,将共享中心的任务分解后,以自由自愿的形式外包给大众网络成员完成。即未来财务共享中心的任务并不一定完全由本中心的自有员工完成,这就意味着财务共享服务中心的组织边界将会呈现模糊化、动态化的特点。这种外包或分包模式将会给共享中心的内部管理,特别是质量管理、风险控制等带来挑战。

(4) 平台的集成化和云端化。在日常的交流中,我们曾收集过一些对财务共享服务模式发展的不同观点,一个典型的观点是:财务共享与业财融合的发展趋势实际上是背道而驰的,因为财务共享虽然强调将企业的财务管理职能剥离给专业的 FSSC 管理,但事实上一些基层企业的财务信息系统与业务信息系统已有较深的融合,剥离的结果就会降低甚至失去已有的融合性。

为了解决专业性和融合性的矛盾,财务共享中心平台必须将自己的信息系统作为企业整体信息系统的有机组成部分,必须和企业外部的环境系统进行有机的集成。有效的解决方式是，将 FSSC 信息系统和各分子公司的 ERP 系统整体迁移到云上，借助于云平台来交换业务和财务信息，以及内部和外部的信息。

（5）服务的一体化和融合化。一体化和融合化是指多种共享中心（财务共享服务中心、人力资源共享中心、法律服务共享中心、信息技术共享中心、客户共享服务中心等）的集成和融合。

随着共享中心发展的深入，一方面，财务共享中心与其他共享中心从多共享中心演变成单个综合中心的趋势越来越为明显；另一方面，财务共享中心的服务内容除传统的交易性流程工作（如应收、应付、资产、费用报销、现金、总账管理等）之外，正在延伸到更多的高价值流程工作（如计划分析、全面预算、税收筹划、资金运作、风险管理、公司治理、投融资管理等），而这些高价值流程工作更多需要与管理会计和业务的融合。

参考文献

[1] ROBERT G, DAVID P C, ROBERT F, et al. Shared services: major companies are re-engineering their accounting functions[J]. Management Accounting, 1993, (11): 22.

[2] MOLLER P. Implementing shared service in europe[J]. Treasury Management International. 1997, 6(7): 120-123.

[3] SCHULMAN D S, MARTIN J H, JOHN R D, et al. Shared services: adding value to the business units[M]. New York: Wiley, 1999.

[4] BRYAN B, Essentials of shared services[M]. New Jersey: John Wiley&Sons, 2003.

[5] 刘婷媛. 企业财务共享服务管理模式探讨[J]. 财会研究, 2007(2): 40-41.

[6] 陈虎,董皓. 财务共享服务[M]. 北京: 中国财政经济出版社, 2008.

[7] 刘东. A 集团财务共享服务中心运营优化研究[D]. 苏州: 苏州大学, 2016.

[8] JAMIE L, DEBORAH K. 共享服务和外包共促财务转型[J]. 首席财务官, 2012(5): 60-63.

[9] 王军萍. 东方核电集团公司财务共享服务中心构建研究[D]. 兰州: 兰州大学, 2015.

[10] 张春霞. DH 公司财务共享服务中心的运行和改进研究[D]. 杭州: 杭州电子科技大学, 2014.

[11] IOAN P, DIANA C. Specific models for romanian companies-finance shared services[J]. Procedia-Social and Behavioral Sciences, 2016(221): 20-26.

[12] BARBARA E Q. Shared services: mining for corporate gold[M]. London: Pearson, 1998.

[13] 张瑞君, 陈虎, 胡光耀, 等. 共享服务模式研究及实践[J]. 管理案例研究与评论, 2008, (3): 19-27.

[14] 段培阳. 财务共享服务中心的典型案例分析与研究[J]. 金融会计, 2009(9): 21-26.

[15] 何瑛. 我国企业公司实施财务共享服务的关键因素的实证研究[J]. 会计研究, 2013(03): 27-32.

[16] 黄庆华, 杜舟, 段万春, 等. 财务共享服务中心模式探究[J]. 经济问题, 2014(7): 108-112.

[17] 张庆龙. 财务共享服务中心的优势及局限性[J]. 中国注册会计师, 2017(11): 114-116.

[18] 秦荣生. 我国财务共享服务的发展趋势[J]. 财会月刊, 2015(19): 3-5.

[19] 钟敏华. 从财务共享到业财融合: 广州地铁实践案例的探讨[J]. 当代会计, 2017(5): 29-30.

[20] 陆定国. 有关会计"转型"之我见[J]. 财会理论研究, 1998(2): 14-16.

[21] 张庆龙, 财务共享服务中心实现问题与未来何去何从[J]. 会计研究, 2013, (10): 59-66, 97.

[22] 陈虎, 孙苗. 以共享服务为基础的价值创造的财务管理体系[J]. 财务与会计, 2011(7), 52-54.

专题研究报告六

业财融合下精细化财务管理探究
——排水公司"单泵站"财务管理体系构建

本专题研究报告为上海市会计学会 2021 年科研课题研究成果。

课题组成员

课题负责人：

  上海市城市排水有限公司 倪殷建

课题组其他成员：

  上海市城市排水有限公司 张宜玲 孙 彤 周婧瑜

               冯悦婷 冯慧娜 王小刚

第一章

导 论

第一节 研究背景

一、泵站的作用与地位

在社会经济高速发展的背景下,水资源已成为当今世界重要的战略性资源之一。作为水资源的唯一动力来源,泵站在水资源调度管理方面发挥着重要的工程作用。泵站通过将电能(或热能)转化成势能,肩负着区域性防洪、排涝、调水和供水的责任,在跨流域调水、农业灌溉、城乡供排水等方面为我国社会经济的可持续发展作了突出的贡献,在城市化进程中占据着非常重要的地位。随着科技的进步和国民经济的发展,城市对输配水、节水和排水的要求日益提高。1949年以来,我国泵站工程在技术上有了日新月异的发展,取得了世界瞩目的辉煌成就。例如,大规模跨流域的引水工程——"引滦入津"工程(全年引水量达到十亿立方米,共修建了4座大型泵站)、上海黄浦江上游引水工程,以及举世闻名的"南水北调"工程等工程的鲜明特征是长距离、大流量,通过多泵站联合运行。在市政工程中,泵站所提供的势能和压能,为在无自流条件下的水提供动力来源,是整个城市排水系统正常运转的枢纽。

泵站也是上海市城市排水有限公司(以下简称排水公司)最小的生产运行单元,在上海市中心城区排水工程中,承担着雨水防汛、城市生活污水、生产废水输送任务,即由城市各区域排水管网收集城市中的污水并送至泵站,由泵站加压送至污水处理厂,经一系列污水处理工艺后,由污水处理厂的泵站将处理合格的水送入江、海、河、湖。虽然泵站与其他水利建筑物不同,无须修建挡水和引水建筑物,受地形、地质等条件影响小,且对资源和环境几乎没有影响,具有相对投资小、工期短、灵活见效快、易实现自动化等优点,但泵站运行需要耗能,设备的维护和更新改造费用较高,其动力成本、检修和更新改造成本占总污水输送成本的80%以上。由此可见,泵站的能耗、运行效率和维护水平的高低是污水输送成本的决定性因素,泵站的优化管理与高效经济运行对公司生产运行成本的控制以及城市经济发展有着重要意义。

二、上海污水处理费制改革

我国于2015年3月起施行新的《污水处理费征收使用管理办法》。上海于2016年相应出台新的《上海市污水处理费征收使用管理实施办法》,将排水设施使用费(以下简称"排水费")调整为污水处理费。上海污水处理费制的改革主要体现为"三变三不变":

"三变"是指:首先,收费名称由原先向排水单位和个人征收的排水费更名为污水处理费;其次,收费主体从原先由企业征收改为由政府征收,污水处理费属于政府非税收入,全额上缴上海市地方国库;再次,使用管理方式由企业自收自支改为实行"收支两条线"管理,所收取的污水处理费纳入政府性基金预算管理,污水处理费不能保障城镇污水处理设施正常运行的,由同级财政部门给予补贴。

"三不变"则是指:首先,征收标准不变,继续按原排水费计收标准执行;其次,计费方式不变、征收范围不变,继续按原排水费计费方式计征,即应缴纳的污水处理费＝用水量×污水处理费征收标准×0.9,征收范围与原排水费的征收范围一致;再次,污水处理费的征收方式也基本维持不变,使用公共供水的单位和个人,由上海市水行政主管部门委托公共供水企业在收取水费时一并代征,使用自备水源的单位和个人,则由上海市水行政主管部门或其委托的单位征收。

费制改革之后,政府通过污水处理费＋财政补贴的形式为所有发生的污水处理成本费用托底买单。同时,为了提高政府定价的科学性、合理性和公正性,规范政府采购污水处理服务的行为和财政资金的使用,也为了提高企业服务效率,排水行业借鉴上海公共交通等行业实施成本规制的模式,出台《上海市污水处理成本规制管理办法》,排水公司开始接受政府的成本规制管理,按照总量和单项约束指标的标准,严格控制构成污水处理成本的各项费用。

第二节 研究意义

随着城市人口增加和污水收集、输送要求的不断提高,在生态文明建设的背景下,为了符合上海市污水成本规制管理要求,城市泵站的优化管理与经济运行显得尤为重要。

本研究的意义和价值在于,基于财务会计和管理会计理论,以排水公司的最小管理单元——泵站为对象,尝试赋予财务数据以管理属性的维度,构建"业财融合"的"单泵站"财务管理体系。一是探索业财融合,支撑公司全面运营,确保公司战略的实现;二是通过精细化的财务管理,满足公司内部对经营管理数据的需求,为泵站运行管理的优化、检维修策略的制定和更新改造提供科学的标准和依据;三是通过标准化泵站财务管理体系的构建,为推进泵站全生命周期信息化管理提供探索性思路。

第二章

研究内容及相关概念

第一节 研究内容

本研究从泵站管理实际需求出发,融合财务会计和管理会计理论,基于现状分析构建泵站财务管理体系,既能符合会计准则要求,又能满足管理上灵活调整的需要。通过该体系对泵站全生命周期各阶段数据信息的管理分析,为泵站生产运行、检修和成本等管理过程提供统一信息数据管理平台,实现泵站全生命周期业财数据的联动。中长期来看,通过标准化财务管理体系中信息的积累和分析,实现泵站生产运行的定额管理和对标管理。鉴于此,本研究的主要内容如下:

一是进行公司业财管理现状分析,统一业财标准。全面调研公司业务和财务管理现状,分析业务端和财务端底层数据管理情况,提出建议,统一会计核算主体和公司业务管理主体和标准。

二是构建"单泵站"财务管理体系,基于财务会计和管理会计理论,以业财融合为导向,进行财务数据的扩维,即增加管理属性维度,在此基础上构建以泵站为最小报告主体的财务管理体系。

三是"单泵站"财务管理体系的应用分析,以排水公司实际运行的上海中心城区318座泵站为载体,应用分析"单泵站"财务管理体系,在满足任何时点、任何期间企业业务和财务状况分析的同时,探索泵站定额管理模式,树立标杆泵站,以对标管理驱动企业泵站管理升级。

第二节 业财融合

近年来,国家对于管理会计越来越重视,陆续下发了一系列指引性文件。业财融合作为管理会计的重要组成部分,也引起了国内学者和管理者的关注,他们纷纷开始研究探讨企业的业财融合转型之路。

王斌(2018)阐述了在中国当下的管理实践中,重视或提倡业财融合,不仅有助于在观念上、行动上实现财务体系转型升级,而且有助于发挥财务体系在公司价值创造中的独特作用。宗文娟和王伯伦(2020)以华为公司为案例,研究了基于业财融合的企业财务共享模式。陈志(2019)以建筑业企业为案例,构建了建筑业企业新的组织架构及责任分工,设计了业财融合系统并探索建筑业企业财务管理转型升级的路径。袁家千(2018)探究了业财融合对企业财务管理活动的影响,为发挥业财融合的作用提供了理论和实践指导。黄睿(2021)以A公司业财融合对其绩效影响的分析研究,归纳总结了业财融合对企业带来的影响,为业财融合的发展方向提出了建议。李进升(2021)同样提出了企业业财融合在财务管理中运用时,财务部门的组织架构需要适时调整,明确管理和职责,才能够让财务人员更好地参与企业经营管理决策。

第三节 精细化管理

从管理学理论的角度来看,精细化管理是一个企业可持续发展的重要管理阶段。在我国社会分工精细化趋势越来越突出的大背景下,企业的精细化财务管理势在必行。为此,近年来我国学者在财务精细化管理方面也开展了大量的研究。

张闪烨和戚俊杰(2019)提出了财务业务一体化、实现财务精细化管理的论述。陈海兴(2021)认为,财务管理是企业经营管理的重要管理工作,在财务管理中实施精细化管理意义重大。王敏(2021)研究了目前企业推行财务管理精细化发展的过程中存在的诸多问题,并提出了解决建议。杨吉良(2021)同样提出了精细化财务管理是目前企业发展的一个必然举措,能够帮助企业逐一解决经营管理过程的问题,为企业经济效益的最大化奠定基础。陈淑儿(2021)阐述了如何通过实施业财融合来推进企业的精细化财务管理。潘武(2021)通过研究,提出了落实企业财务管理精细化的有效对策。王琼(2022)就精细化管理如何在国企管理中应用进行了探究和分析。

通过梳理近年来国内关于精细化管理的文献研究,我们可以看出精细化管理越来越得到企业管理者的重视,财务领域的精细化管理也逐渐从理论研究转变到应用和策略研究。如何让财务精细化管理理论在企业内部落地,并帮助企业解决经营管理问题、提升经营管理效率,是近年来研究的关注点。

鉴于目前尚没有对排水行业的财务精细化管理和业财融合进行研究的案例,本课题以排水公司为例,探讨公司如何通过精细化的业财融合管理推进财务管理转型。期待本研究能够为排水行业泵站业财融合财务管理提供思路,为构建业务和财务融合的财务管理体系提供一些借鉴。

第三章

泵站业务管理与财务管理现状分析

上海市排水有限公司是1995年经批准由"事转企"成立的具有公益性质的国有独资企业。公司总资产约450亿元，员工约2 000人。公司以市政公共排水设施为基础，开展上海市中心城区重大工程建设、雨水防汛和污水输送业务，服务区域涵盖黄浦区、普陀区、长宁区、静安区等10个区，业务具有点多面广的特点。

公司自成立以来，坚持以"和谐、奋进、服务、奉献"的企业理念，为上海市中心城区提供优质的防汛排涝和污水输送服务。公司以"两水平衡"为核心，不断优化排水泵站管理模式；开展区域城市排水设施智能化运行及应急保障体系研究，构建区域性示范平台，并着力建设排水设施智慧化标准化体系，形成适用于新态势、新方向的智慧排水建设和管理标准。

第一节 泵站业务管理现状

公司雨水防汛业务收入占比10%左右，主要通过以防汛泵站为核心的排水系统，承担上海中心城区雨水防汛；污水输送业务收入占比90%，主要通过输送泵站以及以输送泵站为基点建立的管网，承担上海中心城区污水收集和输送。可见，城市排水泵站作为公司生产运营最小的管理单元，担负着城市的防洪排涝和污水收集输送的重任，在城市经济建设发展过程中，为保障城市居民、企业、医院、交通等正常生活和正常运行起到了不可替代的作用。

公司的泵站数量多、资产规模大、分布区域广、更新频率高，目前采用在各区设立分公司、按片区进行管理的模式。泵站主要由泵房、水泵、管道、进出水建筑物及变电站等组成。泵房是泵站的主体工程，泵房内安装有水泵、传动装置和动力机组成的机组，还有辅助设备和电气设备等。目前，泵站运行控制的方式主要包括水泵台数组合、水泵调速、节流调节和切削叶轮。泵站运行调度主要准则包括水泵效率最高，泵站效率最高、能耗最低、运行成本最低、流量最大等。

目前公司运行上海市中心城区四大干线上大大小小300余座泵站。这些泵站夜以继日地工作，为城市污水顺利排放和雨季安全渡汛提供了可靠的保证。如此精细化的泵站业务管理，不可避免地给公司财务管理带来相应的问题。多样化的泵站业务管理，导致公司单一的财务管理方式无法提供匹配的财务支持，急需构建泵站层面的财务管理体系。

第二节 泵站财务管理现状和成本分类

公司目前建立了公司整体战略指引综合计划，综合计划驱动全面预算，全面预算管理保障公司战略落地的闭环财务管理体系；并通过"两级平台，三级管理"的集中化财务管理职能变革，实现了公司集中化财务核算，通过公司本部和分公司的财务管理，支撑整个公司的运营分析。财务管理目前仅仅涉及分公司层面，暂时无法支撑泵站的运行管理分析。

泵站在运行以及管理中的成本主要包括人工成本、动力费、检修费、大修费、清淤费、管理费等。上述运行费用加上固定资产折旧费和更新改造费用，即构成了泵站的生产成本。

泵站的动力费、设备的检修费和大修费与泵站输送水量有关，因此可以作为变动成本；而人工成本、建筑物的检修费和大修费、清淤费、折旧费、管理费等与泵站输送水量关系不大，因此可以作为固定成本。由于泵站的扬程对成本有影响，为了使不同泵站成本的分析结果具有可比性，我们将单位变动成本用每提升水 $1\,000\ m^3$、提升高度为 $1\ m$ 所需要的费用来表示；固定成本因与作业量无关，考虑到泵站输送的特点，将其分摊到泵站的服务范围上，因此单位固定成本可以用每公顷费用来表示。

此外，从泵站成本在运行过程中的发生是否可控考虑，我们还可以将泵站的成本划分为可控成本和不可控成本。显而易见，从理论上来说，除了折旧费是不可控费用，其他的成本应该都是可控的。

第三节 现状分析小结

综上分析，我们发现，以业务端而言，泵站生产运营管理过程中涉及的人员管理、检维修管理、动力管理、更新改造管理、清淤管理以及其他业务管理均以泵站为对象，开展相关业务活动，并在过程中形成业务管理数据流。然而由于组织架构、信息系统等历史原因，公司的财务管理对象仅为分公司层级，各项财务管理工作仅在该层级上开展，财务端产生的数据流无法与泵站业务数据流对接和联动，公司独立的财务管理无法给予泵站业务管理支撑。随着业务端泵站精细化管理的不断深入，财务与业务的分离，公司的财务数据分析仅限于分公司层级，无法具体到泵站生产运营的各个环节，也就是无法具体到公司业务价值链节点上，导致公司无法对业务价值链节点作出合理的判断与决策。因此，精细化的泵站财务管理体系的建立迫在眉睫。

第四章

"单泵站"财务管理体系构建

第一节 构建原则

一、遵循国家及主管部门规范的原则

《泵站技术改造规程》(SL 254—2000)和《泵站技术管理规程》(GB/T 30948—2014)由水利部提出并归口。标准规定了泵站技术经济指标及考核标准和设备运行管理、设备维护与检修管理、建筑物管理、调度管理、安全管理与环境保护、信息管理等技术管理的要求,并适用于我国大中型泵站及安装有大中型主机组的泵站技术管理。这两份国标对本课题单泵站财务管理指标的建立具有一定的指导意义。此外,上海市水务局关于《上海市排水设施管理重点工作》同样对管理指标的选取和标准的制定有一定的指导意义。

从财务角度来看,除遵循财税法规和管理制度外,应充分参照《上海市排水泵站、污水处理厂设施运行维修估算指标》和《上海市污水处理成本规制管理办法》,考虑业财融合的切入点。

二、体现最优运行方式的原则

泵站应安全可靠地完成排水任务,并能获得最大经济效果,这就要求泵站运行处于最优状态。泵站最优运行方式服从于一定的最优准则。最优准则既是泵站一定运行方式的目标,也是衡量运行方式是否最优的标准,是泵站运行效率的综合体现。实现公司泵站最优的运行方式,也是泵站财务管理体系建立的最重要的目的。

三、可比性原则

泵站财务管理体系建立的目标是在泵站与泵站之间、泵站与标准之间,通过对比进行差异性分析,获取泵站之间存在哪些差异、这些差异由谁负责、造成这种差异的主要原因、采取何种措施等信息,从而在泵站的运行管理中,有针对性地采取措施,达到降本增效的目的。

第二节 分步构建"单泵站"财务管理体系

一、统一业财标准,搭建泵站业财管理平台

为将公司业务和财务数据的最小管理单元统一为泵站,整合泵站业财数据,支撑业财

融合下的泵站财务管理,公司制定了综合计划管理制度,并细化了现有财务管理制度。综合计划的实施,建立了泵站业务与财务之间的桥梁,将以各大成本项(人工成本、检修费、动力费、清淤费、折旧费、管理费和更新改造等)为导向的业务端和财务端细分至泵站,确保了"单泵站"财务管理体系落地执行。

本研究对公司泵站业务管理和财务管理现状进行分析,以综合计划为主线,搭建了泵站业财平台,实现了多系统的整合及一体化的支持。平台通过数据接口,实现多系统间数据的互联互通,同步更新数据。公司泵站业财平台主要由六部分组成,分别为:泵站基本信息、泵站资产信息、泵站设施设备信息、泵站运行信息、泵站财务管理体系和泵站成本信息,如图 6-1 所示。

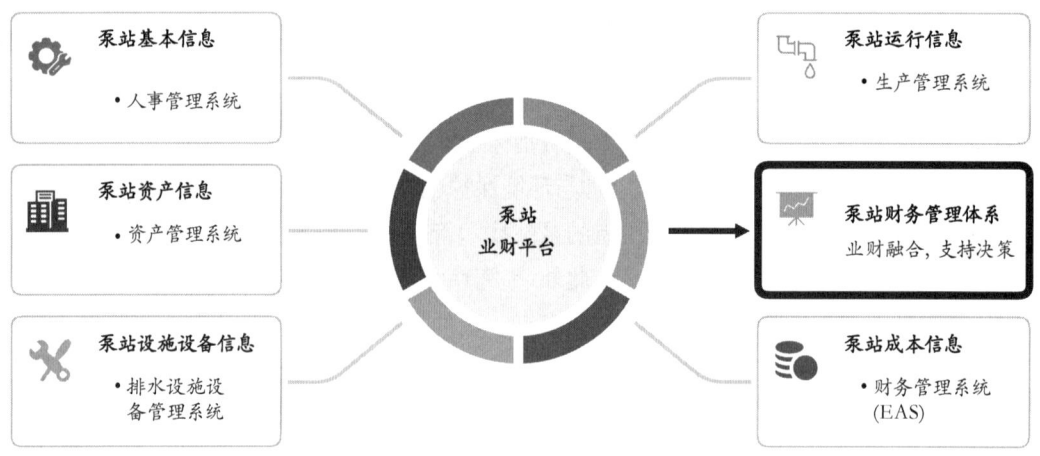

图 6-1　泵站业财平台示意图

泵站业财平台以综合计划为架构,获取泵站业务和财务基础数据,同时建立了模块统一标准,每个模块包括基本信息内容、信息来源、信息维护、业务管理策略和财务信息输出。以泵站基本信息模块为例,如表 6-1 所示:

表 6-1　泵站基本信息

	类别	1月	2月	3月	4月	5月	………
泵站基本信息	泵站名称	×××					
	泵站人员(人)	16	16	16	16	16	
	房屋面积(m²)	515	515	515	515	515	
	绿化面积(m²)	1 720	1 720	1 720	1 720	1 720	
	服务范围						
	首次启用年代	2010 年	2010 年	2010 年	2010 年	2010 年	
	泵站总流量(m³/s)	6.632	6.632	6.632	6.632	6.632	
	设计输送能力(m³/s)	4.672	4.672	4.672	4.672	4.672	

模块说明书:

【基本信息内容】:主要包含泵站名称、泵站人员、房屋面积、绿化面积、服务范围、首次启用年代、泵站总流量和设计输送能力等;

【信息来源】:生产管理系统和人事管理系统;

【信息维护】:生产管理部(设施设备管理岗)、组织人事部,实时更新,按月度维护;

【业务管理策略】:人力资源配置;

【财务信息输出】:人工成本报表。

泵站业财平台每个模块,在抓取相关联的数据后,经过系统规则收集整合,以泵站为主体对象形成一套多维度、可支撑运营分析的财务核算报表。报表不局限于财务数据,而是拓展延伸至泵站的业务信息和资源信息,真正实现了业务与财务数据的全面支撑。

二、结合公司实际,构建"单泵站"财务管理指标体系

排水公司以泵站设施为业务基础,以提供雨水防汛、污水收集输送服务为主营业务,降本增效是公司效益的关键点。根据公司业务特点,依托"单泵站"业财管理平台,形成泵站业财融合的财务报表。围绕报表,设立合理的各项财务管理指标,通过指标分析应用,有效地找出效益增长点,助力公司降本增效。

根据排水公司泵站自身特点和运行技术经济特性,结合泵站经济技术指标规范,遵循规范性、实用性和可比性的原则建立泵站财务管理指标体系,该体系能够有效反映泵站运行的可靠性、经济性和安全性。"单泵站"财务管理指标体系主要有五大类指标:泵站完好率、动力单耗、排水量、泵站成本和安全运行率。

(一) 泵站完好率

泵站完好率指泵站内完好的建筑物数和设备数与建筑物总数及设备总数的百分比,计算公式如下:

$$K_{bz} = \frac{N_{jz} + N_{sb}}{N_j + N_s} \times 100\%$$

式中:K_{bz}:泵站完好率;

N_{jz}:完好的建筑物数;

N_{sb}:完好的设备数;

N_j:建筑物总数;

N_s:设备总数。

(二) 动力单耗

动力单耗指泵站每提升水 1 000 m³、提升高度为 1 m 所消耗的能量,计算公式如下:

$$e = \frac{1\,000E}{V \times H} \times 100\%$$

式中：e：动力单耗；

E：泵站某时段内消耗的总电量，单位为 kw·h；

V：泵站某时段内总流量，单位为 m³；

H：泵站某时段内的平均净扬程，单位为 m。

（三）排水量

$$V = Q \times t$$

式中：V：排水量，单位为 m³；

Q：泵站某时段的平均流量，单位为 m³/s；

t：泵站某时段的运行时间，单位为 s。

（四）泵站成本

泵站成本包括人工成本、动力费、维修费、大修费、清淤费、折旧费、管理费等，可分为变动成本和固定成本两大类，按单位水量计算公式如下：

$$C = \frac{U_g + U_b}{V}$$

式中：C：按单位水量核算的排水成本，单位为元/m³；

U_b：变动成本，包括动力费、设备维检修，单位为元；

U_g：固定成本，包括人工成本、清淤费、建筑物检修费、更新改造费、折旧费、管理费，单位为元；

V：排水量，单位为 m³。

泵站成本根据变动和固定分类又可延伸 5 个重要指标，分别为：

A. 单位动力成本：$C_{动} = U_{动力} / V$，即输送单位水量发生的动力费；

B. 单位设备检修费：$C_{设备} = U_{设备} / V$，即输送单位水量发生的设备检修费；

C. 清淤费单价：$C_{清淤} = U_{清淤} / Q$，即清理单位淤泥发生的费用；

D. 单位房屋建筑物检修费：$C_{建筑物} = U_{建筑物} / S$，即单位房屋面积发生的检修费；

E. 管理费占比：$C_{管} = U_{管} / (U - U_{管})$，即管理费用占直接费用比例。

（五）安全运行率

$$K_a = \frac{N_a}{N_a + N_t} \times 100\%$$

式中：N_a：机组安全运行的台时数，单位为 h；

N_t：因设备和工程事故，机组停机的台时数，单位为 h。

以"单泵站"业财管理平台的数据为基础，通过自动关联取数，自动生成以上述 5 大类指标为主的"单泵站"财务管理指标体系，全面反映泵站运营的状态和状况，支撑泵站运行决策，具体体系示例如表 6-2 所示。

表 6-2 "单泵站"财务管理指标体系示例

项目	一级指标	二级指标		单位	指标说明
泵站财务管理指标体系	泵站完好率	建筑物完好率		—	完好的建筑数/建筑物总数,检修费辅助指标
		设备完好率		—	完好机组台数/机组总台数,检修费辅助指标
	动力单耗	动力单耗		kw·h/kt·m	泵站每提升水1 000立方米、提升高度为1米所消耗的能量
	排水量	排水量		m³	泵站运行一段时间实际输送的水量,辅助指标
	泵站成本	单位总成本		元/m³	泵站输送单位水量的成本
		单位变动成本	动力费	元/m³	单位动力费
			设备检修费	元/m³	设备的检修很大程度上与泵站工作时数和输送水量相关
		固定成本	清淤费	万元/吨	清淤费单位成本
			管理费	元	泵站管理费包括人工成本、折旧费、行政费用等其他管理费用,与管理机构、工资水平、财务开支标准等相关
			建筑物检修费	万元/m²	单位面积建筑物的检修费
			更新改造	万元	检修费的辅助指标
		资产效益		m³/元	成本规制后,无利润可言,用污水输送量与泵站固定资产原值比值衡量资产效益
	安全运行率	安全运行率		—	安全运行台时数/(安全运行台时数+停机台时数)

三、确立"单泵站"财务管理分析指标标准

泵站业财管理平台和"单泵站"财务管理指标体系,构成了"单泵站"财务管理体系的主体部分,完成了泵站业务和财务数据的融合,以及多维度财务报表和财务管理指标的生成。在此基础上,应利用和分析指标从而支撑泵站的运营,实现该体系真正的价值输出。为此,该体系的最后一部分需要建立财务管理指标标准。

一般而言,指标的标准按其建立的不同基础,可以分为理论标准、基本标准和预期标准。其中,理论标准要求最高,它是基于设备处于最佳运行效率、没有损失和闲置,管理工作完美高效,因此其适用性较差,很少被使用。本课题中的泵站运行比较适用的是基本标

准和预期标准。其中,基本标准要求最低,可以根据国家相关标准、规范,主管部门相关要求等确定,作为泵站运行的基本考核标准;预期标准是确定指标标准的"标杆",作为考核的激励,适用于泵站运行管理的提升。

(一) 基本标准

1. 泵站完好率

参照《泵站技术管理规程》(GB/T 30948—2014)(以下简称《规程》)中的相关规定:

(1) 建筑物完好率。

泵站建筑物完好率应达到 85% 以上,其中主要建筑物的等级不应低于二类建筑物标准。

(2) 设备完好率。

泵站设备完好率不应低于 90%,其中主要设备的等级不应低于二类设备标准。

2. 动力单耗

根据《规程》规定,对于电力泵站,净扬程不小于 3 m 的轴流泵或导叶式混流泵和输送含泥沙的离心泵站或蜗壳混流泵动力单耗不应大于 4.53 kw·h/(kt·m)。

3. 泵站成本

根据《上海市排水泵站、污水处理厂设施运行维修估算指标》中有关泵站运行费用的标准,本课题可以取值的主要有:清淤费单价为 0.017 万元/吨泥;管理费占泵站运行直接费用的 12%;建筑物检修费单价为 0.073 万元/m^3。

4. 安全运行率

根据《规程》规定,电力泵站不应低于 98%。

基本标准一般为泵站财务管理指标的基本要求和红线,应通过在系统中设立基本标准,作为泵站日常管理的警示线。

(二) 预期标准

预期指标以公司泵站的历史数据为基础,按泵站类别,计算生成泵站财务管理指标结果,并通过加权平均的方式生成泵站指标的预期标准,该标准根据数据库的更新,实时动态变化。

第三节 "单泵站"财务管理体系的应用

"单泵站"财务管理体系包括泵站业务管理平台、单泵站财务管理指标体系和体系标准。该体系建立后,泵站业务和财务数据的处理和执行利用以泵站业财平台为链接的各个业务和财务系统完成,应用过程中以预期标准为对标管理基准,形成闭环应用过程(图 6-2),具体如下:

第一步:将泵站实际运行过程中积累的业务和财务资料与数据,经各个系统输入泵站

业财管理平台后,自动生成业财融合的财务报表;

第二步:基于泵站财务管理指标体系生成泵站各项指标实际值,通过与预期标准进行对照,定位泵站各个差异指标;

第三步:分析各个指标差异的各种原因,按其因素的性质不同,分别采取不同的措施:如属于可控因素,则采取相应的措施来提高泵站运行效率;如属于不可控因素,则判断该因素属于企业内部还是外部因素,并有目的地合理修改预期标准,保证标准更符合实际、更有效。

因此,"单泵站"财务管理体系的执行,在其应用过程中,能够及时向我们反馈以下有用信息:一是哪些泵站存在哪些指标差异;二是这些差异应由谁来负责;三是产生差异的原因主要有哪些;四是可以采取什么措施来消除差异。

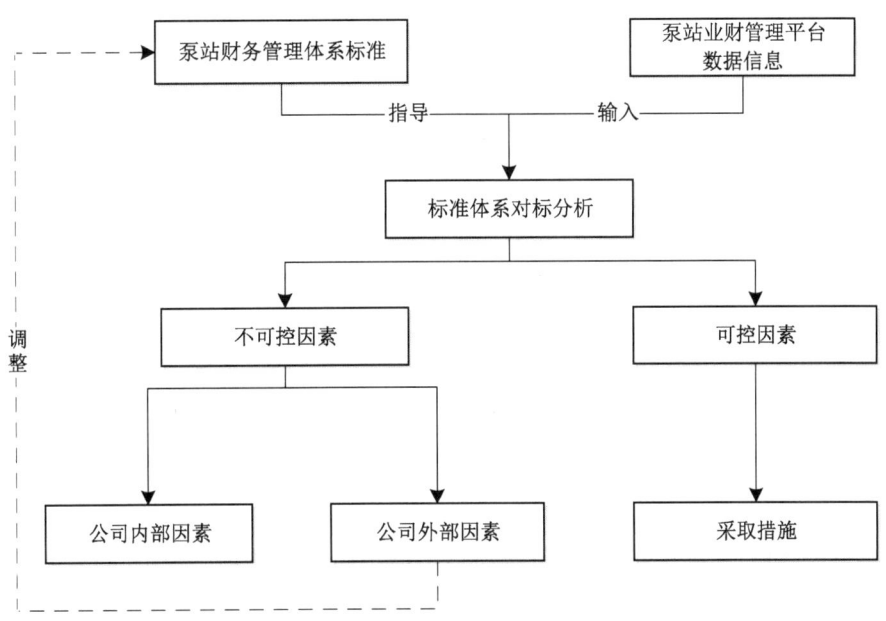

图6-2 "单泵站"财务管理体系应用过程示意图

第五章

"单泵站"财务管理体系应用分析及城市排水泵站管理优化建议

第一节 "单泵站"财务管理体系应用分析

本研究以公司运营的上海中心城区三百多座泵站2021年度实际业务和财务数据为样本数据,进行了体系的应用和分析。在应用分析该体系的过程中,本研究注意系统思考,并区分偶然因素和系统因素,分析各种差异之间的因果关系。本研究评估以整个泵站的经济效益为前提,全面分析各项差异,避免孤立、片面地分析问题。

通过对体系的应用分析,2021年度公司运营的各个泵站按"市—区—片",分类分级设立标杆泵站,分析泵站降本增效的关键点,为降本增效提供实际的指导,分析得出评估过程中主要的异常点体现在以下四个方面:

一是泵站单位总成本。分析发现,公司少量泵站的单位总成本是预期标准的十几倍。定位异常泵站分析发现,这些泵站有个共同点:业务量很少。在泵站输送水量较少的情况下,泵站单位总成本受泵站固定成本的影响较大,特别是人工成本。因为污水输送泵站需要保证24小时安全平稳运作,至少需配备3~4名工作人员操作管理泵站。因此我们可以推进泵站智能化改造,降低人工成本,虽然短期内会由于智能化改造的投入,无法改善泵站单位总成本指标,但从长远发展来看,这在一定程度上可以促进泵站的降本增效。

二是动力单耗。分析发现,公司少量泵站的动力单耗是预期标准的几十倍。定位异常泵站分析发现,在输送水量较少的情况下,泵站的生产用电相对较少,这就导致24小时常开的生活设施(例如,空调、照明等)的用电量对动力单耗指标产生较大影响;除此之外,由于部分泵站建设较早,接入的为高压电,24小时运作的变压器产生一定的能耗;部分泵站当初设计调试的最优工况点不满足新水位和新的调度要求。因此建议:①泵站生活设施设备多采用能耗较低的产品,并落实责任,提高人员节约用电的意识,逐步消除生活用电对泵站动力单耗的影响;②推进泵站电路改造。

三是单位动力成本。单位动力成本应与动力单耗联动分析。单位动力成本由动力单耗和电费单价决定,而单位动力成本的异常泵站相对于动力单耗的异常泵站减少37座。考虑到谷段、平段和峰段电价的不同,说明减少的37座泵站的平均电费单价低于平均水平,即相对在谷段和平段开泵累计时间较多。因此,在保持安全合理水位的情况下,满足生产调度要求,实施谷段和平段多开车,峰段少开车的管理模式,合理安排,降低平均动力成本。

四是单位检修费。单位设备检修费反映的是泵站设施设备每输送 $1\,m^3$ 的水产生的检修费(包括大修、日常维修、抢修)。通常情况下,设施设备的检修费很大程度上与设施设备的工作时间和排水量有关。通过分析异常泵站数据,我们发现产生差异的原因主要为:一是非正常的抢修,导致泵站单位检修费指标值增加;二是根据大修管理策略,水泵按照累计运转时长或固定年限进行大修,因此虽累计运转时长未到,但投运较早,固定年限达到大修要求,产生的大修费拉高了泵站单位设备检修费。因此,可以优化单位设备检修费指标,避免抢修对正常和计划单位检修费指标值的影响;优化指标体系应用,横向分类进行比较,根据泵站累计工作时长分级设置标准;加强日常维护保养,做到以预防为主,坚持日常保养与科学计划维修相结合,在延长设备使用寿命的同时,降低设施设备的检修费用。

第二节　城市排水泵站管理优化建议

基于公司 2021 年历史数据,通过对"单泵站"财务管理体系的应用分析发现,公司存在一些产出较小的低效率泵站,还发现各泵站检修水平存在差异,运行调度水平也存在差异。根据历史数据的应用分析结果,本研究对公司的生产运行和决策提出以下几点优化建议。

一、坚持日常维护保养与科学计划维修相结合

泵站的工作介质是污水和污泥,腐蚀性较大,设备在长期使用过程中会产生磨损或发生表面氧化,需要经过技术维护保养才能维持良好的状态,延长设备的使用年限,保障其正常运行。为了确保水泵机组设备的正常运行,在设备维修过程中应该坚持日常维护保养与科学计划维修相结合,建立和完善设备管理体系,对设备进行规范化、标准化、专业化的管理,做到预防为主、减少抢修,把问题尽可能消灭在萌芽状态,以延长设备的使用寿命,降低设备的检修费用。

本着"经常养护,随时维修,养重于修"的原则,加强日常维护保养,做到经常打扫站区,保持机房清洁干净,保持设备无灰尘,启闭正常。定期检查电气设备情况,确保机组完好率达到 100%。经常检查建筑物有无裂缝、启闭设备运行状况,对运转部件定期加油,使制动装置运行可靠。电气设备应动作正常,无漏电、短路现象,接地可靠。发现问题应及时解决,确保运行安全。

二、科学调度,合理利用电价时段差价

快速、准确地调度,是对城市排水进行科学管理的重要手段。为降低泵站运行的费用,应在非汛期充分发挥泵站监控系统功能,合理调整各泵站开停泵水位,减少开泵频次

和开泵台时。在保证区内排水安全的情况下,应尽量安排水泵在适当高水位运行,减少地下水的排放量,充分利用水泵运行高效段,降低水泵扬程,减小运行电流,进而达到减少能源消耗的目的。

电力行业实施"峰谷平"三个时段收费标准。其中,峰时段电价约是谷时段电价的4倍。因此,要加强对泵站值班人员的技能培训,让经验丰富的维修人员传授节电经验,合理使用设备,减少设备低效运转。应教育职工合理利用"峰谷平"电价差额,错时开机,避开用电高峰。为避峰排水,应根据前池水位上涨规律,专门制定出24小时污水排放时段,调整以往有水就排、低水位自动停泵的做法,有的放矢,原则上规定避峰就谷平开车,严格控制用电高峰和严禁尖峰时段开泵,以降低每千瓦小时费用。

三、提升泵站自动化控制水平

泵站建立独立的、功能完善的自动化控制系统,建立集中监测和控制室,实现泵站的自动化运行控制,可以提高泵站运行的安全性、可靠性,提高泵站运行和管理的科学性,充分发挥泵站的效益,促进泵站管理工作的现代化。泵站内各种设备的运行均由泵站就地控制系统直接控制,泵站就地控制系统是根据液位等泵站运行工况来进行控制的。泵站接收从污水治理工程中央监控系统下载的全局性运行数据和调控指令作为泵站自动控制的条件参数,以配合实现污水治理工程中央监控系统规定的基于流量的控制。如果能够根据实际工作条件的改变,采用适宜的控制算法由计算机实现,随时调整泵站的运行方式,无疑将使泵站更高效运行。泵站自动化控制应用主要有下面三大优势:

一是提高泵站运行的可靠性。泵站实现计算机监控以后,就能通过各种监测装置快速、准确和及时地进行检测并传送到数据库,一旦出现异常马上发出警报,工作人员可及时处理故障。

二是节省电能。在泵站运行过程中,通过检测泵站进水量,控制调节水泵开停,保持合理水位,使水泵在高效区工作,提高水泵效率,达到节电目的。

三是提高劳动生产率。泵站的运行由计算机控制自动完成,减轻了操作人员的工作量,同时也达到了减员增效的目的,可逐步实现无人值守,降低生活设施消耗,节约泵站投资。

四、更新泵站新设备和新技术

公司有些泵站经过几十年的运行,存在超期服役、设备老化的问题,致使泵站效率低、能源消耗高、运行费用多。目前,对泵站进行技术改造、提高泵效率,是泵站管理中的重要工作。

泵站技术改造是在原有泵站工程和设施的基础上,通过调查研究、泵站测试、统筹安排,采用泵站的新技术、新工艺、新方法、先进设备,全面提高技术经济指标水平、保证供排能力,充分发挥机电设备的工程效益、经济效益、社会效益和环境效益。

公司应积极与科研机构、院校等单位开展技术协作,结合泵站的实际运行情况,有计划、有针对性地对机组设备进行技术革新改造,提高设备的运行可靠性、安全性、使用效率,节约资源、降低成本。

第六章

总结与展望

随着社会经济的高速发展和结构的不断变化,传统财务的局限性逐渐显露,企业的业务管理和财务管理各行其道的管理方式,已经越来越无法适应当前激烈竞争的市场环境,无法为企业的持续发展提供助力,财务的转型已经成为必然。随着国内管理会计研究的迅速兴起,以管理会计理论为依托的财务转型掀起了高潮,其中业财融合和精细化管理可以很好地帮助财务人员走向业务管理,为公司的高效管理决策提供更加有力的支撑。本课题通过对业财融合和精细化管理进行理论分析发现,不管理论工具多么先进,在公司财务管理转型过程中适合公司本身的才是最好的。在理论的应用过程中,一定要结合公司的实际情况,建立一套真正适合公司财务管理创新的有效方法。

本研究以上海市城市排水有限公司为案例,根据公司泵站精细化管理和上海市成本规制的内外部需求,基于公司泵站业务和财务管理的现状,以业财融合为切入点,分步构建了"单泵站"财务管理体系:首先搭建泵站业财管理平台,以信息化手段构建业务系统与财务系统的联系,融合业财数据,输出全要素财务管理报表;其次,建立适合公司泵站管理实际的泵站财务管理指标体系,将业财平台输出的财务报表数据转换为可视化的指标,并不断优化指标标准;最后,通过泵站财务管理指标的对标分析,定位异常泵站,并定位异常泵站业务活动的关键点,为泵站提质增效提供有效的实际指导。

从研究应用的结果来看,通过分析公司2021年度300多座泵站的历史数据,利用"单泵站"财务管理体系找出了泵站管理的薄弱点,针对泵站业务活动价值链的关键点提出了优化管理建议,说明本研究的方法和措施是合理可行的。在研究成果应用的过程中,可以不断地发现新问题,解决新问题,辅助分析和总结,提高管理水平。

公司"单泵站"财务管理体系虽然已经建立,但是用历史数据进行的应用测试,应用效果还有待验证和不断完善。而且该体系只是公司在财务管理转型路上的一次尝试,未来对于财务管理的提升和转型还有很长的路要走,业财融合的深度和广度还有待进一步提高。此外,新技术、新理论、新政策等不断涌现,也会对公司的发展产生巨大的影响。财务人员作为公司重要的管理人员,应不断完善现有的财务管理体系,更好地助力公司高质量发展。

参考文献

[1] 宗文娟.基于业财融合的企业财务共享模式研究:以华为为例[J].财会通讯,2020(12):173-176.
[2] 陈志.基于业财融合视角的企业财务管理转型升级路径研究[J].商业会计,2019(7):4-6.

［3］王斌.论业财融合[J].财务研究,2018(3):3-9.

［4］常臻.污水提升泵站节能方法探讨[J].海河水利,2019(1):58-60.

［5］袁佳千.浅谈业财融合对企业财务管理的影响[J].经管空间,2018(32):101-102.

［6］黄睿.业财融合思路、实践及绩效研究:以A公司为例[D].蚌埠:安徽财经大学,2021.

［7］李进升.业财融合在财务管理中的运用[J].商讯,2021(2):31-32.

［8］张闪烨.财务业务一体化,实现财务精细化管理[J].财会研究,2019(34):116-119.

［9］陈海兴.精细化管理在企业财务管理中的实践研究[J].投资与创业,2021,32(7):117-119.

［10］王敏.精细化管理在企业财务管理中的运用思考[J].财会学习,2021(6):28-29.

［11］杨吉良.精细化管理在企业财务管理中的运用探究[J].商场现代化,2021(19):129-131.

［12］陈淑儿.论实施业财融合推进企业精细化财务管理[J].商讯,2021(31):29-31.

［13］潘武.企业财务精细化管理策略分析[J].产业创新研究,2021(24):148-150.

［14］王琼.浅谈精细化管理在国企绩效管理中的应用[J].中小企业管理与科技,2021(12):4-6.

专题研究报告七

内控视角下公立医院采购管理模式探索与制度体系的构建

本专题研究报告为上海市会计学会 2021 年科研课题研究成果。

课题组成员
课题负责人：
　　华东疗养院　许　晔
课题组其他成员：
　　华东疗养院　汤火忠　朱永丽　袁　园　赵　珺　朱文晓

第一章

导 论

第一节 研究背景

一、采购背景

采购管理作为公立医院组织运营管理的重要职能,是连接社会生产、流通和消费的重要环节,是市场资源配置的重要方式,在国民经济发展中发挥着重要的作用。2020年,我国公共采购交易规模超过30万亿元,其中政府采购规模达到3.7万亿元(曲哲涵,2021)。

公立医院业务活动复杂,资金规模大。医疗器械的安全有效使用直接关系医疗质量和人民群众身体健康,公立医院采购管理受到政府管理部门和人民群众的高度关注。深入推进内部控制建设工作,可增强内部控制意识,规范内部经济和业务活动,强化内部权力运行制约,有效防范风险(马正红,2020),保证医院资产、资金安全,提高资源配置和使用效益,也是公立医院高质量、可持续发展的自身需求。

二、政策背景

为规范和加强政府采购管理工作,顺应国家治理体系和治理能力现代化进程,财政部、卫健委等相继印发多个采购与内控管理相关的文件,主要包括:《财政部关于加强政府采购活动内部控制管理的指导意见》(财库〔2016〕99号)、《国家卫生健康委员会关于印发政府采购管理暂行办法的通知》(国卫财务发〔2018〕17号)、《关于进一步规范和加强政府采购管理工作的通知》(国卫财务函〔2020〕250号)、《关于开展"公立医疗机构经济管理年"活动的通知》(国卫财务函〔2020〕262号)、《公立医院内部控制管理办法》(国卫财务发〔2020〕31号)。

《财政部关于加强政府采购活动内部控制管理的指导意见》(财库〔2016〕99号)明确,加强公立医院采购管理尤其是政府采购活动的内部控制管理,是推进全面依法治国的重要举措,也是深化政府采购制度改革的内在要求,对落实党风廉政建设主体责任、推进依法采购具有重要意义。采购人作为主体责任人,应当做好政府采购业务的内部归口管理和所属单位管理,明确内部工作机制,重点加强对采购需求、政策落实、信息公开、履约验收、结果评价等的管理。

第二节 管理现状

近年来,随着公立医院采购人主体责任意识不断增强,内控流程管理得到不断强化和完善,内控管理逐步融入采购管理各流程、各环节。采购管理的内部监督逐步规范化、制度化,内部监督从注重事后绩效评价,逐渐发展到开展事中跟踪评价、事前科学规划。这些改进能够真正发挥政府采购在实现国家经济和社会发展政策目标中的作用。

现有公立医院采购管理主要存在如下问题。

(1) 采购主管部门分散。公立医院采购管理根据不同部门的职能或专业分工,分别实行归口采购,实行"谁负责谁采购"的原则(李占宏,2021),未实现统一管理,相互衔接不紧密,容易出现真空地带,发生扯皮或推诿现象。

(2) 因部门分工及性质存在差异,采购流程、采购方式不统一,容易出现流程不规范的问题。各业务归口管理部门虽然按照政府采购法、招标投标法及相关规定实施采购活动,但对于政府集中采购目录及标准外的采购项目,由于医院缺乏统一的采购标准和采购方式的选取规则,导致不同业务归口管理部门对同一时期的采购项目选取不同采购方式,造成采购方式的选取因实施部门不同而存在差异。

(3) 采购管理没有统一的采购信息管理综合平台。信息分散在不同的平台,采购部门自行归集、各自管理,造成相关数据没有统一申报、完全公开,无法完全做到采购信息的公开、公正、透明,形成采购信息孤岛效应,不利于采购管理数据的统一汇集、统一管理。

第三节 研究目标

本研究旨在通过对公立医院采购管理活动的制度建设、流程控制、物流管理、成本控制、质量管理、机构设置与人员配置和信息化建设等相关的文献进行梳理,以及对HD医院的案例进行分析,结合目前的医改政策对采购管理的影响,立足"互联网+"内控管理,探索适合公立医院的科学采购管理模式和基于信息化系统加强公立医院内控管理制度体系构建的方法。

第四节 研究路径和方法

一、研究路径

梳理公立医院采购管理与内控管理系统建设工作相关的文献,跟踪分析公立医院采购与内控管理相关案例,探索基于内控管理加强公立医院采购管理控制的方法、途径;合理编制采购预算、做好采购计划，认真编制采购需求、打好采购基础，采购程序归口管理、降低管理成本，制定内部采购制度、规范采购流程，加强履约验收管理、形成采购闭环，按采购结果谨慎签订合同，严格内部风险防控、守好纪律红线。

二、研究方法

1. 文献法

收集、整理、分析国内外关于公立医院采购管理、内控管理和信息化建设方面的相关研究文献，借鉴他人研究的成果，夯实研究的理论基础。

2. 调查法

通过调查同类单位内控管理、采购管理及信息化建设融合应用的实际状况，编制调查问卷，利用微信群等邀请行业相关专业人员填报，汇总统计分析验证或补充项目研究。

3. 案例分析法

收集与内控管理、采购管理及信息化建设相关的综合应用案例，进行分析整理，总结经验和不足，探索基于信息化系统加强公立医院内控管理制度体系构建的方法。

本研究通过梳理文献，统计调查问卷和分析案例，分析公立医院采购管理模式的应用情况，结合采购管理信息化特点，分析将内控管理体系融入采购管理信息化流程的路径、方法，形成具有指导意义的公立医院采购管理内控制度体系，以提升公立医院采购管理的科学化、规范化水平。

第二章

公立医院采购管理模式和体系探究

第一节 公立医院采购管理的内容和流程

公立医院由于职责定位、组织架构、运行方式、资金来源等不同,采购管理的内容、特点和流程也有不同。公立医院采购管理涉及货物、服务和工程等采购内容。其中,货物主要是指医疗设备、信息设备、药品、试剂、医疗器械及耗材、办公用品及医院开展正常服务及辅助活动所需要的其他设备及物资(何葵等,2018)。

采购管理全流程的主要节点有:预算立项(市场调研论证、采购预算编制、预算项目评审)、采购实施(启动审批、采购计划编制、采购需求确定、代理机构委托、采购文件编制、采购公告发布、采购评审组织、采购结果确认、采购合同签订、合同公告备案)、合同履行(生产制造、安装调试)、项目验收资产入库(合同履约验收、项目资金支付、采购文件归档)等。

不同公立医院的采购管理工作因采购程序规范性、采购制度与监管机制健全程度、采购及管理人员专业性、预算编制精准性、绩效评价管理、信息化应用水平等情况而存在极大差异。为规范采购管理工作,实现科学、统一、效能的目标,采购管理工作有必要实现标准化、流程化、信息化,科学确定事权归属、岗位责任、流程控制和授权关系,完善采购流程,提升采购整体效率,实现绩效目标和项目预期效果。

同时,公立医院应根据内控管理要求科学合理控制采购风险,针对采购的准备、实施和结果等重点环节加强管控,如预算立项评审、采购意向公开、采购文件论证、采购结果公告、采购合同审核、履约结果验收、项目绩效评审、采购项目审计等,实现采购管理的科学、规范和高效。

第二节 采购管理模式和体系探究

一、公立医院现行的采购管理模式

公立医院现行的采购管理模式可分为:分散型采购管理、集中式采购管理、基于供应链的采购管理等。其中,分散型采购管理指根据业务分类归口到相应职能部门,不统一由某一个部门集中独立操作,采购方式、采购流程、采购文件管理由归口部门负责。分散型采购管理能够实现采购部门的业务专业性和效率最大化,但审计中经常会发现存在规范性、程序性缺陷。集中式采购管理指根据发展需要,由统一的管理部门负责,按照统一标准、统一流程、统一规范,甚至统一平台进行采购管理。集中式采购管理根据管理部门的分工又可以分为集合型和单一型,由于实现了跨部门合作,集中式采购管理流程规范、结果符合预期,但专业性和效率存在差异。基于供应链的采购管理,指在内部价值链管理的基础上,加强供应商关系及使用回馈管理,更加关注采购管理的整体成本而不是单纯的采购价格,能实现流程规范、业务专业以及效率的综合统一,符合现代医院的价值目标。

本研究基于微信小程序发放问卷,就采购管理模式收集到68份样本答卷,结果见表7-1:

表7-1 采购管理模式调查统计表

采购管理模式	样本数	占比情况
分散型采购管理	25	36.76%
单一型集中式采购管理	11	16.18%
集合型集中式采购管理	32	47.06%
合计	68	100%
其中:基于供应链的采购管理	9	13.24%

由表7-1数据可以看到,其中分散型采购管理占36.76%、集中式采购管理占63.24%,其中基于供应链的采购管理占比13.24%。

二、基于供应链的采购管理模式选择的理论依据

随着信息化爆炸式发展、生产制造技术提升、商品种类丰富、产品质量提高、市场流通加快、市场竞争愈发激烈,除部分垄断行业外,其他行业基本都由卖方市场发展转变为买方市场。企业为了有效地进行生产和销售,需要一大批供应商企业提供支持和配合,根据生产、流通的需要组织建立起集中供应链体系,以保证采购供应工作的高效实现。同样,公立医院采购管理部门也需要与供应商密切沟通、协调和采购供应操作,才能圆满完成供应保障任务,实现稳定、可靠、高效的采购目标,因此建立起基于稳定、顺畅、友好、协调的供应链基础上的采供关系,并完美地进行运作和管理,要融入现代供应链体系潮流。

从传统采购管理和供应链管理的定义中也能看出两者的差异和发展趋势。传统的采购管理是围绕货物的供应及保障或项目实现的系列活动。供应链管理的定义为"从供应链整体目标出发,对供应链中采购、生产、销售各环节的商流、物流、信息流及资金流进行统一计划、组织、协调、控制的活动和过程";供应链的定义为"生产及流通过程中涉及将产品更新换代或服务提供给最终客户的上游或下游企业所形成的网络结构"。

传统采购模式与基于供应链的采购模式的主要区别参见表7-2(魏永宏,2020)。

表 7-2 传统采购管理与供应链采购管理区别

比较内容	传统采购管理	供应链采购管理
供应商买方关系	相互对立	合作伙伴
合作关系	易变的,短期的	长期的
合同期限	短	长
采购数量	大批量	小批量
运输策略	单一品种整车发送	多品种整车发送
与供应商的信息沟通	采购订单	网络
信息沟通频率	离散的,较少的	连续的,经常性的
对库存的认识	资产	债务
供应商数量	多,越多越好,主要关注其价格	少,相对集中,甚至一个
设计流程	先设计产品后询价	供应商参与产品设计
产量	大量	少量

传统采购管理模式与基于供应链的采购管理模式相比较,采购的基本概念、物资供需关系、采购的主要流程,尤其是政府采购规定的流程及采购方式、控制采购质量及成本的终极目标基本相同。基于供应链的采购管理模式,由于借助计算机网络技术,整合供应商、生产制造商、零售商等所有业务流程,能够动态实时展现供应链系统中各环节的物流、信息流、资金流等信息,将供应链各方牢固有机地凝聚成一个整体,使采购做到程序化、透明化、规范化、高效化。与传统采购管理相比,基于供应链的采购模式能有效增加操作透明度、降低采购风险、提升质量控制水平、提高物流运行效率、控制库存存量、降低综合采购成本,真正形成协作共赢的战略合作机制。传统的采购管理模式被基于供应链的现代采购管理模式取代也将成为必然趋势。

三、基于供应链的采购管理加强内部控制的理论依据

(一) 国家法律法规要求

为了规范政府采购行为,提高政府采购资金的使用效益,维护国家利益和社会公共利益,保护政府采购当事人的合法权益,提高经济效益,保证项目质量,促进廉政建设,顺应国家治理体系和治理能力现代化建设推进,全国人大、国务院、财政部、卫健委等相继出台并印发一系列政府采购管理与内控管理相关的法律法规及规范性文件,具体包括:

《中华人民共和国招标投标法》(主席令第 21 号,1999 年颁布;主席令第 86 号,2017 年修改);

《中华人民共和国政府采购法》(主席令第 68 号,2002 年颁布);

《中华人民共和国民法典》(主席令第 45 号,2020 年颁布);

《中华人民共和国招标投标法实施条例》(主席令第 68 号,2002 年颁布);

《政府采购非招标采购方式管理办法》(财政部令第 74 号);

《政府采购货物和服务招标投标管理办法》(财政部令第 87 号);
《政府采购进口产品管理办法》(财库〔2007〕119 号);
《关于加强政府采购活动内部控制管理的指导意见》(财库〔2016〕99 号);
《国家卫生健康委员会政府采购管理暂行办法》(国卫财务发〔2018〕17 号);
《关于进一步规范和加强政府采购管理工作的通知》(国卫财务函〔2020〕250 号);
《关于开展"公立医疗机构经济管理年"活动的通知》(国卫财务函〔2020〕262 号);
《公立医院内部控制管理办法》(国卫财务发〔2020〕31 号)。

(二)内部控制相关概念

根据国卫财务发〔2020〕31 号《公立医院内部控制管理办法》,内部控制是指在坚持公益性原则的前提下,为了实现合法合规、风险可控、高质高效和可持续发展的运营目标,在医院内部建立的一种相互制约、相互监督的业务组织形式和职责分工制度;是通过制定制度、实施措施和执行程序,对经济活动及相关业务活动的运营风险进行有效防范和管控的一系列方法和手段的总称。

从范围看,内部控制主要包括"部分控制论"和"全部控制论"两大观点;从目的看,内部控制主要包括"三目的论"和"四目的论"两种观点。随着内部控制理论和实践的发展,人们从最初普遍认可"部分控制论""牵制论"和"三目的论"的观点,转而逐步接受了"全部控制论""组织方法论"和"四目的论"(林建斌等,2020)。

(三)内部控制与采购管理、供应链的关系

(1)采购管理的基本目标。采购管理最基本的目标,就是控制采购总成本,保证质量,采购到适宜的货物、工程和服务。

(2)供应链的基本目标。供应链通过系统设计、组织优化和流程调整,有机整合原材料供应、制造、销售以及终端使用者等内外资源,实现内部有效制约、目标一致、综合竞争力增强、响应效率提高、质量与成本可控可预测、流程可视可跟踪、风险可控可预警,形成从计划、订单、采购,到制造、物流、验收全流程的特殊的结构体系。供应链基本目标为降低成本、提高质量、满足进度、提升效率、控制风险(李文发,2020)。

(3)内部控制的基本目标。内部控制通过组织设计并实施一系列的程序,识别风险、监测风险、评估风险、控制风险。内部控制的基本目标同样是保证项目的质量和进度,控制风险,降低成本,提高效率。

综合三者的基本目标,可以得出共性,都是保证项目的质量和进度,控制风险,降低成本,提高效率。三者关系如图 7-1 所示。

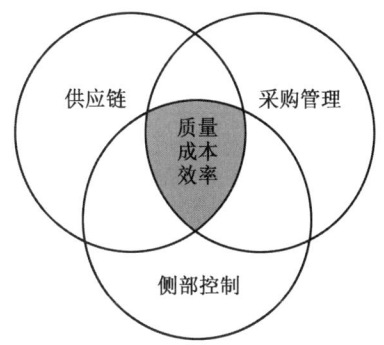

图 7-1 采购管理、供应链及内部控制目标关系图

(四)基于内部控制的采购管理

公立医院作为非营利性公益组织,宗旨是为人民群众提供医疗卫生服务和基本医疗

保障。但"看病难、看病贵"等问题始终备受关注,也长期困扰着政府及医院管理者。医疗装备、医用耗材、药品等采购活动涉及各类技术管理和经济管理活动,应按合法合规、风险可控、高质高效和可持续发展的运营目标要求,深入推进医院的内部控制建设工作,增强内部控制意识、规范内部经济与业务活动、强化内部权力运行制约、有效防范系统风险,保证医院资产资金安全,提高资源配置和使用效益。基于内部控制的采购管理既是公立医院依法规范管理的需要,也是公立医院降本增效,高质量、可持续发展的需要(张庆龙和王洁,2021)。

第三章

公立医院基于内部控制的采购管理制度体系

第一节 基于内部控制的采购管理体系建设内容

公立医院采购管理流程涉及编制项目预算、预算立项评审、采购项目启动、采购参数编制、采购意向公开、委托代理机构、编制采购文件、发布采购公告、组织采购评审等众多环节,需要行政管理、业务科室、采购部门、财务部门、纪检监察等按照内控要求参与其中。基于内部控制的采购管理全流程参见图7-2。

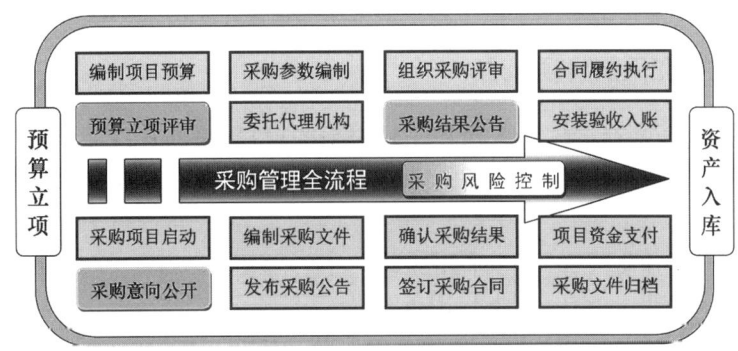

图7-2 基于内部控制的采购管理全流程

公立医院的采购管理,依据国家采购相关政策法规,根据自身的性质、职能分工、功能定位和办院宗旨确定符合自身特点的相关制度和流程。具体做法如下:

梳理现有相关部门的采购制度,设计出统一的医院三级采购管理制度:一级制度为医院采购管理的纲领性文件;二级制度为采购管理各业务环节的规范性文件;三级制度为各不同采购类别的具体实施细则。

采购管理一级制度通常是医院采购管理制度和应急采购管理制度,二级规范性文件包括采购管理相关的部门的岗位职责、工作制度、采购分类目录等,三级具体实施细则包括采购管理相关的各类申请表、评估论证报告、合同等模板文件等。

一、建立公立医院采购管理制度的目的

公立医院采购管理涉及各种设备、医疗器械,以及药品、消耗用品物资、服务和工程建

设等。公立医院采购管理制度建立的目的是规范采购流程、提高采购效率,保障临床业务需要和医院日常工作的顺利开展,同时加强采购管理与监督。

二、公立医院采购管理制度的建立依据

建立公立医院采购管理制度必须依据国家及地方的相关法律法规,如《中华人民共和国招标投标法》《中华人民共和国招标投标法实施条例》《中华人民共和国政府采购法》《中华人民共和国政府采购法实施条例》,及财政部令第 74 号《政府采购非招标采购方式管理办法》等。此外,应遵循地方人民政府颁布的各类采购管理相关的法规,如《上海市政府采购管理办法》《上海市政府采购集中采购目录和采购限额标准》等。

三、采购管理的组织管理机构和岗位职责

公立医院尤其是三级以上的公立医院,应成立院级采购管理委员会,统一协调管理全院的采购管理工作。委员会主任通常由院领导担任,组员由与采购管理相关的行政管理部门、分管采购的职能部门负责人,采购管理相关的工作人员和专家代表,以及纪委(或纪检监察)代表等组成。制度应同时规定院级采购管理委员会的工作职责和工作流程,明确相应采购管理岗位的职责和工作流程。

四、采购方式和采购限额标准

由于公立医院通常存在政府采购和非政府采购项目,采购管理制度应当明确政府采购和非政府采购的界限、采购方式的组织和采购限额标准等内容,如图 7-3 所示。

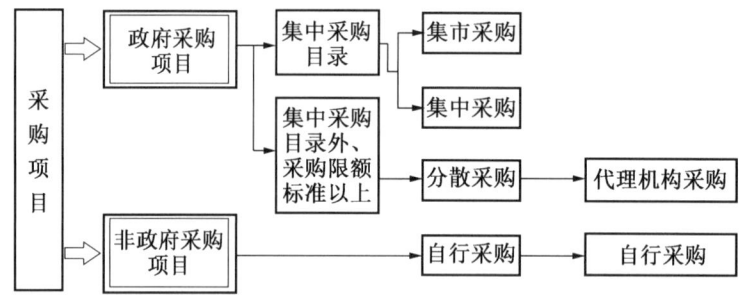

图 7-3 政府采购与非政府采购界定流程图

对于政府采购项目,应按照政府采购法的规定执行,对于政府采购集中采购目录和采购限额标准范围内的货物、服务和工程,必须委托政府采购中心规范操作。根据项目特点,应组织公开招标、邀请招标、竞争性谈判、竞争性磋商、单一来源采购和询价等采购方式。

对于非政府采购项目,应根据采购管理制度规定组织公开招标、单一来源采购、询价或直接采购。

五、采购组织与程序

根据医院工作实际,规定具体项目采购组织、采购方式选择、审批流程等内容,基于内部控制的采购管理流程如图 7-4 所示:

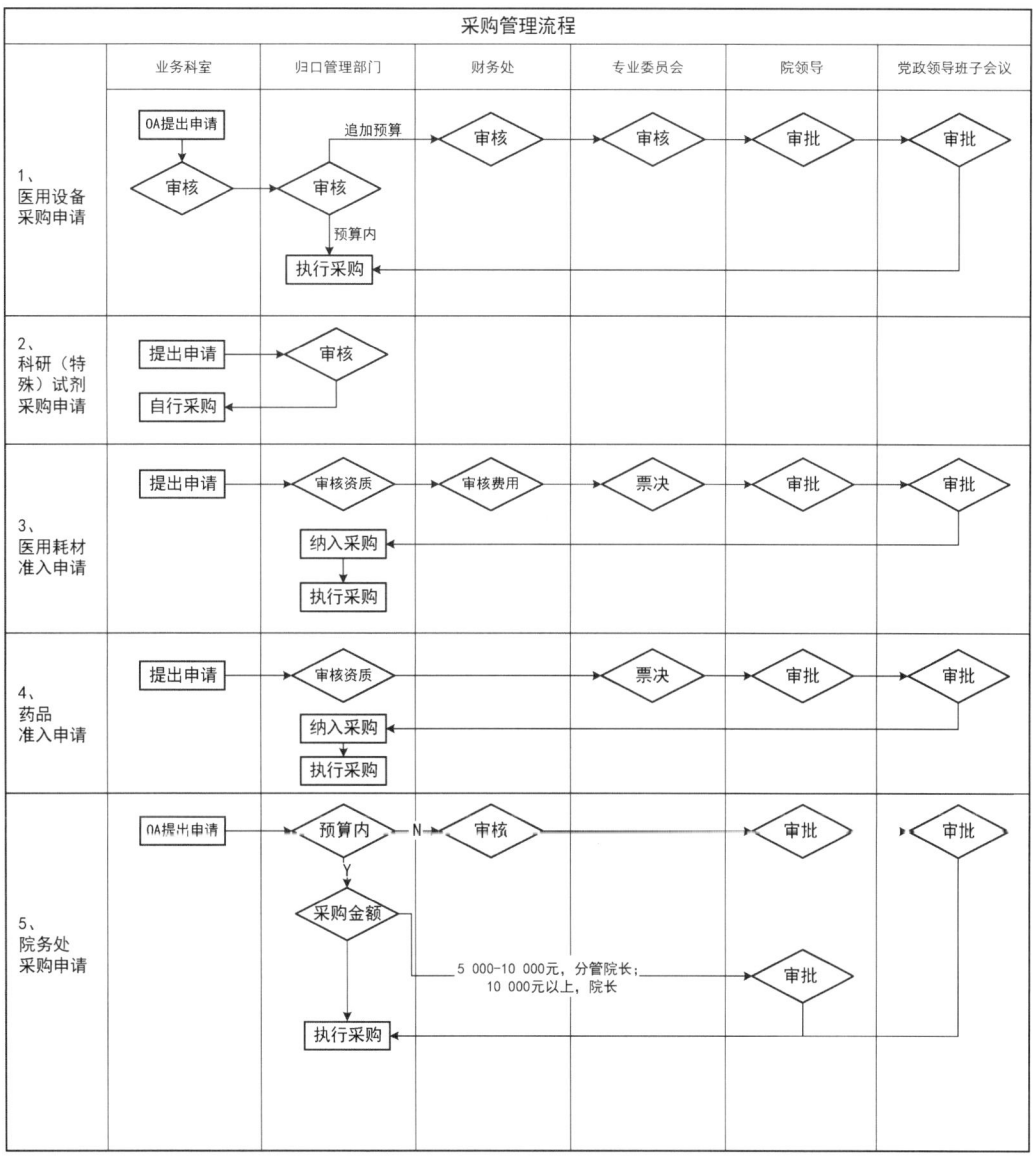

图 7-4 医院采购管理流程示意图

六、采购文件管理

《政府采购法》第四十二条规定,采购人对政府采购项目每项采购活动的采购文件应当妥善保存,不得伪造、变造、隐匿或者销毁。采购文件的保存期限为从采购结束之日起至少保存15年,建议非政府采购项目的文件档案管理参照此标准执行。

采购文件包括采购活动记录、采购预算、招标文件、投标文件、评标标准、评估报告、定标文件、合同文本、验收证明、质疑答复、投诉处理决定及其他有关文件、资料。

采购活动记录至少应当包括下列内容。

(1) 采购项目类别、名称;

(2) 采购项目预算、资金构成和合同价格;

(3) 采购方式,采用公开招标以外的采购方式的,应当载明原因;

(4) 邀请和选择供应商的条件及原因;

(5) 评标标准及确定中标人的原因;

(6) 废标的原因;

(7) 采用招标以外采购方式的相应记载。

七、其他

对于前述章节无法统一规定的内容补充如下:

属于公开招标范围但可不采用公开招标方式的情况:只能从唯一制造商获得的;涉及国家安全和机密的;原采购项目的后续维修、零配件供应,由于兼容性或标准化的需要,必须向原供应采购的;因发生不可预见的突发事件,如设备抢修、抢救病人时不宜采用公开招标采购的。特种行业采购项目(含市政公用范围、生活垃圾费用、火灾报警监控系统等)按有关行业规定执行。

凡符合招标规定资质的投标者原则上都应允许其参加招标会议。参与投标的符合专业条件的供应商或者对采购文件作实质性响应的有效供应商不得少于3家(包括招标品种)。如果不足3家,视为废标处理,招标人在分析招标失败的原因并采取相应措施后,应当依法进行重新招标、采购,重新招标后有效投标人仍少于3个的:

(1) 货物及服务类:有效供应商数量为2家的,进行竞争性谈判继续;有效供应商数量为1家的,竞争性谈判中止。

(2) 工程建设类:有效供应商数量为2家的,由会议讨论决定,既可将招标方式变更为竞争性谈判并继续进行,也可将招标终止;有效供应商数量为1家的,招标终止。招标终止后,由院内招标工作小组负责选择供应商直接发包。

上述流程均须经过院内采购及招标委员会讨论同意后方可操作。

不可支解项目(品种、数量)进行采购。

(1) 合同订立的最高期限:对应预知并能预知的,年内采购预算超过限额标准且形成长期供货关系的供应商,合同一年一签,考核优秀的供货商可延长1年有效期,合同有效期最长不得超过2年。

(2) 单一来源采购:应撰写申请单一来源采购的报告,经该部门负责人、纪检监察室、财务处审核,报招标委员会讨论同意后,进行单一来源采购公示,无第三方异议后截图作为依据归档,并保存谈判纪录。超过 100 万元以上的项目必须经专家论证会通过并提出书面意见提交市卫健委和市财政局审批后方可操作。

(3) 跟单采购：经用户部门负责人、纪检监察室、财务处审核,及招标工作小组组长的同意,可跟单采购相同类项目(不多于原中标数量),时间为自院内招标开标之日起 1 年内(必须在市场价格未发生变化的前提下)。追加采购总额不得超过原采购总价的 10%。

八、违反采购管理制度规定的处理

为加强廉政建设管理,建议设专章明确规定对违反采购管理制度规定的行为、人员等的处理内容。如对于负责招标采购管理的个人或部门,在实施招标采购管理过程中存在违法违纪,或者违反采购管理制度规定行为的,一经查实,按照单位及上级有关规定,追究相关人员或部门的责任。对投标人违纪违规者,按照《关于建立医药购销领域商业贿赂不良记录规定》处理。

第二节 基于供应链的采购管理及内部控制的信息化建设

一、公立医院采购管理及内部控制的基本目标和控制内容

公立医院采购的内部控制管理是医院内部控制管理系统的重要内容之一,最基本的目标为：保证采购业务及流程的合法合规、保证采购质量的可靠高效、保证采购成本的有效降低、保证采购业务的风险可控、保障采购资金的安全。

采购管理全流程的具体控制目标和控制内容有：
(1) 采购管理流程中合规性审查符合国家相关法律法规和内部控制设定要求；
(2) 采购需求合法合规,内容明确、完整、科学合理,预算价格测算合理,市场调研、论证充分性审查审核；
(3) 采购方式、采购计划、采购程序编制的科学性、合理性审查审核；
(4) 采购代理机构的选用审查审核；
(5) 采购实施过程的监管、采购结果的申报审查审核；
(6) 采购合同程序、内容的备案、签订审查审核；
(7) 合同履行过程、安装验收程序、内容的监管及审核；
(8) 项目资金支付、资产登记和会计财务核算及会计处理审查审核；
(9) 采购项目的绩效评价、总结等。

二、公立医院基于内部控制的采购管理信息系统的要求

由于医院信息化建设基础、参与采购管理的人员个性化需求的不同,公立医院基于内部控制的采购管理信息系统的建设原则为：采购业务全流程覆盖、采购管理全周期管控、

信息系统界面友好、易用安全、功能模块化设计、数据互联互通、系统建设总体规划分步实施。

随着信息化技术的快速发展,互联网+、云平台、大数据、人工智能给我们带来了全新的技术产品和体验,为采购管理的创新转型和与内部控制的整合贯通提供了强有力的技术支持。

基于内部控制的供应链的采购管理体系,主要围绕医院采购和资产管理,通过对信息流、物流、资金流和服务流的控制而展开,至少包括以下五个功能:采购管理、库房管理、统计分析、基础资料、系统设置。采购管理系统功能模块如图7-5所示。

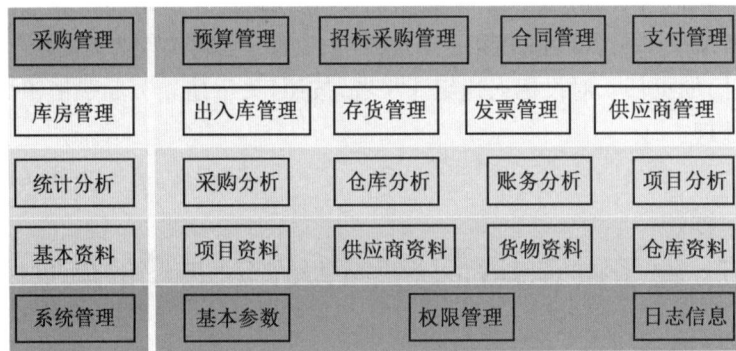

图 7-5 采购管理系统功能模块图

第四章

基于内部控制的采购管理系统应用分析

本章以 HD 医院内部控制及采购管理系统建设为例进行案例分析。HD 医院 2000 年开始院内局域网建设,2004 年启用 HIS、PACS 等医院管理系统和 ERP 资源管理系统,2005 年启用财务管理软件,2006 年启用 OA 办公管理系统,2016 年进行数据平台改造和升级建设,2017 年建成后勤管理系统并开通移动端操作功能,2018 年进行 HRP 功能升级完善,2019 年通过 OA 系统升级重点加强审批流程和档案规范化管理。采购管理通过 ERP 管理物资流,通过 HRP 进行预算管理,通过 OA 系统进行流程审批管理。

一、应用效果情况

通过 HRP 医院综合运营管理系统升级,解决医院管理、财务、人事、资产、耗材与医疗业务间数据的互联互通,从医院决策需求出发强化过程的精细化管理。

通过功能模块的完善,实现采购管理工作前移并做到预算管理的精细化、招标采购管理的规范化。所有预算项目经过专业评审立项,非预算项目、超预算项目不允许采购,采购管理由事后监管,实现预算引导和流程管控。

通过 OA 系统升级完善,提高流程审批管理的效率和档案管理水平。整个审批进程电脑端和移动端多平台动态可视,通知信息可及时知晓。在材料齐全的情况下即使审批节点众多,理论上审批时间只有系统操作所需时间之和。项目档案全部实现电子化,真正做到了系统、规范、完整。

2017—2020 年开展诊疗项目、采购项目电子档案归集和采购项目内部控制检查及应用情况的统计汇总数据参见表 7-3 至表 7-6 和图 7-6 至图 7-8(数据由相关管理部门提供)。

表 7-3 2017—2020 年开展诊疗项目情况

年份	实际开展诊疗项目(项)	其中新增(项)
2017	370	6
2018	443	24
2019	427	5
2020	437	6

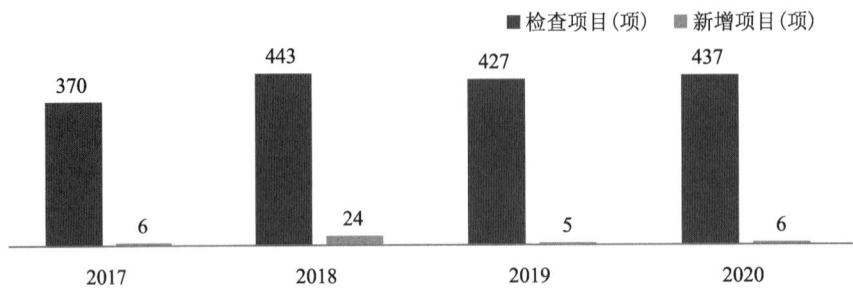

图 7-6 2017—2020 年开展诊疗项目情况

表 7-4 2017—2020 年采购项目档案归集情况统计表

年份	采购项目档案数（份）	电子档案数（份）	电子档案占比	合格档案数（份）	合格档案占比
2017	132	49	37.12%	36	27.27%
2018	136	69	50.74%	61	44.85%
2019	105	88	83.81%	88	83.81%
2020	85	85	100.00%	85	100.00%

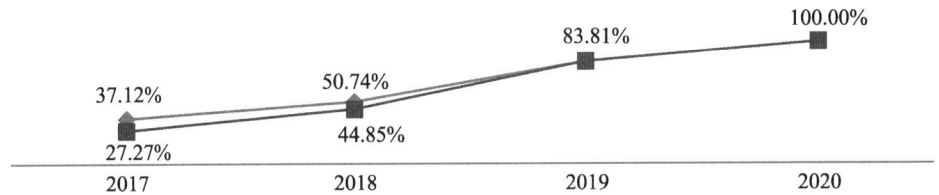

图 7-7 2017—2020 年采购档案中电子档案和合格档案占比情况

表 7-5 2017—2021 年采购项目内部控制管理情况统计表

年份	内部控制监管项目数（项）	发现并要求整改问题数（项）	其中关键指标问题数（项）
2017	72	14	5
2018	122	15	4
2019	240	5	1
2020	232	4	0
2021	213	4	0

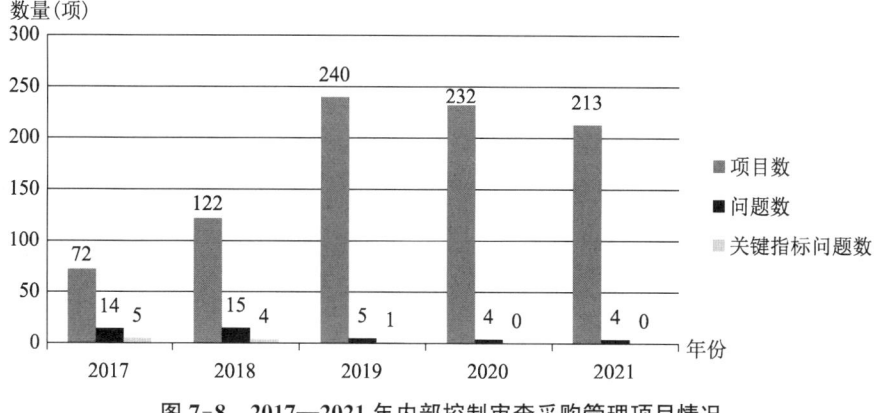

图 7-8 2017—2021 年内部控制审查采购管理项目情况

表 7-6 采购项目内部控制管理强化前后效果情况比较表

时间	数量(项)	问题数(项)	关键指标问题数
管理前	194	29(14.95%)	9(4.64%)
管理后	685	13(1.90%)	1(0.15%)
X^2(卡方检验)		24.04	4.4
P 值(概率值)		0.0004	0.023

二、应用效果的数据分析

2018 年采购管理相关的应用软件启用上线,2019 年及以后得到贯彻,并取得效果,实际开展诊疗的项目数增加显著,采购项目档案管理的电子化、规范性、完整性得到提升。2018 年开始加强内部控制的监督和审查整改管理,其中 2018 年由于医院管理系统的完善,实际开展诊疗的潜力得到释放,项目数激增;采购档案电子化应用、招标采购文件与采购合同等电子化审批流程的完善和内部控制监管介入程度提升,采购档案和采购项目的完善程度、规范化水平也取得有效结果。通过对 2018 年、2019 年内部控制强化管理前后采购管理项目的招标采购文件、采购合同等从管理流程及实质内容等进行审查发现的问题(同时提供整改建议)和其中关键指标问题等数量进行差异统计分析,采用双尾分布、双样本等方差假设进行计算,结果见表 7-6,P 值<0.05,差异显著,具有统计学意义。由此,可以得出结论:加强内部控制对于采购管理的提升、项目的开展和流程的规范具有积极意义。

第五章

总　　结

公立医院采购管理涉及各类通用设备、医疗器械等专用设备,以及药品、消耗用品物资、服务和工程建设等各个方面。由于传统的按照专业分工的分散型采购管理已经不能满足现代公立医院采购管理的需要,采购管理信息化、智能化建设得到各级医疗机构、医疗卫生行业及政府监管机构等的重视和积极推进。公立医院采购管理建设应以资产物资管理为导向,依靠物联网和大数据等先进技术,实现采购管理与医院信息系统平台的互联互通。采购管理系统应覆盖立项、采购业务和流程审批等各个方面,系统应具有业务和监管的智能支持和管控能力,能有效提升采购工作的质量与效率,降低采购管理运营成本,提高采购环节的风险防范和管控水平,实现良好的综合绩效结果。

采购管理智能化实现路径简单概括为:流程表单化、表单信息化、档案电子化、签名数字化、程序执行智能化。具体实施中应作好整体规划,理顺数据结构和系统集成。系统应支持多平台协同工作,做到操作便捷人性化,使系统运行安全可靠。

通过对采购管理系统应用前后的实际开展诊疗项目、采购项目档案电子化占比及合格档案占比的变化进行分析,通过对内部控制强化管理前后采购管理项目审查监管发现(整改)的问题情况进行差异统计分析,计算得到 $P<0.05$,差异显著,具有统计学意义。采购管理相关的软件系统的应用、内部控制管理的加强、对于采购管理、项目的开展和流程的规范具有积极的意义。

参考文献

[1] 曲哲涵.去年全国政府采购规模近3.7万亿元[N].人民日报,2021-09-09(2).
[2] 马正红.如何做好应对疫情的紧急采购[N].政府采购信息报.2020-02-10.
[3] 李春,田新雨.公立医院集中采购管理模式探析[J].新理财(政府理财),2018(5):64-65.
[4] 李占宏.公立医院行政监督部门对物资采购的风险控制研究[J].中国管理信息化,2021,24(11):40-42.
[5] 何葵,吴小龙,黄伟,等.基于集成化供应链模式的医院物资采购管理实践及探索[J].中国社会医学杂志,2018,35(5):457-459.
[6] 蔡丽丽.基于供应链的采购建模与优化策略研究[D].上海:东华大学,2008.
[7] 魏永宏.内部控制学[M].北京:电子工业出版社,2020:1-4.
[8] 卢慧玲,张家敏.创新供应链管理[M].北京:中国人民大学出版社,2021.
[9] 林建斌,钟秀娟,梁伟玲,等.公立医院采购风险防范与质量控制研究[J].中国医疗器械杂志,2020,44(5):457-462.
[10] 李文发.采购和供应链全流程控制与运营管理[M].北京:人民邮电出版社,2020.
[11] 张庆龙,王洁.新编公立医院内部控制管理操作实务指南[M].北京:中国财政经济出版社,2021:211-536.

专题研究报告八

大数据和云计算在财务信息化中的应用
——以上海计算机软件技术开发中心为例

本专题研究报告为上海市会计学会 2021 年科研课题研究成果。

课题组成员

课题负责人：
  上海计算机软件技术开发中心   蔡玉琴
课题组其他成员：
  上海计算机软件技术开发中心   吴一非 杨惟乐
  上海交通大学安泰经济管理学院 丁 宁 厉沅珏
  华东理工大学商学院   吴科迪 胡君涵

第一章

导 论

第一节 研究背景与政策依据

互联网从1960年开始兴起,1990年开始从军用转为民用。随着各类技术的不断发展,云计算、大数据、区块链等一个个新兴名词诞生,网络技术发展迅速,不仅丰富了民众的精神需求,还给各行各业带来了冲击(钟明雪,2021)。

在财务领域,信息化在减少财务工作量的同时也对行业造成了巨大冲击。会计行业与计算机、互联网联系愈发紧密,按照传统理论与方法执行的财务会计工作已经无法满足现阶段财务会计岗位的需要。

随着信息大爆炸时代的到来,原有的信息技术不足以支撑海量数据的分析,大数据、云计算应运而生。2007年云计算概念被正式提出,为会计信息化提供了坚实的基石。

在信息技术、全球经济迅速发展的大时代背景下,国家与国家、地区与地区之间的竞争越来越激烈(Manheim,1988)。

正所谓"逆水行舟,不进则退"。在严峻的国际形势下,中国面临产业结构调整、经济结构转型的挑战,数字化转型成为中国经济发展的大趋势,也是未来中国的必经之路。国家主席习近平多次强调数字化转型的重要性。在20国集团领导人第十五次峰会第一阶段会议中,他强调"要主动应变、化危为机,以科技创新和数字化变革催生新的发展动能"。国家相关政策也不断推动会计数字化转型,《会计改革与发展"十四五"规划纲要》第五部分提到了要"切实加快会计审计数字化转型步伐,为会计事业发展提供新引擎、构筑新优势"。2020年9月,国务院正式印发《关于加快推进国有企业数字化转型工作的通知》,明确了国有企业数字化转型的基础、方向、重点以及措施。2020年12月,上海发布《关于全面推进上海城市数字化转型的意见》,要求深刻认识上海进入新发展阶段全面推进城市数字化转型的重大意义,明确城市数字化转型的总体要求。财务数字化转型作为经济数字化转型的重要部分,成为数字化转型推进中的不可忽视的一部分。

在当下大数据、云计算等新技术与各行各业深度融合的背景下,传统的财务会计应当顺应时代潮流,积极寻求与大数据有效融合的路径与方法,提高会计信息处理的效率,深化财务会计与企业其他业务部门的深度合作,为企业的业务决策提供更有力的支撑,增强企业的竞争力。传统财务会计可以借助新技术的助力、数字化时代浪潮的推动,在传统的工作方式上不断创新,探索新的业务,加强核心竞争力(杨周南,2010)。

同时,全球市场的不断扩大,各行各业的生存和发展环境发生了很大变化。单位在面临提高自身管理质量和效率、实现单位内部结构调整压力的同时,也面临着全球化和信息化的挑战。目前,随着经济水平的提高,人们对管理层面提出了更高的要求。同时,随着业务的多样化和丰富化,与单位相关的预算工作也逐渐变得复杂。这无疑增加了单位预算人员的工作量,影响了单位预算管理的效率和质量。因此,在当前新的经济市场环境下,单位面临的紧要问题之一就是如何科学有效地进行全面预算管理,从而提高全面预算管理的效率和水平。

全面预算管理是指围绕企事业单位战略目标,对单位在可持续经营期内的各项活动进行预期控制。从本质上说,全面预算管理具有很强的综合性特征,是一项十分重要的管理工具。全面预算管理可以科学、高效地管理、组织和协调单位的经营活动,从而完成单位总体规划中的预期目标。目前,很多企事业单位管理者不重视全面预算管理,甚至很多管理者习惯于忽视全面预算管理,认为预算工作没有实际作用、可有可无,没有严格按照制定的预算计划执行,甚至随意调整预算数额,致使预算管理的应有作用没有得到充分发挥。同时,一些管理者虽然认识到全面预算管理的重要性,但仍然沿用传统的管理模式,采用手工处理的方式进行预算管理,这不仅不符合当今时代的发展要求,同时也导致了资源的大量浪费,严重影响了预算效率。因此,对于当代企事业单位的经营管理来说,其面对科技水平的不断提高,应进一步推进单位全面预算管理与信息科技的结合,更好地促进单位战略目标的实现,加强预算管理控制。对于现代企事业单位来说,其应将新技术应用于单位全面预算管理的推进与实施,从而有效提高单位预算管理的效率。

ERP能促进各部门之间的平行工作,加强各业务之间的交流,效率高,工作时间短。随着ERP的全面智能化,各厂商纷纷加大ERP研发投资,研发符合ERP的综合财务报表,使得ERP中的各生产、商业过程能够相互流通,最终达到预算的目的;智能执行、调整、分析和评估,减少人力资源的预算。在ERP系统中,企业的整体财务管理水平不断提高,从而达到了降低成本和提高效率的目的。只有适应了这个发展趋势,企业的整体财务管理才能在业界的激烈角逐中站稳脚跟。

总而言之,在国家不断发力,推进经济数字化转型的时代大背景下,行政事业单位的数字化迫在眉睫。数字化的根本目的不在于数字化形式本身,其不仅仅是工作流程的信息化,而是要学习数字化的管理思维、行政思维,将数字化的内核融入业务,推动业务的改革。在单个企业层面上,数字化的目的在于提升业务水平,促进企业的健康发展;在宏观层面上,则是要促进产业转型升级,保证国家经济健康、平稳、持续发展,让中国在国际竞争中占据有利地位。数字化转型是符合国际形势的、与国家政策指导相一致的,也是不可以忽视或者轻视的。综上所述,软件中心的数字化转型是必然的,也是紧迫的。

第二节 研究的意义与价值

上海计算机软件技术开发中心(以下简称软件中心)于1984年由原国家科委批准成

立,是上海科学院直属事业单位。上海软件中心长期致力于软件技术标准研究和软件应用技术研究,通过技术服务和成果应用推动产业发展,逐步形成了"服务行业,发展产业"的核心理念,为我国软件行业作出了众多开创性贡献。

软件中心长期致力于软件技术标准研究和软件共性技术研究。中心拥有嵌入式系统应用工程技术研究中心和上海市计算机软件评测重点实验室,提供嵌入式系统的高可信设计技术、标准、工具以及测试与评估服务。近年来,根据上海嵌入式系统相关产业发展趋势和上海创新产业培育的需求,结合产业发展的重要领域——物联网、智能制造、人工智能、云计算、大数据等,专注于工业互联网平台建设,帮助客户打通智造转型应用最后一公里。中心紧紧围绕上海具有全球影响力的科技创新中心建设战略目标,持续推进上海应用技术创新体系建设。中心以技术驱动服务升级和规模化,推进技术研发和成果产业化转化,打造研发、转化、产业科技生态链,在机制上形成研发技术策源层、转化转移层、转化产业层三层事业群;在业务上形成研发转化、技术服务、产业培育"三纵"业务线,成为新一代信息技术领域国内一流、国际知名的新型研发机构。

尽管软件中心本身是一家高科技行业的事业单位,但它的业财融合体系自从它1984年成立以来变化不大。一直以来,中心使用的都是1984年尚无财务数字化条件下所设立的流程体系,已经不足以满足软件中心对业务风险的控制和对业务动态的监管需求。伴随着以大数据、物联网、云计算、人工智能为代表的数字科技不断发展和成熟,企业进行采购、生产、运营、销售等,所面对的内外部环境正在发生深刻改变。面对跨行业的潜在竞争者、快速演进的消费者需求,革新企业组织架构、整合已有资源形成战略竞争优势已十分必要和紧迫。

如图8-1所示,软件中心2020年合同收入(市场化收入)占比70%,比例较大。本研究以软件中心招投标中标情况、签订合同情况为切入点,利用大数据进行分析,尝试将大数据运用在软件中心合同收入分析和预测中,评估未来收入情况、未来业务发展趋势,合理制定战略决策;完成洞察商机、资源分配优化、业务模式变革、产品市场定位、现金流模拟等操作,为实现数字化转型作铺垫。

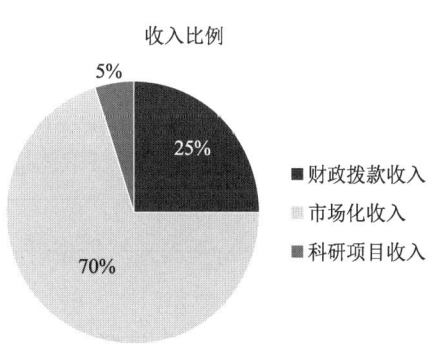

图8-1 软件中心收入占比图

软件中心为财政拨款单位,财政拨款收支纳入预算管理一体化系统管理科学使用,而科研收入、非科研收入、其他收入并没有与之相应的标准化的管理系统。本研究通过把单位财政拨款收入、科研收入、非科研收入及其他收入的数据统一纳入混合云全盘管理,形成数据图谱,可视化地综合全面反映单位全盘收支的情况,实现更合规的实时管理,完善单位全面预算管理和绩效管理。

在企业内部,全面预算是一种有效的管理方法。预算的实施分为三个阶段:事前控制、事中监控和事后监控。ERP系统中建立了预算评估指标的数据。在预算执行额与预算计划不符的情况下,系统会发出警报并自动中止,从而避免了人为的预算控制错误,保证了预算各个环节的顺利实施。按照预算管理部制定的预算指标,可对成本进行严格的控制,开发销售市场,实施智能化的预算管理。如何将 ERP 与全面预算管理相结合,是推动我国企业信息化进程的关键。ERP 系统为全面预算管理系统实时监控和智能分析提供了技术支撑。ERP 系统可以使各部门的财务报表快速、有效地输出,从而增强企业的财务管理水平,为企业今后的生产和运营打下坚实的基础;在预算系统中,各个子系统之间的合作可以得到很大的改善,从而使预算系统的工作效率和工作质量得到改善;可以监控预算的全过程,以保证其与实施的一致性。

随着企业信息化程度的不断提升,企业 ERP 的管理水平也在不断提升。企业对全面预算管理给予了更多的关注。预算管理呈现出智能化的趋势。做好企业的财务预算管理,对于企业的经营与发展有着重要的指导作用。

本研究从企业日常预算管理工作的视角出发,对 ERP 系统中的全面预算管理进行了深入的探讨,旨在通过对 ERP 系统的分析,进一步完善企业的财务管理体系。ERP 系统与预算管理的有效融合实践意义具体体现在三个方面,如表 8-1 所示。

表 8-1　ERP 与全面预算管理融合的意义

ERP 系统与全面预算管理融合	实现数据融通,消除数据孤岛,达到数据共享
	优化资源配置、实现战略目标
	有利于数据赋能,全面支撑业务中心展开

如表 8-1 所示,首先,ERP 与全面预算管理融合有利于实现数据融通,消除数据孤岛,达到数据共享。ERP 系统将企业的全部数据集中在一个基本的资料库中,各部门通过各自的职权进行即时分享,可以即时获取成本的数据,并将其纳入供应商与供应商、客户等的全链条中,与不同地区、不同国家的供应商、客户等进行沟通,以便对企业的价值链条和市场需要进行有效的分析。ERP 是一种迅速响应的体系,它能够使企业在今天的变化中获得最大的灵活性和竞争力。

其次,ERP 与全面预算管理融合有助于资源优化配置,实现战略目标。在编制预算管理指标时,其对各个部门所占的比例进行了全面评价,实现了对资源的有效利用。各部门要按照总体预算指标报告部门的年度计划,并按照编制标准,确保收支均衡。在企业和个人的财务报表中,要严格遵守财务会计的管理体系,把财务指标细化到不同的单位,提高财务人员对财务指标的理解,掌握财务指标的实现情况,并对其原因进行剖析,从而达到公司的经营战略目标。

最后,ERP 与全面预算管理融合有利于数据赋能,全面支撑业务中心展开。ERP 是一种高度一体化的管理体系,它可以使各功能单位之间更加密切地结合,使资讯交流更加顺畅,并在程序上改善企业的经营,使企业能够将多个工作场所当作一个独立的单位来经营。因此,ERP 实现了企业的内部治理职能的重新组合与整合,在某种意义上解决了企业间的不对称性,减少了各部门之间的矛盾,确保了整体的预算指标。将全面预算管理应用于 ERP 系统,是一种更加科学和先进的预算管理方式。

  本研究主要讨论大数据和云计算在软件中心会计工作中的应用。研究大数据和云技术在会计中的应用将是对传统会计范畴的横向拓展和纵向深化,是对会计信息化的重新定位。同时,本研究旨在研究软件中心各业务流程的实施现状、当前会计信息系统构建及实施现状,找出其中可能存在的问题和改进点。希望本研究可为事业单位实施财务数字化转型提供借鉴。

第二章

相关理论基础

第一节 财务数字化理论

2019年行政事业单位实行政府会计制度,财务会计与预算会计分离并相互衔接,全面反映事业单位财务信息和预算执行信息。新会计制度的出台对行政事业单位的资产管理、绩效管理、廉政建设等都提出了新要求。事业单位为了更好地开展会计工作,满足新制度下会计信息质量的要求,应当充分利用现代信息技术手段,不断推进会计信息化的应用。

我国绝大多数单位财务已经完成了第三个阶段(ERP建设),处于从第四个阶段(财务共享)向第五个阶段(财务数字化)的转型期。未来,单位经营的趋势是从流程驱动转变为数据驱动,从财务共享服务中心转变成单位的数据中心,财务人员的职能也从传统的财务职能转变为"财务核算+财务管理+运营管理",最终实现全流程的系统支持、全系统的自动连接、全信息的智能采集和全场景的数据洞察。

近年来,信息技术飞速发展,大数据、云计算、人工智能等技术在企业管理中的应用愈发成熟,企业在成本控制、销售运营等环节整合资源、革新战略变得更为必要及紧迫,这就促使了大批传统企业纷纷进行数字化转型,行政事业单位也不例外。数字化给事业单位财务工作模式带来了巨大改变,财务管理从企业专项管理转为企业决策支撑,财务计算从核算反馈转为智能分析。企业以大数据、云计算等信息技术重构财务组织结构、再造业务流程,提高数据准确率、计算效率、统计分析能力,赋能业务、支持管理、支撑决策以及改善经营。

首先,财务人员需要调整认知。切忌仍然用过去的思维逻辑做事。对于企业数字化来说,连接比拥有更加重要。财务数字化转型的第一步在于改变认知。

其次,财务与数字有着不可分割的关联。所谓数字化,即指数据的标准化与开放联通。流程标准化、管理与业务联通这两大关键因素,可以提高组织工作效率,联结财务与组织内外各类相关方。

最后,财务管理与新时代信息技术深度融合。在信息时代,各类信息系统渗入财务领域,财务人员也应该在数据分析、数据挖掘、互联网思维等方面有所认知,提升能力,实现信息技术和财务管理的深度融合。

第二节 基于 ERP 系统的全面预算管理理论

全面预算管理理论中,企业通过 ERP 系统处理数据能够提高工作效率,实时且精确的数据会对管理者的决策有所助力。行业内多年的数据显示,ERP 系统对企业的帮助不是即刻显现的,而是会在运行一段时间后凸显效果。

成本管理是 ERP 中的重要组成部分,在各行各业,ERP 系统中供应链管理的优势及各方面有益影响证实了 ERP 系统的实用性。在金融领域,通过 ERP 系统规划风险控制,管理者可以关注到关键风险因素并及时进行干预,以减少风险对企业的影响,提升 ERP 系统模式的成功率。

随着 ERP 系统的不断迭代,传统外购的 ERP 系统没有针对性,导致企业管理流于形式,不能真正开展有效的动因分析。而结合全面预算分析,ERP 系统可以对整个企业的业务和流程进行管控,这种模式的有效性已经被许多大中型企业证明(路迪,2021)。

全面预算管理是企业实现战略目标的出发点,应予以重视。基于 ERP 系统的全面预算管理,能够显著地解决预算编制时效性差、控制不足等问题。而 ERP 系统与全面预算管理的结合提供了一种新的形式,将管理思路和信息化技术融合,发挥出预算控制的最大作用。

我国早期对这方面的研究也早已起步,但碍于研究范围较窄,内容有局限性,效果不显著。自 2002 年起,信息技术飞速发展,为我国财务会计行业的管理方式革新指明了新的方向。

结合国内外学者的研究成果,在新技术的支持下,给予 ERP 系统的全面预算管理在理论研究、实际应用中互相渗透发展,证明了两者联通的有效性,以及该模式未来的无穷潜力(齐秀华,2021)。

第三节 "混合云"技术理论

大数据是指海量、复杂、高速的数据集合;云计算是指通过网络云完成对大量数据的快速处理。杨周南(2010)认为,会计信息化的本质是将信息技术应用于会计领域,从而使会计信息得到更高效的利用,促进会计信息化的产业发展。

"数字化"具体指什么?近日有一个热门词汇"大智移云时代"在很多地方被提到。"大智移云"指的是"大数据、智能化、移动互联网和云计算",这几个关键词指的是目前热门的新兴技术,它们相互联系、相互融合、相互支撑,概括了未来全新的互联网生态,引领了未来产业的发展方向。"大数据"指巨量的数据资料,移动互联网提供了数据采集和传输的技术,智能化和云计算为数据分析处理提供了技术支撑。在 IT 技术迅速发展的时代,数据成为一项重要的资源,能够最大化利用这项资源的企业,将在时代的转折点掌握先机。数字化转型的目的,在于最大化利用数据,发掘数据资产的价值。数字化转型指的不仅仅是简单的信息化,而是要将工作流程自动化、智能化,实现数据的共享,同时完成对海量数据的统计分析。数字化的优势和作用如表8-2所示。

表8-2 数字化的优势和作用

优势	作用
工作流程自动化、智能化	降低出错率、提升工作效率
数据共享	降低沟通成本

首先,是工作流程的自动化、智能化,摆脱过去繁杂的手工化工作,让计算机完成绝大部分工作。尤其是具有重复性、技术要求不高的工作,完全可以由计算机自动完成,把人的精力放到更加具有创造性的工作中去。自动化和智能化有利于节省人力资源,还有利于降低出错率、提高工作效率。

其次,是数据共享。过去财务部门和不同业务部门的工作存在交流不通畅的问题。每个部门专注于自身事务,尽管部门之间会进行沟通交流,但是仍然存在信息差和时间差。每个部门都掌握了一定的数据信息,但是数据无法共享、无法互通,没能发挥数据的最大效用。财务部门无法根据业务部门的实际情况作出合理的财务决策,也无法通过业务部门的业务进程进行及时的财务处理,财务部门和业务部门无法互相促进。

最后,是海量数据的统计分析。数据中隐藏的大量信息,是有待发掘的非常有价值的宝藏。数字化转型的目标之一,就是采用云计算等技术,从海量数据中挖掘出有价值的信息,并将其以简明易懂的方式实时展示出来,为业务的推进提供有力的指导。

平台的部署包括了"私有云""公有云"及"混合云"。表8-3为三种模式在数据存储、运行维护、基础设施、运算能力以及建设成本方面的对比。

表8-3 三种模式对比

模式	私有云	公有云	混合云
数据存储	本地	服务商云端	敏感数据本底存储 其他云端存储
运行维护	内部团队	服务商	服务商
基础设施	自行采购	服务商提供	少量自行采购
运算能力	受设备限制	高	根据业务需求合理利用
建设成本	高	低	适中

"私有云"模式是客户独立建设的模式。通常情况下,单位自行建设财务信息系统,存储数据、提供服务。这样做的好处是有较高的安全性和服务品质,但建设系统、满足算力所需的设备购置和运维成本较高。该模式下,财务信息系统间较为独立,在大数据时代下不能满足业财数据融合、增进业务发展的需求。

"公有云"是第三方提供给用户的云资源。通常,公有云具备较低的资本支出和服务的可扩展性,同时可以减轻IT工作人员的管理工作量。单位将常规数据及业务功能转移到"公有云"上,减轻"私有云"的压力。虽然公有云财务可以降低财务管理的成本,但租用开发商云计算系统会有数据泄漏的风险。

"混合云"是上述两种模式的融合,结合了上述两者的优势。敏感数据、机密数据都保存在"私有云",在本地进行存储,满足企业对数据安全性、可靠性的要求;其他数据则保存在"公有云",利用"公有云"公共资源的算力优势,按照企业需求进行计算。在此模式下,信息系统得到有效利用,确保了数据安全以及计算效率。此外,云服务商的服务模式又降低了企业信息化成本,使得系统维护及扩展的灵活性、拓展性得到了很大程度的提高。

第三章

软件中心财务管理及信息资源管理情况

第一节 软件中心概述

软件中心于1984年由原国家科委批准成立,长期致力于软件技术服务和软件应用基础研究,并通过技术服务和成果应用推动产业发展,逐步形成了以技术创新应用"服务行业,发展产业"的实践路径。

近年来,软件中心围绕上海具有全球影响力的科技创新中心建设战略目标,对标上海城市数字化转型,持续推进应用技术创新体系建设,不断提升信息系统质量和网络安全的第三方全生存周期服务能力,为数字经济保驾护航;聚焦大数据、人工智能、区块链和量子计算等技术创新研发、产业化转化、产业培育,为数字经济提效赋能;以技术创新驱动服务升级,推进技术研发和成果转化。在质量管理和第三方服务上拥有 ISO9001、ISO27001、ISO20000、检验机构认可、实验室认可、信息安全服务、网络安全等级保护测评机构和涉密信息系统集成等资质认证,并依据 ISO9001 及其他认证标准形成了软件中心的质量管理体系和服务管理体系。

第二节 财务管理情况

软件中心严格执行国家相关财务制度,按照事业单位会计管理要求等相关法律法规的规定,建立了独立的会计核算体系,对软件中心的货币资金管理、收入与支出管理、采购与付款管理、固定资产管理、对外投资管理、报销审批程序与权限、"三重一大"等实施了有效的控制,保证了软件中心各项资产有确定的管理部门、完善的记录,软件各项资产通过定期盘点与清查、与外来单位进行核对与函证等账实核对措施,合理保证软件中心资产的安全与完整。

软件中心根据战略规划和年度计划,积极有效地配置财务资源,保障资金供给,注重财务安全,促进软件中心整体成效最大化。

(1) 根据战略规划和年度经营计划,明确资金需求,保证资金供给。软件中心每年7月起启动下一年度预算编制工作。根据中长期战略规划以及年度经营计划,各业务部门制定纵向课题收入支出计划、横向市场收入支出计划,行政管理部门制定软件中心的财政经费收支计划,最终由财务部门汇总平衡各收支预算,报软件中心领导班子审批,编报软件中心全年预算。经上级主管部门"一上一下"预算审批,由市财政局确定"二上二下"预算,并以此确定年度资金需求,组织资金来源,保障资金供应。

软件中心各项经济活动所需资金一部分来自政府拨款,大部分来自自有资金。资金使用以量入为出,不作赤字计划。例如,财务部根据业务部门提出的数据可视化建设方案的可行性报告,主动与上级主管单位汇报项目资金安排情况,并提供项目专家评审意见及评估报告,确认项目方案可行。经上级主管单位审批后,财务部根据项目方案,具体落实资金来源,充分利用软件中心结余资金及财政预算资金,协调两者匹配关系,保障可视化项目的资源,确保了项目有序推进,为软件中心信息化建设提供了资金保障。软件中心预算编制流程如图8-2所示。

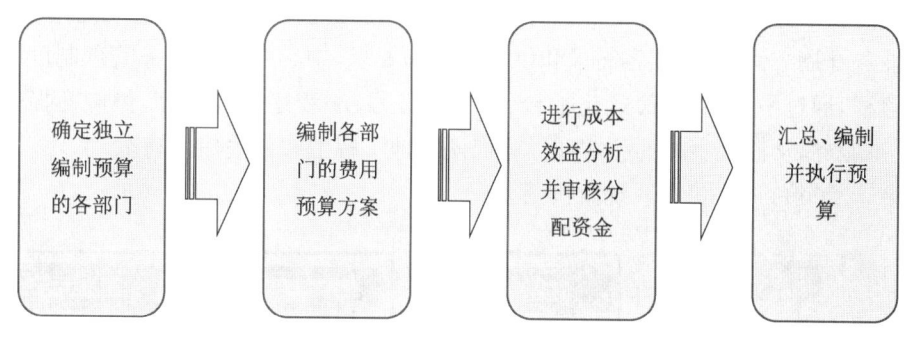

图8-2　软件中心预算编制流程

(2)建立全面预算管理体系,并不断提高预算编制准确率。软件中心制定《全面预算管理制度》,定义预算编制的内容。软件中心预算是指单位根据事业发展目标和计划编制的年度财务收支计划,包括收入预算和支出预算。收入预算包括财政拨款收入、事业收入、科研活动收入、非科研活动收入及其他收入等;支出预算包括单位管理支出、科研支出、非科研支出及其他支出等。明确全面预算管理体制及各单位职责,规范预算编制、执行与控制、反馈与分析、调整以及考核管理要求,同时强调全员参与,全面覆盖。全年预算编制工作在软件中心领导班子的领导下展开,最后报软件中心领导班子审批,为中心实现战略目标、降低经营管理风险提供保障,并不断提高预算编制准确率。

软件中心将批复的预算及时分解、落实,明确单位内部预算执行责任,编制年度预算执行计划表,并分季度编报预算支出计划,加强预算执行管理,提高预算执行效率。

(3)有效控制成本,提高资金使用效率,实施财务风险管理。软件中心通过财务管理制度及财务信息化管理平台,执行内部控制要求,通过软件中心OA系统对各项经费支出实现线上审批。目前财务制度主要包括:报销管理制度、差旅费管理制度、会议培训及公务接待管理制度、对外投资管理制度、公务卡使用管理制度、货币资金管理制度、会计基础工作管理规范。软件中心通过财务操作流程分别建立了各类控制流程图,严格执行"三重一大"制度,有效控制成本,实施财务风险管理。

第三节 信息资源管理情况

软件中心建立信息源分类目录,积极识别各类信息源。根据软件中心战略发展需要,围绕核心研发方向、重点技术领域以及相关服务管理过程等需求划分信息类别,识别各类信息源,并建立信息源的管理和更新机制,由相关责任部门对信息源渠道进行管理,通过信息系统等各类渠道获取、收集、传递信息。

同时,中心加强管理制度和信息平台建设,拓展各种人员的信息获取利用渠道。围绕内部高层领导、各职能部门、全体员工的信息获取需求,中心建立了系列管理制度和服务体系,通过客户管理系统、项目管理系统信息平台、文档信息共享平台等,为内部员工提供便利的信息获取方式,通过权限控制的技术手段对信息的访问和使用进行规范化管理。

在业务开展方面,围绕顾客需求和供应商管理要求,中心建立了服务管理制度和供应商管理流程,通过中心网站、信息化平台、公众服务号、小程序等向顾客、供应商提供信息发布、共享服务,从而让中心的顾客和供应商便捷地了解中心相关信息动态。

图 8-3 为软件中心信息系统架构图。

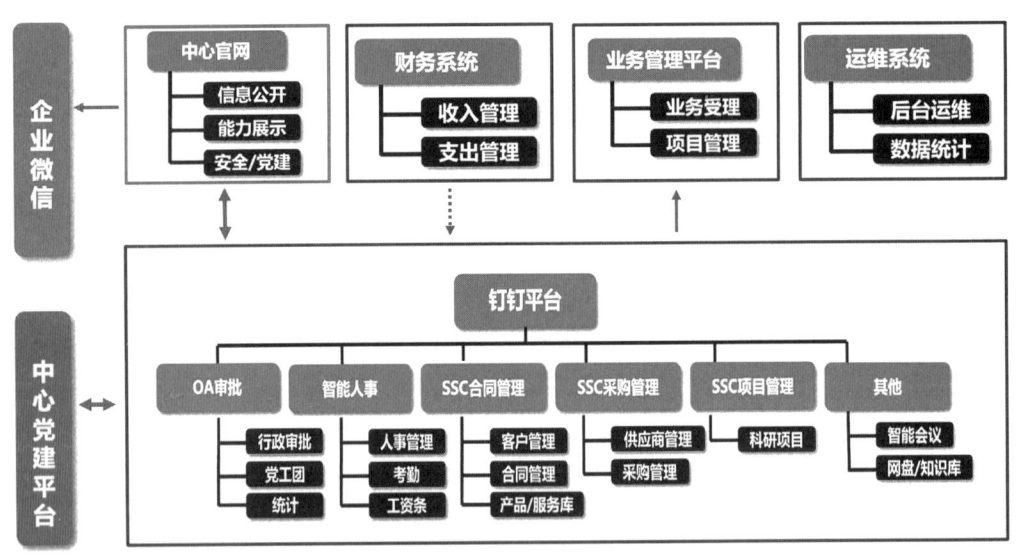

图 8-3 软件中心信息系统架构图

根据软件中心的主要业务,从横向切分的角度,可将信息系统分为管理协同层、知识共享层和知识服务层三层,组成中心信息化的总体信息系统,如图 8-4 所示。

（1）知识服务层主要为政府和事业单位、中小企业提供相关战略规划与前瞻研发服务,借助大数据观测站、网络安全态势感知平台、全球区块链态势感知平台和人工智能应用验证等多个平台提供支撑。

（2）知识共享层主要为中心员工技术学习和知识交流使用,包括软件与信息技术服务

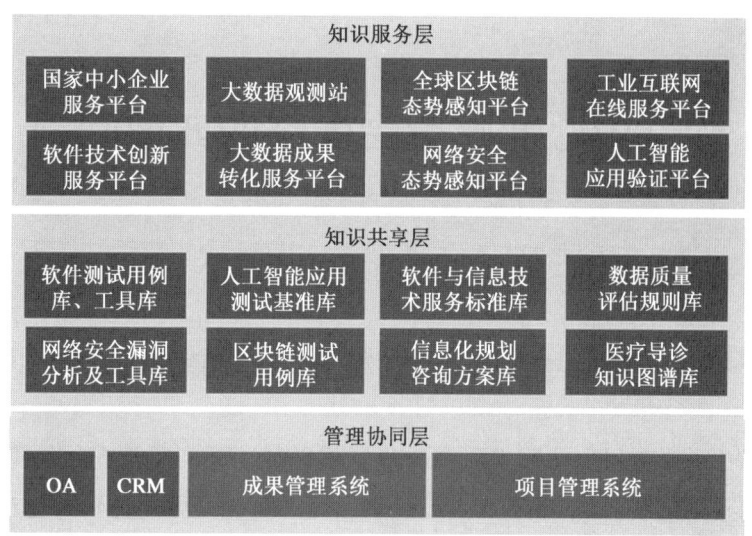

图 8-4 软件中心信息系统三层结构

标准库、软件测试用例库、网络安全漏洞分析及工具库、数据质量评估规则库、区块链测试用例库和人工智能应用测试基准库等。

（3）管理协同层主要为中心管理者的信息管理、客户管理、办公协同等提供支持，通过客户关系管理系统（CRM）、通用办公系统（OA）、成果管理系统和项目管理系统等，为管理者提供便捷、有效的管理手段和途径。

软件中心按照 ISO9000、ISO20000、ISO27001 建立了质量管理体系，从可靠性、安全性、易用性等方面对各种信息系统进行严格的控制及管理。

（1）可靠性：软件中心建立了计算机软硬件管理制度，配备稳定的管理人员和性能可靠的硬件；规范备份策略，应用多层级存储、标准备份数据库、备份等方法，建立系统快速恢复机制；设立预防性的定期维护，利用短信网关实现应用系统（网站）短信故障报警；为了及时对灾难作出响应，针对重要的应用系统制定应急预案，遇到各种突发和意外情况时，能够最快恢复系统，从而最大限度地保证业务的可持续性。

（2）安全性：软件中心结合信息安全现状和需求，从管理、运维、标准三个方面建设安全体系，制定安全制度，建立应急响应措施，拓展和完善备份系统、病毒与漏洞管理、安全监控、安全评估等各项功能。

（3）易用性：构建各业务模块的业务规范、数据标准，规范业务流程操作。利用软件的接口技术，开发系统处理异构系统之间的业务信息传递。通过改造硬件网络系统，进行扩容、增速，保证信息传输速度更快。

第四章

软件中心业财融合面临的典型问题

第一节 "数据孤岛"问题突出

目前软件中心在支付上使用上海市财政管理平台。财政管理平台有其标准化、保证信息安全的优点,然而财政管理平台无法与其他系统对接,数据"困在"平台中,形成了所谓的"数据孤岛"。另外,政府采购、自行采购及招标的信息存于业务部门,而财务部门能获取的信息只有付款记录和收票,采购管理系统与 ERP 系统并不互通,由此也产生"数据孤岛",其他部门无法利用业务部门已有的信息,数据不能共享,降低了工作效率。整个操作流程直观地来说就是采购管理系统是孤立的,同时财政平台与 ERP 系统也无法互通数据,三个信息系统都被割裂开来。因此在采购管理流程中,软件中心需要消除"数据孤岛",提升数据透明度。

如图 8-5 所示,各职能部门(大致分为是销售、生产、会计三个职能部门)各自拥有自己的数据库,并根据需求采集业务活动中的数据,用本部门的模式对数据进行处理,然后将处理完成的数据交给信息使用者使用。各职能部门对数据的采集、存储、处理、报告过程是并行的,并且没有沟通的渠道,不存在交集。在这样多线并行的管理系统中,"数据孤岛"自然形成了。

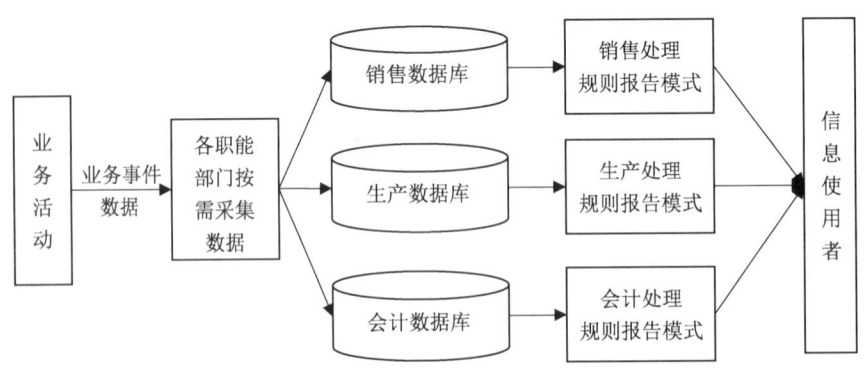

图 8-5 数据孤岛示意图

在合同管理等过程中,业务部门和财务部门的信息沟通不畅,业务部门负责对回款的监督和催款工作,财务人员无法及时获取业务部门催收的进度,以便随时根据回款进程进行财务上的调整。虽然根据规章,负责应收账款的财务人员应与业务部门保持联系,与之核查所有应收账项(至少每月一次),但是在实际操作上业务部门和财务部门的沟通可能存在延迟或者差错,对于应收账款的处理和记账工作不及时、不到位,对软件中心的工作效率造成负面影响。

第二节　全面预算管理需要加强

一、预算收入支出的控制

软件中心由于具有事业单位性质,所有收入均需经由财政平台进入企业账户。中心的所有收入来源基本划分为三类,其中25%的收入来源于财政拨款,另外70%来自市场化收入,剩余5%来源于其他收入。25%的财政拨款收入纳入事业单位预算管理平台统一管理,其余75%的收入并没有相应的费控系统去独立管理,无法形成统一有效的全预算管理口径和可视化数据图谱。由此反映出全预算管理的紧迫性以及必要性,以防范管理漏洞,增强费用控制,形成可视化数据。

二、ERP系统模块整合不足,融合程度低

在ERP的各个模块中,预算是一个十分关键的环节,必须与各个子系统紧密结合。ERP系统的开发和应用是解决ERP系统集成问题的关键所在。另外,为了对企业的财务状况进行及时控制,使企业的各项业务都能得到有效的控制,ERP中的所有开支不仅要清楚地显示出来,而且还要在各个政府的财务平台上一一对应。

在现实中,在常规ERP架构中引入一个综合的预算函数是不容易的。ERP系统侧重于对资料的处理,而全面的成本核算则侧重于对企业的目标的控制。将资料输入ERP中,会出现相容度不够的问题,导致企业的成本控制能力下降。然而,国内许多公司的ERP和ERP业务人员仅仅掌握各自的业务,却没有掌握两套体系的相关技术(陈广正,2021)。

三、预算管理组织不够健全

全面的财务管理系统要求企业必须具备一个完整的财务管理机构,而这个问题正是软件中心所面临的一大难题。预算的制定一般都是由财政部门来完成的,各个业务单位的介入程度不够。由于ERP系统与企业内部的关系不能很好地协调,而财务系统又无法有效协同运作,无法从根源上提升公司的整体预算管理,无法为公司今后的发展奠定坚实的基石。

第三节 应收账款管理力度不足

通过对自身现状的梳理发现,软件中心对于应收账款管理的行政流程存在可以改进的空间,可以总结为以下两个方面:

第一,应收账款作为资产负债表一项非常重要的项目,根据软件中心规章,财务部应认真登记客户往来账,每月向中心的业务部门统计、发布"应收账款统计月报"并协助业务部门催收应收账款,而业务部门则对应收账款催收负有责任,每个月财务部会下发应收账款指标,一月一核对。

软件中心规章考虑到了财务部门和业务部门的交流沟通问题,并给出了相应的规定。但是在实际操作过程中,软件中心没有严格按照规章处理,形成了一些漏洞。具体可以概括为以下两点:一是业务部门有些合同没有及时录入应收账款系统,违反了及时核对应收账款的规定。而没有及时录入的后果就是应收账款的账龄将被低估,从而财务部门将会高估应收账款被收回的可能。二是合同回款回收时间没有人关注。在收到回款之后,业务部门没有及时录入系统,导致财务部门不能第一时间获取到重要的财务信息,造成数据的不互通。

第二,对于获取业务方面的管理,即投标过程的管理,软件中心也存在一些问题。在业务操作流程中,横向收入由业务部门的合同构成,业务部门提交合同申请,签订后开票、执行合同约定、最后客户回款,然而投标信息有缺失,系统只能看到审核申请这一步,之后的投标记录和投标结果却是不可见的,即业务员提出要投标,后面什么信息都没有,对于投标申请之后的事项软件中心财务部门一无所知。整个投标、签订合同、收款过程管理没有形成链条,各个投标过程之间是孤立的,软件中心不能够对此进行监控,风险较大。另外,投标的记录和结果实际上是非常有用的信息,但是目前软件中心对投标信息的数字化分析不够重视,在技术上也需要进一步开发。

第五章

针对典型问题的案例研究

第一节 通过"混合云"进行数据联通

基于财政平台的"私有云"模式是围绕软件中心财务和需求的有效模式。出于安全考虑,软件中心倾向于将数据和信息存入"私有云",不过也希望能够从基于钉钉的中心统一办公平台(由阿里云支持,即"公有云")上获取计算支持。"混合云"这一模式整合了"公有云"资源以及"私有云"资源,相互配合,能够对上文提到的问题起到较好的效果。

软件中心通过建立一个可以将商业产出转化为数据生产力的中台,将企业的生产要素转化为生产的数据,以数据为导向进行决策。资料中枢可以使软件向多样化发展。

如图 8-6 所示,在数据中台,可对各种数据源进行元数据抽取、标签化以及规范化处理。在中台基础上,可实现多种资源、多种经济业务数据的转化,将其转化成符合金融角度和需求的经济事务,实现了统一的存储。根据转化后的财务信息,可产生财务会计信息、财务报告等。

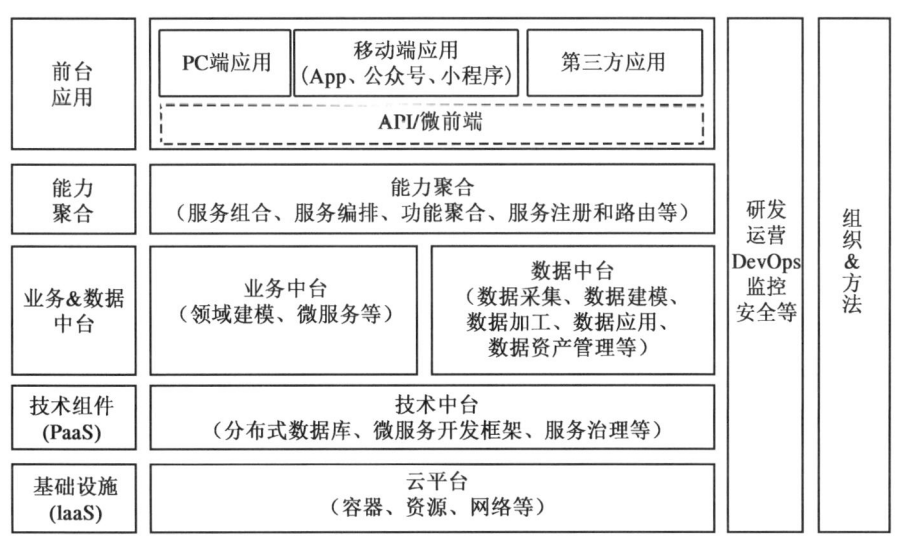

图 8-6 数据中台架构图

在以上技术、平台的支持下,软件中心的财务行为都被完整地保存在一个数据中台,然后通过项目中间部分转化成满足金融需求的信息,以便对财务进行进一步的处理。

在"混合云"模式下,软件中心财务部门可以获得更完善、更节省、更安全并且可扩展的信息服务。软件中心各部门能够根据业务需要,有针对性地运用云资源。对比传统的建设信息化平台的模式,"混合云"模式具有更大的优势,这些优势在软件中心这段时间的应用中主要体现为成本控制、管理效率提升以及财务风险降低三个方面。

"混合云"模型有利于节省单位的人力和财力。在当今世界,企业最重要的生产力就是人才。"混合云"是由各种技术如网络与电脑结合而形成的,它以互联网为基础,使使用者能够将资讯资料传输到网络上,让使用者根据个人需求来定做或使用,并将作业进行下去。在"混合云"平台上,所有的软件都是在"云"中进行的,一旦遇到问题,可以通过云计算进行处理,而不需要聘请专门的人员。

根据埃森哲公司的调查,30多家建立"财务共享服务中心"的跨国公司平均降低了30%的财务运作成本。利用"混合云"技术将分散在各个区域运营单元中易于标准化和规范化的财务业务进行流程再造与标准化,可以有效建立财务共享中心,完成财务收支、应收账款的清收、固定资产的处理等任务,有效提升财务管理水平。

传统模式下,软件中心的会计信息主要储存于公司账本和原始凭证等纸质资料中,因为媒介的关系,信息数据无法共享。如今软件中心通过数据中台,各部门各自的信息和数据存储在云端,能够实现数据和信息的高度共享,还能够实现管理集中化。信息化部门不需要浪费财力和物力资源在基础设施和设备上,实现信息化的成本较低。降低成本是云计算最吸引人的优势之一,也是驱使管理层考虑云服务的重要因素。升级预置基础设施的增量成本很高,增加预置的计算资源需要面临购置额外的服务器、存储、电力以及在某些极端情况下新建数据中心的需求。混合云可以利用"即用即付"云计算资源来消除软件中心原有的购买本地资源的需求及支出。

如何控制成本、提高资金利用效率,是目前软件中心关心的问题。实行业财合一,能够更全面、更高效地认识业务、财务工作的各个环节,从而更好地组织和处理业务、财务的工作。业财一体化的推行,将会使各机构的业务工作更为集中,特别是能够清楚地认识各种资讯资料的价值,协助企业与财务间的有效配合,有效地提升各职能部门的配合度,达到控制财务费用的目的,提升运作的效率与成效,同时也能确保企业的资金运用效益得到改善。

根据软件中心的管理要求,建立数据中台,既能满足各部门对信息的需要,又能加强对财务和会计的控制。数据中台积极、广泛地取得所需要的资料,分类、记录、储存、转换、输出,从而可以有效地对业务流程进行控制,提高运营效率。"混合云"模式使软件中心的金融业务模式得到了全面的发展,并使各个业务部门实现了协同工作。"混合云"模式已成为目前软件中心信息化建设的一个新趋势。

业财融合可以更好地促进企业的财务信息与业务信息的交流与融合,为企业财务人员掌握业务运行情况提供帮助。在会计工作中,会计报表和审计工作具有很高的专业性。实行"业财一体化",不仅可以提高会计人员的资讯理解能力,也会对会计基本工作的效能产生正面的影响,同时也会让企业的内部财务工作更有可能达到"创造性处理"的目的。

由于会计工作高度复杂，会计基本资料的统计太过于重复，因此，在业财合一的过程中，财务人员可以根据自己的业务经验，将财务工作的监管模式整合起来，从而有效地提升财务人员的工作效率和监督的品质，减少许多财务培训活动的配套工作。而在信息技术方面，运用大数据进行管理与控制，将各种数据集成到一个数据库中，可有效提高资金的使用效率，提升财务工作的科学化水平，同时克服时间和空间上的局限性。

随着软件中心业务的迅速发展，相应的金融风险也越来越大。通过业财融合，可以更准确地了解软件中心的财务环境特征，从而能在制定财务计划时避免和消除风险。

软件中心在实行业财融合的过程中，可以更好地控制财务支出，提高资金利用效率，从而更好地了解企业的经营业绩，并对各种财务指标进行比较分析，保证软件中心在数据资源的支持下进行优化。

第二节　全方位推进全面预算管理

针对上文提到的预算收入支出的控制、ERP 系统模块整合不足，融合程度低以及预算管理组织不够健全这三个问题，本研究提出四项改进建议：

第一，成立专门的全面预算管理组织。为提升整体的预算管理水平，最大限度地降低各种问题发生的可能性，中央财政对全面预算工作予以充分关注和支持，保证系统的运行，并成立一个专业的预算管理委员会和一个总的预算领导机构。各级政府部门、财务部门要加大对机关行政人员的专业化训练，在机关内设立专门的财务管理机构，并以各部门主管为领导，组建一支专门的财务管理队伍，使其职工能够积极参加各项工作，并定期举办与全面预算管理有关的业务培训。就整体预算而言，它是一个系统的工作，并不只是财政的责任，而应由其他部门共同努力，互相促进。软件公司应从财政部门剥离出全面预算，并与各职能单位共同组建专门的预算管理机构，以支撑预算的实施。

第二，加强全面预算管理的执行效率。计算机软件开发企业要正确认识预算的出发点，正确地选用相应的计算方式，并对其进行科学的预算管理，以保证其质量。应从企业的经营水平出发，结合市场分析、企业财务状况、盈利水平、技术发展水平等因素进行科学的预测。应收集历史资料和真实资料，不过分依靠简单的计算，而是采用多个不同的预算编制方式；从现实角度出发，通过各个单位的协作来实现。预算是开端，而实施则是最重要的。要保证财政预算案的有效性，必须强化对预算案的监督，并对其进行深入而完整的剖析。首先，将部门分解、任务分解，细化预算的指标，提高预算的可操作性；其次，在预算实施中，通过各科室经理监督管理人员的工作，加强职工的归属感，严格管理，建立全方位、立体的管理体系；制定相应的规章制度，如工作职责、权限审批等，确保所有人员都不能脱离系统，从而增强综合预算的权威（陈冀，2021）。

第三，提升预算编制质量，预算目标与单位目标有机结合。实现远景目标是软件中心资源配置的方向和目标，全面预算是战略实施的工具和机制。全面预算管理的目标应当根据企业的战略目标和计划有序实施，以单位战略目标为导向进行层层分解。软件中心应选择科学的预算编制方法，保证基础数据的准确性。编制预算要注重衔接，各部门间应进行积极有效的沟通，明确彼此的计划与需求，互相理解，行动一致，优化单位资源配置，提高管理经济效益。

第四，利用数据融通将全部收入纳入统一管理并以数据图谱方式呈现。软件中心采用中台进行数据融合，对所有收入进行统一管理，并以数据图谱的形式显示出来。首先，通过运用IT技术，使管理者能够更好地了解公司的情况，使公司的管理更加透明和直观。该模型将ERP系统中的所有数据进行关联组织，并将其可视化，从而避免了数据源之间的相互联系。所以，不管是从行业来看，还是从主题等来看，都是将所有的数据资源联系在一起，只不过是数据的形式发生了变化。其次，通过链接线的数量和细节，可以更好地理解网络中的节点信息和关系，更好地掌握数据的整体关系和组织结构；最后，通过对任意结点的单击，方便使用者从反映结点和满足自己要求的结点中获得相关的结点。比如，在职业收入的图表界面，可以显示收入的对象、时间和空间分布，将整个收入的"标签"作为关键词，并在类别和招标对象中有选择地展示更多的相关信息。同时，目前的图谱平台在数据变化分析中的作用还不够完善，只反映了数据集合中的相关信息，并将其与数据集合列表、资源获取路径分开，用户对其进行判断，其使用的便利性仍有待提高。

通过对收入进行图表分析，可以更清晰地反映企业的内部情况，提高企业的经营效率。在技术实施方面，采用公共云和专用云的融合技术，实现对工程过程的控制；通过对业务、管理、财务等离线资料进行分析和联系，实现对业务、管理、财务等不同业务和单位外部信息的全面展示。该系统不仅能将同一领域、同一专题、同一部门的ERP财务信息平台上的数据资源进行相互联系，还能全面、多维度地对包括多源、异质的平台的信息进行全面的、多维度的描述。同时，通过图形显示的方式，可以显示不同类型的数据源内在的知识关联，从而使其更直观、更生动。该系统不但能够根据特定的类别特点，对不同类别的收益关系进行可视性展示，而且能够对所有的收益信息进行可视性展示，并且能够根据"标签"的关键词，直观地显示出与之相关的信息。利用这种方法，财务经理可以直观地了解财务信息之间的关系，揭示财务信息之间的内在关系，从而为财务管理、财务分析和预算管理提供依据。

第三节　运用信息化手段改进应收账款管理

针对上文提到的相关问题，软件中心通过信息化部门与财务部门的调研、研究，通过对相关系统进行升级优化，并配合管理制度的调整，作出了改进。

一、应收账款问题改进

财务数字化转型促使企业在财务领域运用云计算、大数据等技术来重构财务组合和再造业务流程,提升财务数据质量和财务运营效率。针对应收账款第一个问题,软件中心在财务数字化转型浪潮背景下,使用数据改造和数据标准化的方法,通过将财务合同管理系统与 ERP 系统相连接,一键获取客户信息、收入合同信息,使得应收账款被及时记录。图 8-7 为系统中销售简报界面。

图 8-7　销售简报界面图

在财务合同管理系统中,增设了一个专门的合同评审板块,如图 8-8 所示。业务人员必须输入项目名称、联系人、分类、总金额等有关合同的具体信息,仕各类信息填写完备后才能获得签署盖章。

在合同签订后,业务人员必须上传签署合同的电子版以便留档,线上归档信息化手段可以提高合同管理的准确性和完整性。另外,在填写合同评审的时候,增加"回款计划"这一维度,定下明确日期,可将合同履行节点细化,即合同履行节点日就应当对收入进行确认,防止一个合同开出了发票,但无法确定应收账款具体何时应当确认为收入的问题出现。同时,系统应自动提前几天弹出开票提醒,强制在明确的时间点内开票,产生应收账款。

针对应收账款的第二个问题,"回款计划"维度实际上就可令系统提醒业务人员,在该日期明确之后就应当开始关注应收账款催收,此时可以使用双管齐下的方法提升效率:通过企业网银系统记录获取数据,财务部门获取回款信息,将该信息下发至业务人员处,令其认领;或是通过客户告知,业务人员主动提交回款记录,财务部门及时记录应收账款收回,进一步加强对应收账款的监管。图 8-9 为系统中发票与回款的对应。

另外,通过合同管理系统的统计,财务部月末可以获取:①签订情况统计表——多少

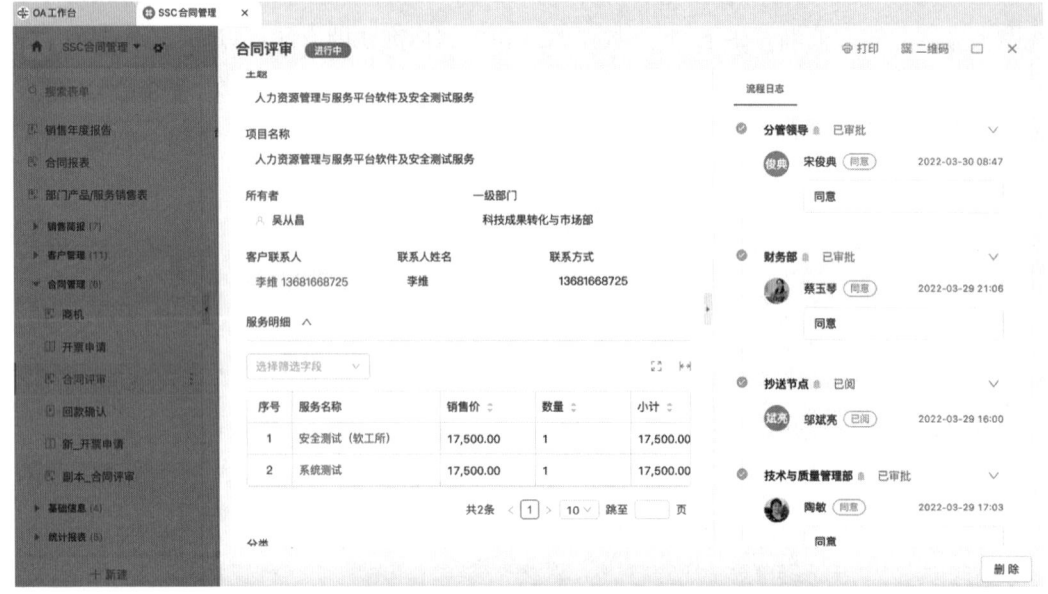

图 8-8 合同评审界面

图 8-9 发票回款信息界面

合同审批、多少合同废止、合同废止的原因是什么、废止合同的经办业务员是谁、同一个业务员是否存在过多废止合同等信息一目了然;②开票回款统计单——签订的合同开了多少票、回款多少、哪些有截止性问题都可以显示出来。不仅如此,财务人员和业务人员可以随时获取全生命周期表,他们可以自选标签取得自己需要的数据,业务和财务信息互通,消除"数据孤岛"。图 8-10 为合同报表界面。

图 8-10 合同报表

上述对策措施可以概括为"业财一体化集成"。业财一体化集成可以理解为,业务和财务工作一体,业务决策的制定和执行与财务结果可以同步生成。业财一体化确保了信息流畅沟通,加强了企业内部控制和精细化管理。业财一体化的实现有很多阻碍,但是数字化转型为业财一体化提供了技术支持。将财务合同管理系统与ERP系统以合理的逻辑连接,有利于对应收账款的管理和监督,提高软件中心的业务效率和财务质量。

二、业务获取管理问题改进

数据改造可以加快业财融合进程,解决业务获取过程和结果的不透明性问题。在投标活动中,存在成功或失败两种可能,因此软件中心在投标系统中增加新模块,将系统中的投标申请功能进一步延伸,提供两种情境:若投标失败,业务员需要提请关闭投标申请并说明失败原因,这样系统中就会留存一个失败记录,绩效考核部门可以通过统计每位业务员的失败率来考察员工业绩,有效减少员工贪污、克扣的可能;若投标成功,那么业务员会经历多个步骤:业务发起—买标书—中标通知书,随后系统会弹出合同审批流程,若中途终止,则需要提供理由(不填的话系统会催促业务部门负责人),这样就使得整个参与过程都会有记录,包括业务何时申请、何时中标、合同何时签订、履约义务何时完成、应收账款何时记录、回款何时收到,串联了合同管理全生命周期,将业务活动从一开始就纳入监管,大大降低了风险。

技术上,软件中心通过将规章中要求的几项流程全部统合到同一个系统中,或者是在各系统间跳转,将投标管理系统与合同管理系统链接起来,为业务人员流程审批减少麻烦,使他们可以在一个界面中完成从投标申请到填写合同的全部操作,提升效率;同时还能控制舞弊,防止贪污,减少软件中心在评标费上可能的损失。图 8-11 为系统中设定的销售漏斗。

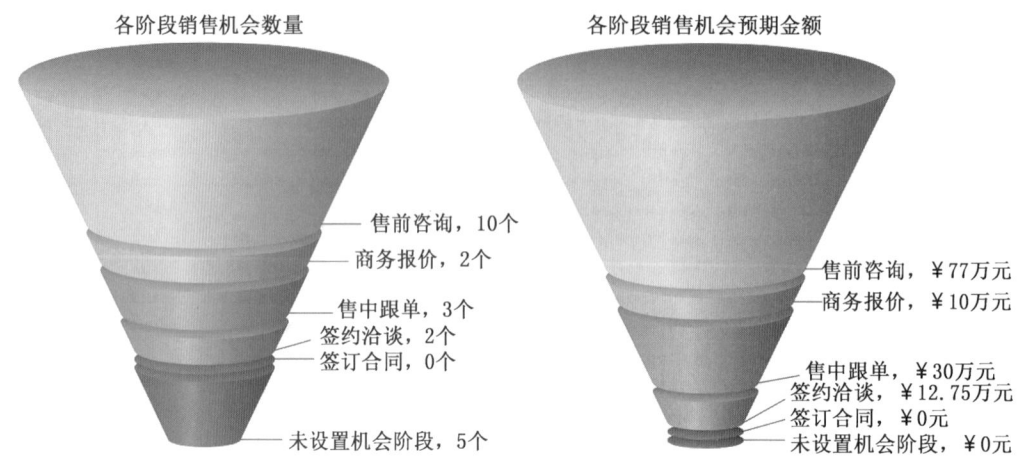

图 8-11 销售漏斗

另外,针对这个问题,软件中心不仅要利用数字化手段,更要对基层业务部门人员加强合规教育,三令五申,要求其按照规章进行,否则中心会通过合规部门对合同不予盖章、财务部门不予拨付投标保证金等方式强制加强合规监控。

此外,评标结果是一项有价值的数据。软件中心可以利用大数据技术,从投标的行业项目、单一业务员的投标成功率、中标合同的收入区间等多方面对软件中心的横向收入进行分析,并在分析之后对软件中心进行优化,以提高投标成功率,提升软件中心横向收入,降低投标风险。

三、采购管理问题改进

由于软件中心的特有性质,它必须使用上海市财政平台,而财政平台作为上海市级的数据平台,无法直接链接到软件中心的系统中。政府采购信息、自行采购信息及招标信息存在于 ERP 系统中,而财务部门只有付款记录和收票。为了加强对采购招标的管理,需要对采购管理与 ERP 系统进行优化。

软件中心新建了一个费控数据库,会导入财政平台付款信息作为实际付费信息,同时把采购管理与 ERP 系统的数据导入作为预算信息,三方对照,三者形成数据共享,提升数据透明度,实现合规风控和工作效率的提升,如图 8-12 所示。

该解决办法同样符合业财一体化的思路,采购、招标业务与财务工作一体集成,在采购招标相关的业务决策作出后,财务系统可以迅速作出反应,得出财务结果,业务与记账同步匹配。

此外,该费控系统还有数据统计分析功能,可以帮助软件中心根据预算数据和实际付费数据进行比对,根据不同明细科目(如应付账款)等对采购和招标业务进行分析,提出更科学化、专业化的建议和指导,提升软件中心的业务水平。

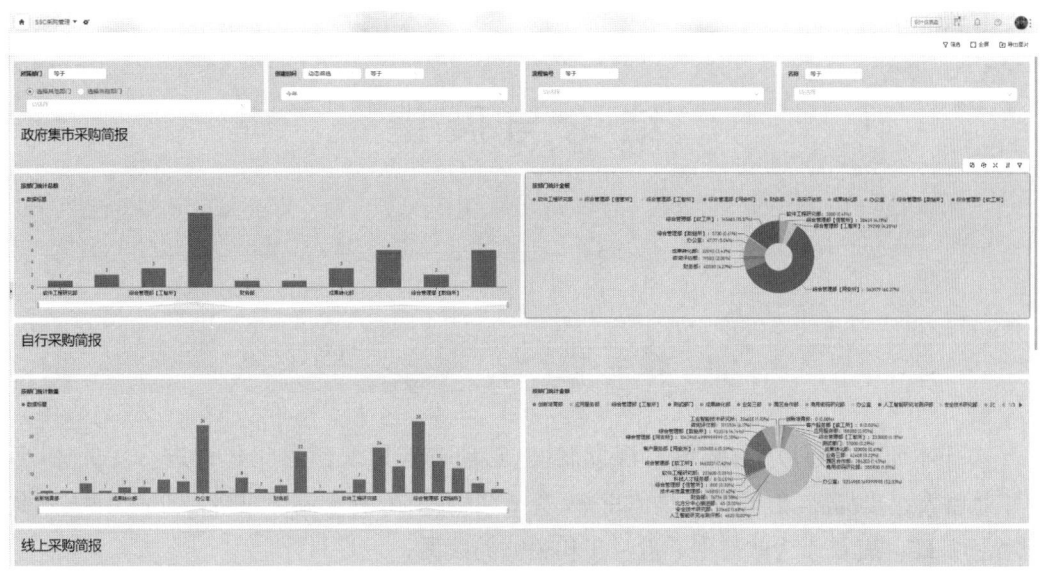

图 8-12　费控系统采购报表界面

如果能实现业财一体化,业务部门与财务部门的合作将会更加紧密,业务与财务将互相促进,形成良性循环,达到数字化转型的真正目标,而非只是表面的信息化。

第六章

结论与展望

第一节 结 论

基于本研究,软件中心陆续对规章制度、管理方式以及信息化建设进行了完善,近3年总收入逐步提高,财务状况整体良好,资产结构优良,资金流量充裕,为可持续发展提供稳固基础。表8-4为软件中心近三年相关财务数据。

表8-4 软件中心近三年财务数据

指标名称	2018年	2019年	2020年
总收入(万元)	8 737.73	10 668.95	12 557.77
财政拨款(万元)	2 938.69	2 864.59	2 962.04
主营业收入(万元)	4 722.56	7 394.37	8 759.04
利润总额(万元)	667.10	809.76	489.49
投资收益(万元)	23.20	172.44	0
资产负债率	5.66%	5.86%	4.10%
预算执行率	99.17%	99.87%	100%
总资产贡献率	8.97%	8.62%	11.77%
资本保值增值率	124.76%	122.18%	110.42%
流动资产周转率	82%	103%	100.4%

第二节 展 望

一、借助信息化手段,理顺业务方向,增强科研竞争力

软件中心目前对于混合云的应用还处在初级阶段,应结合自身特点和业务需求,科学地选择云计算模式,确保日常管理工作积极开展,预算管理和绩效管理稳步改进。混合云的合理应用可以使中心将预算执行情况、资金使用情况、财务过程管理情况、科研成果情

况等纳入系统,统一管理。

未来软件中心将利用混合云技术,从预算执行情况、预算执行差异、业务发展趋势等各方面掌握实时数据,形成数据图谱。中心及时反馈考核结果,使相关责任人能够及时作出决策;从细化数据、建立数据之间的关联、数据精细化管理等方面逐步完善管理体系,以满足会计信息使用者的要求。

二、成立全面预算管理机构

为了提高软件中心的全面预算管理水平,软件中心应对全面预算管理工作给予足够的支持与重视,以确保全面管理预算体系有效。可通过设立专门的组织机构,如预算管理领导小组、预算管理工作小组等,来全面负责软件中心的预算管理工作。通过对相关工作人员的专业培训、知识分享等,构建专业、科学的预算管理团队,定期开展全面预算管理工作沟通会议等。全面预算管理工作对于软件中心来说,不仅仅是财务部门的职责,也需要其他管理部门以及业务部门的配合。中心组织全面预算管理工作的要点在于联结各部门,合理配置资源,促进业务发展。

三、提高全面预算管理执行效率

软件中心必须选择适合自己的预算编制方案,科学地组织全面预算管理工作的开展。要将实际业务水平作为预算编制的起点,结合市场分析、企业财务状况、盈利水平、技术开发水平等开展合理预测。

在编制预算方面化整为零,将任务分解,将预算目标分解、分类,明确各业务部门的职责,跟进编制过程,详细记录编制情况。

在预算执行过程中,严格监督各项流程、各类单据、各项审批等情况,形成全方位立体式的管控方式。

在规章制度方面,明确各级岗位职责和审批权限,员工不能凌驾于制度之上,确立全面预算管理相关制度的权威性。

参考文献

[1] 钟明雪.大智移云背景下会计信息行业的变革与发展[J].统计与管理,2021,36(6):4-8.
[2] MANHEIM M L. An architecture for active DSS[R].1988.
[3] 杨周南.会计信息系统[M].辽宁:东北财经大学出版社,2010.
[4] 程平,万家盛.大数据时代财务共享服务中心云平台的构建及其应用[J].商业会计,015(15):20-22,85.
[5] 路迪.大智移云背景下企业财务共享中心建设分析[J].纳税,2021,15(3):66-68.
[6] 齐秀华.行政事业单位会计信息化建设研究[J].行政事业资产与财务,2021(14):104-105.
[7] 陈广正.全面预算管理在航运企业的应用探讨[J].交通财会,2021(9):12-16.
[8] 周嵘.事业单位业财融合现状、必要性和措施分析[J].财会学习,2020,(14):37-38.
[9] 陈冀.基于ERP环境下简析企业全面预算管理与应用实践[J].经济管理文摘,2021(19):44-46.

专题研究报告九

价值网模式下施工企业提质增效策略探究
——以中铁十五局 YN 区域为例

本专题研究报告为上海市会计学会 2021 年科研课题研究成果。

课题组成员

课题负责人：
    中铁十五局集团有限公司   徐志敏

课题组其他成员：
    中铁十五局集团有限公司 郑紫云 穆亚波 侯海良 宋凤阁
                             程海涛 王小瑜 李艳红 陈 凌

第一章

导 论

第一节 研究背景

当今世界正面临着百年未有的大变局。从国际来看,受多重因素的冲击,世界经济持续低迷,经济下行压力增大;全球产业链和供应链转型加快;国际贸易合作、跨境资本流动、商业模式变革都给企业财务综合管理能力带来了新的挑战。从国内来看,市场环境发生了重大变化,建筑行业竞争将更加激烈;企业资产负债率居高不下,规模发展与高质量发展尚不平衡;财税政策加快改革,信息化水平不断提高,对企业的各项管理工作提出了更高的要求。

在国内外经济形势共同影响下,当前企业不断面临挑战,但同时也面临难得的机遇。从国际来看,世界经济恢复增长的态势尚不明朗,但我国积极推进全球治理体系变革,在"一带一路"倡议下,中国企业参与的国际循环优势显现。从国内看,经济发展长期趋稳向好,物质基础雄厚,人力资源丰厚,市场空间潜力巨大,发展韧性持续显现,社会大局稳定,数字化转型提速,鼓励科技创新、提高企业核心竞争力具有多方面的优势和条件。国内大循环逐步畅通,稳增长、保就业被放在更重要位置,给建筑企业发展带来新的机遇。

当前经济形势面临着经营高风险和不确定性领域持续扩大的状况,施工企业正在步入一个危机与机遇共存的全新时期。整合一切可使用的资源、实现价值增值必然成为企业争夺的"新机",成为"变局中开拓新局"的关键。作好项目履约风险防控,提高价值创造能力,对完成企业的提质增效促发展,助力企业穿越危机,开拓新局尤显重要。

一、传统基建正在萎缩

20世纪,传统基建管理思想以"分"为主确定责权利边界,通过"分工"实现专业化,通过"分权"实现层级管理,通过"分利"凝聚企业人心。21世纪,信息经济、知识经济变革打破了旧有秩序,仅仅靠"分",很多问题是难以解决的。在秩序重构的过程中,有些职业在消失,有些职业在兴起,有些职业在整合,旧秩序被打破。随着智能时代的到来,复杂问题未必能靠简单分拆、分类解决。国家推出的"新基建"战略,涉及投资总额逾万亿元,和施工企业关系息息相关的以"铁公基"(铁路、公路、机场、水利等重大基础设施建设)为代表的传统基础设施建设将逐步减少,基础设施投资的内涵和结构发生了重大变化,而以"人物工"(人工智能、物联网、工业互联网)、城市升级产业(如特高压、城市轨道交通、地下空间建设等)为代表的"新基建"市场份额将逐步扩大。同时,环保治理、产能调整等深度影响项目实施,竞争加剧、效益降低、资金吃紧、风险增加已经成为行业新常态。

二、工程产值利润率低

根据《2019 年建筑业发展统计分析》,全国建筑类企业产值 24.84 万亿元,实现利润总额 8 381 亿元,建筑企业产值利润率仅为 3.37%,行业总产值的增加并未带来行业收益的同步增长。从国家统计局公布的一季度数据来看,一季度的 GDP 同比去年下降了 6.8%,其中建筑业下降近 17.5%;施工合同条件更加苛刻,业主招标随意压价,环保督察催生建材涨价,劳动力成本快速攀升,行业利润明显下滑;行业监管力度趋严和违法分包督察等各类问题仍在持续发酵,施工企业行业利润稀薄已是不争的事实。

三、未形成优质高效的资源整合

企业集约化管理是企业提高效能与效益的基本取向。当前,施工企业单一的集约化管理,仅仅是集合了人力、物力、财力、管理等生产要素的统一配置,未能形成以节俭、约束、高效为价值导向,未达到降本增效管理的目的。信息传递不顺畅、低效带来了信息不对称,形形色色的形式主义、官僚主义导致个人、团队、组织在工作中执行、决策、运行效率和质量不高。在企业内部,员工潜心市场、钻研管理的意识还很薄弱,成本管控有待精打细磨,项目过程管控能力、开源节流水平仍需要大力提升。在外部,企业未能集中核心力量,未形成可持续竞争优势的高效资源竞合力。其一,基于地产受控、投资回落,业主的资金压力向下传递,导致建筑业竞争加剧、效益降低、资金吃紧、风险增加。其二,围绕市场需求侧,企业在供给侧的商业创新能力不够,不少区域真正能称得上核心客户的数量不多,能够带来固化订单的大客户不多,经营的可持续能力不强。其三,项目安全质量等点状散发问题此起彼伏、精细化程度不高、信誉意识尚未入脑入心。

四、产业竞争呈现同质化发展

新兴建筑领域的同质化发展也将导致今后一个时期内行业竞争愈发激烈。随着国家以防控风险为导向的一系列政策的出台,全国范围内掀起了一股 PPP 项目清退、整改潮,严格、规范的管理从源头上抑制了 PPP 项目数量的增长,合规、优质的 PPP 项目越来越少。经济下行压力下,基建投资或成为拉动经济回暖的重要抓手,但存量市场下建筑产品需求终将持续下降,传统基础设施投资的建设空间面临压缩,基建市场的竞争不断加剧。当一个产业在大量城市被广泛布局时,施工企业间的竞争已趋白热化。在环保治理、产能调整等深度影响项目实施的新常态下,竞争手段主要是价格竞争或垫付工程款项等,这些造成资源的浪费、产业的同质化、产业重复及产业过剩。同质化的内耗,不利于企业的转型升级,弱化了市场经营开发能力。一旦行业出现萎缩,巨大的市场风险就会显现,企业的发展终将面临重重危机,而最终伤害的是行业的整体发展。

五、新兴业务发展不均衡

未来一段时间，基础设施投资仍将是国家稳增长、补短板的重要举措，是逆周期调控重要的政策性工具。市场容量大、发展前景好的新兴业务，如综合管廊、智慧城市、海绵城市、装配式建筑、生态环保、运营维管等仍具有广阔空间和潜力。新兴业务是高地，是企业的未来，但现阶段建设需求主要来自一、二线城市，项目投资额更高，建设标准和要求也更高。以政府投资拉动为主的市场，债务包袱越来越大，在建项目回款艰难，地方政府资源枯竭，新的投资乏力。而随着PPP模式的持续规范，社会资本正成为投资建设的主力军。建筑企业纷纷从立足传统房建、基建市场向提供综合服务发展，既负责投资、建设任务，又承担更多运营功能。

六、中铁十五局角色与担当

中铁十五局是世界500强中国铁建旗下的基建劲旅，是集设计、施工、科研为一体的国有建筑工程总承包企业，前身是中国人民解放军铁道兵某师，是上海市建筑企业首家拥有铁路、公路、市政、建筑工程四个特级资质的工程总承包企业，年施工能力达600亿元以上。中铁十五局在国内多条客运专线、高铁、高速公路工程建设中，创造了极其辉煌的业绩。其依托基建优质业绩、铁建物资集采、中国铁建基金、铁建资本控股金融平台等优势资源，有利于搭建以施工企业为主导、以客户为核心的优质项目价值网，整合价值网内各方资源，发挥竞合作用，与价值网内各方共建项目、互利共赢。

第二节 研究意义

进入21世纪以来，伴随着经济全球化，企业间有竞争更有合作，企业在努力维护自身利益的同时，努力寻求合作共赢，致力于获得长久发展。在新秩序形成过程中，获取经济利益是价值链上利益共同体不变的基点，链条内企业之间任何合作关系状态都是由经济利益决定的。为抓住市场机遇，加强企业间多层次合作，探索新经营模式；通过混改和股权多元化改革，与地方投资平台成立合资公司成为建筑施工企业新经营模式的发展方向；借助"地方力量"，发挥企业自身优势。"新基建"战略需要由"分"到"合"，而"合"的背后，是"整体大于局部""自组织形成新秩序"。"合"的核心是跨界，这就要求组织在"分"的基础上，同时要做好"合"，通过不断铸造利益分配的"新引擎"，打破"旧藩篱"，从而实现组织效率"1+1＞2"的目标。

在竞争的基础上加强合作，在合作的过程中不断竞争，企业间从单纯竞争逐步走向多重竞合。竞合让我们看到了不变的竞争规律中拥有着更多的竞争形态。业界认为，施工企业已实现依靠小项目、零散项目维持生计到"优选区域、优选客户、优选项目"的升级跨越，步入了深度"经营市场"的阶段。工程项目是建筑施工企业展示形象最直观的窗口，创效、创誉是项目管理的两大目标。没有精细化的项目过程管控,即便营销硕果累累,也很难转化成真金白银,高质量运营就无从谈起。要实现企业高质量发展,标准化是基础,信息化是工具,精细化是目标。建筑施工企业之间的竞争,已经转变为价值网与价值网之间优质资源互相增值之间的竞争。

在价值网内,业主是施工产品的买方,是施工企业的上游企业;劳务分包商、供应商和服务商等合作伙伴(简称客商)是建筑施工总承包单位的下游企业,也是项目施工一线作业的直接实施者,其履约能力直接影响到项目的质量、安全、环保、工期,进而影响企业的效益、品牌、信誉、市场竞争力,探索客商相关利益方新型合作模式已势在必行。应以竞合发展的理念,调动客商共建项目、共获盈利的内在潜能,把标准化、信息化、精细化融入工程项目的人员管理、合同管理、技术管理、物资设备管理、劳务管理、成本管理、质量安全管理、信息与沟通管理,组合形成一种优势资源有机配合、动态协同作业的价值创造体系,从而实现合作共赢。

第三节 研究内容

伴随着5G通信、工业互联、大数据中心建设不断加快的步伐,新技术、新业态加速涌现,原有的行业及产业链边界、专业化分工边界将被打破,企业间竞合成为更优、更高级的竞争形态。新形势下企业的竞争并不都是单点竞争,而是价值链条上的多点竞争,包括原材供应、生产制造、后续服务等多个环节。当今企业管理是整合资源的管理,企业实现扩大规模、提升效益重要路径之一,就是要运用价值网内社会管理资源相互实现经营增值、贡献经营成果。项目提质增效的管理重心前移,提前规划,顶层设计,依靠企业自身优势和市场需要进行整体布局,企业间形成优势合作,依靠管理输出、智慧输出,着重培育核心竞争力、超越产业竞争与合作,搭建以施工企业主导的优质项目作为价值网,形成竞合力,发挥集合效应,从承揽源头创建、布局优质、高质量项目;与竞争方变"竞"为"合",优势互补,组成联合体投标,变恶性竞争为互惠双赢,解决项目先天性创效缺陷。以进度、质量、安全等方面优质履约满足客户要求,创效创誉,以现场换市场;与优质专业化客商共同参与投标、合同条款商议,动态协同、密切合作,搭建低成本融资渠道和平台搭建,建立长期合作固定伙伴关系,实现合同协同、资金协同、税务协同,构建命运共同体;优化项目物资设备管理、成本管理、财务管理等全过程,实现项目降本增效和品牌项目效应,培育企业核心竞争资源,通过内部挖潜自身实现竞争核心资源+整合价值网利益共同体的资源,形成竞合力,实现"资源+竞合=创效增值"。从竞争到竞合,能有效缓解对抗中企业的无谓损耗,更有利于企业共谋发展出路,融合发展将成为一种必然。面对着不确定的跨行业对手随时可能会发动的竞争,与相熟的竞争对手携手合作,更容易搭建要素流通、技术发展的平台,减少创新成本和风险,增强内外部风险抵抗力。竞合中的平台思维和跨界融合将成为企业高质量发展的常态。

企业在发展过程中不可避免涉及管理模式的转变,如何从竞合中获得自身所需,又不成为合作企业发展的障碍,是企业能否成功"竞合"的难点所在。本研究以中铁十五局 YN 区域项目存在的问题和现状为出发点进行分析,以项目管理为切入点,利用价值网内客商目标一致、相互增值价值导向,优化项目资源配置,增强项目过程管控抗风险能力,提升优质资源协同力、战斗力,达到项目经营效益、管理效益、结算效益最大化。

第四节 价值网相关理论

一、价值网

价值网最初是由斯莱沃茨基(Adrian Slywotzky)在《利润区》中提出,后来大卫·波维特对价值网作了进一步的发展。价值网是由真实的客户需求所触发,能够快速可靠地对客户偏好作出反应的一个网状架构,如图9-1所示。价值网的概念扩大了原有价值链的范畴,它在更大的范围内根据客户需求来组成一个由各个相互协作企业构成的虚拟价值网。对施工企业而言,价值网是由满足项目管理要求的业主、专业工程分包商、劳务分包商、物资设备供应商及物资设备租赁商之间的信息流构成的动态网络。

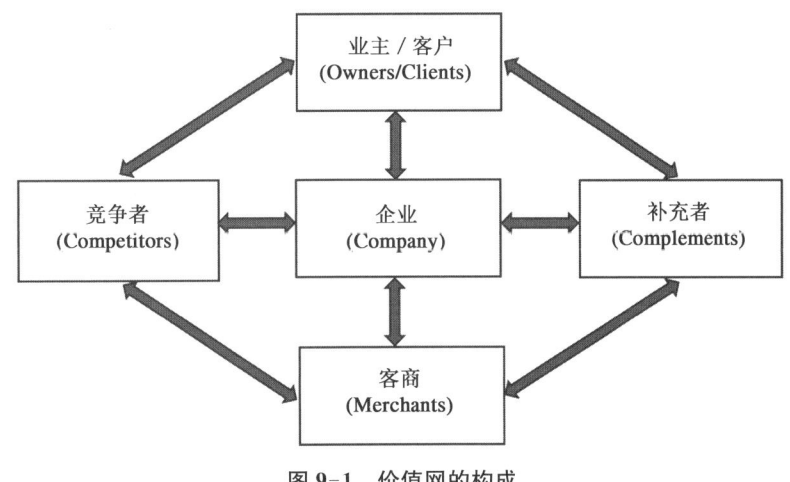

图9-1 价值网的构成

二、竞合力

价值网的竞合力指的是运用"战略统一、资源共享、独立运营"方针,以"履约为先、管理为重、创效为本"经营理念,组合形成一种优势资源有机配合、动态协同作业的价值网系。利用竞合力调动客商共建项目、共获盈利的内在潜能,从而降低项目成本,实现项目提质增效。

(1)竞合力三原则是发现资源、储备资源、整合资源。要实现竞合力三原则,就要积极开展市场调研分析,建立起高效运转、高质量协同、属地市场深度发展、市场持续滚动的战略格局,打造风险可控、规模和质量双提升的核心市场网络布局。

① 发现资源。梳理企业现有战略规划,优化网络布局。以城市为中心,分析近年市场经营状况,找出市场竞争优势和劣势,研究现有经营布局的合理性。根据对现有经营网络的梳理结果,抢先抓、早谋划,通过分工组合,深入优化经营布局,逐步形成精准、高效的经营网络。以生态环保市场为例,"双碳"目标一系列规划已上升到国家战略。应不断顺应市场形势的变化,市场要什么我们就做什么,"跟着政治生态走、跟着资金流向走、跟着政策导向走",在满足别人的同时成就自己。

② 储备资源。企业要尽快了解并吃透客户的运作要求及特点,有针对性地联系政府、平台公司和战略客户,推动项目的跟踪介入并及时与价值链内其他公司沟通联系,以共同争取新的市场份额为目标,利用各方资源收集相关政策及信息,了解项目运作及建设模式,提前跟踪,视情况积极介入,争取参与机会。

③ 整合资源。企业要尽可能掌握相关信息,从各个角度和各个维度,把事项立体、动态、系统地呈现出来。通过科学研判面临的困难,不断提高辨识风险、防范风险、化解风险的能力,并拿出切实可行的方案进行资源整合,达到最终目标。

(2) 竞合力的三个关键:共同目标、资源互补、统一规则。

① 共同目标。共同目标是通过协调不同的资源,从而形成时间、空间、功能等方面有序的、稳定状态,协同一致地完成既定目标,也就是目标协同。目标又分为共同目标和个体目标。对于跨企业的任务,大家对目标要有共识。以"合规办成事、科学办好事"促使企业之间的共同目标达到有效协同。

② 资源互补。零和博弈容易导致低水平竞争,从而形成重复建设和资源浪费。而竞合中的企业个体,通过优势互补、减少摩擦和共同创新,能让资源在更大范围内得到充分流动、合理配置。从总产出来看,内耗减少,体量增加,形成了 $1+1>2$ 的效应。企业间通过建立稳定的竞合机制,遵循"携手打基础、借力补短板、靠己扬长处、共同抓关键"的竞合原则,发挥更多创造性思维建立"成本分摊、利益共享、损失补偿"的竞合机制,推进项目落地。

③ 统一规则。围绕战略目标的全生命周期管理发力,形成"思想统一、方向统一、行动统一、方法统一"的科学管理新范式。

(3) 竞合力的三大目标:合作、增值、远景。

① 合作,就是企业之间借力达到跨界。竞合并不是企业之间的简单经验交流,而是要求企业之间思维方式、行为模式、发展模式转变。企业要"竞合",首先就需要学会资源共享,要在发展中实现竞合共赢。决策者必须打破固有的思维惯性,敢于对人、财、物及营销渠道甚至是项目筹划等各方面资源进行有效共享,否则无法达到和其他企业进行"借力"的效果。参与协作的企业至少在合作范围内互相信任及有效借力,实现资金和信息的互通,甚至要共享资源,取长补短,从而实现竞合发展。

② 增值,通过协同,系统的效率高于个体(或资源)效率之和。在各环节的竞争过程

中,企业肯定有各自的优势和劣势。企业产业链、价值链相互融合,可取长补短、共享优势、节约成本,同时还能节省精力,锻造自身的核心竞争力。竞合是企业减少成本、聚焦核心的必然方式,也是抵抗内外部风险、减少磨擦、推动企业良性发展的重要途径,更是企业突破发展瓶颈的有效手段。

③ 远景,通过满足客户需求,实现企业健康发展。各种外部环境变化越大,企业管理难度越大。这就需要组织通过战略管理来明确发展方向、制定发展措施,让组织提供的服务和产品能够更好满足顾客的需求。可通过能力建设、平台建设、激励约束等管理措施,促进企业间协同、提高组织执行力,更快地满足客户需求。

(4) 竞合力的六大效应:规模效应、成本效应、协同效应、创新效应、成长效应、时间效应。

随着信息技术不断更新换代,企业之间可以达到六大效应,各自按专业规则行事,形成了一种有序的、稳定的状态。

① 实现规模效应,就要作好引导,促进滚动经营。企业间一味地竞争和对资源等要素的争夺,也许会带来企业一时的繁荣,却无法带来长久的兴盛。企业要抓好战略引领和布局,要高度关注区别于老基建的5G、人工智能、工业互联、物联网、智慧城市、节能环保等创新型产业新基建项目,注重相关工程信息收集,多了解项目建设特点,从新基建项目特点尽早着手相关经营要素建设,争取早日介入项目信息跟踪和承揽。作好风险管控,控制好重大项目投标,根据企业间滚动市场和专业优势,通过经营信息协调、资质使用、任务分配、政策扶持等手段,引导企业间强化滚动经营。

② 实现成本效应,就要强化联合经营。理出解决人员和事情的方案,事和人两个维度缺一不可。"事"的角度,指先干什么后干什么,每个环节解决什么问题、达到什么标准,里程碑、时间节点等。"人"的角度,指每项任务由谁来实施推动,每项工作会影响哪些群体,应该建立哪些机制让管理者愿意持续推动、让参与者能够接受。

③ 实现协同效应,就要整合优势资源。企业要加大新基建领域的跟踪力度,特别是重点项目,要主动适应投融资市场环境变化,加强投融资信息跟踪,创新投融资渠道,强化投融资风险管理,从根本上加强投融资经营理念,守住合规底线;集中精力抓项目策划,为市场主体服务,为项目业主提供高质量的方案。要敢于尝试新模式。对于一些TOD、EPC、片区开发等模式项目,要透过现象看本质,从项目本身属性、立项类型、发包主体、还款来源与保障等做好方案设计,积极争取政府方支持,作好项目规划论证和投融资策划。要继续加大与有实力的投资类实体企业、系统外部央企、地方国企的联合经营力度,通过协议落实合作方式,从而获取相应份额。

④ 实现创新效应,就要培养开环及闭环思维。在日常工作中,在目标制定环节,要群策群力,进行跨专业头脑风暴,要有开环思维;明确企业间和任务间的关联,明确谁主谁辅、谁前谁后、谁因谁果。对变化会引发哪些互动和后果,要有一定的预判。在执行环节,要有闭环思维,对流程、标准、分工形成共识,做到各自履责又能无缝对接、及时反馈、及时对标、及时迭代。在构建新秩序中,要打破陈规、关注逻辑,以更强的开环思维提升企业核

心竞争力,包括单点创新、跨界融合创新、模式创新、生态系统创新等,从底层一点点颠覆过往。这样才有可能找到新方向、拓出新道路。

⑤ 实现成长效应,加强核心客户的培育和维护。企业要全面梳理客户资源,对客户进行重要程度分级,以便于对客户主体进行重点跟进,加大市场开拓力度。要充分发挥企业自身优势,指定专人负责与客户联系,深度经营、坚守阵地,制定回访计划,定期检查计划落实情况,根据跟踪重点项目进展,调整回访频次,有计划地培育和维护好已有核心客户。因为各种原因,在不同时期进入企业,可能使得企业成员在多个方面和整体要求不匹配、不同频。这就要通过协调、培训等来引导成员,提高成员能力。

⑥ 实现时间效应,就要打造核心竞争力。企业的高质量发展,需要在发展的结果上兼顾稳定持续的发展。研发工作决定组织未来的产品和服务;人才梯队建设决定未来组织的人才供给情况;组织的知识管理水平,决定了组织的执行力;文化建设,决定了组织的良心良知和精神境界。企业要制定激励机制和约束规则,协同业务板块之间的发展。企业之间需要根据功能价值不断融入新技术。另外,业务素养和信息化素养也要不断提升。需要持续做好研发工作、人才梯队建设、知识管理、文化建设等的基础工作。应利用自身的专业技术做好定位,打造核心竞争力,确保客户满意。

三、价值网视角下的企业管理模式

本研究在企业项目成本管理的三维分析模型基础上,依据价值网模式理论内涵,对该模型的三个维度作出进一步的拓展:在生产维度上,基于价值网中以工程项目为中心,更加注重为客户增值考虑,扩大生产后续服务阶段;在成本维度的划分层次上,增加隐性成本核算;在关系维度上,利用资源整合实现工艺设计、方案优化,达到成本最优的目的。价值网模式下的成本分析框架如图9-2所示。

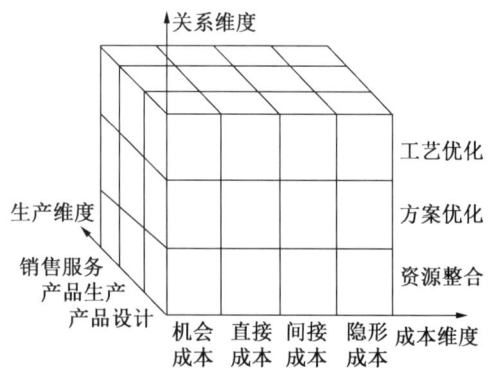

图 9-2 价值网模式下的成本分析框架

首先,价值网模式从结构上形成一个纵向交互的多链条平行结构,由利益相关者之间相互影响而形成价值生成、分配、转移和使用的关系及其结构。

其次,在"竞合"环境驱动下,工程产品服务和协同竞争被纳入一种新的营商模式。以往的单系统供应链结构会变为由业主方、劳务分包商、供应商和服务商等合作伙伴共同参与的多系统集成化供应链结构,其以合同运作为核心机制,按照产品的目标,取得系统协同优势,进行客商间的资源配置。

最后,企业业务模式被整体纳入价值网络范畴,业主、劳务公司、供应商和服务商等合作伙伴形成一种共存、交互的协同增值关系。其按照既定的目标,结合客商的资源进行资源配置,从而取得系统协同优势。

四、价值网模式在施工企业提质增效管理中的作用

"以客户为中心",在专业化分工的生产服务模式下,把处于"价值链"上不同位置利益相关方整合在一起,建立一个以客户为核心的价值创造体系,共同为客户创造价值。价值网增强了产业链条上各利益方的连接,聚合了群体创造的力量,合作伙伴之间越来越深入地参与到价值创造的活动中。价值不再是单一流向,传统线性结构的价值链演化成一种新的网络结构价值网。

第一,价值网是以产品为载体,一张简明扼要的图形将网内成员相互依存的关系形象、完整地表现出来。

第二,价值网内各方成员建立的相互关系,不是零和博弈下的背弃式竞争,而是基于共赢的竞争和合作关系。

第三,当业主出现新的价值需求时,价值网通过资源整合提供主业所要求的产品和服务,迅速满足业主需求。

第四,价值网内成员可以是与产品交易关系密切的企业,也可以是相关资源的补充者。

第五,价值网内各方利益互相增值,才能获得稳定的竞合力,获得更多的资源,创造更大的价值。

第二章

中铁十五局 YN 区域项目提质增效的问题和现状

第一节 从项目综合收益率看,整体创效水平不高

中铁十五局 YN 区域在建项目共计 16 个,投资总额约 104.41 亿元,其中铁路项目 1 个、涉铁项目 2 个、公路项目 8 个、市政项目 1 个、水利项目 1 个、机场航站楼项目 1 个、电力迁改项目 1 个、军民融合项目 1 个。中铁十五局 YN 区域铁路、公路、房建、市政、水利水电行业各板块项目实际综合收益差异较大,其中铁路行业项目实际收益率为 −54.97%、公路项目的实际收益率为 1.42%、水利水电工程为 3.40%、市政工程为 4.83%、房建工程实际收益率为 5.80%,收益率最大差异达到 60.77%,与同行业综合收益率 7% 相比均有较大差距;从各板块项目实际收益率与测算收益率差异看,铁路工程行业项目差异为 30.55%、公路工程为 2.15%、水利水电工程为 0.88%、房建工程为 1.8%、市政工程为 0.43%,最高差异行业达到 30.55%。具体如图 9-3 所示。

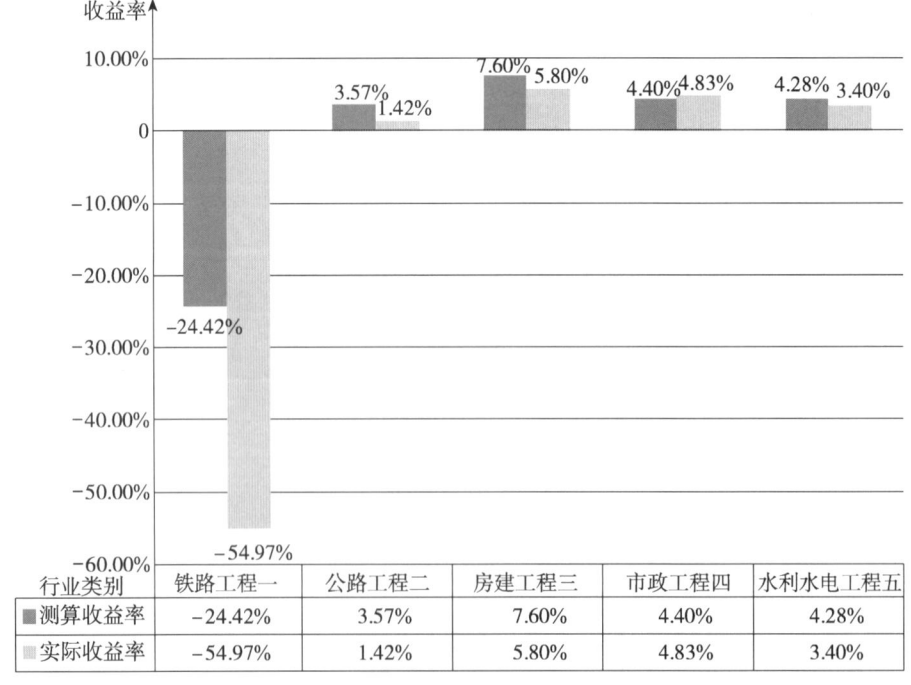

图 9-3 中铁十五局 YN 区域项目各行业综合收益情况

行业项目综合收益率是建筑施工企业的利润源泉,是保证企业持续健康发展的基础,特别对于中铁十五局来说,铁路行业占据了半壁江山,提高铁路行业的实际收益率尤其迫切。比较项目收益率行业板块的差异,与同行业水平差异和测算收益率的差异,就需要找出造成项目收益率差异的原因是受内部管理粗放、外部环境影响,还是由各方面的综合因素造成。

第二节 从施工行业环境看,整体营商环境不佳

在当前市场竞争环境下,工程项目往往以最低价中标、以"中位值"招标,给施工企业造成了潜亏,不利于施工企业的后续发展,无法保证施工企业的基本生存条件。有的业主为了尽快实现回报收益,不合理压缩建设工期,导致施工企业调整方案,极大地增加了工程成本的投入,带来了施工企业隐形的负担成本。受环保严管要求及物资供应运距等影响,物资价格市场波动加大,尤其近几年砂石料都是成倍增长,而工程项目招投标预算物资单位价基本是以所在地发布的信息价为参考依据,且多数工程项目承包合同中总额承包或约定物资价格涨幅达到一定基数上限才给予级差调整,无疑给项目提质增效带来巨大的不确定性。加强环保治理、绿色文明施工的现场和驻地标准化、规范化建设,需要大量物资、财力和人力的直接投入,目前多数承包合同中没有约定,没有增设相关费用,成为不合理成本增项。工程交付但尾款索要周期长、难度大,业主多以资料手续不全、工程质量有瑕疵等为借口延缓结算,导致项目现金流枯竭,经济纠纷等问题频繁,这些问题都涉及项目的经营成本,直接影响着企业的效益和有序管理。

目前,工程项目建设投资规模越来越大,对投标人资质、经济指标、资金的投入、业绩以及专业技术水平的要求越来越高,单个企业凭一己之力参与竞争,能力受限,竞争力不强,往往无法有效完成;且竞争方之间相竞降价,形成恶性竞争,即使中标,项目也因先天性承揽缺陷,难以创效,给项目提质增效带来源头性障碍,如中铁十五局 YN 区域铁路项目整体测算综合收益率为-24.42%。个别业主只考虑自身利益,为尽快收回投资,无限压缩建设期,造成项目无法按照设计和施工方案、工序正常施工,必须加大人力、物力、财力等成本要素投入,项目总成本增加,侵蚀项目合理利润。如中铁十五局 BS 机场扩建工程航站楼项目,业主要求工期提前 1 年,实际收益较测算收益下降 1.8%。这些问题直接影响着施工项目的效益和有序管理,同时也不利于价值网的构建和企业长远有序发展。

第三节 从价值网客户角度看,项目履约能力尚需提升

项目履约不均质的问题依然存在。项目施工现场组织不力、规模提升管理能力下降、进度滞后、安全、质量等问题反映较多。目前,建筑行业对工期要求越来越苛刻,在保证质

量的前提下，由于业主设计变更、技术复杂、人员配置不足、资金支持不到位等原因导致项目工期进度低于计划。如中铁十五局 YM 铁路项目，由于进场晚、施工技术复杂、资金不到位，导致工期压力大，按照目前进度已经无法按时完成原定工期；MJ 高速项目整体进度严重滞后，BS 机场扩建工程航站楼项目，业主要求工期提前 1 年，但从目前项目工期进度来看，很难完成业主的要求。现场标准化、安全、质量、环水保是项目管理的重要内容，履行结果关系企业的社会形象，也是衡量项目管理水平高低的一项重要依据，更是国家各项法律法规要求执行的底线。中铁十五局 YM 项目、CD 项目现场标准化、文明施工标准低于业主要求，信誉评价扣分、项目安全生产和高风险管控压力巨大。YN 区域地质构造复杂多变，水文地质条件极为复杂，在施工过程中有不少未预见性问题。中铁十五局承建云南省重点项目 10 个，其中，中高风险项目为 7 个，特长隧道、特大桥多布，技术复杂、施工难度大，风险极高，目前多数项目风险预警尚未解除。

第四节　从价值网客商角度看，优质资源欠缺

企业客商资源储备不足，尚未形成规模，且尚未建立优质客商资源信息库。目前，中铁十五局仍以定期公布合格客商名录管理客商，并且企业合格名录内的客商资源、能力也参差不齐，能够与企业发展紧密关联、同退同进，并且履约能力强、资金实力强的优质资源保有量少之又少，未形成协同竞合局面。随着中铁十五局承揽规模的提升，业务量骤增与自身资源不足之间产生了新的矛盾，急需与一大批专业化程度高、技术管理水平突出、信誉好的客商合作，以弥补自身资源的不足。由于建筑行业对新的客商有一定的要求，部分新的客商不能适应建筑行业的环境，增加了中铁十五局的管理难度，甚至给其带来了负面影响。

第五节　从精细化管理看，成本管控措施不多

一、没有形成全员成本管控体系

目前，很多项目成本控制工作主要由项目经理负责，其他人员仅仅负责成本编制工作。实际上，项目部所有参与人员所负责的工作在一定程度上影响项目成本；尚未制定完整的成本控制体系，其他管理人员的成本节约意识不强，甚至错误认为仅需做好自己的本职工作即可。项目成本影响到各个部门的工作成效，与每一个职工的自身利益息息相关。如在一个工程项目中，技术人员只对技术、工程的质量负责，其为了保证实际的工程质量，会采用一些可行性强，但是不够经济的措施，这会增加项目的成本；负责组织的人员，只对施工进度负责，为赶工期，则会适当增加设备和施工人员，造成成本增加。

二、各部门的责任和权利不明晰

项目各个部门并没有承担自身应承担的成本控制责任,也没有积极享有成本控制的权利,这会在一定程度上降低各个部门工作的主动性和积极性,不利于提升施工效率。除此之外,施工企业的各个部门间缺乏良好的沟通和交流,在工作方面出现一定程度的脱节,不利于工程项目顺利进行,对施工成本有较大影响。

三、没有深刻认识工期、质量、安全与成本之间的关系

为了实现工程施工目标,部分项目会盲目地赶施工进度。虽然这样会满足施工工期要求,但是有可能会降低施工质量,出现返工现象,产生严重的施工材料、施工机械浪费,增加不必要的费用支出,同时造成施工工期延长,不仅会增加施工成本支出,而且会影响单位的声誉和形象。另外,一些项目管理部门安全意识薄弱,不把安全放在首位,在施工现场设置的安全员仅仅流于形式,忽视了施工中存在的安全隐患。只有当发生安全事故时才采取相应的措施,会产生大量费用,大大增加施工成本。此外,项目部并没有及时发现和排除施工阶段存在的重大危险源,事先没有制定全面的应急计划,也没有在事故发生之前做好预防,这会造成不必要的劳力和材料浪费,不利于工程施工的顺利进行。

部分项目产值计价率偏低,如 CDTJT 项目、CDZXT 项目、YM 高速公路项目计价率分别为 56.74%、35.22%、26.91%,均未达到 60%。项目材料物资价格受环保、运距以及开工时间推迟等因素影响,价格普遍成倍上涨,远高于投标单价,成本支出加大,造成项目资金困难,主材保供受到影响,甚至出现停工待料的情况。

第六节 从财务状况看,尚未打通优化通道

一、两金持续推高,资金高度紧张

近年来,施工企业数量不断增加,建筑市场的竞争日趋激烈,导致施工合同质量下降。随着社会经济的发展,国家相关政策在不断改革,无论是企业还是政府都处于高杠杆的状态,资金较为紧张就是其中的一种突出现象。建筑行业出现大量业主拖欠工程款的现象,造成建筑施工企业资金链紧张,项目付款条件趋向苛刻、利润水平不断下滑等现象成为建筑企业的共同特点。对施工企业而言,拿不到订单就没有盈利,而低质量的订单会给企业造成一定的不良影响,这一现状导致企业为增加盈利而无奈选择接一些低利润且质量要求不高的订单,造成企业"两金"(应收款项和存货)的增加,加上国家对建筑施工企业的监管越来越严格,导致建筑施工企业在建期间会存在不同程度的拖延。面对这一现状,企业会出现被要求项目结算以及索要赔偿的现象,两金的持续推高不仅会给企业的资产造成严重危害,而且也会影响企业的正常运作,导致企业债务纠纷,不利于施工企业价值网的

构建。截至9月底，十五局YN区域"两金"总额超5 000万元的项目有6家，产值计价率普遍低下，"两金"占比普遍处于高位，已投入资金无法及时回流，项目资金普遍高度紧张，仅十五局YM铁路项目局处两级注入资金6.25亿元，各类外欠款尚有4.7亿元。

二、项目税务策划水平制约着创效能力

现行增值税制环境较原营业税制环境，对企业自身管理的要求提出了很大挑战，要求企业不仅要加强过程控制，更要作好事前预控；不仅要做好自身管理，更要做好价值网中各单位的协同配合。目前，项目对于税负的概念很多仍停留在营业税制下简单的收入比例税率的概念中，对于收入、支出皆与税负有关的认识不深入，造成项目开始、合同策划时税务预控意识差，过程中与价值网相关客商联系不紧密，开具发票、取得发票随意性大；增值税销、进项税额不匹配，就地预缴税额增大；项目税务策划水平不高，导致项目间税负差异比较大，普遍存在增值税"双留抵"金额较大的情况。如X公司YM铁路项目3 305万元，X公司YM铁路项目2 840万元，X公司临双项目1 083万元，导致项目资金提前流出，严重影响资金使用效率，项目资金运营成本增加。

三、融资方式受限

资金管理方面，除了资金集中发挥资金池效应手段，在创新融资方式的运用方面也需要进一步拓展，包括融资方式的比选及供应链融资、铁建银信、云信、云链等金融工具的详细运用等。

第三章

价值网模式下项目提质增效的方案和对策

在价值网模式下,项目提质增效、内部挖潜、降本增效,常规动作依然是不可或缺的手段。项目自身要积极作为、苦练内功,做好项目履约风险防控,提升价值创造能力。同时,项目的提质增效更需要集团及法人公司层面的统领统筹和顶层设计,整合优化价值网利益共同体的资源,实现"资源+竞合=增值"。价值网价值增值模型如图9-4所示。

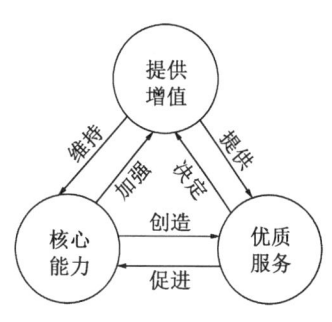

图9-4 价值网价值增值模型

第一节 围绕发现资源,构建经营端价值网

一、深研市场需求,主动创造项目

中铁十五局应充分发挥央企集团的品牌和综合优势,积极参与国内国际双循环,国内外市场并举,打造业务持续发展能力。精准定位选好市场,国外优先选择政局稳定、秩序井然的国家,尤其关注"一带一路"沿线市场,重点围绕基础设施全产业链开发。国内市场,分析国家基础建设发展趋势,优先到经济发达(京津冀、长三角、大湾区等)或国家政策扶持力度大(新疆维吾尔自治区等西部地区)的区域开展经营承揽工作,尤其是PPP项目。发挥区域市场根基扎实、资源多的先天优势,准确把握属地政府的年度工作思路和社会经济的发展方向,强化沟通、加强运作,围绕城市、政府的规划做足文章,分析政府拥有什么、要做什么、短缺什么、需求什么等要素,主动为政府提供商业模式,紧紧把握政府靠基建拉升GDP、金融回归本源、服务实体经济的难得机遇,认真分析研究成熟的商业模式,探索以要素换市场、以债权换项目、以资本为纽带等做法,用高端的营销,创造高质量的项目。

二、针对竞争激烈的行业营商环境,与竞争方变"竞"为"合"

中铁十五局应主动搭建项目合作平台,优化布局,整合全球优势资源合作。充分运用社会管理资源,充分发挥集团品牌优势和协同优势,联合全球优势资源,储备、固化一批有资源、有实力、有信誉的合作伙伴,通过诚信合作、滚动发展、协同发展、合伙发展,打造命运共同体,创建并持续丰富合作联营体、联合舰队等合作内涵,构建价值网各方主体互为伙伴的业务合作生态圈，贡献经营成果，实现共同发展。提升价值网整合能力，加快形成行业竞争优势。为解决项目先天性缺陷，施工企业需要与竞争方联合构建合作价值网，将竞争方变"竞"为"合"，组成投标联合体，形成建设合作联盟，各取所长，强强联合，做到资源、能力、资金等优势互补，获取高质量、大规模项目，为项目实施后续创效奠定坚实基础。以 PPP 项目为市场切入点，做大做优 PPP 项目，以小股权拉动工程承包主业发展，与政府联合共同促进产业联动，实现可持续发展。

第二节　围绕价值网客户，以优质履约与业主差异化共赢

"以客户为中心"是企业实现高品质履约管理的关键。坚守安全、质量、环保、进度底线，精细做好前后期策划，才能实现以品质履约满足业主需求，相应业主也会满足我们创效创誉、现场换市场的需求。

一、安全质量无小事

安全质量是施工企业的命脉，安全事故不仅仅是拿钱买单，还会丢掉市场、失去信誉。项目要将"安全质量无小事"理念贯穿到施工全过程、全生命周期。着力提升安全生产思想认识。①树牢安全发展理念。更好地统筹发展和安全两件大事，落实"生命至上、预防为主"的安全理念，把保护员工生命安全作为"国之大者"抓细抓实。推行"零事故"目标管理。坚持事故可控、能控和主动防控的思维方式，从严从实，标本兼治，全面细化管理，提高事故防控能力。推进安全文化建设。组织、引导和督促全员积极参与各项安全事务，自觉履行岗位安全责任。②巩固提升安全生产管理能力。加强安全生产工作的组织领导、加强安全管理机构建设、重视安全生产工作规划。③健全落实全员安全生产责任制。推动安全生产责任体系建设，落实全员安全生产责任制。④进一步强化安全教育培训。规范和强化安全教育培训工作，完善安全教育培训制度。⑤抓细抓实施工现场安全管理。加强设备设施安全管理，强化分包安全管理，提升本质安全水平。加大对安全生产资金、物资、技术、人员的投入保障力度，持续改善施工现场安全生产条件；规范人员作业行为，杜绝"三违"；强化危险作业管理，落实危险作业许可制度；持续推进高危领域"机械化换人、自动化减人、智能化作业"，提高装备现代化水平。⑥深入开展安全生产双预控工作。规范安全风险管控工作，建立完善风险管控制度，全面、系统辨识安全风险，建立"安全风险清单库"。强化事故隐患排查治理工作，建立完善隐患排查治理制度，建立《隐患清单库》。⑦着力巩固安全生产专项整治成果。总结和推广安全管理经验，找准巩固成果和提升管理路径，向企业推广应用典型成果。⑧全面提升事故应急处置能力。提升事故应急救援能力，组建专兼职应急救援队伍，编制完善应急预案，落实应急资源配备，强化事故应急演练，高度重视先期处置。

二、提高施工质量管理水平

质量是企业的生命,是企业发展的根本保证。在建筑市场竞争激烈的今天,如何提高施工质量管理水平,是每一位企业管理者都必须思考的问题。①抓好工程项目过程控制与管理工作,特别要加强对急难险重、业主来函投诉、约谈法人以及保开通项目的工程项目督导检查工作,统筹兼顾一般项目过程控制与管理工作,提升企业项目施工生产管理水平。②做好施工组织设计和专项施工方案的评审工作。及时组织开展施工组织设计和重点施工方案评审,施工过程中实时监控、检查、督促施工组织设计的优化和重要施工方案执行落实情况。③建立重点工程长效化、常态化质量管理机制。持续开展重点工程检查和通报工作,定期检查并总结重点工程质量管理工作情况,及时解决重点和难点问题,确保重点工程质量状况稳定可控。④强化工程项目的日常管理工作。对重难点工程,梳理出控制性工点及工序,制定监管计划,突出重点,采取措施,做好全面监管工作。加强过程质量管控力度,针对安全质量红线管理中经常出现的质量问题,有针对性地进行专项检查和督促整改。实行周报、月报制度,对在建项目进行动态监控,及时发现施工中存在的问题和不足,及时预警。⑤做优项目细化方案策划,提高施工生产率。如针对 YN 区域隧道断层、溶洞、软弱围岩及不良地质等可能存在诱发重大地质灾害的地段,除了采用常规超前地质预报手段,要求项目提前 300 米采用超前水平钻进行超前探孔,探清前方围岩及含水状况,当平稳度过高风险地段后,再继续加长钻孔 200 米,避免因围岩反复变化造成施工险情出现。

三、坚持"绿水青山就是金山银山"

环保是国家规定、业主要求,也是我们生存发展的要求。习近平总书记强调"绿水青山就是金山银山",要求企业加强环境保护,高效落实环保各项措施,实现"来时青山绿水、走时绿水青山"的生态文明建设目标。需要全体参建人员在建设过程中防止环境污染和生态破坏,推进碳达峰、碳中和企业目标的实现。应加强对在建项目的环保控制,提升企业绿色施工能力。

四、锁定工期节点,优化履约

锁定工期节点,不仅是业主的要求,更是项目盈亏的关键。拖延工期是最大的成本浪费,不仅使得项目产值难以提高,还使得资金紧张无法化解。按照工期要求、工序安排等,使资源发挥出最大效益,并使管理力量得到充分利用。

YN 区域项目把解决项目进度、质量、安全、环保、服务甚至项目团队等方面的履约难题放在首位,使业主较为满意。十五局在 YN 区域先后中标 11 个项目,合同金额为 68.83 亿元。

第三节　围绕价值网客商，建立命运共同体

一、与客商诚信合作，实现"合同协同"

随着单个工程项目规模越来越大，项目管理的复杂性和难度也越来越大，项目中参加单位非常多，项目组织复杂。各单位有不同的任务、目标和利益，都能在不同程度上干预项目实施过程。业主、建设单位、设计单位、监理单位、总包单位、分包单位、材料供应商和机械租赁商等客商在项目中的地位和作用均有所差异，各参与者之间都是通过合同关系联系起来的。比如业主与总承包单位、总承包单位与分包单位、材料供应商、机械供应商等都存在着直接的合同关系。承包单位作为工程建设项目中重要的一方，应开展全过程的、系统的、动态的合同管理，从合同洽谈、签订、履行直到合同终止的整个过程，与工程项目参与建设各方诚信合作。应通过完善合同管理制度，建立健全合同管理体系，提高合同管理履约意识等，实现"合同协同"。

在价值网模式下，施工企业将工程项目各个参与方均视为工程项目可使用的资产，也就是将施工企业可使用资源无形地扩大，目的是使参与项目建设各方的整体效益最大化，优化资源配置、减少资源浪费，即将用来分配的蛋糕做大并进行合理分配，各方获得的份额自然也随之变大。从工程项目的全生命周期出发考虑，应做好整个建设期、维修期、运营期的合同管理，充分考虑合同各方的实际利益，更好地运用协同机制，实现业主、承包商、供应商、分包商、机械租赁商等各方的共赢，提升施工企业资源使用效率及社会荣誉和社会地位，增强施工企业的核心竞争力。

中铁十五局 CDTJT 项目通过与总承包单位和发包单位沟通，理解总承包单位和发包单位的意图。根据总承包单位和发包单位最高管理层要求的不同，CDTJT 项目管理团队综合项目管理和实施状况，得到了总承包单位和发包单位的谅解。尽管 CDTJT 项目发包单位为新成立企业，但 CDTJT 项目管理团队通过在作出决策时考虑业主的期望，了解业主所面临的压力以及对项目关注的焦点，在工程过程中随时与业主方沟通，让发包单位了解承包商和非程序干预的后果等措施，使发包单位在项目和项目实施过程中的非程序干预减少，从而加快了工程进度，得到了总承包单位和发包单位的一致好评。

中铁十五局在项目上场之前，会对项目管理团队进行业务交底，提示项目管理团队充分了解监理工作的性质、原则，坚持双方目标一致并积极主动地配合其工作。遇到工程设计变更、材料改变、特殊工艺以及隐蔽工程等情况，中铁十五局会及时与监理单位进行沟通，形成书面材料并得到监理单位认可；通过严格地组织施工，减少与监理单位的摩擦，避免在施工中出现问题；在与监理单位意见不一致时，其会在相互理解、相互配合的原则下与监理单位进行协商，并充分尊重监理单位的最终决定。中铁十五局 YN 区域项目及时向监理单位提供生产计划、统计资料、检测报告、申报变更资料等，严格按照《建设工程监理规范》的规定和施工合同的要求，接受监理单位的监督和管理，得到了监理单位的充分

支持。

中铁十五局对工程项目设计中存在的问题主动与设计单位磋商，在支持设计单位工作的同时，也努力争取设计单位的支持。项目管理团队跟踪工程项目设计交底、图纸会审、审计变更等工作。通过与设计单位进行深层次交流，准确把握设计，对设计与施工不吻合或设计中的隐含问题及时向审计单位进行反馈，予以澄清和落实。对于一些有争议的问题，中铁十五局积极与发包单位、监理单位协同，避免与设计单位发生正面冲突。

中铁十五局制定统一的材料采购合同模板，大宗材料采购利用公开价格招标、竞争机制和供求机制搞好协作配合。CDZXT 项目通过调查市场，提前做好材料需求计划，在确保材料质量和供应的前提下选择了材料供应商。为保证双方顺利合作，减少材料采购风险，提高材料利用效率，供应合同应就数量、规格、质量、时间和配套服务等事项进行明确，并且在施工过程中有效利用价格机制和竞争机制与材料供应商建立可靠的供求关系，确保材料及时供应。

为适应新形势下分包单位的不断变化，中铁十五局两次组织专人对分包合同模板进行了修改，要求所属项目使用分包合同模板进行合同签订，厘清双方经济关系，正确处理项目进度、质量、安全、成本、生产要素和现场管理中的协调关系。LQ 高速公路项目通过对分包单位的工作进行监督和支持，加强与所属分包单位的沟通，在了解到分包单位由于隧道内部分工序单价过低的情况后，与所属 8 家分包单位签订了单价调整协议，同时加强监管力度，避免问题的复杂化和扩大化，保证了施工进度。

中铁十五局 YN 区域项目通过整合客商社会资源，强化与有实力、有信誉的劳务分包商、材料供应商合作，引进和培养了一批基本固化的专业化建制队伍和合格供应商。投标报价决策时，与下游的劳务商、供应商共同参与报价，共同商谈合同，尤其是沟通结算支付条款等重要安排。合同约定的计价和付款条款，直接影响着项目后续是否能够顺利调动各方资源，保证项目高质量超预期完成。要关注预付款的支付条款，预付款相当于业主提供的无成本资金，其支付比例、时间及比例安排对项目现金流和调动客商资源影响重大。在投标报价的基础上，完善合作协议，明确各自收益分成和风险共担，构建合作共赢的发展机制，打造利益共同体，实现项目基本管理能力提升。在合同协同的基础上，确立长期合作关系，为客商节约经营市场的成本投入。

二、与客商打通资金通道，实现"资金协同"

近几年，国家银根紧缩，基础设施投资放缓引发连锁反应，"铁公基"投资速度趋缓，投资结构和承包模式趋向多元化，市场竞争格局从"以招投标为主"逐渐转变为"以 BT、BOT 和 EPC 为主"，全国建筑业企业生产能力显著提升，生产规模快速增长，承接工程总量稳步提高。业务量的激增和计价模式的转变，给建筑企业资金管理带来了很大的影响，资金管理的不善严重影响企业的发展，如 2021 年房地产巨头恒大的债务危机。随着企业竞争的日益加剧，价值网模式将业主、建设单位、设计单位、监理单位、总包单位、分包单位和材料供应商、机械租赁商等客商构建利益共同体。通过优化项目资源配置，加强资金管理，实现"资金共同"，在一定程度上能够解决施工企业资金紧张的状况。

资金是企业发展运行的"血液"。施工企业保持"资金协同"发展，就必须充分发挥资金运用的协同效应。施工企业资金协同管理要做到：一是企业内部"资金协同"，企业内资金要有统一、合理的规划，不同项目的资金要进行相互调剂、相互融通；二是与外部客商的"资金协同"，应与外部客商共同协调资金，特别是与业主、分包单位和材料供应商、机械租赁商等客商之间达到成果共享、利益均沾的双赢局面。由于工程项目所涉及要素之间相互依存、相互作用，每一要素的贡献大小都取决于其他要素的支持与配合的程度。现代协同理论认为，"资金协同"有助于施工企业上下游系统的稳定和有序，实现资金的高效利用。

施工企业内部"资金协同"，要求企业必须树立"现金为王"的观念。施工企业应保证建设资金在工程项目中得到合理的控制，并使资金的使用效率达到最大程度的优化。工程项目资金投放时要看准时机，尽量将有限的资金投放到最需要的地方，给予关键资源最大的资金支持，以获得更多的经济效益，使更多的资金参与周转。一般获利大的项目，资金风险较大、资金运转时间比较久、占用期限比较长。施工企业应根据实际情况，对盈利小但风险也小的项目进行一部分资金投入，以满足不同工程项目对资金的需求。中铁十五局通过强化内部资金管理，设计严密的工程款回收和债权管理控制流程，相关制度明确了工程项目部是债权回收的第一责任部门，上级相关部门每年度对其进行严格考核，将"两金"清理与项目部奖金、评优、评先等进行挂钩，明确项目经理为"两金"清理的第一责任人，对项目经理实行风险抵押金制，工程款未全部回收前项目效益按比例进行兑现，款项回收不力或有亏损责任的项目经理不允许接手新的工程；通过建立"两金"台账，与工程有关的各种款项，根据其款项性质及时进行清理，如投标保证金，中标的在合同签订后收回，未中标的按投标通知书规定的时间收回，并指定经营部、特许经营部为清欠部门；要求项目工程进度报表按月上报，对项目产值计价率和计价回款率进行通报，力争做到工程进度款回收与工程同步；要求项目履约保证金在工程完工验收后收回，并与业主进行协商，提前或采取保函置换的方式收回质量保证金；对于其他形式的押金建立台账，如复垦保证金、电力部门押金，要求项目在业务完成后收回；通过与财务软件开发单位合作，开发应收账款财务系统模块，进行债权账龄风险分析，对应收款项实行电子信息管理，详细记载该笔款项的形成原因，债务单位全称，欠款时间，欠款金额，第一责任人，经办人催收情况、过程、结果，债务人签认情况。对超过合同约定一年的应收款项重点分析具体原因，如因主观不努力导致款项未及时收回的，或形成呆账、死账的，对相关人员进行严厉处罚；定期与债务单位进行核对，发生差错应及时查明原因；为发挥"两金"清理业务人员的能动性，制定专门的奖励办法；使用法律武器，强化风险意识，对于部分应收款项到期、多次催收未果的债权单位，坚决诉诸法律，维护企业的资金安全，从而确保"现金为王"的理念深入人心。中铁十五局通过银行账户集中、共享中心控制等保证资金在工程项目的控制，在充分挖掘项目资金潜力的前提下，通过资金调配对重点项目进行资金支持。中铁十五局近些年来根据自身实践情况，加大了项目承揽力度，与各方深化合作，持续拓展经营渠道，完成了质的飞跃。

与企业外部的"资金协同",要求施工企业将业主合同与对下客商合同的计价付款紧密挂钩,时间和比例保持协同一致,与客商形成命运共同体,共同为推进项目保质保量顺利进展贡献力量,加速计价和支付进程,快速形成计量,快速回收资金,实现项目"两金"压降,形成良性循环。中铁十五局利用中央支持民营企业、小微企业出台的低成本金融政策,协助客商挖掘并激活低息资金。适度提高票据结算量,以时间换空间,解决资金需求矛盾。借助云信、伙伴融、民工惠等供应链融资产品,对材料供应商、无垫资能力的分包商及时付款,争取价格优势,帮助中小客户解决融资难、融资成本高的难题,充实其资金资源,同时分解项目资金压力,且不会推高企业有息负债。对有投资需求的客商,必要时可考虑协调集团内部房地产公司顽固性商业库存采取以房抵债方式支付。

另外,施工企业应尽量争取施工所在地政府、建设单位、银行等相关部门的大力帮助和支持,使得工程项目建设资金成为"活水",从而最大限度地提高资金使用效率,提升企业提质增效效果。

三、与客商共同进行税务筹划,实现"税务协同"

(1)作好项目税务预控策划。项目实施前,财务部门牵头编制税收策划方案和税务测算报告,从整体上对参与方综合考虑,将上下游合作方纳入其中,与客商共同进行税收策划,使之享受相关税收优惠,有效降低其税务成本,激发客商合作创效积极性,从而达到合作共赢的有利局面。

策划内容包括以下几方面内容:业主计价情况及增值税销项税等情况、对供应商物资材料采购或租赁情况、对分包商专业工程或劳务分包情况、项目管理部各项经费发生情况、所涉及增值税进项税额等等,经汇总后可计算应纳增值税及附加税费金额,从而得出项目预控税负率。可将此结果报告上级单位审核,由上级单位结合企业整体税负情况进行修正,指导和控制项目实施过程中的经济业务及相关票据的取得或开具等。项目预控税负率不是一成不变的,应随着项目的实施,采取合理合法的策划组合,对相关指标进行合理调整,使得指标更趋于合理。

(2)实施项目税务交底。鉴于项目税务管理意识不足,税务管理水平良莠不齐,企业有必要对所属项目实施税务交底工作。工作内容包括但不限于:一是核算模式确定,要明确项目的总分包核算模式,规避违法分包、经济事项与纳税主体不符等因素带来的不利影响;二是与业主确认收入管理,要合理分析项目纳税义务发生时间,针对不同纳税义务时间,规范确认增值税销项税额会计处理等内容;三是供应商管理,要明确使用合格供应商名单中的供应商,加强供应商涉税信息审核,对使用不合规供应商实行通报制度等;四是合同管理,要明确签订原则、合同涉税条款及合同评审要求等;五是供应商采购管理,要明确采购原则、采购方式、付款方式等内容;六是分包商分包管理,要明确分包结算、发票取得等内容;七是纳税申报管理,要明确预缴税款计算依据、预缴税款申报资料、分包发票抵减税金情况及跨区域涉税事项报告管理等。

（3）协同供应商、分包商进行进项税额税收策划。项目在进行物资设备采购、工程分包过程中，可在确保提供质量相同的设备、原料、劳务及工程机械费的基础上，在一般纳税人和小规模纳税人的供应商之间、劳务分包范围之间进行选择，从而获取高低不同税率的进项税额进行抵扣。如物资设备采购，倘若从一般纳税人手中购进原材料，可以获取增值税专用发票13%的税率；倘若从小规模纳税人买进原材料，则能够获得增值税专用发票3%的税率进行抵扣。又如二三项类辅助材料，急需时很可能没有选择供应商的时间，就有可能取得不了发票，此时，选择由劳务分包商去购买，项目以计价的形式与劳务分包商结算，取得3%的增值税专用发票，就成为最佳方案。因此，当价格和质量的条件基本相同的时候，项目应根据上级企业整体安排，结合项目参与各方综合考虑，选择从一般纳税人的供应商处购买商品，取得较高的进项税额，还是从小规模纳税人的供应商处购买商品，取得较低的进项税额，抑或是划分不同的业务范围，取得合法票据，以确保公司整体收益最大化。

在选择供应商、分包商，尤其是小规模纳税人供应商时，我们应更加注重对其信用体系的监管和帮扶，利用自身政策资源优势，将项目执行的税收政策，尤其是国家扶持中小企业税收减免优惠政策等向所属供应商、劳务分包商、机械租赁商进行宣传，营造项目整体良好纳税氛围，使其成为与本企业长期合作的合格供应商，分散和降低上下游链条企业涉税风险。

（4）协同业主进行销项税额税收策划。项目的实施即宣示着该项目合同额及增值税销项税额基本确定，但由于存在预付款拨付、计价结算、变更索赔等因素，使得增值税销项税有了策划的空间。在业主进行预付款拨付时，可根据其性质、对取得进项税的迫切程度，与其协商开具不征税发票，从而使项目在没有增值税进项税额抵扣的情况下，不产生增值税销项税额，减少项目应纳税额资金流出。在业主进行计价结算、开具发票时，项目应充分考虑对下游供应商、分包商的结算情况、取得发票情况，加强对销、进项税额匹配的管理，使得进项税额的确认既不滞后也不冒进，使税务资金流出降到最低。在向业主进行变更索赔时，项目应充分考虑材料调差等的影响，加大款项收回力度，加速税务资金回笼。

（5）加强与税务机关沟通。项目应加强与所在地税务机关的沟通，及时了解税收相关政策尤其是当地税收优惠政策，及时恰当反映自身及上下游企业出现的困难、问题和诉求，形成协同效应，积极争取政策落地。

第四节　围绕资源整合，做实高效低成本管理

企业通过资源整合降本增效的路径如图9-5所示。

一、以统筹集约优化设备物资资源配置

持续贯彻落实两级集采理念，充分发挥各级组织作用，坚持向物资设备采购要效益。

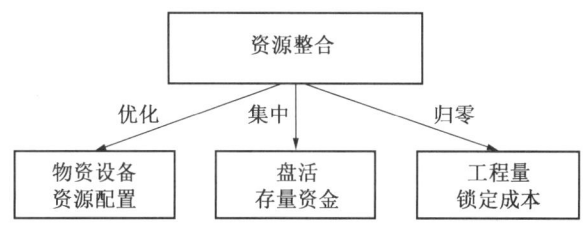

图 9-5 资源整合降本增效

利用两级集采平台开展物资设备采购工作，推广应用"铁建云采"，提升物资集采集中度，扩展物资集采范围；持续做好设备框架协议采购、招标采购等工作。坚持战略采购、框架协议等采购应用，持续提升全集团物资设备集采率和集采覆盖率。

抓好物资集采抑价工作，同时做好物资管理"价、量"双控齐抓共管督导推进。一是物资采购按照股份公司及集团公司有关规定，做好股份公司钢材及制品、水泥、油料及沥青、铁路线上料、民用爆炸物品等五大类材料的区域集采工作。二是以物资片区集约化经营管理为龙头，做好物资集约化管理，充分体现为砂、石骨料自建自采，大宗物资供应资源共享，材料周转调拨互通有无，物资采购联合招标，共同分享招标中标结果资源等，为项目施工物资供应提供有力保障。三是狠抓材料消耗过程管控，认真落实"定额领料、限额发料、超定额审批"物资消耗管控工作制度，以项目工程部门材料消耗定额交底、计划部门劳务合同交底为基础，做好定额领料及物资消耗管控工作。四是严禁项目物资过程管控消耗"以发代耗"粗放管理，大宗物资主要材料一律消耗至每个施工队、工班末端。五是加大周转材料过程使用管理，采用协议制管理模式，谁使用谁签协议。六是强化周转材料调拨周转及剩余、废旧物资处置监管审批力度。

加强供应商体系管理。加快优质供应商建设，精练合格供应商名录，规范供应商管理，倡导公平竞争与契约精神，营造相互尊重、合作共赢、关系清白的和谐产业生态圈。加快打造面向供需两端的现代化、智慧化供应链体系；注重防范和化解大宗物贸风险与内部供应链债务风险；盘活自有仓储、厂区、专用线等资源，引进智慧物流装备和数字化管理理念，打造行业内的智慧供应链服务品牌，增强供应链黏性。

弘扬诚信文化。提高履约诚信意识，转变支付观念，有钱及时付、没钱及时讲，全面打造与供应商合作共赢模式。充分利用国家金融政策，依托铁建汇采网平台吸纳众多企业，打造及时支付、合作共赢的良好循环模式。优化票据结算比例，逐步形成按合同约定支付货款的局面。

同城市、同区域通过共享物资、设备等资源，统一调配，统筹安排，充分发挥资源集约化作用。

开展地材自加工或联合加工，以有效缓解保供压力，降低材料成本。如 X 公司 YM 铁路项目，利用隧道洞渣自建碎石场，生产成本约 60 元/吨，远低于市场采购单价 90 元/吨。X 公司 LS 项目、X 公司 FY 项目与当地社会资源利用隧道洞渣进行联合加工，缓解地材供应压力，同时制约了外部供应商的供应单价，降低了采购成本。2019 年全集团共有 15 个项目开展地材自加工,共计节约资金9 450万元。

大宗物资材料采用总量集中采购,可加大合同谈判、议价砝码,压降物资采购成本。如利用钢材价格处于低位的有利时机,十五局X公司YN区域CD项目、YL项目、FY项目与钢材供应商重新打包谈判,原来采购价格在网价的基础上浮100～200元/吨,通过谈判以及票据提前支付,实现采购单价网价下浮,节约钢材采购成本360万元。

二、以资金集中盘活存量资金潜力

聚合资金规模优势。以最经济的方式筹集资金,以最合理的标准运用资金,以最快的速度回收资金,以最佳的比例分配资金,将项目有限的资金形成规模优势,协调内部资金余缺,实现资金的统筹管理。如通过加强物资设备资金的集中统筹管理,将物资设备采购资金统一汇入资金池,资金统收统支集中管理,降低采购成本。同时建立区域资金池、法人资金池、集团资金池,统收统支集中管理,大幅提升资金使用效率。

三、以工程量归零锁定成本

对工程量归零的项目实行强制收尾、结算、清欠工作。工程一完工就开始对客商进行决算,在竣工验收以前基本锁定项目成本,锁定合同外价款,做好经济收尾工作。强力推进变更索赔和结算工作,加强法人单位对所属重难点项目的督导和帮扶,协同推进解决有关问题,及时办理工程末次计价,确保及时确权,避免久拖不结;积极主动推进竣工资料整理移交工作,尽快办理移交手续,为工程质保金、工程验交款等扣留款项的尽早回收创造条件。

四、以业财融合与财务共享平台管控降低成本

(一)信息化提升助力成本管控

利用经济管理和财务共享平台进行预算成本与实际成本的实时对比分析。经济管理系统平台,通过收集、整理、汇总各项目经济活动分析资料,推行经济运行监控及预警管理制度等手段,拓宽责任成本管理,对项目经济运行质量的相关指标进行实时监控。财务共享中心严格审核各项目成本预算,利用系统进行卡控,杜绝超预算开支现象发生;按照责任成本要求严格监管各项成本开支;严格审核三项招标制度的贯彻落实情况,材料、设备、劳务招标手续的完善性。财务共享平台实时收集各项成本的真实数据,与预算成本进行对比分析,以信息系统为抓手,推动项目成本节超管控情况分析,找准成本超耗点和节约点,对症下药,促进降成本取得成效。

强化机械设备管理水平。一是引入设备管理系统,将设备管理从线下升级到线上,实现公司设备一机一档及设备即时状态等动态信息管理的基本目标:推广应用拌和站过磅影像系统、中心料库物料验收系统、拌和站核算系统、设备车辆监控等系统,实现现场物资、油料等收发,机械设备使用监管及核算信息化,达到整体降低物资材料损耗,进而降低项目整体材料成本的目的。二是为加强机械设备管控,提高机械设备利用率,引进"铁甲

云参谋服务系统",利用系统的统计和预警系统有效提高机械设备的使用效率。统计结果显示,项目部能有针对性地进行设备管理并及时处理设备调配中出现的问题。系统的智能管理,减少了项目管理人员的工作量,降低了管理成本,提高了管理效率,项目能准确地掌握机械设备的运行情况,有助于控制机械使用成本。

(二) 全要素管控降成本

立足概预算、工程量清单,做足上半篇文章。一是项目前期,项目计划合同方面依然在积极与设计院对接预算编制工作,结合以往项目施工经验,在预算编制方面做足文章,针对可能优化设计取消的施工内容适当降低预算单价,针对施工难度大、周转材料摊销的清单子目,提高综合单价。二是结合预算定额与设计院充分沟通。结合工地实际情况,能考虑到的变更项目设计院会随施工图纸一起优化,增量至设计图纸中。三是针对PPP项目,为抓住清单组价和施工图复核扩大收入的有利途径,针对下发的初步清单进行核对,重点就套取定额不合理、清单漏项等方面与业主、设计对接,在后期下发正式清单时力争完善,达到增加收入的目的。四是EPC项目模式下,项目边设计边施工,项目影响工程施工的制约因素较多,施工图和施工图预算清单非常滞后。根据此情况,项目部组织计划人员和工程技术人员,深入设计单位和施工图预算审核单位,帮助他们尽快完善图纸,完善施工图概预算编制和审核,尽快形成成果资料。通过经济对比,选定合理经济的施工方案,并根据设计图纸、施工规范等有关技术资料,对拟定的施工方法、施工顺序、施工机具的选择、作业组织形式、技术组织措施、质量保证措施、安全保证措施等进一步优化,有效降低工程成本。

加强项目人、材、机单价控制。以公司劳务/专业分包指导价为参照,深入调研人、材、机单价的市场行情,施工队伍能力、材料品质、机械性能、项目责任预算单价,合理管控单价水平,确保目标收益可控,实现效益最大化。

加强项目本级管理费用控制及税务筹划。管理费预算标准,执行上级相关文件规定,严禁铺张浪费和不合理超支超耗。一是积极开展税务交底与税务预控,对新上场项目进行现场交底,做到全员宣传,全员筹划,合理、合规节约资金,降低税务风险。二是积极开展税收筹划,应享尽享国家各种税收优惠政策。

加强对上对下计价与结算管理工作。各项目严格按合同约定单价计价,及时建立对上对下计价工程数量台账,确保其准确性,且要在公司规定时间内完成结算工作,坚决杜绝计价与结算中出现错误而造成损失。公司对各项目对上计价情况进行了梳理,分析了原因,对未计价金额较大的项目进行了督导。对于完工未结算项目,以工程公司为单位开展监控督导工作,把完工项目的技术、物资和合同人员留下来进行结算,千方百计地做大收入与支出的"剪刀差"。

提高完工项目的确权率,加快项目的计价率。一是提高在建项目的计价率;在建项目按月统计已计价金额和已完未计价金额,对影响产值计价率的因素进行详细分析,及时与业主进行沟通,想方设法提高产值计价率和计价回款率;二是完工未结算项目,及时与业主办理结算手续,督促项目进行变更,收集和整理索赔资料,及时取得业主签认,确保确权清收取得实效。

加强经济活动分析制度，提高纠偏能力。所有项目按照"月重点、季全面、年综合"的要求，落实成本分析制度，开展经济活动分析工作。公司组织召开片区内和全公司范围内经济活动分析视频会，对全公司经济运行情况进行分析，分析盈亏状况及原因，纠偏导正，防止项目效益过程流失，确保项目经济过程可控。

加强二次经营管理工作。全力抓好项目二次经营工作，是"保效益"最有效的途径之一。公司定期收集项目二次经营进展情况，监控、指导项目二次经营工作，对重要变更及时进行跟踪、帮扶，确保变更创效率。项目作好变更索赔策划，加强变更索赔工作的实施。

（三）合作共赢加强施工队伍管理

一是进一步提高项目集约化管理水平，最大限度地进行价格集中管控，充分利用资源优势，公司业务部门协助项目进行劳务队伍选择及合同谈判。体现法人管项目单价预控的理念，从源头上做到劳务单价合理、合同条款操作性强，避免恶性竞争或单价过高的现象。二是深入探索自带劳务、分段划分、合作共赢的管理理念，结合项目实际，不断探索和采取灵活的施工分包模式，加强引进、考察、选择环节管控，寻找符合双方发展理念的优秀合作伙伴。协助项目选择综合实力强的分包劳务队伍，有效地保障项目正常运转，降低劳务成本，促进企业规模提升。

完善劳务和专业分包队伍管理机制，积极开展劳务队伍信用评价。一是按照公司要求，各项目定期开展劳务队伍信用评价。劳务队伍信用等级评价有效规避了劳务使用风险，也建立了与诚信劳务队伍长期共赢的合作关系。二是公司对各项目劳务分包单位进行全面核查，从分包单位准入资格审查、招标选用、合同谈判与签订、资金支付、信用评价、日常管理、其他不规范行为七个方面进行全面排查。三是公司增强项目风险防控和基础管理水平，推动企业高质量发展，培育一批信誉好、规模大、资金实力雄厚、专业能力强、合作默契度高的"五优"分包商。

（四）强化绩效考核引导

公司通过责任成本典型案例、变更索赔典型案例，召开责任成本培训会、二次经营培训会，提供政策、思路、经验，引导鼓励项目积极创效；强调项目部为项目管理中心、创绩创效中心，明确职责定位，顺畅管理体系，夯实管理责任，形成运转协调、管控有力、职能清晰、精干高效的管理机制。加强激励约束机制，提升项目全员创效的积极性。公司重新修订了绩效考核制度，以验工计价为基数，计算分包差，以实际缴款完成情况为主要考核目标，引导所属项目积极创效，体现了以经济效益为中心和严格落实经济责任的管理思想，树立了"创效光荣，亏损耻辱"的价值观。全面落实激励约束机制，以结果为导向，促进亏损项目整治工作，推动企业向经济效益高品质迈进。

（五）以创新融资降低成本

（1）推广信用支付工具使用，提升资金使用效率。在确保项目资金安全的前提下，积极筹划，合理配置，大力推进企业商业承兑汇票、财务公司票据、铁建银信、云信、商业银行供应链支付凭证等多元化的支付手段，减少现金使用，通过信用支付工具助力企业生产，提高资金池蓄水能力，提升资金周转效率，遏制有息负债增加，降低资金使用成本。

（2）优化融资结构，降低资金成本。一是加强结算转移。在建工程项目资金支付必须向财务公司转移，资金监管项目优先安排日常报销，民工工资发放向财务公司结算转移，提高施工企业资金集中度，发挥资金池作用。二是丰富支付手段。在确保企业资金安全的前提下，合理配置，积极筹划，积极推进商票、某财务公司票据、某公司云信、银信、商业银行供应链支付凭证等支付手段，减少企业资金使用量，用时间差留存资金压，可兑付公司有息负债。创新应收、应付款项管理，推进资产证券化、权益性融资、供应链融资。三是优化融资结构。积极引进产业基金、保险公司、银行资管公司等权益类资金渠道，加强与西部地区、国家开发银行等能享受优惠政策的金融机构的合作。以盘活现有存量资产为抓手，着力推进房产、应收款项、特许权等资产证券化。鼓励工程公司优化融资结构、创新融资方式。四是助力产融结合。积极参与投资项目调研、可研报告分析。加强与保险、银行、证券公司等金融投资机构合作，引进股权类投资资金，建立长效产业基金，合理使用债权、股权杠杆，助力投资项目发展壮大。

第四章

价值网模式在 LMZBGC 项目提质增效的应用与成效

第一节 服务业主需求,深化合作实现互利共赢

该项目由×××股份公司联合体中标,总造价6.09亿元,中铁十五局LMZBGC项目部承建工程造价1.66亿元。项目部以"满足别人成就自己"为宗旨,快打早收,以快制胜。通过"三快速一持续",即借力国家扫黑除恶行动,快速解决征拆问题;快速完成资源配置;快速形成战斗力,实现四个"首家",即首家开始驻地办公、首家开始施工、首家结构封顶、首家获得业主嘉奖。该项目工期非常紧张,自2018年7月1日进场,在集团公司、公司的带领下,项目严格按照要求保质保量完成。特别是在施工的关键时期,面对施工现场条件复杂、工期紧张、施工难度大、周边环境复杂等诸多不利因素,在公司执行董事党委书记的带领下,2018年7月16日公司策划组进驻项目。策划组从项目定义及信息识别、项目总体思路和部署、工期控制、专项工作及前期准备、方案预控、资源配置预案、安全质量管理、二次经营创效、税务筹划、标准化智能化建设及绿色施工、党建工作等11方面进行预控和策划,并协调各方、组织分配劳务资源,召开现场施工例会。同时,整个项目部迎难而上,发挥铁道兵攻坚不畏难的精神,顺利实现业主的计划要求。现场施工均为24小时流水作业,夜间通宵作业人员最高峰时达到300余人,在3家参建单位中首家完成结构封顶,将工期提前了107天。荣获业主贺电1份,被业主嘉奖4次,被联合体牵头方嘉奖4次,并获得奖金50万元。虽然合同约定的支付比例不可突破,但项目以快速的施工进度和姿态争取提前节点,向业主申请工程款:2019年1月初提前支付1 100万元;2019年5月提前支付2 195万元;2020年2月提前支付625万元。项目前期测算综合收益率3.16%,实际达到4.15%。主体结构创"市优质结构"奖,争创"省优质工程""中州杯",获得省、市"安全文明工地"称号,树立了良好的市场口碑,确保属地经营滚动发展。

第二节 以合同为纽带,建立长期稳固的客商合作关系

随着建筑业市场竞争的加剧,施工行业业主变得越来越专业化,对质量和服务水平的要求越来越高,施工企业专业化的趋势不可避免。施工企业不再是大而全,而是精而强,

这种趋势使得企业必须专注于提升核心竞争力。施工企业要以合同为纽带，拓宽合作资源信息采集、考察和评价渠道，储备一批实力较强、管理正规、信誉良好的优秀合作资源。对实力较强、管理正规、专业突出、信誉良好的劳务队伍采用"重点捕鱼"方式；增强对管控期的研判能力和抗风险能力，实现优质客商资源充分储备。对于劳务商招募及管理，队伍选择上树立"人不如旧，衣不如新"的理念，借助 LMDT 一期工程优质的劳务、人脉资源解决问题，清楚队伍的情况，了解负责人的人品，知道队伍的经历。持续合作，互相信任，抱团前行。合同管理本着公平公正的原则，先签合同后进场，既保护自己也保护对方，量价必须说清，权责必须列明，风险必须明示。优化过程控制，帮助别人成就自己，有钱没钱、把账算完，先验工后计价，工完料净场地清。公平公正验收，实事求是计价，合规依据奖惩。现场增强服务意识，对劳务分包商严管善待，经常交流。杜绝误工、待工和返工的现象，提升劳务工班效益。决算不推脱，数据需准确。基于队伍对项目情况的了解和常态化沟通，项目虽欠 1 025 万计价款，但没有发生堵门、上访和越级讨薪等不良事件。

第三节　直面支付比率低问题，构筑合作共赢思维

本项目付款条件极为苛刻，周期长、次数少、资金少，到 2019 年 6 月中旬主体封顶时付到合同总价的 30%。实际收到业主拨付计价款 4 716 万元，占合同额的 28.4%，占计价款的 29.8%。项目部面对现金紧缺问题，主动思考，优化方案，大胆创新。在公司名录内选择供应商，其应有一定的信誉基础，资金垫付能力强，参与公司多个在建项目。公司项目组与供应商注重沟通方式，让供应商能够踏实放心；且项目组抱着"诚信赢天下"的处事思路，有效保障物资的顺利供应。引入有实力的建制队伍，强强联合，建立长期合作关系，与公司共进退，构建新型伙伴合作关系。项目前期通过招标选择多家有资金垫付实力的劳务分包商，缴纳履约保证金，传导资金支付节点压力，对分包商支付节点与业主支付节点保持一致。借助供应链融资产品，争取价格优势，项目办理民工惠 232 万元，帮助中小客商解决融资难、融资成本高的难题；票据结算 720 万元，以时间换空间，保证项目正常进展。合作共赢理念深入项目各参与者、利益方心中，项目各参与方配合默契，工程最终以 36% 的资金顺利完成 1.58 亿元的产值。

第四节　优化资源配置，实现项目成本降控

施工企业资源配置的充分利用需要合理的施工组织保障。施工企业的资源配置主要包括员工、施工设备及周转材料，项目合理组织施工生产，既保障资源配置的充分利用，又减少项目成本支出，提升项目经济效益。科学合理的施工组织，首先从宏观层面统筹调配管理人员、施工设备、周转材料，减少闲置，杜绝资源浪费，一些数量少、费用高的大型设

备,一旦出现闲置,将会发生很高直接和间接损失。统筹考虑、合理安排现有的资源,既可以节省间接费用,缩短施工周期,又可以充分提升员工积极性,使他们又快又好地完成工作。

积极探索项目群集约化管理,实现物资要素共享、社会资源共享、人员技术共享,有效节约成本,提升项目创效水平。通过"三集中、两锁定、一高配"等措施,减少资金投入、节约成本,即主材由项目部集中采购;钢筋由物资公司集中加工统一配送;商砼由项目部集中供应,确保抢工期间供材正常;材料垫资为项目减压。不形成工程实体的周转材料盘扣架和模板,锁定总量,总价由劳务商与供应商直接签订合同,便于管理节约材料,同时转移部分资金支付压力。塔吊由项目部统一调配,现场配置5台塔吊,提高吊装、转运功效,促进现场施工生产,节约材料成本12万元。将原图纸设计基底处理的砂砾石换填改为利润较大的混凝土换填,积极与业主监理沟通商定换填深度尺寸,完成混凝土换填2 879 m³,节约成本162.5万元。基坑土方择机调配,减少运距,边挖边填,能内盘不外运,能挖方不倒运。合理组织,有序推进,降低成本30余万元。将图纸设计盾构井4道C30混凝土支撑调整为3道钢支撑,节约工期16天,为后续施工提供宝贵时间。

第五节　加强税务协同,税收策划显成效

项目部根据经济业务实质,规划多条实现途径。通过改变和转换业务经济模式,加强与供应商、分包商经济业务协同,达到利益共赢的目的。通过筹划,将水泥、外加剂由项目部进行采购并与客商单独签订合同,剩余部分以代加工的模式与商砼站签订合同,商砼站仅负责砂石料采购,管理成本大大降低。通过将建筑施工设备的发票由经营租赁改为建筑服务－机械租赁,税率由13%降为9%,并在预缴增值税时做分包抵扣差额扣除,延缓了项目资金流出。一方面客商税收成本降低,另一方面项目与之协商降低了租赁的单价,降低项目成本24.6万元。通过深研《环境保护税》相关规定,项目配备了环保设备且环保措施得当,向税务部门争取到最低的征收标准,节约成本32.29万元。积极与税务局协商,所属客商与项目部一样,同时享受环保税减免税的税收优惠,降低客商税收成本,达到双赢。

第五章

价值网模式下项目提质增效管理和运行建议

第一节 搭建顶层设计价值网模式

深耕市场,搭建国内外市场价值网。国外市场重点围绕"一带一路"沿线市场,围绕基础设施全产业链重点开发;国内市场继续围绕新型城镇化板块深挖,对接并融入国家区域战略,重点拓展京津冀、长江经济带、粤港澳大湾区、成渝双经济圈、海南自贸试验区等区域。

深耕项目,项目是施工企业的基本单元,经营好项目是第一步。价值网的搭建以项目为纽带,紧密连接上下游客商、联合资源补给方、财务资金提供方等。对已经与企业有深厚合作关系的客户进行再优化,通过组织、管理、提升、开挖、培育和维护,争取更多的合作机会;通过项目与当地政府的交流,挖掘更多的投资机会,同时助力当地经济发展;通过优质客商进行企业内不同项目进行调配的方式,培养更加专业的下游客商,使企业拥有更为稳定的合作伙伴。企业利用自身资源,为企业所在地与项目所在地政府、企业搭建桥梁,使企业自身拥有更广泛的影响力。

第二节 构建共赢的客商管理文化

价值网的创建是基于长远发展、合作共赢的理念。我们作为发起者,应将"规范管理"与"保障服务"相结合,多沟通、多交流,积极宣传共赢的企业文化,凝聚发展共识。应利用自身资源主动为客商提供协调服务,形成"在管理中体现服务、在服务中体现管理"的合作模式。推行优质资源"定期回访"机制,咨询意见、及时整改,让客商真正感受到企业"干事"的态度和决心。通过与客商建立长久合作的机制,让客商认同企业的文化,使客商成为施工企业资源的"蓄水池"和供应基地,同时,施工企业成为客商的"资金源泉"和滋养基地。施工企业要多与那些管理能力较强、整体素质较高、信誉较好的客商进行合作,本着"优势互补、合作共赢"原则,逐步培养出能长期良好合作的客商,做到养在社会,用在企业,招之即来,挥之即去。

第三节　整合优化价值网内优势资源

企业通过整合优势资源,高标准、严要求,打造履约典范,集中公司专家资源为项目出谋划策,从源头上配置资源,从过程中培育资源,从结果上筛选资源,提高项目抗风险能力,进而赢得业主口碑、市场口碑,提高结算创效的能力、风险防范的能力等,为公司持续发展、健康发展打下扎实的基础,最终提升价值网的抗风险能力。整合优化价值网内优势资源,重点在于建立科学的供应商管理机制,建立竞争合作的信任机制,建立优胜劣汰的评价机制,建立公平双赢的激励机制,建立平等严谨的约束机制,解决矛盾,促进发展,实现共赢。

第四节　强化项目过程成本管控

加强过程精细化管理,将管理与信息化深度融合,提升集采率。通过扩大集中面,提高集中度,优化支付模式。加大设备、周转材料调剂力度,充分发挥机械设备利用效率,建立经济运行动态分析机制,深化项目整体成本管理,强化分析成果的运用,进而提升价值网盈利能力。

建立信息化管理机制。企业要鼓励财务及成本控制相关人员积极研究和探索应用信息化技术融合开展成本核算业务的模式。要借助信息化技术建立跨部门的综合性数据处理系统,并构建起成本核算部门联合工作的协同工作体系,统一数据来源和数据标准,将成本核算工作紧密结合,借助软件形成会计凭证自动生成机制,建立起一体化的成本核算与控制工作机制,发挥信息化的优势,用系统自行处理一些业务工作。重视信息化成本核算系统的顶层设计,优化组织结构和业务流程,合理调整成本核算工作开展的职责和权限。会计人员要重构成本核算基本流程,并加强会计约束和监督,以此优化成本核算的整体管理效果,规范核算工作的开展。

发挥财务数据分析作用。面对新的竞争形势,企业需要完善财务分析能力,借助信息技术,收集全面的财务活动信息,利用特定软件进行分析,指导和监督决策制定以及经济活动的开展。对建筑行业资金不到位情况,加强资金预算和统筹分析能力,合理安排资金收支,加大新型金融工具的使用,控制资金成本支出,并考虑资金风险和筹资风险案例,制定明确的风险规避方案。施工企业的生产支出较高,应对生产过程中的数据信息进行汇总分析,掌握各个生产环节的情况,通过分析结果,找出生产环节的薄弱之处,进行优化和处理。

第五节 加强税务过程筹划与管控

根据国家现行税收政策,研究价值网成员单位实际情况,借鉴以往成功经验,吸取失败教训,对价值网各成员单位税务事项予以提炼,成为标准化事项,做好流程化管控和策划。加强对价值网上下游客户的宣传,使其认可并自觉执行和实施,形成良性循环,实现项目整体化税务共赢,分散和化解价值网各成员单位的涉税风险。

第六节 建立价值网人才培育机制

自2014年以来,国家相关部委大力推行PPP和工程总承包,诸多施工企业抓住机遇,实现业务转型并扩大经营规模。随着企业规模提升、业务转型,价值链中人才的重要性更为突出。可建立以项目为中心的资源调配机制,由各部门对员工合理安排岗位,充分调动各部门及所属员工参与项目的积极性,安排相对固定的员工全过程参与项目并常驻项目现场,快速高效地培养人才。从现场中筛选出优秀的班子成员纳入价值网人才库,培养出一批能处理好价值创造与价值分配之间关系、能发挥分配杠杆作用和导向作用的人才,经营好价值网上相关方的利益关系,使其长远有序地存续。

第六章

总结与思考

本研究基于价值网模式,探究搭建以施工企业主导的优质项目的价值网,形成竞合力,发挥集合效应,从承揽源头创建、布局优质、高质量项目,解决项目先天性创效缺陷;围绕价值网客户需求,以做优项目履约带动现场水平提升,以现场促市场,实现项目降本增效和品牌项目效应。整合价值网客商,以共享资源、共建项目、收益分享、风险共担为原则进行诚信合作,实现合同协同、资金协同、税务协同,形成共同价值网,确保项目各方既定目标顺利完成,进而实现项目增效降本效果。施工企业如何转变思维快速寻找资源、合作机会,如何将价值网利益相关方的建设单位、勘察设计单位、运营单位纳入利益共同体,以及如何构建价值网信息化平台实现动态管理,将信息化技术与价值网深度融合,是值得深入探讨的课题。当然项目提质增效的方案和策略还有很多,需要在以后的研究中继续深入挖掘和完善。

竞争一直存在,企业之间也是如此。竞合并非是企业之间通过竞合之后就不存在竞争,企业利益当然要考虑,为获取发展的"外力",企业之间仍要进行有效的博弈。企业之间的最好的产业结构一定是互补的,是错位发展,而不是同质化前进。企业之间紧密相连,生产要素快速流动,形成了巨大的整体效应,而不只是单个简单叠加。竞合是企业最高级的竞争形态,仍需要更好的发展环境。要培育更多竞合机会,不仅需要依靠企业自身的探索努力,还需依靠更完善的法规保障、更深入的信用体系建设。"新基建"格局下,企业只有将自身核心竞争力与全新的市场需求有效连接起来,才能发现差距、正视距离,才能找到符合企业自身发展的经营模式,才能通过合作竞争赢得主动,总结出降本增效的实用方法,最终实现企业的快速发展和效益速增。守正创新,担当作为,将竞合有效融入,才能使施工企业实现高质量发展。

参考文献

[1] 刘军. 2019年中国建筑业发展形势分析[M]. 北京:中国建筑工业出版社,2019.
[2] 冯军政. 如何低价中标[J]. 企业管理,2008,(4):81-83.
[3] 王维国,刘德海. 建筑工程项目招标低价中标现象的不完全信息博弈理论分析[J]. 中国管理科学, 2008,16(S1):444-449.
[4] 赵晋华. 抓实成本管理直面低价竞争[J]. 建筑,2005,(11):20-21.
[5] 倪宝全. 浅谈在建筑工程投标中的策略思考[R]. 2012.

后 记

在本书付梓之际,特向读者朋友简要介绍一下上海市会计学会学术研究的一些基本思路和做法,供大家阅读本书时参考。

组织开展课题研究,推动科研成果的落地转化和公开出版,一直是上海市会计学会年度工作的重要内容。在组织课题研究的过程中,加强课题管理、确保课题质量、共享研究成果,一直是上海市会计学会的努力方向和重要目标。本书的出版发行,既是上海市会计学会强化课题研究和科研管理所取得成果的具体呈现,也是各课题组务实创新、精益求精科研态度的真实反映。

近几年来,上海市会计学会根据学会领导和学术委员会的要求,建立了完善的课题管理制度,实现了对立项课题的全过程管理,主要具有以下七个特点:一是明确的课题研究方向和选题规划。学会秘书处每年均发布选题方向和目录,明确选题范围与重点,引导申报人员准确定位、科学选题。二是引入盲审筛选机制。针对申报课题较多、课题负责人来源复杂、研究主题多样的问题,我们首先对课题进行盲审初筛,确保公平公正地选择入围课题。三是实行立项答辩办法。通过课题负责人在学术委员会评审会议上现场陈述课题研究背景、目的、主要创新、研究价值、研究条件并接受专家提问,学术委员会专家可以更全面地掌握申报课题的优劣势、研究价值和研究可靠性。四是强化开题培训。通过系统地讲解课题研究方法、研究经验和课题管理要求,引导各课题组从一开始就规范开展研究,培养新生研究力量。五是利用中期检查及时掌握课题研究动态。通过现场陈述和沟通,我们既掌握了课题研究进度,又能初步了解课题研究质量,及时纠正课题研究中的问题。六是利用技术工具进行查重,严控重复率。秘书处使用中国知网,对所有结题报告进行了检测,确保出版课题的质量。七是动态调整课题类别。通过能上能下的课题类别调整机制,学术委员会可以根据结题报告质量据实调整级别,重点课题与一般课题均能上能下、相互转换,增加了各课题组的紧迫感,切实调动了课题研究的积极性。

在各课题组负责人的组织带领下,2021年立项的各项课题顺利完成预定研究任务,实现了预定的研究目标,顺利通过上海市会计学会学术委员会的结项评审。本书得以出版,要特别感谢各课题组负责人的努力与付出,他们是(按课题立项编号顺序排列):陈仪瑢(上海交通大学医学院附属瑞金医院)、张信军(海通证券股份有限公司)、林东(上海浦东发展(集团)有限公司)、何堃(上海交通大学医学院附属第九人民医院)、顾晓琼(上海汽车集团股份有限公司)、倪殷建(上海市城市排水有限公司)、许晔(华东疗养院)、蔡玉琴(上海计算机软件技术开发中心)和徐志敏(中铁十五局集团有限公司)。

在本书编辑出版过程中,上海市会计学会会长夏大慰教授,副会长、学术委员会主任邵瑞庆教授一直给予大力关心和支持。立信会计出版社张巧玲老师在前期策划、编辑校对等方面亲力亲为,严把质量关,付出了巨大心血。在此,我们一并表示衷心感谢。

财务数字化转型是一个全新的课题,迄今的理论和实践都尚处于探索尝试阶段。加之时间和水平限制,本书内容在研究方法、研究结论、前瞻性和指导性等方面很可能存在诸多问题,敬请广大读者不吝批评指正。

上海市会计学会秘书处
2023 年 12 月